전체주의
중국의 도전과
미국

■ ■ ■ ■ ■ ■ ■

체스가 결정적인 전투에 관한 것이라면,

바둑은 오래 지속되는 군사작전에 관한 것이다.

체스 전략으로 바둑을 두면 질 수 있다.

오늘날 중국과의 경쟁은 체스가 아닌 바둑처럼

전략적으로 접근해야 한다.

뉴트 깅리치

■ ■ ■ ■ ■ ■ ■

중국몽의 본질과 미국의 대응 전략

전체주의 중국의 도전과 미국

뉴트 깅리치 · 클레어 크리스텐센 지음 | 주준희 옮김

NEWT GINGRICH

김앤김북스

전체주의 중국의 도전과 미국
중국몽의 본질과 미국의 대응 전략

초판 1쇄 발행 2021년 3월 22일

지은이   뉴트 깅리치 · 클레어 크리스텐센
옮긴이   주준희
펴낸이   김건수
디자인   이재호 디자인
펴낸곳   김앤김북스
출판등록 2001년 2월 9일(제12-302호)
주소   서울시 마포구 월드컵로42길 40, 326호
전화   (02) 773-5133 I 팩스 (02) 773-5134
E-mail   apprro@naver.com
ISBN   978-89-89566-83-0 (03340)

코로나 바이러스 감염증이 전 세계적으로 크게 유행하는 동안 중국공산당이 조율한 뻔뻔한 거짓말, 샘플 파괴, 의사의 침묵은 지난 수개월 동안 전 세계가 견뎌온 황폐화와 비극을 증폭시켰습니다.

공산당이 코로나 바이러스 발생 사실을 감추고 그 후 공격적인 조치를 취한 것에 대해 더 많은 사실들이 나타나면서 미국인들은 중국 공산주의 전체주의 리더십에 대해 점점 더 회의적이 되었습니다. 퓨 리서치 여론조사(Pew Research Poll)가 발표한 바에 의하면, 미국인의 71%는 시진핑 총서기가 외교 문제에 대해 옳은 일을 하리라고 믿지 않습니다.

이 전염병은 미국인과 정책입안자들 모두를 잠에서 깨운 진정한 모닝 콜이었습니다. 이 사건은 중국공산당의 억압적인 정보 검열, 세계적 허위정보 유포, 중요한 공급망 통제, 국제기구에 대한 영향력이 어떻게 미국을 위협하는지를 폭로했습니다. 그러나 공산당 지배 하의 중국이 제기하는 위협과 도전은 코로나의 결과로 생긴 위협과 도전을 초월하여 더 심각한 것입니다.

필자들이 2019년 10월에 『전체주의 중국의 도전과 미국』에서 쓴 것처럼, "미국이 소중히 여기는 이익, 안보, 가치, 그리고 우리가 그 안에 살며 익숙한 자유세계가 도전을 받고 있습니다." 궁극적으로 "시진핑 총서기와 중국공산당은 자유로운 주권 국가들의 생존을 위협하는 다른 종류의 세계를 건설하고 있습니다."

코로나 바이러스 발발에 대한 중국공산당의 악의에 찬 반응이 이 결론을 뒷받침하는 증거입니다. 지난 수개월 동안, 중화인민공화국이 국제 공동체에 편입되면 더 개방적이고 자유로운 체제를 채택하리라고 믿었던 미국의 생각이 근본적으로 잘못되었다는 것이 확인되었습니다. 우리는 이제 중국이 레닌주의 권력 이데올로기에 헌신하는 중국공산당에 의해 통제되고 있음을 압니다. 시진핑 자신의 표현을 빌려, 중국공산당은 "항상 공산주의의 고귀한 이상을 고수"해왔습니다.

미국은 이제 중국 체제에 대한 미국 정책의 미래를 정의할 중대한 시점에 와 있습니다. 중국공산당은 미국에 명백한 위협이 되고 있습니다. 그 목표와 전술을 정의하는 레닌주의 전체주의를 고수하고 있습니다. 우리는 지난 50년간 가졌던 관계를 재건할 수 없습니다. 새로운 관계를 설계해야 합니다.

백악관이 『중화인민공화국에 대한 미국의 전략적 접근』을 출간한 것은 이를 달성하기 위한 중요한 단계였습니다. 중국공산당이 그렇게 발전하기를 바랐던 희망사항에 근거한 미국의 과거의 접근방식과 달리 이 접근방식은 엄연한 사실에 뿌리를 두고 있습니다. 당에 관한 현실과 종종 당의 자의적인 공격적 행동의 현실을 받아들이는 것입니다. 이 백악관 보고서는 중국공산당의 이념과 전술이 미국의 경제적 이익, 가치 및 안보에 도전한다고 했습니다.

이 보고서는 "중국의 도전에 응하기 위해 미국 행정부는 중국공산당의 의도와 행동에 대한 현실적인 평가를 바탕으로 중화인민공화국에 대한 경쟁적 접근방식을 채택했다고 밝혔습니다.

그러나 이제는 중화인민공화국과 관련해 미국이 직면한 문제를 파악했으므로, 이 접근방식을 기반으로 중국과의 중요한 경쟁에서 도전을 극복할 해결책을 찾아야 합니다.

이제는 이 보고서의 틀에 입각하여 전 정부적인 전략을 설계해야 합니다. 이 전략의 이행을 촉진하기 위해 현존하는 모든 법률, 자원, 커뮤니케이션 플랫폼, 기관, 부서 및 도구를 검토해야 합니다. 간격을 메우기 위해서 의회가 동원되어야 합니다.

최근에 우리는 미국 정부가 중국공산당의 오래된 터무니없는 행동들에 대해 강력한 조치를 취하는 것을 목도했습니다. 베이징이 국가보안법 초안을 통과시킴에 따라 홍콩은 더 이상 자치가 아니라는 국무부의 선언은 중요했습니다. 홍콩의 자유를 "질식"시키는 역할을 해온 공무원들에 대해 미국이 제재를 가할 것이라고 트럼프 대통령이 발표한 것은 강력한 조치입니다. 신장 소수민족 억압과 관련된 공무원에 대한 제재와 관련 품목에 수출 제한을 부과할 위구르 인권법을 하원에서 초당적으로 통과한 것은 중국공산당의 참혹한 인권 침해에 대응하는 데 도움이 될 것입니다. 마지막으로, 국가안보 위험과 인권 문제가 있는 중국 기업에 연방연금기금을 투자할 뻔한 공무원 저축계획 결정을 트럼프 행정부가 개입하여 취소한 것은 향후 심각한 문제를 피하는 데 도움이 되었습니다.

이러한 수준의 추진력과 결단력은 계속되어야 합니다.

이 도전을 극복하기 위해서는 전 사회적인 접근방식이 또한 필요합니다. 중국공산당의 행동이 미국의 사업, 학교 및 투자 포트폴리오에 어떤 영향을 미칠 수 있는지에 대해—사실과 증거를 사용하여—미국인들에게 명확하게 소통하는 데 중점을 두어야 합니다. 이러한 영향은 우리가 보는 영화, 소비하는 제품 및 사용하는 소셜 미디어 플랫폼으로 확장됩니다. 이러한 노력을 진전시키기 위해서는 정부를 넘어 모든 미국인이 자유, 인권, 법치에 대한 중국공산당의 공격에 대항할 수 있도록 세력화해야 할 것입니다.

미국인의 이러한 공유가치와 독창성이 미국을 오늘날의 강력하고 굴하지 않는 글로벌 리더로 세운 것입니다. 궁극적으로 그 공유가치는 중국과의 경쟁에서 우리를 끝까지 지켜줄 것입니다.

식민지 생활과 전쟁, 가난과 고난 속에서 한국이 세계 제12위의 경제대국으로 우뚝 서게 된 것은 기적에 가까운 일이다. 정치·경제 발전을 지속하고 국민이 평안하고 행복한 강대국이 되기 위해서는, 국제 관계에서 현명한 입지를 찾는 것이 중요한 시점이다. 4만 명에 가까운 미국의 젊은이들이 이 땅에서 자유를 지키려다 피를 흘리고 숨져간 지 70년, 이 책이 번역된 2020년 현재 좌파 정권은 한국의 안보를 보장해온 미·일과의 안보동맹에서 벗어나 중국·북한 쪽으로 방향을 트는 모습을 보이고 있다.

『전체주의 중국의 도전과 미국』은 이러한 시점에 왜 중국이 아닌 미국을 선택해야 하는지, 시진핑의 중국몽이 왜 세계의 미래 비전이 될 수 없는지, 왜 중국이 인권과 자유를 향해 움직이지 않는 한 미국뿐 아니라 세계 전체에 위협이 되는지를 미국 보수주의자 깅리치의 시각에서 전문적으로 심도 있게 다루고 있다.

미국 공화당 상원의원, 하원의장을 지냈고, 2012년 공화당 대선 후보 경선에 나섰던 뉴트 깅리치가 2019년 후반에 출판한 이 책『전체주의 중국의 도전과 미국』은 곧장 〈뉴욕타임스〉 베스트셀러에 올랐었다. 그처럼 깅리치의 글은 선명하고, 그의 풍부한 경험에 입각한 유익한 정보로 가득해서 읽기에 즐거운 책이다.

닉슨과 키신저의 핑퐁 외교 이래, 미국은 중국이 자유민주주의가 될 수 있으리라는 낙관주의로 과학기술뿐 아니라 다양한 분야에서 교류해왔다. 그러나 시진핑 치하의 중국은 사이버 해킹으로 미국 기업에서 정보를 훔쳐가며, 남중국해에서 침략행위를 하고 있고, 미국의 영화계, 교육계, 학계에 침투하고 있으며, 기독교를 탄압하고 신장 위구르와 티베트에서 잔혹한 인권탄압을 자행하고 있다. 트럼프 대통령은 미국 대통령 중 처음으로 중국의 공산당이 미국에 위협이 된다고 깨닫고 이에 적극 대처하고 있다. 깅리치는 미국에서 훔쳐간 과학기술 정보로 무장한 레닌주의 전체주의의 위험성을 상세한 예들을 들어 파헤친다.

특히 바둑과 체스를 비교하며 중국과 미국의 전략전술의 차이를 설명한 장은 유익하다. 중국은 바둑을 두는 것처럼 일대일로 정책을 통해 전 세계에서 중화적인 패권을 추구하며 세력을 확대해왔고 미국이 직면한 가장 큰 도전이 되고 있다. 특히 5G 기술에서 미국을 앞서가면 미국에게는 큰 재앙이 될 것이다. 이 책은 한국 외교에서도 중국에 대한 근거 없는 낙관론자들에게 현실적인 각성을 줄 수 있으리라 생각된다.

중국공산당이 사이버 해킹, 빅데이터, AI를 이용하여 E-독재를 추구하는 내용은 중국이 한국에 대해 어떤 일을 할 수 있는지, 마침 과학기술을 활용한 부정선거 가능성이 논의되고 있는 한국에 시사하는 점이 크다.

본문의 한문은 원문에는 없는 것으로서 독자의 편의를 위하여 역자가 삽입하였고, 문화의 맥락 없이 이해하기 어려운 경우 역자 주를 삽입하여 이해를 높이고자 하였다.

주준희
뉴욕주립대 정치학 박사, 에모리 대학교 교수

수십 년 동안 중국과 그 공산당에 대해 오해를 갖고 있다가, 필자는 중국이 미국의 정치인, 학계, 언론 매체가 생각해온 것보다 훨씬 더 강력한 경쟁자임을 깨달았다. 우리는 중국에 대해 환상을 갖고 있었다. 진실은, 현대 중국은 전체주의 공산주의 독재이며, 세계적으로 지배적인 강대국이 되고자 한다는 것—그리고 미국이 그것을 막고 있다는 것이다.

1부

미국 대 중국

01

미국이 직면한
최대의 도전

America's
Greatest Challenge

이 책은 두 사람의 강력한 리더, 두 강대국, 두 개의 강력한 비전, 그리고 어떤 비전이 성공하고 어떤 비전이 실패할지를 결정할 경쟁에 대한 보고서이다.

도널드 트럼프는 미국 대통령으로서 자유세계의 리더이다. 미국의 가치를 고수하고, 미국 민주주의를 보호하고, 법치를 지키고, 창조주가 우리 각자에게 부여한 개인의 권리를 보호하는 것이 그의 의무와 책임이다. 트럼프 대통령은 미국의 총사령관으로서 미국의 국가 정체성, 삶의 방식 및 주권을 보호하겠다고 선서하였다. 자유와 주권의 개념은 미국인의 정체성에 중요한 것이며 이는 트럼프 대통령이 2017년 9월 유엔에서의 연설에서 "주권"이라는 단어를 21번, "자유"는 13번 사용한 것에서도 잘 나타난다.[1]

그러나 오늘날 우리가 소중히 여기는 이익, 안보 및 가치, 그리고 우리가 그 안에서 생활하는 데 익숙해진 자유세계는 시진핑 총서기와 중국공산당의 도전을 받고 있다.

시진핑은 중국공산당 총서기로서 1949년 10월 중화인민공화국이 수립된 이래 정권을 장악해온 공산주의 전체주의 독재를 이끌고 있다. 시진핑 총서기와 중국공산당은 중국공산당의 권력을 유지하기 위해 감시, 통제, 속임수, 부정행위를 사용하여 우리 자유 주권 국가들의 생존을 위협하는 전혀 다른 종류의 세계를 구축하고 있다.

이 경쟁의 예로서 이 두 지도자의 연설을 살펴보자. 미래에 대한 두 지도자의 비전에 나타난 차이점부터 시작한다. 도널드 트럼프 대통령의 "다시 위대한 미국(Make America Great Again!)" 정책과 시진핑 총서기의 "중국몽(China Dream, 中國夢)"이 그것이다.

2017년 1월 20일 취임식에서 트럼프 대통령은 이렇게 말했다.

"따라서 산에서 산으로, 바다에서 바다로, 가깝고 먼, 크고 작은 모든 도시의 모든 미국인들은 이 말을 들으십시오. 여러분은 다시는 무시되지 않을 것입니다. 여러분의 목소리, 희망, 꿈이 우리 미국의 운명을 정의합니다. 그리고 여러분의 용기와 선함과 사랑이 이 길을 가는 동안 영원히 우리를 안내할 것입니다. 함께 우리는 미국을 다시 강하게 만들 것입니다. 우리는 미국을 다시 부유하게 만들 것입니다. 미국을 다시 자랑스럽게 만들 것입니다. 미국을 다시 안전하게 만들 것입니다. 네, 그렇습니다, 우리는 함께 미국을 다시 위대하게 만들 것입니다. 감사합니다, 하나님이 여러분을 축복하시기를, 그리고 미국을 축복하시기를."[2]

그것은 리더십을 국민에게서 찾는 국가적 성공의 애국적 비전이다. 미국인들의 목소리, 희망, 꿈이 미국을 더 나은 미래로 이끌 것이다. 미국이 오늘날의 강대국이 된 것은 궁극적으로 미국 국민의 독창성과 노력으로 인한 것이다. 미국을 우선시하고 미국을 다시 위대하게 만드는 것은 미국인들로부터 시작한다. 그렇게 2세기 전 미국의 체제가 구축되었고, 그렇게 오늘날 미국이 계속 번영하고 있으며, 미래에도 그렇게 계속 더 강해질 것이다.

6개월 후 시진핑 총서기는 2017년 7월 중국몽 실현에 관한 연설을 하면서 중국의 미래에 대한 비전을 제시했다.

"당 전체가 중국적 사회주의를 지지하고, 중국 사회주의의 경로, 이론, 체계 및 문화에 자신감을 가지고 당과 국가의 발전이 올바른 방향으로 이루어지도록 해야 합니다. 중국의 발전 단계와 더 나은 삶을 향한 사람들의 열망에 대한 철저한 이해를 바탕으로 우리는 경제, 정치, 문화, 사회, 생태적 진보를 추구하는 전반적인 계획을 추진하기 위해 새로운 사고, 전략, 조치를 채택해야 합니다. … 소강사회(小康社會)를 향한 최종 도약에 있어, 우리는 중국 사회주의의 성공을 통한 국가 회복의 중국몽을 위해 노력할 것입니다."3

시진핑의 비전은 사회주의 체제를 중국인들보다 우선시하고 그들의 삶을 개선하기 위해 그것을 따르고 의지할 것을 요구한다. 그것은 트럼프 대통령의 연설과는 전혀 다른 사고방식을 나타낸다.

이제 2017년 8월 애리조나주 피닉스에서 열린 집회에서 트럼프 대통령의 연설을 고려해보자.

"우리는 무엇이든 할 수 있고, 무엇이든 구축할 수 있으며, 무엇이든 꿈꿀 수 있습니다. 우리의 용감한 병사들이 결코 잊지 않았던 것을 이제 우리가 기억할 때입니다. 미국인들은 하나의 깃발, 하나의 모국, 하나의 영광스러운 운명을 공유합니다. 우리는 같은 법에 따라 살고, 같은 가치로 자녀를 키우며, 모두 같은 전능하신 하나님이 창조했습니다.

"우리가 이 진리를 기억하는 한, 우리 자신에게 충분한 힘과 용기가 있는 한, 감당하기에 너무 큰 도전도 없고, 너무 큰 과제도 없고, 우리의 손에 닿지 않는 꿈도 없습니다. 우리는 미국인이며 미래는 우리의 것입니다. 미래는 여러분 모두의 것입니다."4

여기서도 미국의 미래 성공의 소유권은 "여러분 모두에게 달려 있다." 반면, 2019년 5월 22일 연설에서 시진핑은 각 세대의 중국인들이 스스로의 대장정을 하는 것으로 묘사했다. 대장정은 중국 내전 기간에 중국 공산주의자들이 적인 국민당으로부터 4000마일 이상 후퇴했던 것을 말한다. 중국공산당은 대장정을 역사적으로 자랑스럽게 언급하는데, 이 1년간의 결의에 찬 노력의 결과 마오쩌둥이 중심적인 공산주의 지도자로 부상했기 때문이다. 마오쩌둥은 결국 오늘날 중국공산당이 통치하는 중화인민공화국을 수립했다.

시진핑에 따르면, 각 세대는 국가를 천천히 변화시키기 위해 나름대로의 대장정을 한다. 그것은 힘들고 어렵고 중국인들로부터 큰 희생을 요구한다. 시진핑은 "원대한 이상을 실현할 수 있는 쉬운 길은 없다"고 하면서 "편안함과 안락함에 대한 욕구, 싸움을 피하려는 욕구, 오만과 안주함, 또는 앞으로 전진하는 데 있어 추진력의 부족이 있을 여지는 없다"고 말했다. 그는 중국공산당이 결정한 두 가지 100주년 목표를 달성하기 위한 현재의 대장정에서 성공하기 위한 구체적인 지시를 중국인들에게 했다.

> "대장정의 정신으로 전진하여 현재의 대장정에 성공하기 위해서는 우리는 공산주의의 위대한 이상과 중국 사회주의의 공통된 이상을 계속 받들고 우리의 이상과 신념을 실현하기 위한 지칠 줄 모르는 투쟁을 해야 합니다. … 새로운 대장정에서, 우리는 중국 사회주의의 길이 우리를 사회주의 현대화로 이끌 수 있는 유일한 길이며 인민을 위해 더 나은 삶을 창조할 수 있는 유일한 길이라고 확고히 믿어야 합니다.
>
> 이 길로 전진함에 있어 우리는 대장정의 정신을 열성적으로 고무해야 하며 이 정신을 바탕으로 당 전체, 모든 군대, 모든 중국인, 특히 청년들이 국가를 강건하게 하고, 선구자들이 시작한 위대한 사명을 이어받아, 200주년 목표를 달성하고 국가 회복의 중국몽을 실현하며, 새로운 대장정에 새롭고 영광스러운 장을 쓰는 데 헌신하도록 영감을 주고 격려해야 합니다."[5]

트럼프 대통령과 시진핑 총서기는 모두 깊은 국가적 자부심을 가지고 자국의 미래 방향에 대한 명확한 비전을 제시했다. 그러나 그들의 이상적인 세계 사이의 거리는 대부분의 미국인들이 생각하는 것보다 훨씬 크다. 중요한 점은 그들이 상호 배타적이라는 것이다. 한 비전이 성공하면 다른 비전은 실패할 것이다.

또한 시진핑의 비전(중국공산당의 비전)이 우세할 가능성도 실제로 있다. 이 것은 우리가 미국인으로서 소중하게 여기는 모든 것에 재앙이 될 것이다.

미국에서 뉴스 매체, 사업체, 많은 학계 및 정치 지도자들이 "좋은 새로운 중국"에 빠져 중국이 공산주의 전체주의 독재에 지배된다는 사실을 무시해왔 다. 중국공산당은 (덩샤오핑의 첫 미국 방문부터) 40년 동안 지능적으로 선전을 추진해 중국이 정상적이며 수용 가능하다는 분위기를 조성해왔다. 우리가 본 것은 진짜 중국의 가짜 얼굴이다. 그 결과 중국공산당의 승리의 물결에 대해 미국은 단지 제한된 반응으로 받아들였을 뿐이다.

한 세대에 처음으로, 중국과 그 공산당 지도부가 미국에게 도전이 된다는 것을 깨달은 대통령이 있다. 트럼프 대통령은 이 공산주의 독재와 다양한 방 식으로 경합을 시작했다. 트럼프 행정부는 가장 체계적으로 중국에 비판적이 고 우리가 적어도 반세기 동안 보아온 공산주의 독재에 맞서는 진지한 전략 을 개발하는 데 전념했다. 미국 대통령과 시진핑 총서기 사이의 경쟁이 다가 올 앞날에 자유의 미래를 결정할 수 있다.

이 책은 우리가 일생 동안 대면한 자유 미국에 대한 위협 중 최악의 위협을 소개할 것이다. 또한 미국이 생존하기 위해 취해야 할 몇 가지 시급한 단계를 제안할 것이다. 이것은 어떤 사람들에게는 너무 극단적이라고 생각될 수 있 다. 그러나 평생 동안 세계 분쟁을 연구한 결과 —그리고 최근 1년 이상 중국 의 현황을 연구하는 데 집중한 결과—필자는 중국이 미국의 243년의 역사에 서 다루어야 했던 경쟁자 중 가장 큰 경쟁자라고 확신 있게 말할 수 있다. 중 국의 전체주의 체제, 비범한 조직, 거대한 인구로 인해 이 공산주의 국가는 엄청난 상대이다.

공산당 지배 하의 중국이 미국에 제기하는 도전을 요약하기 전에, 필자는 이것이 인종적 차원에서 미국인과 중국인 간의 경쟁이 아님을 강조하고자 한다. 중국이 어떻게 미국을 전복시키거나 패배시키려고 하는지를 설명할 때, 여러분이 만나는 모든 중국인이 우리의 자유와 삶의 방식을 약화시키려는 중국공산당의 충실한 지지자라는 의미는 아니다. 이것은 두 개의 문명이 아닌 두 개의 체제 간의 경쟁이다. 미국은 중국이 공산주의가 아니라면 완전히 다른 기대와 관심사로 협력할 수 있을 것이다. 전체주의 공산주의 중국이 위험한 것은—국민성이 아니라—그 지도자의 야심이다.

인도는 곧 중국보다 인구가 더 많아질 것으로 예상되지만, 인도 민주주의의 본질, 법치, 자유 언론의 일반적인 과정으로 인해 위협이라기보다는 잠재적 동맹이다. 인도네시아는 인구는 많지만 넓은 의미의 민주주의 체제를 갖춘 지역 국가이다. 브라질도 거대한 국가이지만, 강력한 법 체계와 자유로운 선거 및 언론의 자유로 인해 위협이라기보다 좋은 이웃이자 가끔 동맹국이 되기도 한다.

중국이 다른 점은 레닌주의 전체주의 시스템이 중국이 당연히 모든 것의 중심에 있어야 한다는 역사적 중화사상과 결합된 것이다. 이 개념을 과거제도—적어도 7세기로 거슬러 올라가고 한 왕조(2000여 년 전)에 뿌리를 두고 있는 중국의 관리 선발 방식—에 기원을 둔 체계적이고 훈련된 학습과 일의 오랜 전통과 결합해보자.6 미국인들이 믿는 자유와 법치의 미래에 치명적인 위협이 되는 것은 이 중국 특색의 레닌주의 전체주의이다.

우리가 중국공산당의 검열, 감시 체제, 정부에 동의하지 않는 사람은 누구든 수감하는 방식으로 정의되는 세상에 산다면 매우 불편할 것이다. 그러나 우리는 중국에 대해 세계 무역을 열었고 많은 투자를 했으며 미국의 많은 공급망이 중국에 의존하도록 허용했다. 그 결과 우리는 이제 우리의 체제에 반하는 체제와의 장기적인 경쟁이라는 상황에 놓인 스스로를 발견한다. 이 경쟁에서 진다면, 우리가 알아온 미국은 독재적 통제의 외국 전체주의 체제로 인해 침몰할 수 있다. 트럼프 대통령의—미국을 다시 위대하게 (현재는 미국을 위대하게 유지)한다는—개념은 한마디로 시진핑 총서기의 중국몽과 양립할 수 없다. 둘 중 하나가 궁극적으로 인류의 미래를 정의할 것이다. 어떤 미국인들은 이 냉혹한 분석을 거부하거나 위협이 그렇게 심각하지는 않다고 할 것이다. 이 책은 이러한 이의에 대한 답변을 제공하고, 냉혹하고 정신차리게 하는 진실을 설명할 것이다.

중국의 권력 구조부터 시작해서 우리가 어떻게 근본적으로 오해하여 불리한 입장에 처하게 되었는지 살펴보자. 시진핑은 중국공산당 총서기, 중앙군사위원회 주석, 중화인민공화국 국가주석이다. 중국의 권력 구조는 이 순서대로이다.

시진핑의 진정한 권력 기반은 중국공산당이다. 그는 군대를 통제하고 정치화함으로써 권력을 강화한다. 중국에서 인민해방군은 공산당에 충성한다. 정부 권력의 도구가 아닌 당의 권력의 도구이다. 시진핑은 2017년 인민해방군 창립 90주년을 맞이하여 군 당국에 "당의 절대적 리더십을 받들어 이행하도록" 명령했다. "마오쩌둥 동지가 지적했듯이, 우리의 원칙은 군대가 당을 지휘하는 것이 아니라 당이 군대를 지휘하는 것이다."[7]

시진핑 총서기의 최우선 과제는 중국공산당의 미래를 확보하는 것이다. 모든 무역 협상, 정책 및 투자는 중국공산당의 권력을 보장하고 강화하려는 의도로 이루어진다. 이러한 맥락에서 오늘날의 중국은 지난 반세기 동안 미국의 분석가와 정책 전문가들이 묘사해온 것과는 완전히 다른 나라이다.

우리는 중국 공산주의 독재를 이해하는 데 있어 잘못된 모델을 사용할 뿐만 아니라 잘못된 시간대를 사용한다. 미국 뉴스 매체는 현저하게 얄팍하고 짧은 시간대의 가십들로 채워지고 있다. 뉴스 채널들은 기본적으로 그날의 "특종"으로 정의되는 사소한 정보에 강박적이고 압도적으로 초점을 두고 몰려든다. 이러한 채널들은 가장 좁은 의미에서 정치적이 되었다. 일부는 친 트럼프이고, 대부분은 반 트럼프이지만, 모두 그날의 당파적 헤드라인에 압도적으로 초점을 맞추고 있다. 지금 당장만 중요하다는 이 왜곡된 감각 때문에 중국 공산주의 체제가 무엇을 해왔는지 미국이 이해하기가 훨씬 어려운 것이다. 중국의 전략은 연구, 사고 및 계획에 입각한다. 중국 지도부는 이론이 아니라 실용주의가 지배한다. 지도자들은 체계적으로 사고하며 의도적인 목적으로 오랜 시간에 걸쳐 집행한다.

공산주의 독재를 분석하려는 노력에 있어 신속성을 추구하는 경향이 있는 미국인들은 근본적으로 약하다. 미국은 상황을 이해하지 못하고 수동적으로 앉아 있는 동안 중국공산당이 분야마다 동일한 패턴을 구현하는 것을 목도하고 있다.

예를 들어, 중국은 수십 년 동안 미국의 지적재산을 훔쳐 왔다. 최근 한 추정치는 중국의 사이버 해킹이 1년에 (그해 미국의 대중국 총수출액보다 많은 금액인) 3600억 달러의 손실을 미국에 끼쳤다고 한다.[8] 클린턴 대통령, 부시 대통령, 오바마 대통령이 중국의 미국 기술 도용을 막기 위해 중국과 협정을 체결했거나 미국 지적재산 보호를 위한 법에 서명했다. 그 모든 경우에 중국은 훔치기를 계속했으며 미국은 이를 억지할 의미 있는 계획을 부과하거나 만들지 않았다.

중국의 남중국해에 대한 주장은 수천 년 전 하(夏) 왕조와 한(漢) 왕조의 역사적 기록을 근거로 삼고 있다.[9] 1930년대의 지도를 근거로 하여, 중국은 임의적인 "9개 점선" 안의 해당 지역에 대한 소유권을 주장했으며 남중국해의 자연섬과 인공섬을 모두 점유해왔다. 처음에는 "분쟁을 복잡하게 만들거나 악화시키지 않을 것이고 평화와 안정에 영향을 미치는 활동을 자제하겠다"고 약속했다. 그 다음에는 이 섬들을 군사화하지 않겠다고 약속했다.[10] 그리고 나서는 그 섬들에 비행기 이착륙장과 군항을 구축했다. 중국은 이 지역의 낚싯배 수를 급격히 증가시켜 해상 민병대로 만들었다. 이제 중국은 군사력을 더욱 강화하고 있으며 이 지역을 효과적으로 통제하고 있다. 그러는 동안, 중국은 달의 주요 전략적 지점을 통제하기 위해 이와 비슷한 점진적인 프로젝트를 추진하고 있다.

중국이 특정 산업을 지배하고자 할 때, 중국 기업에 대해 정부 자금을 조달하고 보조금을 제공하므로 그 제품과 서비스는 외국 경쟁업체보다 훨씬 저렴할 수 있다. 이러한 접근방식은 미국 태양광발전 산업을 파괴하고 철강 및 알루미늄 제조업체에 엄청난 피해를 입히고 기술 하드웨어 산업의 핵심 부분에 심한 피해를 주었다. 중국공산당은 보조금을 주어 불가능하게 낮은 중국 경쟁업체의 가격을 미국 기업들이 따라갈 수 없어 도산하게 만들었다. 과거 미국 지도자들은 이에 이의를 제기하고 얄팍한 합의에 서명했지만, 중국은 이 합의에도 불구하고 중국에 최선인 것을 하기를 계속했다.

동일한 저렴한 자금조달 모델이 미국 우주발사선 회사를 파괴하는 데 사용되기 시작했다. 경쟁업체가 너무 많은 보조금을 받아 가격이 너무 낮아 따라잡을 수 없을 때, 기술혁신만으로는 성공할 수 없다. 중국은 거대 통신기업인 화웨이에 대해 동일한 자금조달 전략을 사용하고 있다. 화웨이가 전 세계적으로 5G 구축 시장을 장악하고 중국이 정의하는—그리고 제어하는—차세대 인터넷을 만들 가능성이 매우 높다. 가격이 충분히 낮으면 많은 나라는 최신 기술을 얻기 위해 보안 문제 가능성을 무시할 것이다.

중국의 전략적 정책 목록은 길다. 우리의 뉴스 매체, 학자 및 정부 분석가들은 일반적으로 보여지는 단편적 사실의 점선을 이어 어떤 결론을 도출하지 않고 그 이면의 기본 중국공산당 전략과 그 이면의 추진력을 파악하려고 하지 않는다.

필자는 1958년부터 중국과 공산당의 리더십을 연구해왔다.

약 17년 전 하원을 떠난 후, 필자는 중국이 얼마나 거대해지고 있는지, 그리고 그 범위가 전 세계로 확산되고 있다는 것을 느끼기 시작했다. 필자는 전 세계의 모든 대사관 무관들이 공개된 출처의 자료만 사용하여 중국의 국가 또는 공산당 활동에 대한 주간 보고서를 제공하는 시스템을 구축하려고 시도하다가 실패했다. 안타깝게도, 그 프로젝트는 결코 개발되지 않았다. 지난 수십 년 동안 정기적인 보고서를 작성하고 회람했다면 오늘날 중국 공산주의의 전체주의적 도전에 대해 훨씬 더 잘 이해할 수 있었을 것이다.

그러나 일부 공공 및 민간 부문에서는 중국 공산주의 체제의 권력이 얼마나 급속히 성장하고 미국인의 일상생활에 영향을 미치는지 깨닫기 시작했다. 이 도전에 응하기에 아직은 늦지 않았지만, 미국은 더 큰 노력을 해야 하며 우리의 사고와 행동에 중대한 변화가 있어야 한다.

중국공산당 통치 체제의 부상으로 인한 미국에 대한 도전을 해결하려는 국가적 노력은 적어도 10년이 걸릴 것이다. 이 노력을 얼마나 많이 해야 하는지, 얼마나 많은 학습과 변화가 필요한지, 그리고 성공하려면 얼마나 끈질기게 해야 하는지를 이해하려면 우리의 현실을 미국이 이전에 직면했던 다른 큰 생존 과제와 비교하는 것이 유용하다.

미국의 지금까지 243년의 역사에서 미국의 생존을 위협하는 4번의 큰 도전이 있었다. 각각의 경우에 우리는 실패의 값비싼 비용을 치르고 하나님이 주신 권리와 자유를 포기해야 할 위협에 직면해야 했다. 전체주의적 글로벌 경쟁자로서 중국의 부상은 미국의 생존에 대한 다섯 번째의 도전이라 할 수 있다. 미국이 전체주의적 공산주의 중국 체제에 뒤지는 경우, 미국의 가치, 민주주의 체계, 법에 기반한 질서가 엄청나게 결정적으로 침식당할 수 있기 때문에 공산당 지배 하의 중국은 미국의 생존에 도전이 된다.

미국의 이념(창조자가 부여하고 법의 지배 내에서 이행되는 개인의 권리)의 생존에 대한 처음 네 번의 큰 도전에서, 상대방이 이길 가능성도 있었다. 미국이 이러한 도전 중 하나라도 패배했다면 오늘날 우리가 알고 있는 삶은 더 이상 존재하지 않을 것이다. 우리는 다른 세상에 살고 있을 것이다.

첫 번째 도전은 미국이 영국 제국으로부터 자유를 얻고 창조주가 부여한 개인의 권리라는 새로운 원칙에 기초하여 독립국가가 될 수 있을 것인가 하는 문제였다. 당시 영국이 세계에서 가장 부유하고 가장 강력한 제국이었으므로 전체 계획이 무너질 수 있었다. 더욱이 미국 식민지 주민 중 최소 5분의 1은 영국의 신민으로 남기를 원했고 독립이라는 개념 자체를 거부했다. 당시 미국이 군사적으로 굴복을 당했다면 다른 곳이 되었을 것이며, 지구상의 자유의 역사는 훨씬 더 억압되었을 것이다.

두 번째 도전은 미국이 잔인한 남북 전쟁에서 살아남고 승리하여 연합을 보존하고 노예 제도를 종식시킬 수 있을 것인가 하는 문제였다. 연합의 승리는 불가피한 것이 아니었다. 전쟁은 너무나 악화되어 1864년 8월까지도 에이브러햄 링컨은 자신이 선거에서 패할 수 있다고 생각했으며 평화당이 남부와의 휴전을 추진할 것이라고 생각했다. 미국이 둘로 찢어지고 자유라는 대의가 약해지고 노예 제도가 한 세대 이상 더 계속된 미국을 상상해보라.

세 번째 도전은 제2차 세계대전 동안 추축국들(나치 독일, 일본 제국, 파시스트 이탈리아)의 위협을 인식하고 세계대전에서 총체적 승리를 거두기 위해 비상사태로 국가를 동원하고 조직하는 것의 어려움이었다. 일단 미국이 영국, 소련과 손을 잡자 연합국이 자원에 있어 막대한 강점이 있었기 때문에 승리가 가능했다. 그러나 1942년 6월 미드웨이에서 일본이 거의 승리할 뻔한 것을 잊기 쉽다. 1942년 여름 독일군이 카이로와 수에즈 운하를 거의 장악할 뻔한 것도 잊기 쉽다. 우리는 또한 독일의 맹공 첫 해에 소련이 어떻게 무너질 뻔했는지, 소련이 얼마나 엄청난 사상자와 장비 손실을 입었는지 잊을 수 없다. 또한 노르망디가 실패했다면 미국과 영국이 같은 규모의 두 번째 침공은 감히 시작할 수 없었을지도 모른다. 결정적인 연합국의 승리가 없었다면 오늘날의 세계는 크게 다를 것이다.

네 번째 도전은 소비에트 연방이 전시 미국의 동맹으로부터 심각한 세계적 위협으로 갑작스럽게 변한 것이다. 이로 인해 45년 후 소련이 무너질 때까지 외교적, 경제적, 심리적, 기술적, 군사적 노력이 지속되었다. 1940년대 후반, 프랑스와 이탈리아는 조셉 스탈린과 동맹을 맺을 공산주의 정부를 선출하기 직전인 것 같이 보였다. 더욱이 그리스는 내전 중이었고 공산당이 이길 수 있는 실질적인 기회가 있었다. 아시아에서는 공산주의자들이 중국과 베트남에서 공격을 하고 있었다. 결과적으로 해리 트루먼 대통령은 그리스, 프랑스 및 이탈리아에서의 여러 가지 비밀 조치 등 일련의 강력한 조치를 취했다. 1940년대 후반에 소련이 세계를 지배할 가능성은 70년 후에 상상할 수 있는 것보다 훨씬 컸다.

냉전에서 자유의 "불가피한" 승리는 없었다. 마찬가지로 중국의 공산주의 체제에 대한 승리도 보장되지 않는다. 이 도전에 직면하고 극복하는 새로운 방법을 채택하고 개발하기 시작해야 한다.

첫 단계

미국은 이 경쟁에서 현재 아주 뒤처져 있지만 여전히 세계에서 가장 강력하고 부유하며 혁신적인 국가이다. 중국과 관련된 도전을 미국이 진지하게 받아들인다면 승리하고 생존할 것이다. 그러나 트럼프 행정부가 성공의 토대를 마련하기 위해 지금 해야 할 몇 가지 핵심적인 일이 있다.

먼저, 중국의 전 세계적 활동을 정기적으로 상세히 보여주는 공개적인 웹사이트를 구축하여 미국 국민을 교육해야 한다. 모든 대사관과 연방 기관은 중국의 국가 및 공산당 활동에 대한 공개 출처 보고서를 작성하는 임무를 맡아야 한다. 시민과 뉴스 매체가 쉽게 진입점으로 사용할 수 있도록 웹사이트의 자료실은 사용, 접근, 이해가 가능해야 한다. 국가, 산업, 활동 별로 정리해야 한다. 전 세계 기관 및 대사관에서 제공하는 이 정보는 월별 및 연간 요약 문서에 포함되어야 한다. 중국이 어떤 규모와 추진력으로 경주하고 있는 지에 대해 미국 국민, 뉴스 매체 및 의회를 교육하는 것이 장기적인 생존 전략을 지속하기위한 전제 조건이기 때문에 이 제언이 첫 번째이다.

이와 별도로 정보기관, 군사 및 법 집행 기관은 대통령, (정치적 임명자 및 고위 공무원 등) 행정부 및 모든 의원을 위해 매월 비밀 보고서를 작성해야 한다. 전 세계에서 우리가 관찰하는 것에 대한 월 30분의 브리핑을 통해 의원들과 다양한 연방 관료 지도자들은 신속하게 훨씬 더 단호한 대응을 구축하고 이행하게 될 것이다.

이 브리핑에 착수하려면 의회는 중국의 활동에 관한 공동위원회를 의회 내에 구성해야 한다. 새로운 공동위원회가 설립되면 이 위원회는 입법 과정의 모든 측면을 검토하고 제언할 수 있는 권한이 있어야 한다. 하원과 상원의 초당적인 그룹이 중국의 도전에 대해 생존하기 위해 필요한 개혁을 수행하는 데 헌신하도록, 하원과 상원의 최고 지도자들이 당연직이어야 한다. 중국의 독재를 능가할 수 있는 성공적인 고속의 첨단 기술과 사회 전체 시스템을 개발하려면 연방정부의 수많은 제도 개혁과 규제 변화가 요구된다. 전 세계 5G 구현을 위해 화웨이와 효과적으로 경쟁하는 데 실패한 것은 활동 및 산업 영역에서 연이어 발생하고 있는 더 깊은 도전의 징조이다. 궁극적으로 입법부가 보다 역동적이고 빠르게 움직이고 보다 결정적으로 적극적인 미국을 만드는 데 큰 역할을 해야 한다.

사회 차원에서 대학원 학위와 평생 교육을 위한 중국 연구 프로그램을 대폭 확대해야 한다. 냉전 초기에 정부는 소련의 연구에 큰 투자를 했다. 또한 미국인들이 적을 이해하도록 돕기 위해 많은 학습 자료를 개발했다. 중국의 도전은 너무 크고 빠르게 진화할 것이므로 야기되는 모든 문제를 해결함에 있어 정보기관이나 외교 기관에만 전적으로 의지할 수는 없다. 모든 정부 부서가 중국의 영향을 받을 것이다. 미국 경제의 모든 측면이 중국의 영향을 받을 것이다. 우리의 문화, 커뮤니케이션 및 뉴스 매체를 형성하기 위한 지속적인 노력이 있을 것이다. 이러한 노력과 싸우기 위해서는 (일반인을 대상으로 하는 공공 교육 프로그램 등) 다양한 수준의 많은 미국인들을 교육하는 데 도움을 주는 시스템이 필요하다.

이러한 맥락에서, 우리는 이 분야에 진입한 모든 사람을 돕기 위한 장학금과 펠로우십을 극적으로 확대함으로써 STEM(과학, 기술, 공학 및 수학) 프로그램에서 미국 학생들이 감소 일로인 경향을 역전시켜야 한다.

이 분야의 기본 지식은 중학교와 고등학교에서 시작해야 하므로 STEM 교사에게 추가 월급을 지불하는 것을 고려해야 한다. 또한 STEM 전문고등학교에 진학하도록 7학년~12학년 장학금과 STEM의 성과를 인정하는 보다 많은 프로그램에 투자해야 한다. 1957년 10월 스푸트니크 발사 이후 미국은 혁신적이고 공격적이었다. 이제는 소심하고 관료적이고 무기력해졌다. 우리는 1983년 레이건 대통령 당시 『위험에 처한 국가A Nation at Risk』를 출간한 이후 교육의 위기에 대해 논의해왔다. 그러나 미국의 STEM 기능을 심화 및 확대하기 위한 적절한 혁신 프로그램을 개발하는 데 있어 일관성 있게 실패했다. 스푸트니크가 미국을 경악하게 한 후 과학과 공학 분야에서 소련에 뒤처질 위험이 있자, 미국은 1958년에 국방 교육법을 통과시켰다. 필자는 국방 펠로우십으로 박사 학위를 받은 바 있어서 이 프로그램이 얼마나 중요했는지 안다. 현재 STEM 수업을 수강하는 미국인 학생이 거의 없는 것에 대해 불평하는 대신, 젊고 유능한 미국인을 이 분야로 끌어들이기 위해 적극적인 인센티브 프로그램이 필요하다.

마지막으로, 미국의 전략 수립 시에는 강화되고 있는 중국·러시아 동맹을 고려해야 한다. 시진핑 총서기는 지난 6년 동안 블라디미르 푸틴 러시아 대통령을 거의 30번 만났으며, 그가 "푸틴 대통령은 나의 가장 친한 친구이자 동료"라고 말하는 것을 미국은 심각하게 받아들여야 한다. 미국의 기획담당자는 러시아 또는 중국과의 고립된 충돌은 없으리라는 가능성을 고려해야 한다. 대신 양국의 공동 노력에 대항할 수 있는 역량을 구축해야 한다.

이것들은 중국공산당의 전략에 대처하고 승리하기 위해 지금 미국이 취해야 할 핵심적인 조치 중 일부일 뿐이다. 이 책이 중국 공산주의의 도전과 필요한 미국의 대응에 관한 국가적 담론을 시작하는 데 도움이 되기를 바란다. 미국이 미래에도 생존하고 계속 앞장서려면, 우리는 이 도전이 얼마나 큰지, 그리고 자유가 지속되고 승리하기 위해 무엇을 해야 하는지 파악해야 한다.

현대 중국의
실체

The Real Modern China

우리의 가치에 대한 자부심과 자신감의 부족으로 자유를 잃으려고 미국 시민들이 자유를 함께 쟁취하고, 공포로부터 함께 생존하고, 악을 대면하여 패배시킨 것이 아니었습니다. 그렇지 않았고 앞으로도 그렇지 않을 것입니다. 우리는 결코 물러서지 않을 것입니다.

2017년 7월 도널드 트럼프 대통령[1]

최근 몇 년간 국내외의 여론은 중국이 여전히 사회주의인지에 대한 의문을 제기해왔습니다. … 단언하건대, 중국 특색 사회주의는 사회주의입니다. 즉, 어떻게 개혁개방을 하든 항상 중국 특색 사회주의의 길을 고수해야 합니다. … 마르크스주의, 사회주의, 공산주의에 대한 믿음은 공산주의의 정치적 영혼이며 공산주의자들이 어떤 시험에도 견딜 수 있는 영적 지주입니다. 당 헌장은 당의 최고의 이상이고 궁극적인 목표는 공산주의를 실현하는 것이라고 명시합니다.

2013년 1월 시진핑 총서기[2]

닉슨 대통령이 중국을 방문한 이래, 서방은 지속적으로 중국의 활동을 과소 평가하고 잘못 진단해왔다. 중국이 미국 또는 서방 동맹국과 같은 국가로 발전하고 변화하리라는 희망은 확실히 명백한 잘못으로 판명되었다. 금세기 초 워싱턴이 갖고 있던 많은 인식이 우리의 오판에 기여했다.

자만심이 많은 분석을 감염시켰다. 두 번의 세계대전에서 승리하고 소련이 붕괴한 후, 자만에 찬 자신감이 퍼지고 성장했다. 미국인들은 법의 지배, 개인의 자유 보호, 도덕적 가치의 증진을 지켜온 우리 체제의 유산을 소중히 여기고 자랑스럽게 생각한다. 소련이 붕괴하자 미국의 가치를 지지하지 않는 대안적 체제는 실패할 것이라는 생각이 강화되었다. 소련의 종말 후 양극화된 세계가 종식되었으며 짧게나마 미국이 지배하는 단극 세계가 존재했다. 미국이 "신 세계 질서"를 창조하는 아이디어를 홍보하기 시작한 1990년대 초 이래로 우리는 미국의 체제가 보편적이며 점진적으로라도 계속 확산될 것이라고 가정해왔다. 우리는 이러한 전 세계적인 권력과 특권의식을 받아들임으로써 다른 사람들이 우리를 연구할 것이고 우리는 그들을 연구할 필요가 없다고 가정했다. 미국인은 역사를 배우거나 다른 문화를 공부하는 것을 싫어했고, 중국이 성장하여 우리처럼 되는 것이 당연하다고 생각했다. 엄청나게 순진했고 사실 무지했던 것이다.

또한 중국에 대한 기억으로 인해 우리는 중국의 취약성, 빈곤 및 후진성에 대한 우리 자신의 투사된 이미지를 받아들였다. 펄벅이 쓴 소설부터 『산 파블로The Sand Pebbles』 또는 『북경의 55일55 days at Pecking』에 나오는 이미지까지, 우리는 중국이 오래된 관습에 빠지고 실패한 구식 제도를 가진 빈곤한 나라라는 묘사를 계속 받아들였다. 이 이미지를 염두에 두고 우리는 중국의 경제 발전을 수백만 명의 사람들이 가난에서 벗어나도록 돕는 자선과 같은 것으로 접근하고 인식했다.

중국인들의 경제상황 개선에 대해 미국인이 느낀 행복은 미국으로 유입된 저렴한 중국 상품의 홍수로 인해 배가 되었다. 이 상품들은 전국의 생활비를 낮추고 소비자의 제품 선택 범위를 넓혔다. 이 "월마트 효과"는 수백만 명의 미국인의 구매력을 높였다.

사업계가 중국이 차기 큰 수익의 기회임을 감지함에 따라 중국에 대한 기업의 투자가 빠르게 증가했다. 어느 누구도 공산주의의 국가 통제나 국가안보에 대한 함의를 너무 자세히 생각하고 싶어 하지 않았다. 중국은 황금 알을 낳는 거위가 되었고 공산주의 알이라 해도 미국 기업의 이익을 증대시켰다.

그러는 동안, 중국에 대한 긍정적인 시각을 강조하고 부정적인 영향을 최소화하는 동일한 패턴이 다른 미국 기관들에서 발생하고 있었다. 중국의 어떤 악도 보거나 듣거나 알리지 않으려는 강한 이기적인 열망은 뉴스 매체와 학계에 영향을 미쳤으며 오늘날에도 여전히 그러하다. 실제로 부정적으로 보도하는 기자나 학자들은 공격적이거나 호전적인 것으로 해석될 수 있는 대화를 거부하는 자기 강화적 시스템에서 동료들로부터 압력을 받게 된다. 한편 일부 기자와 학자들은 공산당과 그 요원들로부터 직접 압력을 받는다. 너무 부정적인 뉴스는 접근하는 것이 더 엄격하게 제한된다. 너무 비판적인 학자들은 중국 비자와 유학 허가를 얻기가 더 어렵다는 것을 알게 된다. 이 압력은 긍정을 강조하고 부정을 최소화하거나 제거하는 역할을 한다.

따라서 서방의 분석가들은 중국의 가짜 이미지에 오도되어 더 깊은 그림을 보는 데 극적으로 실패했다. 한마디로 우리는 보고 싶은 것을 보아왔고 보고 싶지 않은 것을 무시해왔다. 우리는 중국의 5,000년 역사를 무시했고 공산당이 미국의 가치를 받아들일 의사가 없다는 것을 인정하지 않았으며 중국이 자신의 이미지를 관리하는 노력을 크게 무시했다. 결과적으로 지금까지 우리는 중국의 목표, 의도 및 방법과 그것이 미국에 대해 의미하는 바를 정확하게 분석할 기술을 제대로 갖추지 못했다.

미국인들은 생각을 조정하고, 특정 현실을 인정하고, 중국이 왜 그런지 이해하고, 공산당이 통제하는 현대 중국이 무엇을 달성하고자 하는지 알아야한다. 이것은 미국이 전 세계적으로 미국의 이익, 안보 및 가치를 보호하는 관계를 중국과 계속 유지하는 데 있어 필수적이다.

제임스 매디슨이 아닌 블라디미르 레닌

중국공산당이 깊은 중국적 특색을 가지고 있음은 근본적으로 명백하다. 그 당은 또한 근본적으로 레닌주의이다. 그러나 서방은 종종 이것을 잊어버린다. 중국 공산주의는 중국적이며 또한 레닌주의적이다. 중국 정부의 정책과 지침에서 이 두 가지 요소의 역할을 인식하는 것이 핵심적으로 중요하다.

소련의 붕괴와 함께, 레닌주의와 스탈린주의를 연구하려는 서방의 관심이 약해져 갔다. 그러나 중국 공산주의 경험의 핵심은 레닌에 대한 끊임없는 연구와 스탈린의 지도를 중심으로 구축되었다. 공산당과 그 레닌주의의 역사를 다루지 않은 중국에 대한 모든 분석은 한마디로 잘못된 것이다.

중국의 공산당은 마르크스주의를 연구하는 스터디 그룹에서 시작되었다. 당 창립 세대의 당원들은 너무나 철저한 스탈린주의자였으며—조셉 스탈린의 이데올로기를 너무나 믿었기 때문에—니키타 후루시초프가 1956년 비밀 연설에서 스탈린을 비난했을 때, 중국공산당 지도자는 스탈린의 기억의 편에 서서 후루시초프를 이단이라고 공격했다. 대약진 운동과 문화혁명 시기 동안 공산주의 중화인민공화국의 첫 지도자인 마오쩌둥의 급진적인 정책은 근본적으로 레닌주의적 방식으로 도입되었다. 이 프로젝트로 인해 수천만 명이 사망하고 치명적인 황폐화가 초래되었던 것이 이 주장을 뒷받침한다.

1950년대 후반, 중국에서 수년간의 분쟁이 발생한 후, 마오는 산업 망치와 농업 낫으로 소련 국기에 표시된 공산주의 지휘 경제의 두 가지 핵심 분야인 산업과 농업을 현대화함으로써 중국 경제를 강화할 캠페인을 시작했다. 이 노력은 대약진 운동으로 알려져 있다. 이 캠페인은 완전히 실패했으며 비극적으로 중국의 황폐화와 수백만 명이 굶어 죽는 사태를 가져왔다.

대약진 운동의 실패 이후 마오의 권력은 크게 약화되었고, 그는 중국의 공산당 지도부가 국가를 수정주의 정책 쪽으로 밀고 있다고 믿었다. 1966년에 그는 문화혁명을 선언했다. 문화혁명은 그가 원하는 방향으로 중국을 이끌고 노선에 맞지 않는 모든 공무원과 시민들을 숙청할 수 있는 환경을 만들어 공포를 통해 그의 권력을 효과적으로 재공고화하였다. 문화혁명은 중국에서 "당, 정부, 군대, 다양한 문화 분야에 침투한 부르주아지 대표자들"과 "4대 구

습"으로 알려진 낡은 사상, 관습, 문화 및 습관을 제거하는 것을 목표로 했다.[3,4]

마오가 레닌주의를 고수하는 것은 명백했지만, 마오가 사망한 후 1970년 대 후반에 덩샤오핑이 권력을 잡았을 때, 중국이 이런 종류의 과격한 이데올로기를 계속 고수할지에 대한 의심이 대두되었다. 그 후 개혁개방 기간 동안 추진되고 장쩌민에 의해 더욱 강화된 덩샤오핑의 정책을 볼 때, 중국이 어떻게 여전히 레닌주의일 수 있겠는가?

특히 1992년 덩샤오핑의—사실 그가 권력을 떠난 후 그의 정책이 계속되도록 한—남방 순회 이후 많은 사람들은 자유 시장을 역설하는 그의 메시지가 자연스럽게 중국의 자유 정치체제로 이어질 것이라고 생각했다. 그러나 덩샤오핑의 전기는 그가 청년 시절에 프랑스에서부터 철저한 공산주의자였음을 분명히 한다. 그곳에서 중국공산당 창립 세대의 중심 인물이자 나중에 중국 초대 외무부 장관이 된 저우언라이(周恩來)의 멘토링을 받았다. 덩샤오핑은 후에 저우언라이를 "형"이라고 불렀다.

1922년 청년 덩샤오핑은 유럽에서 중국 청년공산당에 가입해 있었다. 1926년, 강경파 레닌주의자로서 혁명 훈련을 받기 위해 모스크바로 가기조차 했다. 분명히 그는 처음부터 중앙 통제된 당독재를 온전히 믿었다.

게다가 수십 년 후 덩샤오핑의 개혁 정책의 결과는 미국의 기대에 부합하지 않았다. 중국은 자유 시장에 따라 진화하지 않았고 필연적으로 자유 정치체제를 확립하지도 않았다. 그 대신 미국은 중국의 레닌주의 지도자들이 체계적으로 반대 세력을 분쇄하고 공산당의 총체적인 국가통제를 강화하는 동안 중국인들의 번영을 뒷받침한 것이다.

천안문 광장의 비극을 고려해보자. 1989년 천안문에서의 학살은 일탈이 아니었다. 그것은 전체주의의 도구인 중국공산당을 통해 중국을 지배한 레닌주의자들이 할 수 있는 유일한 반응이었다. 학살에 항의한 미국의 어느 누구도 이것이 중국공산당 지도자들이 실제로 어떤 사람들인지를 그리고 통제와 안정을 유지하기 위해 그들이 어떤 일까지 할 수 있는지를 보여준다는 것을 이해하지 못했다. 오늘날 우리는 무슬림 위구르족, 가톨릭 주교 및 사제, 파룬궁에 대한 잔혹 행위를 통해 당의 통제를 확보하기 위해 이와 동일한 유형의 극단주의가 취해지고 있는 것을 본다.

그러나 서방의 엘리트들이 현대 중국이 얼마나 깊이 공산주의, 레닌주의, 전체주의인지 이해하는 것은 거의 불가능하다.

첫 장에서 언급했듯이 시진핑의 가장 높은 직책은 중국공산당 총서기이다. 서방과 영어로 번역된 매체는 종종 시진핑 대통령을 언급하지만, 이 호칭은 단순히 시진핑을 더 친근하게 보이게 하는 잘못된 명칭이다. 시진핑의 실제 국가 직책은 국가주석이다. 사실, 수십 년 전에 중화인민공화국은 이 국가 직책을 "대통령"으로 번역하는 것으로 전환했다. 〈뉴욕타임스〉에 따르면, 이것은 중국이 다른 현대 국가를 보다 가까이 따르기 위한 것으로 짐작된다.[6]

만약 미국 뉴스 매체와 미국 정부가 중국 지도자를 주석이 아닌 총서기로 일관되게 언급한다면, 미국인들은 중국의 체제가 얼마나 다른지 빠르게 배울 것이다. 시진핑을 대통령으로 언급하는 것은 진실을 왜곡하고 중국의 체제가 우리처럼 구성되어 있다는 인상을 남긴다. 그렇지 않다.

중국의 권력 기반은 당에 있다. 2016년 선거에서 트럼프 대통령에게 투표한 미국인(거의 6300만 명)보다 약 50% 더 많은 중국공산당원(약 9000만 명)이 있다. 또한 공산당원 수는 미국에서 가장 인구가 많은 3대 주(캘리포니아, 플로리다, 텍사스)의 인구를 합친 것보다 많다. 중국공산당의 침투성과 중심성에 대한 모든 증거에도 불구하고, 서방 정부와 관료는 당 통제 하에 있는 중국의 하급 정부와 민간 부문 단체에 여전히 집중하고 있다.

레닌주의 전통을 따라 시진핑은 공산주의를 계속 추구하는 데 깊이 헌신하고 자본주의를 근본적으로 거부한다. 2013년 중국 중앙위원회 위원과 대체

위원들에게 한 연설에서 그는 다음과 같이 말했다.

"당은 항상 공산주의의 고귀한 이상을 고수해왔습니다. 공산주의자들, 특히 지도급 간부들은 공산주의의 고귀한 이상과 중국 특색 사회주의의 공통적인 이상에 대한 확고한 신념을 가진 충실한 실천가들이어야 합니다. 마르크스주의, 사회주의 및 공산주의에 대한 믿음은 공산주의의 정치적 영혼이며 어떤 시험에도 견딜 수 있는 공산주의자들의 영적 지주입니다. 당 헌장은 당의 최고의 이상이자 궁극적인 목표는 공산주의를 실현하는 것이라고 명시합니다.

"자본주의의 기본적인 모순에 대한 마르크스와 엥겔스의 분석이 구식이 아니고 자본주의가 사라지고 사회주의가 승리해야 한다는 역사적 유물론적 견해도 구식이 아님을 우리는 사실을 통해 반복해서 보았습니다. 이것은 사회와 역사적 발전에서 돌이킬 수 없는 일반적인 추세이지만 그 길은 돌고 돌아갑니다. 자본주의의 최종적 종말과 사회주의의 마지막 승리는 오랜 역사적 과정일 것입니다."7

시진핑 총서기는 공산당과 서방의 이념이 서로 직접적이고 냉혹한 경쟁을 하는 것으로 본다. 그는 공산주의가 승리할 것이며 자본주의는 극적으로 실패할 것이라고 믿는다. 그의 목표가 레닌주의 전임자들의 유산, 즉 미국이 수십 년 동안 완전히 오해한 유산을 계속하는 것임에는 의심의 여지가 없다. 시진핑은 다음과 같이 결론을 내렸다.

"우리는 강력한 전략적 결의로 사회주의를 포기하는 모든 종류의 잘못된 아이디어에 단호하게 저항해야 하며, 더 나아가 잘못된 아이디어를 의식적으로 수정해야 합니다. 가장 중요한 것은 우리 자신의 업무를 잘 운영하는 데 집중하고, 지속적으로 전반적인 국력을 강화하고, 인민의 삶을 지속적으로 개선하며, 자본주의보다 우월한 사회주의를 지속적으로 구축하고, 우리가 주도권, 유리한 고지 및 미래를 쟁취할 수 있는 더 견고한 토대를 지속적으로 놓는 것입니다."

시진핑은 자신의 말로 중국이 결국 민주화될 것이라는 서구의 순진한 믿음을 완전히 거부한다.

중국몽

중국에서 흔히 하는 말이 있다. "마오 밑에서 중국인은 일어섰고, 덩 밑에서 중국인은 부자가 되었고, 시진핑 아래에서 중국인은 강해졌다." 마오로부터 시작하여 중국의 공산당 지도자들은 레닌주의 이데올로기를 따르면서 중국을 성장시키고 이전의 영광을 되찾는 데 집중했다. 시진핑 밑에서 중국이 영향력 있는 강대국으로 재부상하는 비전은 "중국몽"으로 브랜딩되었다. 어떤 면에서는 그것은 "미국을 다시 위대하게"의 중국 버전이다.

시진핑 총서기는 2017년 10월 중국공산당 제19차 전국회의에서 연설하면서 "중국몽은 역사, 현재, 미래에 대한 꿈"이라고 말했다. 시진핑의 중국몽의 핵심 요소는 두 개의 100주년 목표를 달성하는 것이다. 첫 번째 100주년 목표는 2021년(공산당 창립 100주년)까지 중국을 "소강 사회(moderately prosperous society, 小康社會)"로 전환하는 것이다.[8] 이 경우 "소강"이란 농촌과 도시의 중국 인민들이 모두 높은 생활 수준을 달성하는 것을 의미한다. 두 번째의 100주년 목표는 중국을 "번영하고 강하고 민주적이며 문화적으로 발전하고 조화를 이루는 현대 사회주의 국가"로 변화시키고 2049년 (중화인민공화국 창립 100주년)까지 중국을 완전히 선진국으로 변화시키는 것이다.[9] 『중국 지도자의 사고방식: 중국의 과거, 현재, 미래 지도자의 비화』의 저자인 로버트 로렌스 쿤이 〈뉴욕타임스〉에 기고한 글에 따르면, "'근대화'란 중국이 경제와 사업뿐 아니라 사회과학에서 세계 지도자로서의 입지를 회복하는 것, 중국의 문명, 문화와 군사력의 재기, 모든 인간 활동 분야에 중국이 참여하는 것을 의미한다."[10]

쿤에 따르면 중국몽을 구성하는 4가지 주요 요소가 있다. 이 네 부분은 "(경제적, 정치적, 외교적, 과학적, 군사적으로) 강한 중국, (형평과 공정성, 풍부한 문화, 높은 도덕성의) 문명화된 중국, (사회적 계급 간의 친밀감 있는) 조화로운 중국, (건강한 환경, 낮은 오염의) 아름다운 중국"의 목표를 달성하는 것이다.

시진핑 연설의 영역본은 "중국인의 꿈(Chinese Dream)"이라는 표현을 쓰는 반면, 필자는 "중국몽(China Dream)"이라고 칭해온 것을 독자도 알아보았을 것이다. 종종, 중국의 국가가 번역한 매체에서, 이 개념은 "China Dream"이 아닌 "Chinese Dream"이라고 번역된다. 이것은 미묘하지만 중요한 차이점이다. 중국어에서 이 문구는 中國夢으로 쓰이는데, 夢은 "꿈"이고 中國은 "중국"이고 中國人은 "the Chinese"로 번역된다. 그 하나의 문자를 추가하지 않고 "중국"을 "Chinese"로 번역하는 것은 불가능하다. 그럼 왜 다르게 되었는가? 이것은 공산당의 고의적인 결정이었다. "China" 대신 "Chinese"를 사용하면 그 꿈이 실제로는 당이 조율한 아이디어인데도 중국인들에게서 비롯되었다는 인상을 영어 사용자들에게 줄 수 있다.

엘리자베스 이코노미가 『3차 혁명The Third Revolution』에서 언급했듯이, 시진핑의 중국몽은 집단적 가치를 중심으로 하는 반면, 아메리칸 드림은 개인주의에 중점을 둔다. 시진핑의 연설을 참조하면서, 이코노미는 시진핑에게 중국몽은 중국 국가의 꿈이자 모든 개인의 꿈이라고 설명했다. 국가와 민족이 성공해야만 국민이 성공할 수 있다.[11] 이것은 개인들이 성공해야만 국가가 성공할 수 있다고 강조하는 아메리칸 드림의 반대이다. 미국에서 국가적 성공은 미국 국민의 위대함에서 시작된다.

2017년 10월 시진핑 총서기는 중국몽을 현실로 바꾸는 것이 중점이라는 것과 이를 추구하는 데 있어 중국공산당과 인민의 역할에 대해 설명했다.

> "중국 국가의 자녀인 우리 모두가 국가 회복의 중국몽을 실현하기 위해 한마음으로 노력하는 시대가 될 것입니다. 중국이 중심 무대에 가까워지고 인류에게 더 큰 공헌을 하는 시대가 될 것입니다. … 우리의 사명은 행동을 요청하며, 우리의 사명이 미래로 향한 길을 인도합니다. 우리는 인민의 신뢰에 부응하고 우리가 역사의 선택에 합당하다는 것을 증명해야 합니다. 새로운 시대에 중국 특색으로 사회주의를 건설하려는 큰 노력에 있어 당의 강력한 지도력을 따라 끈질긴 투쟁에 참여합시다. 중국 국가의 자녀인 우리 모두가 함께 모여 부단히 전진하여 중국몽을 실현할 수 있는 강력한 힘을 만들어 봅시다."[12]

과거의 어려움과 실패에도 불구하고, 중국몽은 중국공산당 지배 하의 더 나은 미래에 대한 중국 인민의 희망을 불러일으키도록 되어 있다. 이것은 수년간의 좌절감을 겪은 미국인에게 희망을 주는, 트럼프 대통령의 "미국을 다시 위대하게" 운동에 비교할 수 있다. 오바마 행정부 하에서 수년간의 실패한 정책, 부패한 정치인, 경제적 어려움을 견딘 미국인들은 미국의 가치를 되찾고 국가를 이전의 위대함으로 회복시키기 위해 트럼프 후보에게 투표했다. 미국을 다시 한 번 위대하게 만드는 운동은 미국인들이 역사에서 배웠으며 여러 세대를 거쳐 전해져 내려온 가치를 다시 활성화시켰다. 그것은 미국은 항상 자유롭고, 강하고, 용기 있고, 혁신적이며, 신앙 중심의 국가였음을 상기시키는 것이며, 그래서 그 운동을 "미국을 위대하게"가 아니라 "미국을 다시 위대하게(Make America Great Again)"라고 부르는 것이다.

이런 식으로, 우리는 아메리칸 드림과 중국몽을 비교할 수 있지만, 중국몽과 "미국을 다시 위대하게" 운동 사이에서는 유사점을 찾을 수 있다. 둘 다 어려움과 역경을 견딘 후 국민의 국가에 다시 활력을 불어넣고자 하는 것이다.

경쟁 대상의 목표와 의도를 아는 것은 중요하다. 그러나 경쟁자가 이러한 목표를 달성하기 위해 사용할 방법과 전략을 이해하는 것도 마찬가지로 중요하다. 전설적인 중국 군사 사상가이자 (군사 교리에 관한 가장 유명한 고전 중 하나인) 『손자병법』의 저자인 손자(孫子)는 다음과 같이 썼다. "나를 알고 적을 알면 백전불태다. 나를 알지만 적을 모르면 이기기도 하고 패하기도 한다. 적도 모르고 자신도 모르면 모든 전투에서 패하게 된다(知彼知己者, 百戰不殆. 不知彼而知己, 一勝一負. 不知彼不知己, 每戰必殆─옮긴이)." 중국의 경우, 미국은 이 진지하고 유능한 경쟁자를 온전히 이해할 필요가 있다. 중국공산당은 중국몽을 실현하는 목표를 달성하려 함에 있어 미국의 생활 방식, 국가안보, 이익 및 가치에 도전하고 있다.

그러나 우리는 중국몽의 실현 그 자체가 나쁜 것은 아님을 인정해야 한다. 강력하고 문명화되고 조화로운 중국은 중국인과 세계 모두에 유익할 것처럼 들린다. 문제는 공산당 레닌주의 지도자들이 이러한 목표를 달성하기 위해 일하는 방식이다. 지적재산권 도용, 광범위한 인권 침해, 남중국해에서의 불법적 영토 주장, 외국 감시 및 스파이 활동, 공격적이고 제한적인 사업 관행의 사용 등 모든 것이 시진핑의 중국몽에 설정된 목표에 기여하지만 모두 미국의 이익과 안보를 직접적으로 위협한다. 이것은 미국에게 심각한 즉각적이고 장기적인 문제를 제기한다. 우리는 중국공산당이 어떻게 중국몽에 도달할 계획인지 더 잘 이해해야 한다. 이것은 인민에게서 출발한 것이 아닌 당이 조율한 꿈이라는 것을 기억하자. 중국의 전 세계 침략에 성공적으로 대응하기 위해서는 그들이 어떻게 전략적으로 움직이고 생각하는지 알아야 한다.

03

무역과 절도

Thrade & Theft

미국의 놀라운 경제적 성공 위에 구축하기 위해 우선 수십 년의 재앙을 가져온 무역 정책을 역전시키는 것이 최우선 과제입니다. 중국이 수년간 미국의 산업을 표적으로 하고 지적재산을 훔쳐왔으나 이제는 미국의 일자리와 부를 훔쳐가는 일은 끝났다는 것을 미국은 분명히 밝히고 있습니다.

2019년 2월 도널드 트럼프 대통령[1]

중국은 유능한 인재를 발견하고 그들의 재능을 소중히 여기고 존중하고 활용하도록 하며 그들의 발전을 위한 고무적인 환경을 조성하기 위해 노력할 것입니다. 우리는 전체 혁신 과정에서 유능한 인재를 발굴, 육성 및 유지할 것입니다. 전 세계의 재능에 호소하고 더 많은 사람들이 잠재력을 최대한 발휘할 수 있게 하겠습니다. … 지적재산권 보호를 강화하고 상용화된 연구 결과에서 연구원들에게 돌아가는 혜택을 늘리고 주식, 옵션 및 배당금 등 받아 마땅한 인센티브를 제공하는 등 지식을 포상하는 정책을 도입할 것입니다.

2016년 5월 시진핑 총서기[2]

트럼프 대통령과 시진핑 총서기는 무역 관세를 놓고 대립해왔다. 트럼프 대통령은 정당하게 미국 경제의 힘을 이용하여 시진핑에게 중국 상품에 대한 불공정한 보조금 지원을 중단하고 미국 및 기타 국제 시장에 덤핑을 중단하도록 설득했다. 트럼프 대통령은 이 무역 전쟁에 대해 많은 비판을 받아왔다. 의심할 여지없이, 중국으로 상품을 수출하고 수입하는 데 전력하는 미국의 중소기업들은 어려움을 좀 느끼고 있다. 대기업도 어려움을 좀 느꼈지만 대기업은 공급망을 조정하기에 중소기업보다 더 나은 위치에 있다.

실제로 많은 미국인들은, 크게는 미국 뉴스 매체가 이 문제에 대해 심도 있게 보도하는 것에 전혀 관심이 없기 때문에, 트럼프 대통령의 무역 싸움에 골치가 아프다. 그들은 미국의 미래보다 자기들의 수익을 더 중요하게 생각하는 대기업을 앵무새처럼 따라하는 데 만족한다. 그들은 또한 무역 싸움을 트럼프 행정부를 비판하는 이유로 즐겁게 사용한다. 그러나 모든 미국인은 무역 싸움의 핵심은 중국공산당이 지적재산권을 훔치는 데 전념하는 것임을 이해해야 한다.

우리는 양국의 지도자들이 합의에 거의 이르렀다고 말하는 것을 여러 번 보아왔다. 트럼프 행정부는 지적재산권 보호가 최종 무역 계약에 포함될 것이라는 확약을 받는다. 그런 다음 서명할 때가 되면, 중국 협상가들은 마지막 순간에—트럼프 대통령과 그 팀이 알아보지 못할 것을 바라면서 또는 거절하기에 너무 지쳤기를 바라면서—이러한 보호 조치를 제거하려고 시도하는 것을 보아왔다.

이 중국공산당의 전술은 과거의 행정부에는 먹혔지만 트럼프에게는 효과가 없었다. 트럼프 대통령은 끈질기게 자신의 입장을 고수했다. 2019년 5월 5일 트럼프 대통령이 2000억 달러의 중국 상품에 대해 관세를 10%에서 25%로 인상하기로 결정한 것이 바로 그 예이다.[3] 중국 협상가들은 무역 협정에 엄격한 지적재산권 보호를 포함하기로 한 구두 계약을 철회했었다. 트럼프 대통령은 자신의 입장을 시진핑에게 더 분명하게 하기 위해 더 많은 중국 상품에 대한 관세를 확대할 것이라고 말했다.

지적재산 절도에 대한 이러한 강력한 정책은 오랫동안 트럼프 행정부 정책의 초석이었다. 2018년 6월 백악관 무역 및 제조 정책국은 〈미국과 세계의 기술과 지적재산권에 대한 중국 경제 침략 위협의 현황〉이라는 제목의 보고서를 출판했다. 보고서는 중국이 다양한 산업을 지배하기 위해 사용하는 다양한 전술과 전략을 자세히 설명한다. 이 보고서는 "중국 경제의 규모, 시장 왜곡 정책의 실증 가능한 범위, 미래의 산업을 지배하려는 중국의 표명된 의도를 고려할 때, 현재 세계의 기술과 IP를 표적으로 한 중국의 행동, 정책 및 경제 침략 관행은 미국 경제뿐만 아니라 글로벌 혁신 시스템 전체를 위협한다"고 결론을 내렸다.[4]

지적재산 절도는 미래 산업을 통제하려는 중국 전략의 핵심 요소 중 하나이다. 2018년 12월 〈니케이Nikkei〉와의 인터뷰에서 무역제조정책실의 피터 나바로(Peter Navarro) 박사는 "중국은 기본적으로 우리의 기술을 뒤쫓아감으로써 일본, 미국 및 유럽의 미래를 훔치려고 하고 있다"고 말했다.[5] 이 특정 문제는 너무나 크고 만연되어 있으며, 이전의 많은 행정부가 이 문제를 해결하려고 노력했으나 실패하여 하나의 장으로 따로 다루려 한다.

사실상 모든 미국 산업은 독점적 영업비밀과 기술에 점점 더 의존하게 되었다. 실제로, 회사가 보유하고 있는 가장 귀중한 자산 중 일부는—알고리즘, 새로운 화학 공정, 보다 효율적인 배터리 설계 또는 트랙터를 만드는 더 좋은 방법 등—아이디어이다. 가장 혁신적이고 가장 좋은 아이디어를 개발하는 회사가 비즈니스의 미래를 이끌어갈 것이다. 물론 이러한 아이디어가 도용되지 않는 한, 가장 혁신을 도모하는 국가가 세계의 미래를 이끌어갈 것이다.

2015년 11월 3일, 대통령 후보인 도널드 트럼프는 ABC의 〈굿모닝 아메리카〉에서 못 믿겠다는 듯한 아나운서에게 말했다. "중국은 역사상 어느 누구보다 우리를 이용해왔기 때문에 경제적인 적입니다. 그들이 미국에 해온 것은 세계 역사상 가장 큰 절도입니다. 미국의 일자리를 빼앗아 갔습니다."[6]

2주 후, 국가대응정보 및 안보센터(National Counterintelligence and Security Center) 소장인 윌리엄 빌 에바니나(William "Bill" Evanina)가 트럼프의 주장을 확인하고 숫자를 제시했다. 중국 주도의 산업 스파이 활동으로 인해 해킹을 통한 전체 기업 절도의 90%를 중국이 차지하며 이로 인해 미국 기업은 연간 3600억 달러의 피해를 입는다. 다른 유형의 지적재산(IP) 도난을 고려하면 연간 수치는 훨씬 높아진다.

중국 관행에 관한 미국 IP 위원회의 2017년 보고서는 다음과 같이 지적한다.

"모조품, 불법 복제 소프트웨어 및 영업비밀 도용 등으로 인해 미국 경제가 입는 손해는 계속 2,250억 달러를 초과하고 있으며 6,000억 달러에 이를 수도 있다. 높은 수치나 낮은 수치나 모두 더 많은 연구가 심각하게 필요한 분야인 특허 침해의 전체 비용을 다 포함하고 있지는 않다는 사실에 주목해야 한다. 2015년 11월 국가 정보원장실이 제공한 추정치, 즉 해킹을 통한 경제 스파이 활동이 연간 4000억 달러의 비용을 초래한다는 추정치를 의심할 만한 증거는 찾을 수 없다. 이 비율로 하면, 미국은 3년 전에 〈IP 커미션 보고서〉가 처음 출판된 이후 1.2조 달러 이상의 경제적 피해를 입었다.[7]

균형 있는 시각으로 볼 때, 그 절도는 중국이 매년 적게는 앨라배마주의 전체 경제 생산량(약 2250억 달러)을, 높게는 조지아주의 경제 생산량(약 6000억 달러)을 훔치는 것과 같다.[8] 이 규모는 믿기 어려울 만큼 막대하고 중국 IP 절도는 미국인, 회사 및 지역 사회로부터 노동과 그로 인한 번영의 결실을 박탈하는 것 이상이다. 중국공산당이 돈을 버는 한편, 앞으로 수 세대 동안 미국의 국가안보와 경제적 경쟁력을 저해하는 것이다.

트럼프 행정부의 2017국가안보 전략은 민간 부문 혁신이 국방에 중요한 이유를 다음과 같이 설명했다.

"혁신의 풍경화는 깔끔하게 여러 부문으로 나뉘지 않는다. 대부분의 무기 시스템의 일부인 기술은 종종 다양한 사업체와 대학에서 시작된다. 혁신과 기술적 우위를 잃으면 미국의 번영과 힘에 지대하게 부정적인 영향을 미칠 것이다."[9]

중국의 간첩 활동이 효과적인 형태의 비대칭 전쟁이 되기 위해 국방 응용 프로그램의 연구 및 기술을 표적으로 할 필요는 (종종 그렇게 하기는 하나) 없다. 학술 및 기업 환경에서 개발된 개념과 원형은 종종 국가안보 목적에 적용할 수 있다.

오늘날 미국 기업과 혁신가들은 경제가 발전함에 따라 그 어느 때보다 더 이러한 위협에 취약하다. 〈하버드 비즈니스 리뷰〉에 따르면, 1975년에 S&P 500상장 기업의 시장 가치의 80% 이상이 유형 자산(공장, 기계, 부동산)과 연결되어 있었다. 2015년에는 지적재산 등 무형 자산과 관련된 시장 가치가 80% 이상으로 이 방정식이 뒤집혔다.[10] 이 변화가 의미하는 바는 적대적인 국가 행위자 또는 국유기업이 최첨단 미국 혁신을 훔쳐서 미국 기업을 약화시키거나 망하게 할 수 있다는 것이다.

CNBC는 2019년 초 중국 IP 절도에 관해 CNBC 글로벌 CFO 위원회의 북미 기반 기업을 대상으로 설문조사를 실시했다. 20% 이상이 지난해 중국 기업들에 의해 지적재산을 절취당했다고 응답했고, 다른 10%는 지난 10년 동안 그러한 절도가 있었음을 인정했다.[11] 또한 상하이 미국상공회의소 회원의 약 20%가 기술을 중국 기업에 이전하라는 압력을 받았으며, 화학 분야의 회원 중 41%와 항공 우주 산업의 44%가 그렇게 하라는 "눈에 띄는 압력"을 받았다.[12]

중국은 해킹을 통해 컴퓨터 시스템에 침투하고 DVD, 의류 및 시계와 같은 가짜 제품을 생산하는 것 외에도 수많은 산업 및 소비재에 대한 귀중한 영업 비밀을 좀도둑질하기 위한 체계적인 작전을 펴고 있다. 이 노력은 중국 제품이 아닌 제품을 분해 모방해서, 훔치거나 베껴서 더 싸게 파는 제품 및 기술로 해외 시장을 넘치게 하는 것을 목표로 한다. 절도는 한도 끝도 없으며 고통스러운 것이다. 몇 가지 예가 이러한 절도의 깊이와 폭을 보여준다.

최첨단 마이크로 칩: 2018년에 연방 대배심의 기소장이 중국 국영기업, 대만에 있는 한 회사 및 아이다호에 위치한 반도체 기업 마이크론의 "동적 랜덤 액세스 메모리" 또는 DRAM 마이크로 칩 기술을 훔치려고 한 세 사람에 대해 제기되었다. 중국은 이 기술을 보유하지 않았지만 이 기술을 취득하는 것을 국가안보의 우선 순위로 했었다. 마이크론의 시장 점유율은 500억 달러 규모의 DRAM 시장에서 20-25%의 가치가 있었다.[13]

스타일 섬유 및 칼러 화이트: 2017년 12월, 약 20여 명의 중국 관료들이 상하이의 미국 화학물질 생산업체인 듀폰을 급습했다. 그들은 "회사의 전 세계 연구 네트워크에 대한 암호"를 요구했으며, 회사 내부 문서를 인쇄하고 컴퓨터를 압수하고 직원들을 괴롭혔다.[14] 그 이유는 간단했다. 듀폰이 중국 파트너가 연간 4억 달러에 달하는 옥수수 기반 섬유에 대해 자사의 독점 기술을 훔치고 있었다고 감히 불만을 표명했다는 것이다.[15] 듀폰은 주눅이 들어 미국 관료들에게 무역 협상에서 불만을 제기하지 말라고 지시했다. 불과 몇 년 전에 말레이시아 태생의 중국계 미국인이 10년 넘게 그 회사에 대한 스파이 활동을 했다고 유죄 판결을 받았다. 그 베이징의 요원과 듀폰의 경쟁업체인 중국 국유회사는 원한을 품은 전직 듀폰 직원들을 채용한 후, 냉장고에서 자동차에 이르기까지 모든 것에 쓰는 화려한 흰색 페인트 기술에 대한 공식과 설계를 훔쳐갔다. 그는 유죄 판결을 받고 미국에서 15년 형을 선고받았다.[16]

스틸 및 알루미늄 절취: 2014년, 법무부는 중국의 인민 해방군 해커 5명을 2006년부터 2014년까지 알루미늄 제조업체인 알코아, 미국철강, 산업 부품 제조업체인 웨스팅하우스 및 철강 노동자 조합 등 6개의 미국 피해자를 표적으로 한 위반으로 기소했다.[17] 주목할 것은 미국의 철강 생산량은 정체한 반면 중국은 2006년 이후 생산량을 두 배로 늘렸다는 것이다.[18]

원자력, 풍력 및 배터리 전력: 또 다른 중국 국영기업은 한 엔지니어에게 원자로에 필요한 부품을 취득하도록 했다. 그런 다음 그 요원은 직원들을 고용하여 테네시 밸리 당국과 플로리다 유틸리티로부터 원자로에 대한 기술보고서를 훔치게 했다. 그 엔지니어는 나중에 음모죄에 유죄를 인정했다.[19] 한 중국 회사는 또한 미국 회사의 풍력 터빈 소프트웨어를 훔쳤는데, 이 회사는 그 도난으로 인해 약 700개의 일자리 손실뿐 아니라 10억 달러 이상의 손실이 있었다고 평가했다.[20] 최근 미국 에너지 회사인 필립스 66(Phillips 66)에서는 직원 한 명이 10억 달러 이상의 가치가 있는 배터리에 대한 회사의 비밀 기술 파일을 중국 회사에 제공했다.[21]

이러한 사례는 중국의 지적재산 절도의 빙산의 일각에 불과하다. 절도의 실제 규모와 성격은 강압과 수치심에 의해 가려져 있다.

첫 번째로, 중국법에 따르면 35개 사업 부문에 걸쳐 외국 기업은 중국 파트너와 합작 투자를 해야 한다. 〈월스트리트 저널〉은 "외국인은 현금, 기술, 경영 노하우 및 기타 지적재산권을 가져오는 반면 중국 파트너는 일반적으로 토지 사용권, 자금조달, 정치적 인맥 및 시장 노하우를 좀 기여하는" 방식이라고 설명했다.[22] 그러나 이러한 관행으로 인해 파트너가 미국 회사의 무형 자산이 훔치고 이전하는 것에 취약해져서 미국 회사가 잡아먹히는 결과를 초래했다.[23]

중국공산당은 서구의 독창성도 소유할 권리가 있다고 생각한다. 2018년 한 중국정부 관리가 〈월스트리트 저널〉에 말했듯이, "세계에 대한 중국의 제안은 솔직한 것입니다. … 외국 기업은 중국 시장에 접근할 수 있지만 그 대가로 무엇인가, 즉 기술을 기여해야 합니다."[24]

2018 무역 및 제조 정책국 보고서에는 다음과 같이 나와 있다.

"중국의 산업 정책은 종종 광범위한 중국 시장에 접근하는 대가로 외국 기술 및 IP를 중국 경쟁업체로 강제로 이전하기 위해 광범위한 강제적이고 침해적인 규제 수를 두는 것을 특징으로 한다. … 외국 기술과 지식 재산을 중국 경쟁업체로 강제로 이전하기 위한 중국의 강제 수단은 다음과 같다. (1) 기술 이전을 명시적으로 또는 암묵적으로 요구하거나 촉진하는 강제 합작 투자 및 파트너십 등 외국인 소유권 제한 (2) 불리한 행정 승인 및 허가 절차 (3) 차별적인 특허 및 기타 지적재산권 제한 (4) 보안 검토 (5) 안전하고 통제 가능한 기술 표준 (6) 데이터 현지화 (7) 부담스럽고 침해적인 검사 (8) 차별적 목록 및 카탈로그 (9) 정부 조달 제한 (10) 국제 규범에서 크게 벗어난 토착 기술 표준의 부과로 소스 코드에 중국이 뒷문으로 접근할 수 있는 점 (11) 연구 개발 강요 (R&D 현지화) (12) 독점 금지법 (13) 전문가 검토 패널 (14) 기업 지배 구조에 영향을 미치는 중국공산당위원회 (15) 외국 합작 투자에 중국 직원 배치."[25]

추가적인 IP 도용을 쉽게 만들고 실제 비용을 숨기는 두 번째의 가장 어려운 현상은 미국 및 기타 외국 기업이 서방 당국이나 대중에게 자기들이 피해를 입었다는 사실을 밝히고 싶지 않아 하는 것이다. 중국 스파이의 반복적인 피해자인 듀폰은 그 사건이 알려지는 것을 원하지 않았다. 마찬가지로 많은 기업들이 파울이라고 외치는 경우 중국 당국의 보복이 있을 것을 두려워한다.[26] 또한 회사 경영진에게 공개는 위험한 일이다. IP 절도를 공개적으로 인정함으로써 경영진은 이사회와 주주 앞에서 곤란한 입장이 되며 공급 업체와 고객들은 겁을 내게 되고 시장이 흔들리게 된다. 이러한 뉴스는 성장 전망과 회사의 건전성이 묘사된 것처럼 장밋빛이 아닌 것으로 보이게 할 수 있다. 직원의 위반 또는 컴퓨터 해킹을 밝히기 위해 법 집행 기관에 가는 회사는 신뢰가 무너지고 자료 제출을 할 때 영업비밀이 더 노출될 수도 있다. 더 나쁜 것은 당국이 그 절도에 대해 거의 아무것도 할 수 없다는 것이다.

"세계사에서 가장 큰 절도"

1992년 조지 H.W. 부시 행정부는 지적재산 절도에 관한 주요 양보를 베이징으로부터 받아냈다고 자랑스럽게 발표했다. 중국은 IP를 보호하는 엄격한 새 법을 통과시키겠다고 약속했다. 피해를 받은 미국 산업계는 중국이 마침내 도둑질을 중단할 것이라고 환성을 올렸다. 그 후 중국공산당은 이 협정을 이행하기 위한 어떠한 노력도 전혀 하지 않았으며 걷잡을 수 없는 절도는 가속화되었다. 클린턴 행정부는 미국의 단속 노력을 다시 배가하고 1995년 다시 협정을 받았으며 클린턴의 수석 협상가는 "미국이 체결한 가장 포괄적이고 상세한 IP 권리 집행 계약"이라고 했다.[27] 의회의 많은 동료들처럼 필자도 희망을 가졌다.

그런 다음 베이징은 스스로의 약속을 어겼고, 클린턴은 관세를 부과하겠다고 위협했지만 성장하는 중국 시장과 저렴한 수입품에 접근하고자 하는 산업단체의 압력에 수그러들었다. 대신, 중국 지도자들은 지킬 생각도 없으면서 또 다른 계약(세 번째 4년 계약)에 서명했다. 클린턴은 두 번째 임기 동안 영구적인 정규 무역관계를 추진했으며 2000년 의회의 승인을 받았다. 이것은 2001년 중국이 세계무역기구(WTO)에 가입하는 데 도움이 되었다.[28] 중국공산당은 다시 한 번 IP 조약을 포함한 규칙에 따라 행동하기로 합의했다. 그런 다음 베이징은 다시 세계에 저항하기 시작했다.[29]

조지 W. 부시 대통령은 중국이 규칙을 따르고 자유롭고 공정한 무역 파트너들과 함께할 수 있다는 공공 및 외교적 가식을 유지했다. 중국 대사관에 IP

담당관을 임명하고, 국제 정상 회담 및 양자 회담에서 문제를 제기하고, 경제 스파이 및 지적재산권 도난에 관한 연례 보고서를 발행했음에도 불구하고, 부시 행정부는 중국이 대규모로 전략적으로 지휘하여 미국의 독창성을 훔치는 것에 대해 눈을 감았다.[30]

마찬가지로 버락 오바마 대통령은 중국에 대해 강경한 말을 했지만 실제 행동을 해야 할 시간이 오면 물러섰다. 오바마는 고위급 회담에서 중국의 IP 절도 문제를 반복적으로 제기했지만, 미국에 거주하면서 기업 스파이 활동을 하고 있는 가해자를 법무부를 통해 기소하는 일 외에는 한 일이 거의 없다.[31] 오바마 대통령은 대규모 해킹 및 스파이 사건에 직접 연루된 중국 정부와 시진핑 총서기에 단호하게 대응하는 것조차 거부했다.[32] 2015년, 중국 정부 요원에 대한 고단계 기소와 미인사국(Office of Personnel Management) 파일의 해킹이 발견된 후 오바마는 시진핑으로부터 또 다른 약속을 받았다. 이번에 중국과 미국은 정부가 후원하는 사이버 스파이 활동을 하지 않기로 공동으로 약속했다. 오바마 대통령은 미국이 "상업적 이익을 위한 사이버 경제 스파이 행위"를 하고 있다는 것을 전적으로 부인했고, 시진핑의 말은 모호했다. 로즈 가든에서 오바마 옆에서 시진핑이 한 발언의 번역에 따르면 다음과 같다.

"양국의 관할 당국은 사이버 범죄와의 공동 투쟁에 대한 중요한 합의에 도달했습니다. 양측은 범죄 사건, 조사 지원 및 정보 공유를 강화하는 데 동의합니다. 그리고 양 정부는 지적재산의 온라인 절도에 관여하거나 이를 알면서 지원하지 않을 것입니다. 그리고 우리는 사이버 공간의 적절한 상태, 행동 및 규범의 공식화를 탐구할 것입니다. 사이버 범죄 및 관련 문제와의 투쟁에 대해 높은 수준의 공동 대화 메커니즘을 확립하고 핫라인 링크를 구축할 것입니다."[33]

예상한 바와 같이 시진핑은 말뿐이었으며, 그의 계속되는 비타협적인 태도에 대한 미국의 대응은 미미했다.[34] 지적재산 절도에 관한 중국의 약속 후 6개월 만에 오바마의 국가안보기구(NSA: National Security Agency) 국장이자 미국 사이버 부대 장군인 마이클 로저(Michael Rogers)는 의회에서 다음과 같이 말했다. "중국의 지도자들은 2015년 9월 상업적 이익을 위해 사이버 기반의 영업비밀 도용을 후원하지 않기로 약속했습니다. 그럼에도 불구하고 중국의 사이버 작전은 여전히 미국 정부, 방위산업, 학계 및 개인적 컴퓨터 네트워크를 목표로 하고 악용하고 있습니다."[35]

2015년 오바마-시진핑 정상 회담 이후 감지 가능한 중국 해킹이 잠깐 동안 줄어들었지만 이러한 감소는 기꺼이 준수하려는 태도라기보다는 전략적 재조정의 결과일 수 있다. 베이징은 중국군의 해킹 자산을 사용하는 대신 훨씬 더 정교한 도구와 더 큰 비밀을 보유하고 더 잠행할 수 있는 정보 서비스로 전환했다. 우리가 모르는 새에 침투가 계속되었을 수 있다.[36]

바닥난 당근, 많이 남은 매

30년 동안 중국공산당이 규칙을 지키도록 회유해온 미국 관리들은 중국이 규칙에 따라 행동할 수 있도록 할 대부분의 당근, 인센티브를 다 써버렸다. 그러나 전쟁까지 가지 않아도 미국은 여전히 중국의 침략과 절도를 줄일 수 있는 많은 수단이 있다.

2001년 중국의 WTO 가입부터 2017년 트럼프 대통령 취임까지 미국은 불공정 거래 관행과 위반에 대해 약 24건을 중국에 대해 제소했다.[37] WTO에 제기된 이러한 사례 중 하나만이 지적재산에 관한 것이었다. 2007년 사건(미국 제소의 가장 중요한 부분)에서 미국은 값비싼 승리를 거두었고 중국은 일부 문제에 대한 법률을 변경하기로 합의했다. 그러나 결국 세계무역기구의 판결은 결과를 받아들이고 진지하게 구제 조치를 취하려는 적대적 당사자들의 의지가 있어야 효력이 있는 것이다."[38, 39] 설상가상으로, 중국은 이미 WTO의 규칙에 따라 행동하지 않을 것임을 입증했다. 제소 목록 중 미국 무역 담당자의 <2018년 중국 WTO 준수에 관한 의회 보고서〉는 중국이 세계무역기구의 투명성 의무를 준수하는 데 있어 "극히 열악한 기록"을 가지고 있으며 "세계 무역기구 분쟁 해결의 대상이 되어온 분야에 대한 미국의 우려를 완전히 해결하지 못했다"고 지적했다.[40]

중국의 지적재산권 도용, 해킹 및 스파이 행위에 대항하려는 미국 관리들에게 또 다른 방법은 〈특별 301 보고서〉, 즉 지적재산권과 관련하여 다른 국가의 미국에 대한 무역 불법행위의 경제적 비용을 구체적으로 설명하는 연례 보고서이다. 이는 또한 "IP 권리와 관련하여 가장 중요한 우려를 나타내는 국가"를 "우선 감시 목록" 또는 "감시 목록"에 배치하여 분류한다. 2019년 보고서에서 중국은 우선 감시 목록에 올랐다. 이 보고서는 "중국이 IP 권리를 보호하고 집행하려는 결의를 입증할 수 없다면 필요한 진전은 이루어지지 않을 것"이라고 결론을 내렸다.[41]

하지만 〈특별 301 보고서〉는 이름뿐이고 창피를 주는 전술일 뿐이다. 이 보고서는 IP 위반에 영향을 받는 미국 기업과 사업체의 자발적인 제출을 통해 대부분 정보를 받는다. 국제무역 부정행위에 대해 평이한 언어로 고발한 것에는 가치가 있지만, 이 보고서들은 실질적이고 유형적인 결과를 위한 토대를 마련할 뿐이다.

미국 정부는 WTO에서 긍정적인 판결을 받는 것 외에도 중국의 IP 도용에 대해 신속하고 직접적이며 확고한 결과를 확보해야 한다. 트럼프 대통령은 이 과정을 훌륭하게 시작했다. 중국공산당이 IP 도용과 해킹에 대해 진솔해지도록 강요하기 위해서는 중화인민공화국에 대한 광범위하고 고도로 표적화된 관세가 필요할 것이다. 그러나 미국은 보다 정확한 솔루션이 필요하다.

트럼프 행정부가 이미 생각해낸 강력한 아이디어는 제재이다.[42] 국유 기업이건 기타 기업이건 미국 기업으로부터 훔치거나 미국 회사를 속이는 경우 그에 대한 응징이 있을 것이다. 미국 재무부와 상무부는 도난당한 지적재산을 조달 및 수령하는 모든 주체를 제재하여 전 세계 미국 회사와 사업하는 것을 금지해야 한다. 여기에는 유죄 당사자가 미국으로 수입하는 것을 금지하는 것이 포함되어야 한다.[43]

우크라이나 위기 동안 러시아 공무원에 대한 개별 및 표적 제재는 이것이 빠르게 달성될 수 있다는 분명한 선례를 확립했다.[44] 이러한 조치에 대해서는 의회에 자문을 구해야 하지만 2016년에 영업비밀보호법이 제정되었으므로 새로운 법안을 통과시킬 필요는 없다. 그 법은 미국 정부가 중국의 지속적이고 노골적인 부정 행위와 도둑질을 받아들이지 않을 것이라는 의회의 의지를 입증했다.[45]

또한 미국경영연구소(American Enterprise Institute)의 학자들은 중국의 사이버 공격 능력을 저하시키기 위해 중국에 "보복 해킹"을 하는 방안을 논했다.[46] 이 전략은 또한 "자발적으로" IP를 제공하도록 미국 기업을 협박하는 중국 기업이 미국에서 사업하는 것을 금지하도록 권장한다. 마찬가지로, 우리는 가격 정직성을 강요하거나 중국의 보조금에 맞추어 보복 정부지원금을 제공하여 중국 정부가 지원한 손실(상환할 필요 없는 대출 포함)을 통해 확보한 고객을 미국 회사가 다시 되찾아올 수 있도록 지원할 수 있다.

중국공산주의 체제의 약탈적 자금조달은 중요한 문제이다. 경쟁업체가 강제로 망하게 만들 정도로 싸게 가격을 책정할 수 있다면 회사가 아무리 혁신적이라 해도 소용없다. 이 자금조달 문제를 해결하지 않으면 세계 시장에서 중국과 대결하는 것에 대해 진지하게 이야기할 수 없을 것이다. 중국 통신회사인 화웨이(Huawei)의 부상과 중국 밖의 모든 경쟁사를 물리칠 수 있는 그 회사의 능력은 중국공산당이 지배하고자 하는 모든 산업 분야에 어떤 일이 있을지 정신을 바짝 차리게 하는 경고이다. 이 과정은 태양광 발전산업을 지배하는 데 사용되었으며 전문가들은 이러한 과정이 미국 상업 우주 회사를 파산시키려는 시도에 곧 사용될 것이라고 생각한다.

핵심적인 미국 기술의 강제 이전을 보호하고 미국 기업에 대한 국내 투자를 장려하는 것도 도움이 될 것이다. 두 번째로 더 심각한 형태의 약탈적 자금조달은 큰 잠재력을 가진 소기업을 찾아 구매한 다음 그들의 기술을 중국 공산당 시스템에 흡수하는 전략이다. 많은 소규모 미국 기업은 엔젤 투자자를 찾을 수 있지만, 그 다음 규모의 자금 요구 단계에 가면, 미국 투자자를 유치하기가 훨씬 더 어려워진다. 이 시점에서 중국은 크고 거의 저항할 수 없는 제안을 하여 개입한다. 그 결과 중국은 많은 최고의 미국 혁신가와 기업가들을 얻게 되었다. 앞서 언급했듯이, 어떤 경우에는 중국이 대규모 시장에 접근하기 위한 조건으로 데이터를 중국에서 현지화하거나 외국 연구 및 개발을 중국에서 현지화하도록 강요한다. 다른 경우에는, 중국은 광대한 시장 규모를 활용하여 미국 기업이 시장 접근을 위해 (때때로 최대 지분을 요구하는) 중국 기업과의 합작 투자 또는 파트너십을 체결하도록 강요한다.[47] 또한 미국은 국가안보와 관련이 있는 개발을 분명히 보호해야 하지만 완전히 새로운 기능 영역으로 이어질 수 있는 민군 겸용 기술 및 기초 기술도 보호해야 한다.

이 구체적인 단계는 워싱턴이 지적재산권에 대한 침략을 더 이상 심각한 결과 없이 용인하지는 않을 것이라는 것을 베이징에 확실하게 할 것이다. 그리고 그 결과는 중국이 정부가 운영하는 절도 시스템을 폐쇄할 정도로 심각하고 고통스러워야 한다.

중국의 지적재산 절도는 무엇보다도 미국의 발명가와 기업으로부터 혁신의 동기를 빼앗아 간다. 글로벌 혁신정책 센터(Global Innovation Policy Center)에 따르면 4500만 명 이상의 미국인이 IP 집약 산업에 종사하고 있다. 지적재산은 미국 경제에 6조 6000억 달러 가치가 있으며 혁신으로 인한 경제적 영향은 미국 경제 성장과 고용의 40% 이상을 차지한다.[48] 이것은 확실하다. 지적재산의 도난은 미국 일자리의 도난으로 직결된다. iPhone을 설계하거나 태양광 기술을 개발하는 것과 같이 단순히 숙련된 직업이 아니다. 지적재산이 지원하는 저숙련 직업이 많이 있다. 실제로 IP 도용은 저숙련 근로자에게서 최고의 고용 기회를 빼앗아 간다. 고용 데이터에 대한 한 연구에 따르면, IP 집약적 산업의 저숙련 근로자는 비 IP 중공업 근로자보다 평균 급여가 40% 높았다. 일반적으로 IP에 의존하는 산업은 IP에 의존하지 않는 산업보다 근로자에게 평균 60%를 더 지급했으며 경제 침체 중에도 일자리를 창출했다.[49]

중국의 위협에 대처하는 것을 조심스러워 하는 사업, 정치, 경제 분야의 사람들은 현실을 직시해야 한다. 아무것도 하지 않는 것이 항복보다 나은 것은 아니다. 도둑질을 막으려는 트럼프 대통령의 약속과 노력이 아무것도 안 하는 회의론자보다 자유 무역과 자유 시장을 지키려는 헌신을 더 잘 나타낸다. 주권 국가들이 미국 민간기업에서 훔쳐가고 그 과정에서 미국의 경쟁력과 국가안보를 훼손하는 데도 미국 정부가 소극적인 것은 바람직한 것이 아니다.

이 책이 출판될 시점에 미중 무역 갈등이 어디까지 진척해 있을지 예측할 수는 없다. 그러나 트럼프 대통령은 강경책을 지속해야 한다.

그렇다, 무역 관세는 미국의 사업체에 해를 주고 있지만 전반적인 경제는 강하다. 지금이 이 싸움을 할 수 있는 순간이다. 폭풍우에 견딜 수 있는 경제가 없다면 중국에게서 의미 있는 양보를 끌어낼 수 없을 것이다. 또한 세계에서 두 번째로 큰 경제가 규칙에 따라 경기를 하도록 강요받는 경우 미국 기업들의 형편은 훨씬 나아질 것이다.

이것은 반드시 해야 하는 싸움이고 우리가 이겨야 하는 싸움인 것이다.

04

빅데이터,
인공지능, e-독재

Big Data, AI, & E-Tyranny

진정으로 미국을 안전하게 만들기 위해서는 사이버 보안을 최우선으로 해야 합니다. … 사이버 보안 문제의 범위는 엄청납니다. 우리 정부, 사업체, 영업비밀 및 시민의 가장 민감한 정보가 모두 끊임없이 사이버 공격을 받으며 적의 검토 대상이 되고 있습니다.

2016년 10월 대통령 후보 도널드 트럼프[1]

발전은 가장 중요한 원칙 중 하나입니다. 안정이란 또 다른 것입니다. 우리는 둘 다 중요하게 여겨야 합니다. 우리는 중국적 특색을 가진 사회주의에 따른 사회 거버넌스의 길을 굳건히 고수해야 합니다. 우리는 사회 거버넌스를 강화하는 데 있어 우리의 강점인 당의 지도력과 중국의 사회주의 체제를 활용할 것입니다.

2017년 9월 시진핑 총서기[2]

밀레니엄이 시작된 순간, 중국의 전체주의 체제가 민주주의에 대해 개방을 시작한 것처럼 보이는 때가 있었다. 크리스티나 라슨이 2018년 8월 20일 〈MIT 테크놀로지 리뷰〉에 기고했듯이, 시진핑 중국공산당 총서기의 전임자 후진타오(胡錦濤)는 중국의 일반 서민들이 고충을 탄원하도록 허용하기 시작했었다. 이것은 시진핑과 더불어 모두 끝났다. 라슨에 따르면, "14억 인구의 국가 상황을 이해하고 이에 대응하기 위한 시진핑의 전략은 감시, AI 및 빅데이터의 조합을 통해 인민의 삶과 행동을 샅샅이 모니터링하는 데 의존한다."[3]

시민을 감시하는 것은 중국공산당의 중요한 우선순위이다. 2018년 11월, 중국 정부는 중국의 대체 연료 차량 제조업체에 대해서 차량의 실시간 위치 및 작동 데이터를 정부에 직접 전송하도록 요구하기 시작했다. AP 통신에 따르면, "테슬라, 폭스바겐, BMW, 다임러, 포드, 제너럴 모터스, 닛산, 미쓰비시 및 미국에 등록된 전기 자동차 창업회사 NIO 등 200개 이상의 제조업체가 위치 정보 및 기타 수십 가지 다른 종류의 데이터를 정부 지원 모니터링 센터에 전송한다."[4] 대부분의 경우 자동차 주인은 이런 일이 일어나고 있다는 것을 모른다. AP 통신은 이 시스템으로 중국에서 110만 대 이상의 차량이 추적되고 있다고 보도했다. 전기 및 기타 대체 연료 차량의 효율성과 인기가 높아짐에 따라 이 수치는 급증할 것이다. 수십 년 안에 중국의 대부분의 차량이 그렇게 될 것이다.

중국 정부는 이 데이터를 기반으로 인프라, 공공 안전 및 산업 계획을 개선하고 청정연료 보조금의 남용을 제한한다고 주장한다. 그러나 대체 연료 차량에 대한 보조금을 제공하거나 (공공 안전 또는 인프라 문제에 대처하는) 다른 어떤 국가도 해당 차량을 24시간 내내 추적하도록 요구하지 않는다. 중국법의 비평가들은 AP 통신에게 "이는 외국 자동차 제조업체들의 경쟁력을 저해할 뿐만 아니라 특히 개인 정보 보호가 거의 부재한 중국에서 감시용으로 사용될 수 있다"고 말했다.

이 데이터를 통해 중국공산당은 어떤 순간에나 대체 연료 자동차를 가진 사람의 위치와 일상적인 운전 습관을 알 수 있다. 아마도 정부에 대해 항의하기 위해 이러한 운전자들의 거대한 집단이 한 곳으로 모이고 있는지도 즉시 알 수 있다. 또한 중국공산당이 대체 연료 차량을 소유한 특정 활동가, 언론인 또는 정치적 반체제인사를 추적하고자 한다면, 언제든지 그가 어디 있는지 정확히 알아낼 수 있다.

개인 감시의 문제뿐 아니라 AP 통신에 의하면 일부 제조업체는 중국이 이 데이터를 사용하여 자사 차량의 독점 정보를 확인하고 자사 디자인의 중국 버전을 만들어 시장에서 자신들을 몰아낼 것이라고 우려하고 있다는 것이다. 이것 또한 전적으로 가능한 일이며, 중국의 경제 스파이 및 IP 도용 관행과 일맥상통한다.

이것은 캐나다의 CBC 뉴스가 정보 수집, 분류 및 편집에 중점을 둔 중국 내의 "전체 네트워크"라고 묘사한 예 중 하나일 뿐이다. CBC는 토론토 대학의 먼크 국제관계 대학원(Munk School of Global Affairs)의 연구원 그룹이 중국 기업과 정부 기관들이 수집하고 있는 방대한 데이터를 조사하기 시작했다고 보도했다. 이 그룹은 위챗(텐센트 소유의 중국 다목적 앱으로 메시징, 소셜 미디어, 지불 전송 등에 사용되는 기능 포함) 등 대중적인 중국 모바일 앱을 리버스 엔지니어링해서 이들 앱이 "다양한 숨겨진 검열 및 감시 수단을 포함하고 있음"을 발견했다. (시민 실험실Citizen Lab로 알려진) 연구원 그룹의 책임자인 로널드 데이버트(Ronald Deibert)는 캐나다 언론 매체들에 중국의 지도자들은 "개인들이 미시적 수준에서 무엇을 하고 있는지에 대한 방대한 데이터를 보유하고 있다"고 말했다.[5]

전기 자동차 추적 모델을 따라 중국의 많은 업자들이 정부(또는 보다 정확하게는 당)를 대행하여 모든 데이터 채굴을 수행하고 있다. CBC 뉴스에 따르면 업계는 또한 그 정보를 내다 팔고 있다. 중국의 주요 신문인 〈광저우 남부 메트로폴리스 데일리〉의 기사를 인용하자면, 이 편집된 정보 중 많은 것은 누구나 살 수 있는 것이다. CBC에 따르면,

> "기자들은 동료의 개인 ID번호를 사용하여 체재한 호텔, 사용한 항공편 및 기차, 국경 출입국 기록, 부동산 거래 및 은행 기록에 대한 자세한 데이터를 구입했다. 모두 날짜, 시간 및 문서 스캔이 있었다(추가 비용을 지불하면 판매자는 동료가 호텔 및 임대 아파트에 함께 머무른 사람의 이름을 제공할 수 있었다). 모두 그 동료가 확인한 것이다. 그리고 모두 700위안 또는 약 140캐나다달러의 저렴한 가격에 살 수 있었다."[6]

중국의 휴대전화 앱에서 이 방대한 양의 데이터가 수집되는 것은 놀라운

일이 아니다. (중국의 거대 기술기업 알리바바가 소유한 〈남중국 모닝 포스트〉의 뉴스 웹사이트인) 아바커스(Abacus)는 13개의 중국 앱이 사용자 데이터를 너무 많이 수집하여 폐업 명령을 받았다고 2019년 1월에 보도했다. 아바커스가 밝힌 바에 의하면, 비정부 규제 기관인 중국 인터넷 협회(Internet Society of China)는 이 앱들이 "SMS 메시지, 주소록, 위치 및 녹음을 포함하여 잠재적으로 민감한 개인 데이터를 과도하게 수집하고 있었다. 그중에는 타오바오의 스핀오프 티몰(Tmall), 인기 여행 앱 씨트립(Ctrip, 스카이스캐너의 소유주) 및 짧은 비디오 앱 콰이쇼우(Kuaishou)가 있다"고 말했다.[7] 이전 조사에서 아바커스는 메이투(Meitu)라는 중국의 셀카 앱이 알아볼 수 있는 바이오 데이터 및 재무 정보를 사용자로부터 과도하게 수집하여 "얼굴 훔치기"로 고발되었다고 보도했다.

중국 정부가 중국 업계를 통해 정확한 개인 데이터를 수집하고 있는 정도는 숨이 막힐 지경이다.

그러나 중국공산당의 감시 활동은 중국에만 국한되지 않는다. CNN은 2019년 5월 20일 미국에 있는 중국산 상업용 드론이 중요한 데이터를 수집하여 중국의 제조업체(및 잠재적으로 중국 정부)에 보낼 수 있다고 보도했다.[8] CNN에 의하면, 국토안보부(DHS) 사이버 보안 및 인프라 보안 기관이 이 드론들을 사용하는 미국인들에게 그 기계들에는 "데이터를 손상시키고 회사 자체를 초월하여 접근되는 서버에 귀하의 정보를 공유하는 부품이 들어 있다"는 경고를 내보낸 바 있다.

중국법에 따라 중국 기업들은 법적으로 공산당 정보기관과 협력할 의무가 있다. 이 때문에 드론으로 수집한 데이터를 중국 정부가 사용하여 "그 운영과 그것을 운영하는 개인 및 단체에 관한 데이터를 공개할 잠재성이 있다"고 미국 정부가 "강한 우려"를 표명했다는 것이 DHS 경보로 밝혀졌다. CNN에 따르면 미국과 캐나다에 있는 모든 상업용 드론의 79%는 DJI라는 중국의 한 회사에서 만든 것이라고 한다. 2017년 미군은 DJI에서 제작한 드론의 서비스를 금지하면서 그 회사가 중요한 데이터를 중국정부에 보냈다고 밝혔다. CNN과 〈파이낸셜 타임스〉도 로스앤젤레스의 이민국 및 세관 집행 요원이 이 회사가 미국 법 집행 및 중요 인프라에 대한 데이터를 수집하려고 한 것을 발견했다고 보도했다.

이것은 국제 데이터 수집을 위한 상당히 독창적인 계획이며, 첨단 감시와 함께 중국공산당이 이를 얼마나 진중하게 생각하고 있는지를 보여준다. 이 드론의 대부분에는 고속, 고화질 카메라가 있다. 드론에는 특정 시간에 자신의 위치와 장소를 결정하는 소프트웨어가 있으며, 거의 모두 무선 네트워크에 연결할 수 있다. 〈파이낸셜 타임스〉는 또한 많은 드론이 "조종과 이미지 캡처를 돕는 정교한 얼굴 인식 및 물체 감지 소프트웨어를 사용한다"고 보도했다.[9]

이들 드론은 경찰과 소방관이 위험한 상황을 감시하기 위해 사용한다. 정부 감독관들은 접근하기 어렵거나 원격의 인프라를 조사하기 위해 사용하고 있다. 민간 기업들은 대규모 설치 및 시설을 위에서 아래로 쉽게 보기 위해 드론을 사용한다. 그리고 그저 드론을 날리고 이웃이나 주변의 흥미로운 사진을 찍는 것을 좋아하는 애호가들이 사용한다. 데이터 수집 관점에서 볼 때, 드론 한 개가 캡처할 수 있는 정보 및 감시량은 경악할 정도이다. 함대 전체가 한다면 무엇을 할 수 있을지 생각해보라.

인공지능

데이터들을 정리하고 핵심 정보를 찾는 방법이 없다면 데이터를 아무리 쌓아둔다고 해도 크게 쓸모가 없다. 데이터는 인공지능 시스템을 완성하기 위한 연료이기 때문에 중국은 이를 대규모로 수집하고 있다.

중국산 소셜 미디어 앱인 틱톡(TikTok)은 중국 기술관료가 안면인식 및 대규모 데이터 채굴을 사용하여 인공지능 기능을 구축하고 개발하는 방법을 보여주는 좋은 예이다. 〈블룸버그 비즈니스 위크〉 2019년 4월 17일자 데이비드 램리(David Ramli)와 셸리 반조(Shelly Banjo)의 기사에 의하면, 틱톡은 중국 회사 바이트댄스(Bytedance)가 2017년 11월 뮤지컬.리(Musical.ly)를 매입한 후 만들어졌다.[10]

언뜻 보기에 틱톡은 일반적인 소셜 미디어 플랫폼처럼 보인다. 사용자는 (대부분 10대인) 사람들이 세계와 공유하기 위해 노래를 부르거나 비디오에서 어처구니없는 일을 하는 수많은 짧은 비디오를 보고 업로드할 수 있다. 그러나 틱톡을 실행하는 알고리즘은 페이스북, 트위터 및 기타 미국 소셜 미디어 플랫폼의 알고리즘과 다르게 작동한다.

사용자의 커넥션에서 콘텐츠를 선별하는 대신 틱톡은 사용자와 사용자가 보고 있는 것에 관한 특정 정보를 탐구한다. 램리와 반조에 따르면,

"틱톡은 사용자 위치를 비롯한 데이터들을 활용하여 어떤 동영상을 보여줄지를 결정한다. 그런 다음 사용자가 시청을 시작할 때 가장 오래 보는 얼굴, 목소리, 음악 또는 물체를 분석한다. 좋아요, 공유 또는 댓글 달기는 틱톡의 알고리즘을 더욱 향상시킨다. 하루 안에 앱이 사용자를 너무나 잘 알게 되어 사용자의 마음을 읽는 것처럼 느껴진다."

틱톡 사용자의 상당수는 미성년자이다. 그렇기 때문에, 회사는 저속하고 음란한 콘텐츠를 제한하고 잠재적인 가해자를 식별 및 차단하며 13세 미만의 사용자에 대해 앱의 일부 기능을 차단하도록 노력해왔다. 이러한 목표를 달성하기 위한 회사의 책략 중 하나가 데이터 수집을 강화하는 것이었다. 램리

와 반조에 따르면 "틱톡은 안면인식 소프트웨어를 사용하여 어린 얼굴을 식별하고 미성년자 제작자를 추방하며 어린 시청자가 성인 콘텐츠를 보지 못하도록 막기 시작했다." 또한 그 앱은 콘텐츠에 대한 중국식 검열 프로그램을 시작했다. 〈블룸버그 비즈니스 위크〉에 따르면 "이 회사의 장기적 목표는 문제성 콘텐츠를 완전히 제거하여 '논란에서 벗어나는' 것이다."

(바이트댄스가 뮤지컬.리를 틱톡으로 전환하기 전에 이 회사가 미성년자에 대한 데이터를 불법으로 수집했다는 주장 때문에 연방무역위원회에 합의금으로 570만 달러를 지불하긴 했으나) 당연히 많은 부모 및 아동 안전 단체는 틱톡이 콘텐츠를 정리하기 위해 광범위한 조치를 취하는 것을 반긴다. 그러나 이것이 함축하는 의미는 보다 깊은 것이다. 첫째, (중국 정부 정보기관과 정보를 공유할 법적 의무가 있는) 한 중국 회사가 수백만 명의 미국 청소년에 대한 충분한 데이터를 보유하고 이 앱은 사진을 통해 이들 청소년을 식별하고 그들의 마음을 읽는 것처럼 보인다는 사실이다. 〈블룸버그 비즈니스 위크〉는 이 회사가 자사 서버가 중국 외부에 보관되어 중국법의 적용을 받지 않는다고 주장했다고 한다. 그건 거짓말이다. 중국공산당이 바이트댄스에서 무언가를 원한다면, 당은 그것을 얻을 것이다. 그러나 중국 정부가 틱톡의 사용자 데이터를 압수하지 않더라도 알고리즘을 압수해 그것을 사람들을 식별하고, 위치를 추적하고, 그들이 생각하는 것을 예측하는 자체 시스템을 만들기 위한 기반으로 사용할 수 있다.

그리고 중국은 인공지능(AI) 기술을 완성하기 위해 상당한 양의 자원을 쏟고 있다.

〈더 버지The Verge〉는 2019년 3월 중국이 AI 연구에서 미국을 추월하는 데 매우 근접해 있다고 보도했다. 실제로 2030년까지 AI의 세계 리더가 되겠다는 시진핑 총서기의 의도를 인용하면서, 이 매체는 "중국은 어떤 방법으로 이미 일정보다 10년 일찍 이 목표에 성공했다"[11]고 밝혔다. 중국은 (2006년 이후 사실) 미국보다 AI에 대한 연구 논문을 더 많이 생산해왔을 뿐만 아니라 AI 연구 커뮤니티에서 중국 논문을 점점 더 많이 인용하고 있다.

〈더 버지〉에 따르면, "미국 정부는 이러한 발견에 관심을 가져야 한다. 연구 분석은 모든 국가의 전체 AI 출력을 측정함에 있어 하나의 지표일 뿐이지만, 학계 및 업계 전문가들은 수년 동안 미국이 주도권을 유지하려면 더 많은 노력을 기울여야 한다고 경고해왔다."

또한 중국 기업인 멕퍼 테크놀로지스(Megvii Technologies)는 안면인식 AI 분야에서 세계 최고의 기업 중 하나로 알려져 있다. 〈포브스Forbes〉 기고자 버나드 마(Bernard Marr)에 따르면, 페이스 ++(Face ++)로 알려진 그 회사의 기술이 산같이 쌓인 중국 데이터에 액세스할 수 있었기 때문에 그 회사가 세계적 리더가 되었다. 마는 2019년 5월에 쓰기를, 다수의 중국 기업 및 정부 기관의 얼굴 데이터를 사용하여 AI 소프트웨어를 훈련했다는 것이다. 마에 따르면, 이 소프트웨어는 사람의 얼굴에서 106개의 데이터 포인트를 스캔하여 "높은 정확도로 그 사람의 신원을 확인"하는 데 도움이 된다.[12]

중국에서 AI를 사용한 안면인식 시스템의 성공으로 인해 전 세계 법집행기관에서 이 기술을 활용하게 되었다. 마는 "중국은 이미 스카이넷 시스템에 1억 7000만 대의 보안 카메라가 사용되는 방대한 감시 네트워크를 보유하고 있으며 4억 대가 더 추가될 것"이라고 말했다.

중국의 세계 기록적인 경찰 감시 시스템이 (〈터미네이터〉의 악명 높은 로봇 과부하 시스템의 이름인) 스카이넷이라는 사실은 차치하고라도, 이것은 전 세계에서 안면인식 치안의 모델로 사용되었다. 중국의 안면인식 기술은 현재 뉴욕 경찰국 등 전 세계 경찰이 사용하고 있다.

중국이 자신의 데이터와 AI 시스템을 최대한 활용하려면 양자 컴퓨팅 분야에서 탁월해야 하고 소위 양자 이점(quantum advantage)을 달성해야 한다. 일반적으로 양자 이점은 개인용 컴퓨터보다 차세대 컴퓨터가 훨씬 빠른 속도로 성능을 발휘하게 되는 시점을 가리킨다. 훨씬이라 함은 수천 배 더 빠른 것을 의미한다. 양자 우위(quantum supremacy)는 미래의 기계들이 현재 컴퓨터가 단순히 할 수 없는 데이터를 처리하고 다룰 수 있는 이 단계를 초월한 단계이다.

새라 펠드만(Sarah Feldman)이 2019년 5월 6일 〈스태티스타Statista〉에 게재한 논문에서 설명했듯이, 기존 컴퓨터는 이진 코드(1과 0)로 정보를 처리한다. 고전적인 마이크로 칩은 단순히 1의 위치 또는 0의 위치를 뒤바꾸는 복잡한 릴레이 보드이다. 컴퓨터의 작동을 완료하기 위해 이러한 스위치의 위치에 따라 보드를 통해 전기가 흐른다. 보드 위의 단일 데이터 포인트가 비트이다. 펠드만은 양자 컴퓨팅이 이진 결합을 깨뜨리고 컴퓨터가 2차원(큐비트가 됨)으로 비트를 처리할 수 있게 함으로써 각 "큐비트가 0, 1 또는 0과 1의 조합을 동시에 보유할 수 있게 한다"[13]고 썼다. 이를 통해 양자 컴퓨터는 데이터를 기하 급수적으로 빠른 속도로 처리할 수 있다.

자, 이것은 복잡하다. 그리고 필자의 설명은 양자 컴퓨팅을 엄청나게 단순화한 것이다. 그것은 괜찮다. 이 책은 컴퓨팅의 미래에 관한 것이 아니다. 이해해야 할 중요한 것은 진정한 양자 컴퓨팅이 우리가 알고 있는 세상을 완전히 바꿀 것이라는 점이다. 전자기기의 소형화가 확산되기 시작한 1960년대 후반 이후 우리 사회와 문화가 얼마나 크게 바뀌었는지 생각해 보라. 그로 인해 개인용 컴퓨터, 휴대폰, 비디오 게임 콘솔, 모뎀 및 디지털 텔레비전이 가능해진 것이다.

현재 휴대폰은 1982년의 세계에서 가장 강력한 슈퍼 컴퓨터보다 훨씬 많은 컴퓨팅 능력이 있다는 것을 고려해보라. 중국이 14억 명의 인민과 중국공산당이 관심을 갖는 다른 인구를 함께 감시하고 통제할 수 있는 데이터와 AI 시스템을 성공적으로 개발하려면 양자 컴퓨팅이 절대적으로 필요할 것이다.

e—독재

2020년부터 중국의 사회신용점수 시스템이 완전히 구현되면 세계는 중국의 e독재 브랜드를 처음으로 볼 수 있을 것이다. 2014년 시범 프로그램으로 처음 발표된 사회신용점수 시스템은 조지 오웰의 『1984년』에 나오는 그대로의 것이다.

NPR에 따르면, 이 시스템 하에서 중국의 14억 인구 각각은 처음에 1000점의 사회신용점수를 부여받게 된다. 그 후 중국공산당은 방대한 감시 시스템과 중국 기술 및 금융 회사에서 채굴한 데이터를 사용하여 모든 중국 시민의 모든 행동을 모니터링할 것이다. (물론 공산당의 지시에 따라) 올바른 제품을 구매하고 소셜 미디어에서 올바른 말을 하고 애완동물을 올바른 길로 걷게 하고 올바른 행동을 하는 사람들은 점수를 받고 특권을 누리게 된다. 거액의 구매에 대해 보증금을 면제받을 수 있고, 호텔에서 우선 대우를 받으며, 정부기관에서 더 짧은 줄에 서고, 중국 정부가 "신뢰할 수 있다"고 간주할 것이다.[14]

공산당의 기준에 맞지 않는 사람들은 처벌을 받게 된다. 〈비즈니스 인사이더〉에 따르면, (중국공산당의 지시에 따라 가짜인) 가짜 뉴스를 온라인으로 퍼뜨리는 시민은 점수가 깎인다. 금연 구역에서 흡연해도 점수가 깎인다. 운전 불량, 여가 활동에 지나친 돈을 소비하는 것, 배회 및 개목걸이를 걸지 않고 산책시키는 것도 점수를 깎게 된다.[15]

그 결과는 불편한 것에서부터 사람을 쇠약하게 하는 것까지 다양하다. 낮은 점수를 받은 사람들은 기차를 타거나 비행기 표를 사는 것이 금지될 수 있다. 〈비지니스 인사이더〉는 시범 프로그램에서 900만 명의 사람들이 이미 일부 국내 항공 여행을 이용하지 못한다고 보도했다. 300만 명은 중국 열차에서 비즈니스 클래스 표를 살 수 없었다. 부적절하다고 간주되는 온라인 대화에 참여하는 사람들은 인터넷 연결이 중단되거나 느려질 수 있다. 중국의 회사들은 또한 고용 결정을 내릴 때 사회신용점수 시스템을 사용해야 하며, 신뢰할 수 없거나 아예 블랙리스트로 분류된 부모의 자녀는 특정 학교에 다니지 못하게 될 수 있다. 마지막으로, 개목걸이를 사용하지 않는 개 주인들의 경우 중국 정부는 그들의 개를 빼앗아갈 것이다.

물론 중국에는 진정하게 독립적인 법원 시스템이 없다. 시민들이 자신의 행동에 대한 주장에 대해 이의를 제기하거나 자신이 받은 신용저하가 불공평하다고 생각하는 경우, 명확하게 호소하거나 항소할 시스템은 없다. 더욱이, 사회 신용 시스템의 시범 프로그램에 망서리면서 참여한 많은 중국 시민들이 블랙리스트에 올라가거나 신뢰할 수 없다는 딱지가 붙을 때조차 본인에게 알려주지 않는다.

이 모든 것이 말이 안 되게 보일지 모른다. 그렇지 않다.

이러한 유형의 기술 전체주의가 어떻게 작동하는지 상상하기 어렵다면, 간단히 중국 서부 신장 위구르 자치구를 보면 된다. 확실히 할 것은, 이 지역은 이름만 자치구라는 것이다. 〈뉴욕타임스〉가 그곳의 카슈가르(Kashgar, 疏勒)라는 마을에 갔다. 기자들이 발견한 것은 그들이 자동화된 권위주의라고 묘사한 감시 시스템이었다.[16] 중국공산당이 이 지역에서 개발한 방대한 감시 국가를 기록한 뛰어난 사진 기사가 있다. 중국공산당은 이 지역의 여러 마을에서 수백만의 위구르족과 다른 무슬림과 민족들을 투옥하고 억압해왔다. 카슈가르는 이 무슬림 소수민족 수십만 명이 항상 중국 정부에 의해 감시되고 통제되는 한 마을이다. 이것은 세계 제2대 경제 규모를 가진 국가 내에서 작동하는 현대의 전산화된 강제 수용소이다. 그것은 또한 서구의 가장 지독한 디스토피아 소설을 연상시킨다.

〈뉴욕타임스〉 기자들은 중국 사복경찰이 항상 따르기 때문에 위구르족 주민들과 대화할 수 없었다. 그러나 누구를 면담하지 않아도 중국이 카슈가르

주민들에게 가한 전자 폭정을 알아볼 수 있었다. 이러한 상황 하에 살도록 강요된 사람들은 어디를 가려면 100야드마다 군사 검문소를 통과해야 한다. 안면인식 소프트웨어를 사용하는 카메라가 그들이 검문소를 통과할 권한이 있는지 확인한다. (일부는 자신들도 징집된 위구르족인) 무장 경찰은 때때로 주민의 전화에 필요한 감시 소프트웨어가 설치되어 있는지 확인한다. 무슬림 거주자 중 누구든 남은 몇 안 되는 모스크 중 하나를 감히 가서 예배하려 할 때 동일한 유형의 감시 조치가 사용된다.

이들 검문소에 마을 전체에 퍼져 있는 수천 대의 감시 카메라가 군데군데 있다. 기자들은 짧은 거리의 한쪽에 20대의 카메라가 있는 것을 세었다. 〈뉴욕 타임스〉가 확인할 수는 없었지만, 이 카메라들은 산더미 같은 데이터를 수집하고 안면인식을 사용하여 마을의 모든 사람을 추적하는 것이 전적으로 가능하다. 우리는 이미 중국 기업들이 정부가 사용하는 정교한 감시 소프트웨어 개발에 점점 더 적극적으로 참여하고 있음을 알고 있다. 〈포브스〉는 2019년 2월 중국 소프트웨어 회사인 센스넷(SenseNet)이 데이터베이스를 보호하지 않은 채로 둔 후 250만 명의 개인 정보가 유출되었다고 보도했다.

〈포브스〉가 인용한 네덜란드 사이버보안회사에 따르면, 센스넷은 "안면인식, 군중 분석 및 개인 검증을 위한 인공지능 기반 보안 소프트웨어 시스템을 만든다. 그리고 그 비즈니스 IP와 수백만의 사람들을 추적한 기록을 누구나 온전히 이용할 수 있다."[17] 유출된 데이터에는 최근 위치 추적, 국적, 성별, 집주소, 사진, 생일 및 기타 여러 가지 주요 개인 정보가 포함되었다. 카슈가르—와 신장 나머지 지역—에서 중국 당국이 동일한 대량 데이터 수집 결과를 가져오는 소프트웨어를 사용하지 않는다고 믿을 만한 이유가 없다

또한 앞에서 언급한 대체연료차량 모니터링 시스템을 상기해보자. 이러한 노력을 위한 일종의 시범 프로그램을 처음에 신장에서 테스트했다. AP 통신 보고서에 따르면, 신장에 거주하는 사람들은 차량에 GPS 추적 장치를 설치

해야 할 뿐만 아니라 지나갈 때 도로 상의 확인 장소에 정보를 전송하는 무선 송신기도 앞 유리에 설치해야 했다.

카슈가르의 기자들은 그 감시 상태가 "모니터링하는 것도 있지만 겁을 주는 것"이라고 했다. 위구르인들은 도시를 돌아다니려고 하지 않더라도, 항상 설명도 없는 수색의 대상이 된다. 〈뉴욕타임스〉는 위구르족은 당국이 신뢰할 만한지를 판단하기 위해 사용하는 "신뢰도 점수"를 받는다고 보도했다. 점수가 낮은 사람들은 방문객과 관광객들로부터 고립된 마을의 반대편에 세워진 교화캠프에 더 구금될 수 있다. 사진 기사에 의하면, 심지어 아이들도 부모가 코란을 가르치는지 여부에 대해 신문을 받는다. 〈뉴욕타임스〉에 따르면, "예"라고 대답하면 때때로 이 아이들은 고아가 된다.

〈뉴욕타임스〉 기자들도 정기적으로 수색을 당했으며, 이 "경찰 경호원들"은 자기들이 민감하다고 여기는 사진들을 지워버렸다. 흥미롭지만 문제의 소지 없는 낙타 사진이 삭제된 후 한 기자가 그 결정에 의문을 제기했다. 이 보고서에 따르면 경찰관은 "중국에는 이유가 없다"고 말했다는 것이다.

중국이 이 수용소에 어떤 사람이 가야 한다고 결정했는지 궁금하다면 그 대답은 같다. 로이터 통신에 따르면, 중국은 2016년에 "보안 카메라 영상부터 건강 및 은행 기록에 이르기까지 모든 데이터를 통합하는 예측 소프트웨어"를 사용하기 시작했으며, 현재 신장 강제수용소에 구금되어 있는 위구르족과 소수민족 집단을 일단 파악하는 데 사용했다.[18] 홍콩 휴먼 라이츠 워치 연구원인 마야 웡(Maya Won)은 로이터 통신에 다음과 같이 말했다.

"처음으로 우리는 중국 정부의 빅데이터 사용과 예측 정책이 개인 정보 보호 권리를 뻔뻔스럽게 침해할 뿐만 아니라 경찰이 임의로 국민을 구금할 수 있게 하는 것을 입증할 수 있다."

물론 중국 정부는 위구르족을 특정해서 표적으로 했다는 휴먼 라이츠 워치의 주장을 부인했으며 중국 경찰은 로이터의 논평 요청에 응답하지 않았다. 그러나 이 로이터 통신은 "그 프로그램에 관한 공적 보고서에 따르면, 그 프로그램은 경찰이 사소한 도둑질과 불법 금융 거래에 유죄인 범죄자들을 체포하고 공산당에 충성하지 않은 위구르 공무원들을 찾는 데 도움이 되었다"고 밝혔다.

〈MIT 테크놀로지 리뷰〉의 라슨에 의하면, 중국 정부는 누가 어떤 행동을 하면 알고리즘이 위험인물로 주목하는지 밝히지 않는다. 그러나 "그것은 특정 모스크를 방문하거나, 많은 책을 소유하고 많은 양의 휘발유를 구입하거나, 해외 연락처로부터 전화나 이메일을 받는 것과 같은 행동을 강조할 수 있다고 믿어진다."[19]

이 제도는 너무 불투명하기 때문에 구금된 사람들이 실제로 공공 안전을 위협하는지 아니면 그냥 중국공산당이 통제하려는 소외 집단인지 알 수 있는 방법이 없다. 그러나 우리는 시스템이 완전히 구현되고 있다는 것을 안다. 라슨이 기록한 바와 같이, "가용한 정보는 2016년에서 2017년까지 신장 서부 지역에서 경찰이 구금한 사람들의 수가 급격히 731% 증가했음을 보인다." 라슨은 실제로 위구르 또는 카자흐 성인 10명 중 1명이 "재교육" 시설로 보내졌다고 밝혔다.

필자는 이 캠프가 기숙 학교와 비슷하며 소수민족이 중국어를 배우고 현대적인 직업 기술을 습득하고 사회에 더 잘 통합될 수 있는 단순한 직업 훈련 장소라고 미국의 고위 중국 관리들로부터 개인적으로 들었다. 이것이 사실이라면 위구르인들은 이 시설에서 심각한 인권 침해를 경험하지 않을 것이다. 실제로 신장에서 우리가 보고 있는 것은 중국공산당이 완성하려고 노력하는 전자 독재 시스템의 대략적인 초안일 가능성이 크다.

중국이 국내에서 대량 데이터 수집을 하고, 그 정보를 활용하기 위한 최첨단 기술을 개발하고, 이러한 시스템과 기술을 해외로 수출함에 따라 미국은 이 새로운 기술의 배치와 사용으로 새로운 종류의 세계 전쟁 가능성이 점점 더 커지고 있다는 사실을 인정할 필요가 있다. 사이버 전쟁은 본질적으로 전 세계적이다. AI와 양자 컴퓨팅은 모두 글로벌 플레이어가 될 가능성이 있다. 글로벌 사령부를 향해 이미 취해진 첫 걸음들은 극적으로 강화되고 지원을 받아야 한다. 하이테크 글로벌 갈등은 상상할 수 없는 속도로 발생할 것이며 자산을 활용하는 전투 사령부의 능력을 완전히 능가할 것이다. 글로벌 시스템들이 개발중인 기술을 사용하여 실시간으로 어떻게 관여하는지 보려면 현실적인 전쟁 게임들을 구상해야 한다.

05

반대 세력의
탄압

Crushing Dissent

우리는 정부와 관료주의가 아닌 신앙과 가족을 삶의 중심에 둡니다. 그리고 우리는 모든 것을 토론합니다. 모든 것에 도전합니다. 자신을 더 잘 알 수 있도록 모든 것을 알고자 노력합니다. 그리고 무엇보다도 모든 인간의 생명의 존엄성을 소중히 여기고 모든 사람의 권리를 보호하며 자유 속에 살고자 하는 모든 영혼의 희망을 공유합니다. 그게 우리입니다. 그것이 우리를 국가, 동맹, 그리고 문명으로 결속시키는 소중한 유대입니다.

2017년 7월 도널드 트럼프 대통령[1]

우리는 중국공산당의 지도력, 사회주의 정치 권력, 국가 시스템과 법치에 해롭고 모든 인민의 근본적인 이익에 해로운 모든 문제에 대해 그것이 다양성의 이름으로 만연하지 않도록 분명한 입장을 취해야 합니다. 이것은 넘어서는 안 되는 우리의 붉은 정치적 선입니다.

2015년 5월 시진핑 총서기[2]

중국의 인권을 논의할 때 종종 위구르인과 티베트인에 대한 대우를 언급한다. 이것은 공산주의 정부가 극단적으로 이 두 집단의 비 한족 사람들의 정신을 파괴하고 문화와 신념을 훼손했으므로 이해할 만하다. 그러나 중국의 인권에 대한 논의를 이 두 소수 집단에만 초점을 맞추는 것은 보다 깊게 생각할 때 근본적으로 오해의 소지가 있다. 중국에는 약 600만 명의 티베트인이 있고 중국의 서부 신장 지역에는 1,100만 명 이상의 위구르인이 있다.[3,4] 이들은 합쳐서 중국 전체 인구의 약 1.2%를 차지한다. 그러나 나머지 중국의 98.8%의 인민 역시 심각한 인권 침해를 당하고 있다. 실제로, 박해를 받은 중국인의 총수에 비해 티베트와 신장의 총인구는 소수이다.

예를 들어, 전체주의 정권은 (1999년에 적어도 7000만 명에 도달한) 영적 수

련법인 파룬궁(法輪功)의 수련자들을 박해하며, 보고서에 따르면 신자들을 납치, 신문 및 살해해왔다.[5] 소문에 따르면 파룬궁 수련자들을 살해하여 그 장기를 이식수술에 사용했다고 한다. 또 다른 예로, 중국에는 1억 3000만 명에 이르는 기독교인이 있다.[6] 그러나 중국에서는 모든 기독교 교회가 멸종 위협을 받고 있으며, 모든 그리스도인 예배자들은 박해, 어떤 경우에는 구금에 직면하고 있다.

물론 시민들의 더 많은 자유와 더 많은 정부의 책임을 요구하는 눈에 보이지 않지만 지속적인 움직임이 있다. 중국 본토에서의 이러한 친 민주주의 운동은 당 지도자들이 이를 중국공산당에 대한 직접적인—사실 치명적인—위협으로 여기기 때문에 눈에 띄지 않는다. 정부는 민주주의 옹호자들을 정기적으로 투옥하고 때로는 죽인다. 많은 사람들이 망명을 가서 해외에서 생을 보낸다.

사실은 간단히 말해서 다음과 같다. 중국에는 인권이 없다. 중국공산당과 전체주의 국가가 부여한 소위 권리는 우리가 불가양도의 권리로 간주하는 것의 엉터리 모조품이다. 이것은 군대보다 내부경찰이 훨씬 더 거대한 체제이다. 모든 시민의 신뢰도 점수를 추적하고 유지하려고 한다. 진정한 인권은 하나님으로부터 오며 국가가 아닌 개인에 속하는 것이다. 이것은 그 정의 자체로 국가가 개인, 개인의 신념 및 행동에 전적으로 관여하는 전체주의 시스템에서는 불가능하다.

시진핑 총서기의 반부패 캠페인은 이러한 객관적인 권리 결핍의 분명한 예이다. 중국에 대한 깊은 경험이 있는 전문 분석가들은 시진핑의 부패 방지 캠페인이 얼마나 부패한 공무원을 근절하기 위한 것인지, 얼마나 정치적 반대 세력을 제거하기 위한 것인지 확신하지 못한다. 문제는 범죄와 싸우고 범인을 찾는 것이 아니다. 그보다는 누가 어떤 범죄로 구속되고 기소되는가의 문제이다. 그것은 형사 사법 절차가 아니라 정치 과정이다.

현행 독재 체제의 안정성에 대한 위대한 시험은 1989년 6월 베이징 천안문 광장에서 이루어졌다. 개혁에 대한 압력이 가중되고 있었다. 중국 전역에 수백 개의 도시에서 사람들은 중국 정부에 항의하고 변화를 요구하고 있었다. 시위가 벌어진 곳의 중심은 베이징 중심의 천안문 광장이었다. 다른 불만들 중에서도 이 시위자들은 공산당의 전체주의 권력에 직접적인 위협이 되는 정치적 자유화의 확산을 요구하고 있었다.

종국공산당 지도부는 소비에트 연방을 개혁하려는 노력이 있었을 때 어떤 일이 일어났는지를 보았기 때문에 이 개혁 요구가 우려되었다. 그들은 1956년 니키타 후루시초프가 조셉 스탈린을 비판하고 더 인간적인 정책을 요구했을 때 헝가리인들이 반란을 일으키고 유혈 낭자한 싸움에서 진압당했으며 폴란드가 소련과 전쟁을 할 뻔한 것을 보았다. 그리고 나서 그들은 미하일 고르바초프가 시스템을 개혁하려고 시도한 것을 보았다. 그의 정책은 동유럽 위성국가들에서 경제 침체와 엄청난 불만을 불러일으켰고 (1991년 12월에 사라진) 소련의 안정성을 분명히 위협하고 있었다

중국 지도부는 대약진 운동(大躍進運動)과 문화혁명의 고통과 혼란을 너무도 생생하게 기억했다. 그들은 모두 문화혁명 기간을 살았거나 마오쩌둥의 박해를 받았었다. 그들은 학생 주도 반란이 얼마나 위험하게 될 수 있는지를 보아왔다. 그들은 시위대를 달래거나 반란과 개혁의 정신이 통제에서 벗어나는 위험을 감수하는 일은 하지 않을 생각이었다. 공산당 지도부는 반대 세력을 진압하기 위해 1989년 6월 4일 천안문 광장에서 잔인하게 학생들과 시위대를 사살하도록 군대를 파견했다. 탱크 앞에 서 있는 비무장 시위자의 사진은 전 세계에서 중국 공산주의 독재의 비인간성과 잔인함의 상징이 되었다.

몇 년 동안 외국 정부들로부터 보복의 요청이 있었다. 강한 말이 따랐지만 강한 행동은 없었다. 중국의 독재 정권은 개혁을 선호했던 지도자들을 숙청하였고, 반대 의견을 용인하는 것에 반대하고 개혁 운동에 대중의 참여를 증

가시키게 될 개방 과정을 거부하는 입장을 강화했다. 중국의 독재는 서구 체제의 짧은 기억과 대다수 업계의 경제적 이해관계가 결합하여 억압에 대한 분노를 약화시킬 것이라고 도박을 했다.

1994년 중국 정부가 중국인의 인권 보호를 크게 개선하지 않았음에도 불구하고 클린턴 대통령은 중국의 최혜국 지위를 갱신했다. 이는 중국을 정상적인 거래 파트너로 취급하는 것이다. 클린턴 대통령이 중국의 지위를 갱신하기로 한 결정에서 주목할 만한 것은 그가 중국과의 무역 및 관여 정책과 관련된 다른 문제들과 인권을 분리함으로써 그렇게 했다는 사실이다. 클린턴 대통령은 "이번 결정으로 미국은 인권에 대한 장기적이고 지속가능한 진전과 중국과의 다른 이해의 증진을 위한 기반을 마련할 수 있는 최상의 기회를 갖게 될 것"[7]이라고 말했다. 클린턴은 인권 문제에만 국한하기보다는 "보다 넓은 맥락에서 중국과의 관계를 봐야 한다고 생각한다"고 강조했다. 그는 인권과 무역 사이에 더 이상 합리적인 연관성이 없다고 덧붙였다. 그는 "그 정책의 유용성은 끝났다"[8]고 말했다.

클린턴 대통령이 인권과 미중 간 발생하는 다른 외교 문제를 구별한 것은 옳았지만, 공산당이 주도한 중국인에 대한 잔인한 억압은 잊거나 무시하거나 경시할 수 없다. 천안문 광장의 비극은 현대 중국공산당이 자국민에 대해 저지른 가장 널리 알려진 폭력 행위였지만, 슬프게도 마지막이 아니었다.

미국인들은 두 체제가 얼마나 근본적으로 다른지 이해해야 한다. 우리는 국민으로부터 권력이 시작되고, 정부가 국민에게 책임지고, 생명권, 자유권, 행복 추구권이 우선시되고 보호되는 국가에 살고 있다. 우리의 광대한 인권과 자유는 양도할 수 없고 타협할 수 없는 것이다.

오늘날 중국에서는 상황이 완전히 다르다. 권력은 공산당의 최상층에서 비롯된다. 권력자들은 당의 생존을 최우선하며, 그들은 당 지도부에 책임을 진다. 인권의 개념은 지도부에 의해 다르게 간주된다. 맥킨지의 수석 파트너인 피터 워커(Peter Walker)는 연설에서 중국 내전과 일본의 침략의 결과로 식량, 피난처 및 안전이 인권보다 우선 순위가 되었다고 언급했다. 또한 필자에게 제공된 로이터 기사에서 (앞 장에서 언급한 신장의 감시 상태 도시인) 카슈가르의 당 부서기는 "안정은 최고의 인권이다"라고 말했다. 9

이것은 많은 것을 시사한다. 미국에서는 언론의 자유, 결사하고 투표하고 종교를 가질 권리가 민주 사회의 토대를 형성하는 아이디어들 간의 가치 있는 경쟁을 창출한다. 그러나 외부인의 관점에서 보면 이러한 경쟁적인 아이디어가 불안정성을 초래하는 것처럼 보일 수 있다. 따라서 권력이 위로부터 나오고 지배 정당의 강력함이 우선시되고 정부 공무원들이 안정성을 중요한 인권으로 간주하는 사회에서는, 중앙 권위로부터 권력과 통제권을 가져가는 권리와 자유는 허용되지 않는 것이 불가피해 보인다. 이 대안적 관점을 이해하는 것이 중요하다.

그러나 필자는 이것이 중국공산당이 목표를 추구하기 위해 저지른 반인권 행위를 정당화한다고 주장하는 것이 결코 아니다. 미국인들은 중국공산당이 자신의 권력을 보존하기 위해 인민들에게 강요하는 역경의 현실을 알 필요가 있다.

미국은 중국에 강제로 미국의 시스템을 강요하려 하지 않는다. 그러나 이 책 전체에 걸쳐 많은 사례가 증거하듯이 중국공산당은 전체주의 체제와 억압적인 관행을 다른 국가에 수출하려고 한다. 또한 중국공산당이 인민들을 취급하는 방법은 국경 밖의 사람들을 어떻게 대할 것인지를 잘 시사해준다. 중국공산당은 일차적 목표가 지존의 권위를 유지하는 것이기 때문에 인권을 억압한다. 중국공산당은 반대 의견을 제거하고, 사법 제도를 조작하고, 개인의 생계를 위협함으로써 (국가의 권력 구조와 정부에 관계없이 보호받아야 할 모든 인간의 권리를 침해하여) 이 목표를 달성한다.

중국공산당의 지배

광저우 성서 개혁 교회 목사인 황샤오닝(Huang Xiaoning)에 의하면, "중국공산당은 중국과 중국 인민의 신이 되고자 합니다. 그러나 성경에 따르면 오직 하나님만이 하나님입니다. 정부는 교회를 두려워합니다."[10]

시진핑 총서기 하에서 공산당은 중국의 5대 국가 인정 종교(중국 불교, 이슬람교, 천주교, 개신교, 도교)에 대해 더욱 적극적으로 통제하고 있다.[11] 퓰리처상 수상자 니콜라스 크리스토프가 〈뉴욕타임스〉에 기고한 바에 의하면, "중국의 종교에 대한 오웰식 전쟁"은 "75년간 어떤 주요 국가도 견줄 수 없는 규모"이다.[12] 무신론적인 중국공산당의 지시에 따라 종교 단체는 본질적으로 중국화되고 있다. 실제로 이것이 의미하는 바는 국가가 인가한 기관이 예배와 종교 활동을 감독한다는 것이다. 또한 주요 종교 지도자는 정부가 선택한다. 정부는 또한 교회와 기타 예배 장소의 건축을 허가할 수 있는 곳을 정한다.[13]

또한 중국 신화통신(Xinhua)에 따르면, 국무원 신문판공실(China's State Council Information Office)이 발표한 2018년 백서는 "중국의 종교는 반드시 지향에 있어 중국적이어야 하고 사회주의 사회에 적응할 수 있도록 중국의 종교를 적극 지도해야 한다"고 선언했다.[14] 공산당은 종교를 중국화함으로써 당에 더욱 충실하게 하고 시민의 충성이 공산주의 이념과 일치하도록 할 수 있다. 이것은 중국에 있는 신자들의 규모로 인해 당의 생존에 중요하다. 외교협의회는 2018년에 1억 3000만 명의 기독교인이 중국에 살고 있으며 2030년까지 2억 4700만 명에 이를 것으로 추정한다.[15] 2000만 명이 넘는 무슬림이 있고 다른 종교인들도 많이 있다. 미국 국무부는 2016년 중국의 총 종교 신자 수가 약 6억 5,000만 명이라고 추정했다.[16] 이에 비해 중국공산당은 9,000만 명의 당원을 보유하고 있다.[17] 중국공산당은 보다 높은 권력에 충성하는 신자들을 통제하는 것이 필요하다.

더욱이 중국은 신자들이 외국에 대한 충성심도 가지고 있음을 인정한다. 2018 백서에서는 "중국의 외국 종교", 즉 가톨릭교와 개신교는 "식민주의자와 제국주의자들에 의해 오랫동안 통제되고 활용되어 왔다"고 말한다.[18] 〈뉴욕타임스〉의 한 기사는 기독교가 중국에서 가장 빠르게 성장하는 종교라고 결론지었다. 중국공산당의 많은 사람들은 기독교가 "중국의 권위주의 정부의 목표와 충돌하고, 순종과 질서를 강조하는 전통 중국 문화와 유교 가르침에 대한 시진핑의 포용과 충돌하는 인권과 같은 서구의 가치와 이상을 도모"한다고 믿는다.[19] 결과적으로 CNN은 또한 분석가들과 민권 옹호자들이 중국공산당이 당의 권력에 위협이 된다고 간주하는 신자들에 대한 표적 조치를 한 단계 강화하고 있음을 관찰했다고 보도했다.[20]

중국공산당의 종교 단속은 광범위하다. 예를 들어, 지방 정부는 정부 기관에 등록되지 않은 수많은 지하 또는 가정 교회를 폐쇄해왔다.[21] 2018년 12월, 정부는 가장 유명한 지하 교회 중 하나인 추위성약교회(Early Rain Covenant Church, 秋雨聖約敎會)를 폐쇄하여 교인 100명 이상을 체포하고 교회의 목사를 구금했다.[22]

가톨릭 교회의 경우, 수십 년 동안 중국 가톨릭 교인들은 교황이 비밀리에 임명하고 바티칸에 충성하는 주교가 운영하는 지하 교회에서 예배를 드려왔다. 중국 정부는 이에 병행하는 체제를 만들었으며, 가톨릭 신자들은 지하 교회와 중국 국가의 승인 및 규제를 받는 가톨릭 교회로 나뉘어졌다. 이렇게 나뉘어진 것을 통일하기 위한 노력의 일환으로 바티칸과 중국은 2018년 9월 중국에서 주교의 임명권이 있는 자가 누구인가라는 문제를 해결하기 위해 잠정 협약에 도달했다. 이 글을 쓰는 시점에 이 협약의 세부 내용은 모호한 상태이지만, 바티칸은 이 협정 하에서 7명의 국가 임명 주교를 인정함으로써 일부 규제 통제권을 중국공산당에 넘겨주었다. 이 주교들은 이전에 바티칸에 의해 선발되지 않았다는 이유로 교회에서 파문되었던 사람들이다.[23]

더욱이 십자가가 건물에서 제거되었고 교회는 중국 국기를 걸도록 강요되었으며, 신도들은 애국적인 노래를 불러야 했다. 광저우에서 경찰은 어린이 주일학교를 급습했다. 성서의 온라인 구매는 금지되어 있다. 2018년 12월, 수많은 학교와 도시에서 크리스마스 축하행사가 금지되었다. 릴리 쿠오는 〈가디언〉에 기고한 글에서 "중국적 기독교의 선양을 목표로, 사회주의와의 공통점을 찾고, 텍스트의 '올바른 이해'를 확립하기 위해 성서를 '재번역하고 주석을 달' 것을 요구하는 정부공작계획을 인용했다."[24]

중국공산당의 종교 단속 이유는 현대 중국의 기독교를 중점적으로 연구하는 듀크 대학의 리안시(Lian Xi) 교수의 진술에서 가장 잘 요약되어 있다. 리안은 특히 기독교가 중국공산당의 권력에 미치는 위협을 강조했다. 리안은 "그들은 변화의 세력으로서 기독교의 정치적 잠재력을 보게 되었다"고 한다. "정부를 진정으로 불안하게 만드는 것은 보편적 권리와 가치에 대한 기독교의 주장이다."[25]

그러나 정부는 단순히 기독교인만 따로 다루는 것이 아니다. 이 책의 앞부분에서 설명한 바와 같이, 가장 압도적인 인권 침해는 신장에서 발생하고 있다.

오랫동안 신장의 무슬림 위구르족과 중국의 지도층은 대립해왔다. 이러한 긴장은 2009년 약 1000명의 위구르족이 모여 광둥에 있는 장난감 공장에서 싸움이 일어나 두 명의 위구르족이 사망한 것에 대한 정부 조사를 요구하면서 시작되었다. 이 시위는 폭동으로 바뀌었고 중국공산당의 대응은 이 지역에서 10개월 동안 인터넷 접근을 차단한 것이었다. 그 후 2014년에 위구르 분리주의자 집단이 기차역에서 공격 중에 33명의 민간인을 칼로 찌르는 일이 발생했다. 그 결과로 신장지역 정부는 "폭력적 극단주의 척결"이라는 캠페인을 시작했다.[26]

2016년 천취안궈(陳全國)가 신장(新疆)의 중국공산당 서기가 되면서 그 강도가 심해졌다.[27] 그는 이전에는 티베트의 당 최고지위에 있으면서 집중적인 단속과 진압을 주관했었다.[28] 또한 시진핑은 천취안궈를 중국공산당의 고위 통치기구인 중앙정치국의 25명의 위원 중 한 명으로 승진시켰다. 힐러리 허드(Hhilary Hurd)가 〈로우페어Lawfare〉에 기고한 글에서 지적한 것처럼, 그 승진은 신장 억압의 중요성을 분명히 보여주는 지표이다.[29]

확실히 테러와의 싸움은 중요하다. 그러나 신장에서 공산당이 하고 있는 일은 실제로 반테러 노력이 아니다. 오히려 중국공산당은 이 정책을 극단적인 수준으로 가지고 갔다. 〈로우페어〉에 기고하면서, 허드는 중국 정부가 이 지역의 위구르족 주민들의 정체성을 "완전히 지워버리고 독립에 대한 지역의 충동을 뿌리뽑으려"[30] 하고 있다는 일부 관측통의 주장에 주목했다. 미국 국무성 대테러 특임대사 나단 세일즈(Nathan Sales)와 국제종교자유 특임대사 샘 브라운백(Sam Brownback)은 신장의 무슬림들에 대한 학대는 사실상 "테러방지 대책에 대한 전 세계적 합의를 훼손하는 것"이라고 2019년 5월 기고했다. "베이징은 자신의 인권 침해를 정당한 테러방지 대책으로 색칠하고 있지만 사실은 명백히 그렇지 않다."[31]

권익옹호 단체인 중국인권방어(Chinese Human Rights Defenders)에 따르면, 2017년 신장 지역의 인구가 중국 전체 인구의 약 15%에 불과함에도 체포된 숫자는 중국 전체 체포의 21%에 달했다.[32] 정부는 또한 수염, 긴 치마, 얼굴 베일 및 이슬람 이름 금지 등 엄격한 규칙을 부과해왔다고 한다.[33] 신장의 당국은 베이징의 지원으로 종교적 신념, 문화적 관습, 정치적 반대를 예방하고 억압하는 추가적인 방법으로 "재교육"—또는 세뇌—프로그램을 시행하고 있다. 중국공산당의 감시 하에서 신장에서 "자유롭게" 사는 사람들은 의무적인 "교육"을 받거나 또는 선전선동 행사에 참여하도록 되어 있다. 신장의 상황을 자세히 보여주는 2018 휴먼 라이츠 워치(Human Rights Watch) 보고서는 다음과 같이 밝혔다.

"정치교육 캠프 내에서 수감자들은 중국어를 배우고, 중국공산당을 찬양하고, 투르크 무슬림에게 적용되는 규칙을 외우도록 강요받는다. 수용소 외부의 사람들은 매주 또는 심지어 매일 중국의 국기 게양식, 정치적 교조화 회의 및 때때로 만다린 중국어 수업에 참석해야 한다. 수용자들은 1000자 이상의 한자를 배우거나 달리 충성스러운 중국인이 된 것으로 간주되지 않는 한 수용소를 떠날 수 없다는 말을 듣는다.

외부에 거주하는 투르크 무슬림은 가택 연금에서 시작해서 지역을 떠나는 것이 금지되고, 나라를 떠나는 것이 금지되는 것에 이르는 이동 제한을 받는다. 내부에서는 사람들이 평화롭게 종교생활하는 것에 대해 처벌을 받는다. 정부의 종교적 제한은 너무 엄격해서 이슬람을 효과적으로 불법화했다. 내부에서는 경비원이 사람들을 면밀히 감시하고 가족 및 친구와 접촉하는 것이 금지되어 있다. 집에 사는 사람들은 이웃, 공무원 및 기술 기반 대량감시 시스템이 감시하며 외국에 있는 사람들과 연락하는 것이 허용되지 않는다."[34]

인터뷰를 인용하여 휴먼 라이츠 워치는 과거 구금당했던 사람들이 묘사한 신체적, 심리적 처벌과 자살 시도에 대해 설명했다. 한 사람은 독방에 갇혀 있는 것을 설명하면서 말했다. "저들은 2x2미터 정도의 작은 독방에 나를 감금했다. 먹을 것이나 마실 것을 주지 않았고, 손은 뒤로 수갑을 차고 있었고, 24시간 동안 잠을 자지 않고 서 있어야 했다."[35] 휴먼 라이츠 워치 보고서에 따르면, 이전에 구금되었던 사람들은 10대, 임산부 또는 모유 수유 중인 여성, 노인 및 장애인들이 수용소에 수감되어 있는 것을 목격했다.[36] 신장에서 위구르족 및 기타 무슬림과 소수민족의 탄압은 치명적이다. 중국 인권옹호자들의 2018년 8월 보고서에 따르면, 의무적인 "교육"을 강요받거나 정치 재교육 수용소에 강제로 입소한 신장 거주자, 특히 위구르인의 총수는 200만에서

300만에 이른다.[37] 스콧 버스비(Scott Busby) 차관보는 2017년 4월 이후 수용소에 구금된 사람들의 숫자만 해도 80만 명에서 200만 명 이상으로 추정된다고 2018년 12월 상원 외교위원회에서 증언했다.[38]

2019년 7월 초 22개국이 유엔 인권 고등 판무관에게 서한을 보내, 중국은 종교의 자유를 함양하고 위구르 및 기타 무슬림 및 소수민족의 대량 수감을 중단하라고 촉구했다. 서명국은 호주, 영국, 캐나다, 프랑스, 일본, 독일, 뉴질랜드 등이다. 중국은 총 37명의 유엔 주재 대사들이 서명한 "인권 분야에서 중국의 주목할 만한 성과"를 칭찬한 서한 형태로 강력하게 대응했다. 신화통신에 따르면—러시아, 파키스탄, 쿠바, 사우디아라비아, 카타르, 나이지리아, 앙골라 등의 대사들이 서명한—이 서한은 신장에서 중국의 "비급진화(de-radicalization)" 정책을 칭찬하면서 그 결과로 "그곳의 사람들이 더 강한 행복감, 성취감 및 안전을 누린다"고 하였다.[39]

그달 말, 신장의 관리들은 재교육 캠프에 수감된 사람들의 대다수가 풀려났다고 주장했다. 그러나 이 주장은 미국의 회의론에 부딪혔다. 국무부와 국방부가 발표한 성명서는 "모호한 주장을 확인할 수 없었다"며 중국공산당이 "모든 종교적 신앙에 대한 극단적인 적대감"을 계속해서 보인다고 결론을 내렸다.[40] 신장의 상황이 개선되었는지 확인하기 위해서는 완전히 투명해야 하지만, 이 글을 쓰는 시점에 밝혀진 증거의 부족에 입각할 때, 이 학대가 중단되었다는 가능성은 거의 없다.

빅데이터와 감시에 관한 장에서 신장에 대해 길게 이야기했지만, 그곳의 인권 침해는 주의해야 한다. 신장의 잔학 행위는 중국공산당이 레닌주의 체제를 강요하고 자신과 다른 이데올로기를 쓸어 없애버리는 사례이다. 그것은 비극이다. 중국공산당이 인민에 대한 통제를 더욱 확대함에 따라 생명이 파괴되고 가족들이 두려움으로 찢어지고 있다.

종교 및 문화 관행에 대한 이러한 광범위한 억압과 통제는 너무 엄청나서 충격적이다. 그러나 이들 집단만이 중국공산당의 권력을 위협하는 다른 이데올로기를 억제하려는 중국공산당 전략의 유일한 표적은 아니다.

반대의 통제

2019년 4월, 시진핑 총서기가 2013년(주석이 되기 전)에 한 연설의 발췌문이 공개되었다. 시진핑은 소련의 실패와 붕괴에 대해 다음과 같이 언급했다.

"소련은 왜 붕괴되었는가? 소비에트 공산당은 왜 추락했는가? 중요한 이유는 이데올로기 분야에서의 투쟁이 매우 치열하다는 것입니다. 그것은 소련의 역사, 소련 공산당, 레닌과 스탈린의 역사를 완전히 부정합니다. 그것은 역사적 허무주의에 빠지게 하고 생각을 혼란스럽게 합니다. 모든 수준의 당조직은 거의 유명무실하며 군대는 더 이상 당의 지도력 아래 있지 않습니다. …"[41]

중국 전문가이자 〈시노시즘Sinocism〉 뉴스레터의 저자인 빌 비숍(Bill Bishop)이 주목한 바와 같이, 중국공산당은 소련의 실패로부터 많은 교훈을 얻었으며, 그 결과 많은 정책이 추진되고 있다.[42] 이러한 교훈 중 하나는 이데올로기의 차이가 어떻게 공산주의 체제가 금이 가고 무너지게 할 수 있는가 하는 것이다. 비숍은 또한 "시진핑은 자신이 공산주의자라는 사실을 자랑스럽게 생각하며 그와 당은 서방과 실존적 이념 투쟁을 하고 있다고 생각한다"고 주장했다.[43] 중국공산당의 권력 장악을 유지하기 위해서는 종교적, 문화적 관습을 통제하는 것이 중요하지만, 당과 모순되는 정책을 전하거나 옹호하는 반대자들의 목소리를 잠잠하게 하는 것도 중요하다.

중국공산당이 파멸시키려 했던 가장 유명한 학술 활동가 중 하나가 류샤오보(Liu Xiaobo, 劉曉波)이다. 류샤오보는 전 베이징 사범대학 문학 교수이다. 그는 중국 정부에 대해 목소리를 내는 비평가였으며 중국 문화와 사회, 특히 민주주의와 인권에 관한 글을 집중적으로 썼다. 그는 1989년 천안문 광장 학살 기간 동안 학생들을 지원한 후 21개월 동안 수감되었다.

1996년부터 1999년까지 그는 대만과 (티베트의 영적 지도자) 달라이 라마에 대한 정부의 정책을 비판한 후 재교육 노동 수용소에 수감되었다. 그리고 2009년 정치 개혁 선언문—챠터 '08—에 연루된 후 "전복 선동"으로 11년의 징역형을 선고받았다. 2010년에 류샤오보는 헌신적인 행동주의 활동으로 국제적으로 인정을 받았으며 "중국의 기본 인권을 위한 길고 비폭력적인 투쟁"으로 노벨 평화상을 수상했다. 류샤오보는 국제적인 지원을 받았음에도 불구하고 여전히 거의 8년을 감옥에서 지낸 후 2017년에 병원으로 이송되어 간암 합병증으로 사망했다.[44]

대부분의 사회에서 노벨 평화상 수상자가 평생 여러 번 투옥되는 것은 곤혹스러울 것이다. 그러나 중국공산당은 그를 진정 당의 권위와 영향력에 대한 심각한 위협으로 보았다. 마찬가지로 류샤오보의 아내 류샤(Liu Xia)는 2018년이 되어서야 중국을 떠나도록 허락되었다. 범죄로 기소된 적이 없고 그녀에 대한 법 절차는 없었음에도 불구하고 8년 동안 가택 연금을 당한 후였다.[45] 예술가이자 시인인 그녀는 남편이 노벨 평화상을 받고 나서 며칠 후 가택 연금을 당했다. 중국은 류샤가 자유와 권리를 유지했다고 주장했지만 서방 외교관들은 남편이 사망한 후 중국 당국이 그녀를 면밀히 감시하고 미리 전화를 걸고 방문한 경우에만 가족 및 친구들과 만날 수 있게 했다고 주장했다.[46]

류샤의 남동생은 그녀가 독일 비행기를 탈 때 중국에 남아있도록 강요당했다. 중국의 2018년 연례 보고서에 대한 의회 집행위원회에 따르면, 권리 옹호자들은 "중국 정부가 류샤의 남동생 류휘(Liu Hui, 劉暉)가 그녀와 함께 중국을 떠나는 것을 허용하지 않았기 때문에 중국 외부에서 류샤의 언론의 자유가 침해될 수 있다는 우려를 표명했다."[47] 그것은 중국공산당이 중국에 아직 살고 있는 가족과 친구들을 해외에 거주하는 반체제 인사들의 행동을 통제하는 수단으로 종종 사용하기 때문이다. 따라서 외국에 거주한다고 해서 반체제 인사가 사랑하는 사람들에 대한 심각한 영향의 위협 없이 공산당의 검열을 피할 수 있으리라는 보장이 없다.

〈뉴욕타임스〉는 주앙리홍(Zhuang Liehong)이라는 이름의 남자가 2011년 고향인 우칸(Wukan)에서 현지 공무원의 주머니를 채우는 토지 횡령에 대한 일련의 시위의 주도자였다고 보도했다. 시위가 끝난 후 주민들은 지방 선거를 할 권리가 있었고 주앙은 7명의 새로운 위원회 멤버 중 한 명이 되었다. 그러나 이 명백한 승리는 단명했고, 주앙은 2014년 뉴욕으로 도피할 수밖에 없었고 그 곳에서 고향에서 행해지는 잔학 행위에 대해 자유롭게 말할 수 있다고 생각했다. 그는 가족과 친구들이 보내온, 우칸을 휩쓸고 있는 경찰의 단속 사진을 페이스북에 올렸다. 2016년에 마을에서 시위 후, 주앙은 교도소에서 수감 중인 아버지로부터 마음을 아프게 하는 전화를 받았다. 아버지는 "아들아, 네가 하는 일을 그만두어라"고 말했다. "가족에게 좋지 않을 것이다." 〈뉴욕타임스〉에 따르면, 주앙은 "전화 통화가—주앙의 침묵과 아버지의 자유의—거래를 제안하는 것이라고 느꼈다."[48] 주앙은 그 후 몇 달 동안 더 많은 전화를 받았다. 그의 여러 전화번호 중 하나에서 전화 받기를 중단하면 다른 전화번호로 전화가 왔다. 중국에 있는 주앙 친구들의 전화도 보안 경찰이 추적했으며 그의 전화를 받으면 신문을 받았다. 주앙의 어머니는 장애인 형과 함께 살고 있었는데 국영방송인 중화 방송국(CCTV)의 카메라가 "수수께끼같이" 밖에 나타났다. 그의 아버지는 계속해서 그에게 경고를 보내고 3년 형을 선고받았다. 주앙의 어머니는 우칸에서 전화를 해서—미국에서도—

그의 안전은 위험에 처했다고 경고했다.

다른 사례에서, 롱아일랜드에 있는 만다린어 미디어 회사인 미러 미디어 그룹(Mirror Media Group)의 기자가 구오 웬구이(Guo Wengui, 중국에서 망명한 재벌)와의 인터뷰를 시작했을 때 그의 아내는 중국에서 90일 동안 실종되었다. 2018년 초에 첸 샤오핑(Chen Xiaoping) 기자가 트위터에 아내의 석방을 중국정부에 요청하는 공개 서한을 발표했다. 편지가 발표된 직후, 그의 아내가 미국에서 그가 하는 일을 비난하는 비디오가 익명으로 YouTube에 올라왔다.[49]

중국공산당은 반체제 인사와 그 가족과 친구들을 단속하는 것 외에도 2015년부터 그들을 변호하는 인권 변호사와 활동가들을 더 구금하기 시작했다. 이 소위 법과의 전쟁은 "709 단속"이라 불리며, 이는 첫 번째 체포가 있었던 날을 나타낸다(7월 9일).[50] 〈워싱턴 포스트〉에 의하면, 이 캠페인은 "최근 몇 년간 인권 피해자를 용감히 변호한 변호사를 처벌하기 위해 체포, 구금 및 가짜 재판을 사용한다."[51] 중국 인권을 우려하는 변호사 그룹은 첫 시작 후 5일 이내에 최소 146명의 인권 변호사, 활동가 및 법률 사무소 직원이 구금, 체포, 의사소통 단절, 소환되거나 자유가 일시적으로 제한되었다고 밝혔다.[52]

CNN은 인권을 옹호하다가 중국의 다른 지역에서 "709 단속"에 걸린 수이 무칭(Sui Muqing)과 피터 달린(Peter Dahlin)을 인터뷰했다. 이 기사는 그들이 "강제로 집에서 잡혀서 수주, 어떨 때는 수개월 동안 비밀 감옥에 구금되고, 가족과의 소통과 변호인을 거부당하고, 비디오 녹화된 자백을 강요당하며 결국에는 단 한 가지 범죄에도 유죄 판결을 받지 않고 석방되었다"고 말했다. 수이는 이 단속을 당한 최초의 인물 중 하나이며 중국 인권을 우려하는 변호사 모임이 제공한 피해자 목록에 포함되었다.[53] 2015년 7월 어느 날 밤, 그는 자신의 아파트에 있다가 그의 차가 사고로 긁혔다는 경비원의 전화를 받았다. 그는 밖에 나갔다가 갑자기 경찰에 끌려갔다고 했다. 수이는 거의 5

개월 동안 종적을 감추었다.

중국 변호사를 위한 훈련과 법률 지원을 제공한 베이징에 기반을 둔 비정부기구의 공동 설립자인 스웨덴 시민 달린은 2016년 1월에 그가 정부 당국의 표적이 된 것 같다는 정보를 받았다. 베이징 공항으로 가기 위해 아파트에서 나갈 준비를 하는 동안 20명의 경찰관이 그의 아파트에 들이닥쳤다. 달린은 자기와 여자 친구가 구금되었고 당국은 그의 집을 뒤져서 문서와 컴퓨터를 압수했다고 CNN에 말했다.

CNN은 단속에 사용되고 있는 핵심적인 수단은 "지정위치 거주 감시(RSDL, Residential Surveillance at a Designated Location)"의 도입으로, 이는 2012년 형사 소송법에 추가된 것이라고 보도했다. 이 개정된 법률에 따라 거주 감시는 6개월 이상 지속되지 않아야 하며 구금된 자의 가족은 (연락이 불가능하지 않은 경우) 24시간 이내에 체포 사실을 통보받아야 한다. 또한 이 법은 모든 피구금인이 변호사를 선임할 권리가 있고 요청 후 48시간 이내에 변호사와 만날 권리가 있다고 정한다.

그러나 CNN에 의하면 이 법은 "범죄로 즉각 기소될 수 없는 사람들을 중국 법률 체계 밖에서 일시적으로 구금하는 수단인 '검은 구치소'에 대한 오랜 관행을 합법화하는 것으로 보였다. … 새로운 시스템의 비판자들과 이전의 구금 시설 억류자들은 이 법이 구금에 법적 광택을 부여하고 강제 실종을 정상화한다고 말한다."[54]

〈실종자의 인민공화국The People' s Republic of the Disappeared〉의 편집자인 마이클 캐스터(Michael Caster)는 RSDL의 현실을 〈더 디플로맷The Diplomat〉에 다음과 같이 설명했다.

"RSDL은 검은 후드와 한밤중의 급습에 이르기까지 영화 〈브이 포 벤데타V for Vendetta〉의 장면을 연상시키면서 너무나 본질적으로 전체주의의 정수이기 때문에 너무나 공포의 대상이 된다. 알려진 바는 거의 없지만, 중국에서 사라진다는 것이 의미하는 바는 천천히 바뀌고 있다. 그것이 발효된 지 몇 년이 지난 2016년에도 여전히 많은 사람들이 RSDL의 거주라는 그럴듯한 칭호에 오도되고 있다. 고문은 흔한 일이다. RSDL은 억압의 도구로, 공포를 야기하고 권력을 증명하기 위해 고안된 것이다. 무서워하도록 설계되었기 때문에 그토록 두려움의 대상이 된다."[55]

수이와 달린은 가구가 거의 없고, 창에는 검은 커튼이 내려져 있고, 하루 24시간 형광등이 켜진 방에 구류되었다고 한다. 방에 경비원들이 있어 매 순간마다 그들을 지켜보고 있었다. 읽고 쓰는 것도 금지되었다.

수이는 전복 선동 혐의로 신문을 당했고 광저우 경찰 훈련 시설에 구금되었다고 한다. 그는 자신의 직업, 고객, 재정, 개인 생활 및 연락처에 관해 자세한 내용을 제공하라는 압력을 받았다. 신문관의 질문에 대답하기를 거부한 후에도 그들은 계속 그를 더 강하게 압박했다. 수이에 의하면, "나흘 밤낮으로 잠을 재우지 않았고 다섯째 날에는 죽을 것 같았다." 잠을 못 자고 손을 묶인 채 천장에 매달려 수사관들이 눈에 손전등을 비추겠다는 위협을 했을 때, 저항하려는 그의 의지는 무너졌다.

달린은 너무 지루해서 매일 하는 신문을 거의 간절히 기대했다고 CNN에 말했다. 그는 신문관들이 "나쁜 미국 영화"에서 본 것과 같은 방법을 사용했다고 했다. 그는 "단순히 무섭게 하려는 의도로 한밤중에 많은 사람들이 방에 들어와 침대를 둘러쌌다"고 말했다.

신문관들은 그의 사건이 해결될 때까지 중국인인 달린의 여자 친구도 구류해둘 것이라고 명확히 했다. 달린은 "단지 나에게 압력을 가하기 위해 여자 친구를 인질로 잡았다"고 말했다. 그는 여자 친구가 "그들에게 줄 것이 아무것도 없다는 것을 그들도 알기 때문에" 아주 좋은 대우를 받고 있다는 말을 들었다.

거의 한 달 동안 구금된 후, 달린은 카메라 앞에서 자백한 후 석방될 것이라고 들었다. 그는 자신과 여자 친구가 구금에서 빨리 풀려나도록 그 요구에 동의했다. 달린은 CCTV의 카메라가 있는 방에 들어갔고 대본을 받았다. "저는 중국 정부에 피해를 입혔습니다"라고 그는 자백했고 이것은 전국적으로 방송되고 공영 신문에 보도되었다. "저는 중국인의 감정을 상하게 했습니다. 이에 대해 진심으로 사과드립니다." 활동가들은 이것을 강제 자백이라고 비난했다. 시진핑이 권력을 잡은 이래로 비슷한 자백이 CCTV에서 여러 번 방송되었다. 달린처럼 수이는 여전히 무죄를 주장하지만, 그 역시 당국이 원하는 대로 비슷한 자백을 해야 했다.[56]

비슷한 사례에서, 미국 국무부는 저명한 인권 변호사 왕콴장(Wang Quanzhang)의 2019년 1월 판결에 반대하는 성명을 냈다. 왕콴장은 정치 활동가, 토지 압수 피해자들, 파룬궁 추종자들을 변호하는 일을 했지만 결국 2015년 체포의 피해자가 되었다. 그는 "가족이 그가 살았는지 죽었는지 알 수 없는" BBC가 "법의 블랙홀"이라고 불렀던 곳으로 사라졌고 3년 반 가까이 구금되었다. 가족 방문이 허용되지 않았고 자신의 사건에 대해 변호사를 지명할 수도 없었다.[57] 로이터 통신은 그가 심지어 자신의 관선 변호사를 해고했다고 보도했다.[58] 아내가 남편의 석방을 요구하기 위해 62마일 행진을 시작했을 때, 경찰이 막아서고 그녀는 5살짜리 아들과 함께 임시 가택연금에 처해졌다. 비공개 1일 재판을 마친 후, 톈진 법원은 왕콴장이 "국가 권력 전복에 대한 유죄 판결을 내리고 4년 6개월의 징역형, 5년간의 정치적 권리 박탈"을 선고했다.[59]

마이클 캐스터(Michael Caster)에 따르면, 인권 방어와 시민 사회 단체의 많은 사람들은 시진핑 치하의 권력 남용과 저항의 상징으로서 "왕콴장과 그의 아내 리 웬즈(Li Wenzu) 주위에 몰려들었다."[60] 왕콴장과 그의 아내, 그리고 709 단속 때 구금된 많은 사람들은 특히 그들이 중국 내외에서 지지를 받을 때 중국공산당의 권력에 대한 명백한 위협이다.

로버트 팔라디노 미 국무부 대변인은 언론 보도에서 왕콴장의 판결과 중국에서의 권리와 자유의 지속적인 박탈에 대한 우려를 표명했다. 팔라디노에 의하면,

> "미국은 인권 변호사 왕콴장의 선고에 깊이 우려하고 있다...우리는 중국이 왕콴장을 재판 전 3년 반 동안 구금하고, 외부와의 소통을 단절하고, 자신의 선택에 의한 변호사를 박탈당하고, 그가 선택한 변호사가 보복을 당한 것에 걱정한다. … 우리는 중국의 법치, 인권 및 기본적 자유가 악화되는 상황에 계속 우려하고 있으며, 중국이 국제 인권 약속을 지키고 법치를 존중할 것을 계속해서 촉구한다."[61]

행동하기

중국공산당은 중국 인민에 대한 광범위한 인권 침해를 저지르고 있다. 그러나 미국은 단순히 보고서를 내고 비난하는 것 이상을 할 수 있다. 최근 트럼프 행정부는 이러한 사례 중 일부에 대한 조치를 취했다.

시양(Xie Yang)의 사례가 미국의 개입을 자극하는 이러한 사례 중 하나였다. 〈워싱턴 포스트〉에 따르면, 2017년 5월 인권 변호사 시양(2015년 7월에 구금)의 재판은 "진정한 쇼우 재판(show-trial) 방식으로" 시작되었다. 법원은 시양이 전복 활동을 인정하고 어떤 종류의 고문도 없었다고 부인하고 다른 변호사들에게 사건 중에 "국가의 당기관 이미지를 훼손하지 말 것"을 설득하

는 강제 자백일 수 있는 비디오를 공개했다. (미국에서 출생한) 시양의 딸과 다른 친척들은 중국에서 도피하여 태국으로 갔지만 불법입국죄로 감옥에 갇혔다. 그들이 구금된 동안, 그들을 중국으로 데려오기 위해 중국 요원들이 감옥에 배치되었다. 그러나 〈워싱턴 포스트〉는 2017년 3월, 태국의 미국 외교관들이 "문자 그대로 그 가족을 감옥 뒷문으로 빼내어 안전한 곳에 보냄으로써" 개입했다고 보도했다.[62,63]

이 글을 쓰는 시점에, 트럼프 행정부는 또한 인권을 침해하는 중국 기업에 제한을 두는 것을 고려하고 있다. 그러한 회사 중 하나가 세계 최대의 비디오 감시기술 제조업체인 힉비전(Hikvision)이다.[64] 〈인터셉트Intercept〉 지에 따르면, 2018년 6월 현재 중국공산당이 그 회사의 40%를 소유하고 있었다.[65] 미국 정부는 지정 외국 기업과 미국 기업이 함께 사업을 하기 전에 미국 정부의 승인을 받도록 요구하는 미국 상무부의 업체 목록에 이 회사를 추가하는 것을 고려 중이다.[66] 본질적으로 이것은 힉비전이 미국 기술을 구매할 능력을 제한할 것이다.[67] 블룸버그는 또한 다른 비디오 감시 회사인 다후아(Dahua)가 무역 블랙리스트에 추가되는 것이 고려되고 있다고 보도했다.[68]

힉비전과 다후아는 전 세계 보안 카메라의 약 3분의 1을 제공한다.[69] 두 회사 모두 신장에 있는 수백만의 위구르족과 기타 무슬림 및 소수민족을 감시하는 감시 시스템을 설치하기 위해 총 10억 달러 상당의 정부 계약을 체결했다. 외교 정책지 〈포린 폴리시Foreign Policy〉에 기고한 논문에서 찰스 롤렛(Charles Rollet)은 "이 프로젝트에는 보안 카메라뿐만 아니라 비디오 분석 허브, 지능형 모니터링 시스템, 빅데이터 센터, 경찰 검문소 및 드론까지도 포함된다"고 썼다.[70]

공산주의 희생자 기념 재단의 전무 마리온 스미스(Marion Smith)는 〈워싱턴 포스트〉에 기고한 글에서, "베이징이 신장에 설립한 감시 국가는 그 회사의 도움 없이는 불가능할 것"이라고 말했다.[71]

트럼프 정부가 이들 회사를 실제로 블랙리스트에 올리더라도 미국 투자가 그들의 은행 계좌에 자유롭게 유입되는 것을 막을 수는 없다. 확실히, 미국인들이 신장에서 널리 퍼져 있는 압제에 대해 안다면 중국공산당의 행동을 지지하지는 않을 것이다. 그러나 개별 미국 투자자들은 그런 사실을 모르기 때문에 많은 투자 자금과 국가 연금이 힉비전과 다후아의 주식지분을 가지고 있다.

미국의 일부 펀드가 그 회사들의 주식을 구매한다. 예를 들어, 2019년 3월 현재 뉴욕주 교사퇴직 시스템은 2만 6000주 이상의 힉비전 주식을 소유하고 있었다.[72] 또한 약 100만 명의 회원 및 수혜자가 있는 캘리포니아주 교사퇴직 시스템은 2018년 6월 현재 430만 주 이상의 힉비전 주식을 보유하고 있다.[73]

미국인들은 또한 MSCI 신흥 시장 인덱스를 통해 힉비전과 다후아에 투자한다. 일부 펀드는 인덱스에 직접 투자되며 일부 펀드는 포트폴리오를 따른다. 작년에 이 인덱스는 힉비전과 다후아의 A급 주식을 추가했다. 즉, 펀드가 MSCI 신흥 시장 인덱스에 투자할 때마다 이들 회사의 포지션을 구매하고 있는 것이다.[74]

트럼프 정부가 이들 회사를 기업 목록에 추가하기로 결정하더라도 미국 개인 및 기관 투자자는 여전히 그들의 주식 및 채권을 투자 포트폴리오에 보유할 수 있다. 또한 MSCI 신흥 시장 인덱스나 다른 어떤 인덱스나 미국 펀드도 그러한 주식을 처분하도록 요구되지 않는다. 사실, 이로 인해 미국 정부가 불량 행위자로 지정한 회사가 계속 자금조달을 받게 된다. 힉비전과 다후아의 경우, 이들 회사는 신장에 대한 탄압을 진전시키는 그들의 역할에도 불구하고 여전히 미국 투자자로부터 자금을 받을 수 있었다. 이것은 잘못된 일이며 고쳐야 한다.

모든 미국 투자자가 자신의 돈이 어디로 가고 있는지 알았다면, 그들 중 많은 사람들이 그러한 잔혹행위에 반대할 것이라고 생각한다. 미국의 펀드와 인덱스는 대규모로 인권 침해를 저지르는 회사의 손에 미국의 자본이 들어가지 않도록 공정한 역할을 해야 한다. RWR 자문 그룹 회장 로저 로빈슨은 2019년 3월 〈파이낸셜 타임스〉에 기고한 글에서 다음과 같이 말했다. "주정부 공공 연금 기금, MSCI EM 인덱스, 그리고 힉비전과 같은 회사를 보유한 운영 중인 기타 펀드는 인권이나 국가안보 관련 실사를 거의 하지 않은 것 같다."[75]

이 글을 쓰는 시점에서 7개의 인덱스가 힉비전에서 그들의 포지션을 마감했지만 나머지 펀드와 인덱스도 그렇게 해야 한다.[76] 또한 미국 개인 및 기관 투자자는 기업 목록에 지정된 외국 기업에 자금을 제공하도록 허용돼서는 안 된다. 이것은 미국이 중국의 인권 침해에 입장을 표명할 수 있는 한 가지 방법이지만 단지 시작일 뿐이다.

미국은 RWR의 권고를 따라야 한다. 미국 금융 거래소에 있거나 미국 인덱스 펀드에 포함된 모든 중국 회사는 증권거래위원회의 투명성 요건을 충족해야 한다. 어떤 이유에선가 수백 개의 중국 기업이 투명성이 거의 없이 미국에서 자본을 조달하도록 허용되어 왔다. 이들 회사 중 일부는 불량 행위자로 알려져 있으며, 미국의 국가안보 이익을 위태롭게 하며 인권 침해 도모에 관련되어 있다. 중국 회사가 미국에서 자금을 조달하려는 경우 미국 회사와 동일한 표준을 충족해야 한다는 간단한 요건은 중국 경제에 대한 정보를 우리에게 훨씬 더 많이 제공할 것이다. 또한 중국의 독재 정권이 세부 정보를 공개하지 않기를 원하는 회사에게는 진정한 딜레마가 될 것이다. 로빈슨은 RWR 자문 그룹의 사장으로서 이 심각한 문제를 강조하고 폭로하는 것을 주도하는 데 있어 탁월한 일을 했다.

미국은 또한 세계와 인권에 관한 뉴스를 중국인에게 전하기 위해 지속적인 정보 캠페인을 벌여야 한다. 전체주의 중국 공산주의 독재 정권이 중국인들이 받는 정보를 검열하고자 한다고 해서 우리가 이를 따라야 하는 것은 아니다.

냉전 시 우리는 보이스 오브 아메리카, 라디오 프리 유럽 등 상당한 정보 작전이 있었고, 폴란드의 솔리더리티에 인쇄기를 전달하는 등 다른 비밀 활동도 많이 있었다. 우리는 위구르인과 티베트인에 대한 가장 끔찍한 인권 침해에 대해서는 사실상 아무것도 하지 않는다. 우리는 또한 중국 전체가 경찰 국가이며, 결과적으로 중국의 모든 사람들이 정부의 탄압으로 고통받거나 영향을 받는다는 것을 일관되게 인정하지 못한다.

또한 우리는 박해를 받는 모든 종교 단체, 박해를 받는 시민 단체 및 차별을 받는 다른 모든 소수민족에 관심을 기울여야 한다. 이 인권 정보 캠페인은 단순히 가끔 하는 연설 그 이상으로 구성되어야 한다. 그것은 중국공산당 독재의 검열에도 불구하고 중국인들에게 정확한 뉴스를 제공하는 구조와 시스템이어야 한다

이것은 인터넷의 전체주의 중국공산당 검열을 돌파하는 정교한 프로그램 등 온라인 커뮤니케이션이 크게 증가하는 것을 포함해야 한다. 냉전 시, 미국 정부의 커뮤니케이션 프로그램은 반체제 인사에게 희망을 갖게 하고 소련 전체주의 검열을 뚫고 정보를 전하는 데 큰 영향을 미쳤다. 우리는 그 공격성과 강도를 다시 정립해야 한다.

구글은 중국공산당 정부를 위해 검열된 검색 엔진을 구축하는 것을 고려했다가 망신 당하고 그만두었다. 코드명이 프로젝트 드래곤플라이였던 그러한 시도는 공식적으로 종료되었다.[77] 그러나 구글이 "악하지 말라(don't be evil)"라는 회사 창립 모토를 고수했다면, 이 회사는 이 전체주의 프로젝트를 처음부터 고려하지 않았을 것이다. 구글이 현재 모회사의 모토인 "옳은 일을 하라(do the right thing)"를 지킨다면, 중국공산당의 검열법을 (합법적으로) 약화시키고 중국 인민들에게 언론과 정보의 자유를 가져다주기 위해 적극적으로 노력할 것이다.

구글이 거의 어둠에 떨어질 뻔한 사건을 교훈 삼아, 경찰 국가의 탄압 역량 구축에 참여하는 미국 기업들을 찾아내고 이러한 유형의 반 인권 활동을 중단하도록 요구해야 한다. 이 분야에서 마르코 루비오(Marco Rubio) 상원의원은 훌륭한 리더십을 보여주었다.

우리의 목표는 전체주의 독재 정권에 대항하여 중국 인민의 동맹이 되는 것이어야 한다. 미국은 중국인의 적이 아니다. 미국은 현재 중국인들에게 부과된 전체주의 체제에 반대한다. 미국은 모든 수준에서 세계의 모든 인권 운동가들에게 다가가 전체주의적 억압을 종식하고 중국인들을 해방시키기 위한 캠페인에 협력해야 한다.

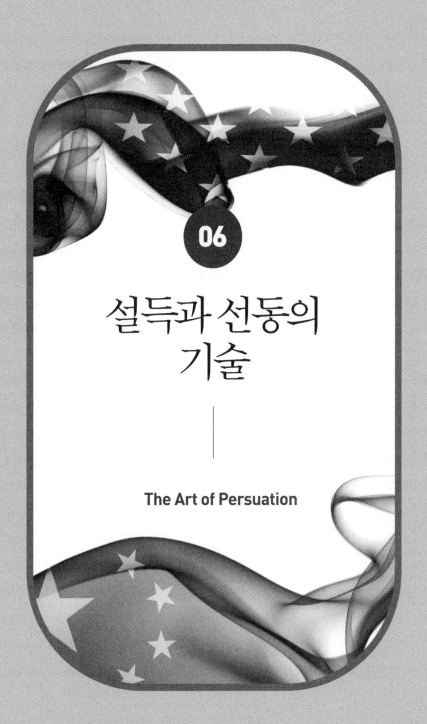

06

설득과 선동의
기술

The Art of Persuation

소련에서 쿠바, 베네수엘라에 이르기까지 진정한 사회주의나 공산주의를 받아들인 곳에서는 어디서나 그 결과는 고통과 황폐와 실패뿐이었습니다. 이 신망을 잃은 이데올로기의 신조를 설교하는 사람들은 단지 이 잔인한 체제 아래에 사는 사람들의 고통을 연장하는 데 기여할 뿐입니다.

2017년 9월 도널드 트럼프 대통령[1]

우리는 사회주의 가치를 함양하고 전파하는 것을 인민의 사고 방식을 통합하고 사회 기반을 강화하기 위한 기본 프로젝트로 해야 합니다. 우리는 훌륭한 중국 전통 문화와 미덕을 계승하고 발전시키고, 핵심 사회주의 가치를 전파하며 사람들을 광범위하게 교육하고, 사람들이 그에 따라 행동하고 도덕 기준을 존중하고 따르며, 고매한 도덕적 이상을 추구하고, 중국 특색 사회주의의 이념적, 도덕적 토대를 강화하도록 인도하고 독려해야 합니다.

2014년 2월 시진핑 총서기[2]

20세기에는 설득의 기술 또는 선동이 정치와 정부의 무기로 번성하는 것을 목도할 수 있었다. 사회를 변화시키고자 하는 모든 급진적 집단은 말과 이미지의 전쟁에서 승리해야 했다. 과격파는 마가렛 대처 총리가 "먼저 논쟁에서 이기면 투표에서 이긴다"라고 한 의미를 정확히 이해했다. 레닌, 트로츠키, 스탈린에서 히틀러, 무솔리니, 마오에 이르기까지 운동과 정부에 대한 대중의 지지를 확보하는 말의 힘과 선동의 중심적인 역할이 일관되게 강조되었다.

조지 오웰이 자신의 현실 버전을 정의하고 집행하기 위한 전체주의 선전 시스템의 위력을 설명하기 위해 『1984년』을 쓴 것은 우연이 아니다. 오웰이 그의 전체주의 국가를 영국에 둔 것도 의미심장하다. 그는 모든 곳의 모든 사람들이 전체주의 체제에 취약하다고 주장하고 있었다.

중국공산당은 레닌과 스탈린을 연구했다. 그들은 중국인들을 끌어들이고 동원하기 위해 국민당과 경쟁 중이라는 사실을 알았다. 카리스마적 선전가로서 마오의 천재성이 그를 중국공산당의 지도자로 부상하게 했다. 1920년대, 1930년대, 1940년대에 걸쳐 마오와 그의 지지자들은 선전 전쟁에서 이기는 데 집중했다. 마오가 말했듯이, 군대는 인민의 바다에 있는 물고기와 같다.[3] 따라서 혁명가들이 중국을 수적으로 지배하는 농민의 바다를 이해하고, 소통하고, 포섭하고, 조직하는 것이 매우 중요했다.

오늘날 중국공산당은 대중의 지지를 얻기 위한 경합에서 이기기 위해 거의 한 세기 동안 정보와 인민을 조작해왔다. 따라서 선전선동과 반대 의견을 침묵시키는 것은 중국공산당의 권력을 유지하는 데 핵심적인 원칙이다. 중국 지도자들은 역사적으로 언론의 자유 및 반대되는 정치적 견해를 전체주의 정권에 대한 직접적인 위협으로 간주해왔다. 당의 편이든지, 아니면 국가의 적인 것이다.

1957년에 CIA는 (1999년 기밀문서에서 해제된) 〈중공의 통일전선The United Front in Communist China〉 보고서에서 중국공산당은 "비공식적(당이나 정부가 아닌) 조직의 광범위하고 복잡한 네트워크"를 사용해서 시민들이 무엇을 말하고 행동할 수 있는지를 통제한다고 했다. CIA는 1949년에 중국은 모든 중국 언론인과 전문 작가들이 참여해야 하는 관료적인 협회를 구성했다고 밝혔다. 당은 언론인들과 작가들을 "잠재적으로 위험한 개인주의와 선전선동 활동에서의 유용성 때문에" 이런 식으로 울타리 안으로 몰아넣었다. CIA에 따르면, 국영 작가협회는 "실제적 또는 잠재적 반체제 인사를 식별하고 통제하는 것"과 "당과 정부의 중요한 프로그램을 대중화하는 것"[4]의 두 가지 주요 기능을 가지고 있었다. 더욱이 1966년부터 시작된 마오쩌둥의 무자비한 문화혁명은 그의 정치적 권력을 강화하는 방향을 지향하면서 적극적인 선전선동 전술을 이행했다. 이 시대의 예비 단계에서 당은 〈빨간 소책자, 마오쩌둥 주석 어록〉을 출판 배포했다. 군대는 주머니 크기의 책을 인쇄했는데, 여기에는 마오의 어록이 267조 들어 있었다. 중국 문화부는 모든 중국 시민들에게 그 사본을 배포하기 위해 노력했다. 문화혁명 동안 당국은 정기적으로 중국 인민들이 그 책을 지니고 있는지 확인하고 그 책에서 인용하도록 요구했다.[5]

국가 지정 작가협회와 마오의 〈빨간 책〉은 21세기 중국 공산주의 선전선동의 현대판 브랜드를 위한 무대를 마련했다. 시진핑 총서기는 구식 기술에 의존하는 것 외에도 공공 및 민간 통신을 통제하고 중국 시민들이 접하고 전파하도록 허용되는 아이디어를 엄격히 제한하는 기술을 활용하는 데 중점을 두어왔다. 2014년 중앙 사이버공간업무 선도그룹실의 첫 번째 회의에서 시진핑의 지침은 분명했다.

> "온라인 여론 활동을 제대로 하는 것은 장기적인 과제이며, 우리는 인터넷 소통의 원칙을 사용하고, 주요 주제를 지지하며, 긍정적인 에너지를 유발하고, 적극적으로 사회주의 핵심 가치를 육성하고 실천하며, 온라인 여론 전달에서 적시성, 강렬함 및 효과를 잘 파악하여 명확하고 밝은 온라인 공간이 되도록 하여 온라인 선전선동을 혁신하고 발전시켜야 합니다."[6]

"온라인 여론 활동을 제대로 하는 것"의 실질적인 적용은 부분적으로 중국에서 인터넷 검열을 의미한다. 소위 중국의 만리 방화벽 장성(Great Firewall of China)은 고도로 제한되어 있으며 수천 개의 웹사이트가 중국 인터넷에 나타나지 않도록 차단한다. 캘리포니아 주립대학교 버클리 캠퍼스 정보대학원 겸임교수 샤오 치앙(Xiao Qiang)이 제작한 웹사이트 HikingGFW.org에 따르면, 중국에서는 Google, Facebook, YouTube, 〈뉴욕타임스〉, 또는 기타 많은 주요 월드 와이드 웹에 접속할 수 없다. 사이트 및 검색 엔진을 차단하는 것 외에도 블룸버그에 의하면 중국공산당 정부는 정기적으로 5만 명의 직원을 고용하여 "검열을 강화하고, 정부가 승인하지 않는 웹사이트를 금지하고, 검색 엔진이 유해한 것으로 간주되는 콘텐츠를 걸러내도록 강요한다."[7] 예를 들어, 천안문 광장 시위에 관한 비디오, 웹사이트 및 기사는 온라인에서 거의 다루지 않는다.

인터넷 콘텐츠 제공업체는 정부에 등록해야 하며—누가 제작했는지에 관계없이—자신의 사이트에 있는 모든 콘텐츠에 대해 책임을 져야 하기 때문에 대부분의 인터넷 비즈니스 및 소셜 미디어 사이트는 자체 검열을 통해 징계 또는 잠재적 처벌로부터 스스로를 보호한다. 또한 소셜 미디어 게시물과 개인 메시지 때문에 체포되어 구금된 중국인의 사례가 많이 있다. 당국은 2010년 인권 운동가 쳉 지안핑(Cheng Jianping)이 젊은 시위자들을 격려하기 위해 "분노하는 청춘아, 돌격"을 트위터에 올렸다고 체포하였다. 리벨 페퍼(Rebel Pepper)로 알려진 만화가인 왕리밍(Wang Liming)은 메시징 그룹에서 중국 신문이 아닌 출처에서 티베트에 관한 기사를 공유한 후 체포 위협을 받았다. 그는 그날 밤에 같은 죄로 감옥에서 하룻밤을 보냈다.[8]

선제적 선전선동 전선에서, 당 중앙위원회와 공산주의 청소년 연맹은 공산당의 입장에 맞는 기사를 게시하고, 논평하고, 재게시하기 위해 중국 학생들을 고용한다. 2014년 3월 지침에 따르면, 그 학생들은 다음을 해야 한다.

"당 중앙위원회와 시진핑 총서기의 지시를 완전히 이행한다. 대학 공산주의 청소년 연맹 간부들, 팀 간부 동원 및 인터넷에서 사회주의 가치를 열심히 옹호하는 젊은 학생들의 힘을 충분히 과시한다."[9]

공식적인 공산주의 청소년 연맹의 소셜 미디어 계정에 배정된 내용과 토론 외에도 학생들은 "개인 계정을 통해 받은 다양한 미디어 플랫폼에서 정치적으로 올바른 모든 내용"을 공유하고 재게시하며 댓글을 달도록 지시받는다."[10]

중국의 가짜 뉴스

중국공산당의 내부 선전 프로그램은 강력하다. 그러나 외부 선전은 훨씬 더 광범위하고 계산적이며 교활하다. 미중 경제안보 심의위원회(USCC: US-China Economic and Security Review Commission)는 중국이 미국에 제기하는 잠재적인 문제 및 위협을 연구하고 분석하기 위해 2000년 의회가 설립했다. 2009년 위원회는 중국공산당이 "외국인 투자를 유치하고 중국의 경제 및 기술 발전을 촉진하기 위해서는 중국에 대한 긍정적인 국제 이미지의 투사가 필요하다고 믿는다"고 밝혔다.[11] 국제 선전 노력은 중국의 경제 성장 촉진, 평화로운 세계 시스템에 대한 욕구, 중국공산당의 안정에 중점을 둔다.[12] 중국이 시진핑의 지도력 하에 일대일로와 같은 프로젝트를 통해 세계적으로 계속 확장함에 따라, 중국과 그 지배 공산당에 대한 국제적 인식과 여론은 핵심적이다.

USCC에 따르면, 중국공산당 지도자들은 서방 뉴스 매체가 당의 목표를 훼손하고 중국에 대한 부정적인 편견을 표현하려 한다고 주장한다. 이 문제를 해결하기 위해 중국은 중국공산당이나 중국 국유 단체의 직접적인—그러나 비밀인—영향을 받는 "표면상 독립 뉴스 매체"를 만들었다. 2009년에 중국 정부는 모든 (국내 및 해외 근무) 중국 기자들에 대한 행동 강령을 제정했다. 이 강령은 그들이 국가와 공산당에 대해 "긍정적인 정보를 전파"해야 한다고 요구한다.[13] 〈남중국 조간 신문South China Morning Post〉에 의하면 이것을 실천하기 위해 2013년에 중국은 모든 언론인들에게 마르크스주의 수업을 들으라고 명령했다. 이 기사는 공산당이 지시한 "중국의 30만 7000명의 기자, 제작자, 편집자가 적어도 이틀 동안 마르크스주의 수업을 듣느라 앉아 있어야 할 것"이라고 보도했다.[14]

중국공산당은 개별 기자를 감시하는 것 외에도 전체 뉴스 매체를 통제한다. 이 중 일부는 미국 내에서 뉴스를 배포하며 외국 에이전트 등록법에 따라 외국 에이전트로 등록되었다.

중국이 언론을 통제하려는 의도가 있는지에 대해 회의적인 사람들은 2016년 2월 19일 중국공산당 뉴스 및 여론 공작 회의에서 연설 중 시진핑 총서기의 발언을 고려하기 바란다. 시진핑은 다음과 같이 말했다. "당과 정부가 운영하는 매체는 당과 정부의 선전 입장이며 당을 반영해야 한다."[15] 그는 당의 뉴스 조직의 모든 공작은 "당의 의지를 반영하고, 당의 견해를 비추고, 당을 보호하고, 당을 위해 행동해야 한다. 모두 노선을 따르도록 의식을 높이고, 이데올로기, 정치 및 행동에서 당과 고도의 일률성을 유지해야 한다"고 말했다.[16]

미국인들이—특히 언론—중국 언론과 중국공산당의 메시지에는 차이가 없음을 이해하는 것이 중요하다. 그것은 하나로 똑같다. 당의 메시지에서 벗어나거나 중국 지도부를 비판하는 기자는 종종 감옥에 갇히거나 그 나라에서 도피해야 한다. 중국에 언론의 자유는 존재하지 않는다.

대중 문화 선전선동

중국공산당은 중국 언론을 철저히 장악하고 있지만 미국을 포함한 다른 국가의 언론에 대해서도 권력을 행사하기 시작했다. 중국은 할리우드를 강력하게 잡고 있으며 시장의 권력을 이용해 몇몇 영화는 중국에 배포하기 위해 최종 제작을 변경하도록 했다.

중국은 1994년에서야 외국 영화가 자국에 들어오도록 허용하기 시작했다. 그 결과 할리우드 영화는 중국 대중들 사이에서 극도로 인기를 얻게 되었다. 〈에포크 타임스The Epoch Times〉는 1998년 영화 〈타이타닉〉이 중국에서 수년 동안 흥행 기록을 유지했다고 보도했다. 할리우드 로비 단체의 노력으로 중국은 연간 34개의 외국 영화를 먼저 중국 영화위원회를 통과하는 것을 조건으로 수익 공유 방식으로 배포하는 것을 허락하기 시작했다.[17] (이러한 제한은 전술적이거나 비공식적인 이유로 최근 몇 년 동안 초과되어 오기는 했지만.[18]) 〈뉴욕 타임스〉에 따르면, 중국은 1997년부터 2013년까지 전 세계에서 가장 높은 수익을 올린 영화 100편 중 12편만 자금조달을 도왔다. 그러나 올드 그레이 레이디(Old Grey Lady)는 2014년부터 2018년까지 중국이 가장 수익성 높은 할리우드 영화 41편에 대해 공동으로 자금 지원한 것을 발견했다. 그중에는 〈트랜스포머: 최후의 기사〉, 〈쿵푸 팬더〉, 〈원더 우먼〉이 있다.[19]

할리우드는 중국의 자금을 끌어들이려 하고 중국이 매년 한정된 수의 외국 영화만 허용하기 때문에 정기적으로 중국의 구미를 맞추려고 한다. 세계 매체와 중국(Global Media and China)의 기우세피 리체리(Giuseppe Richeri)는 2010년과 2015년 사이 중국 영화 산업이 중국의 영화 스크린 수를 6253개에서 3만 1627개로 늘렸음을 발견했다. 중국 박스 오피스는 같은 기간에 15억 달러에서 68억 달러로 성장했다. 한편 리체리는 2015년에 중국에서 상위 20개 고수익 영화 중 9개가 할리우드—즉 유니버설, 월트 디즈니, 파라마운트 등—에서 제작 또는 공동 제작되었다고 밝혔다.[20] 중국의 영화 시장은 확장일로에 있다.

2017년 패트릭 프래터(Patrick Frater)가 〈버라이어티Variety〉에 쓴 기사에 따르면, 중국의 티켓 판매량은 "2016년 13억 7000만에서 2017년 16억 2000

만으로 18% 증가"했고 스크린 수는 2016년에서 2017년 사이에 "4만 1179개에서 5만 776개로 23% 증가"했다.[21] 미국과 비교해서 중국의 영화 시장은 그리 뒤지지 않는다. 스태티스타에 따르면, 미국과 중국은 2018년 총 매표소 수입에 있어 전 세계 주요 영화 시장을 지배했다. 미국은 110억 8000만 달러, 중국은 91억 5000만 달러의 수입이 있었다. 비교해볼 때 일본은 세 번째로 높은 수익을 올렸지만 20억 9000만 달러였을 뿐이다.[22] 리체리가 말했듯이, "중국이 지속적 성장 전망이 있는 유일한 대형 시장"이기 때문에 할리우드는 계속해서 중국의 비위를 맞추고 있다.

본질적으로 중국은 직접적인 영향의 수단을 행사할 필요 없이 미국 영화에 영향을 미치는 수단으로 시장의 권력을 사용하고 있다. 이 시점에서 제작사들은 자기들의 영화가 이 나라의 막대한 수익성 있는 시장에서 뜰 수 있도록 자체 검열을 하고 있다. 예를 들어, 『중국의 할리우드』저자이자 버지니아 대학 교수인 아이니 코카스(Aynee Kokas)는 2016년 10월 〈비즈니스 인사이더 Business Insider〉에 "중국 시장을 이용하려는 어떤 할리우드 제작자도 이 시점에 대만, 티베트, 천안문에 관해 무엇이든 포함하는 영화를 하지 않을 것"이라고 말했다.[23]

〈비즈니스 인사이더〉 이야기에 따르면, 마블(Marvel)의 〈닥터 스트레인지〉의 원본 버전에서 제작사들은 중국공산당을 달래기 위해 "에인션트 원(The Ancient One)"이라는 캐릭터를 티베트인에서 켈트족으로 바꿨다. 그것은 마블로서는 잘한 투자로 판명되었다. 〈닥터 스트레인지〉는 중국에서 개봉 주말에 4400만 달러 수익이라는 믿을 수 없는 성공을 거두었다. 이것은 〈어벤저스: 에이지 오브 울트론〉과 〈캡틴 아메리카: 시빌 워〉이래 세 번째로 높은 마블 개봉이었다.[24] 영화의 시나리오 작가인 로버트 카길(C. Robert Cargill)은 다음과 같이 설명했다.

"에인션트 원(The Ancient One)은 매우 섬뜩한 정치적 장소인 세계의 한 지역에서 기인하는 인종적 전형이었다. 그는 티베트 출신이다. 그러니까 티베트가 장소이고 그가 티베트인임을 인정하면, 그건 허튼소리라고 생각하는 10억의 사람들을 소외시킬 위험이 있으며, 중국 정부가 '세계에서 가장 큰 영화 관람 국가 중 하나를 아느냐고 하면서 당신이 정치적으로 나온다면 그 영화는 상영하지 않겠다'라고 할 위험을 무릅쓰게 된다."[25]

마찬가지로, 〈세계대전 Z〉는 같은 이름의 2006년 소설을 기반으로 한 2013년의 종말론적 영화였다. 이 영화는 세상을 파괴할 좀비 바이러스의 발생을 묘사한다. 처음에 이 시나리오는 바이러스의 기원을 중국에 두었다. 이 작은 플롯 포인트로 인해 중국에서 영화 상영이 거의 금지될 뻔했다. 최종 컷을 본 후 스튜디오는 제작자들에게 다른 나라를 발생의 기원으로 인용하도록 조언했다.[26]

다른 예로서, 〈에포크 타임스〉는 원래 1984년 소련이 미국을 가상으로 침공한 것에 관한 영화 〈붉은 새벽Red Dawn〉을 2012년 리메이크한 것을 인용했다. 원래 리메이크 대본은 중국을 침략국으로 칭했지만, 그 공산주의 국가의 항의에 직면했다. 결국 침략자들은 북한인으로 편집되어 영화가 중국에 상영될 수 있게 되었다.[27] 이 스튜디오는 중국의 거대한 박스 오피스를 잃을까봐 두려워 이렇게 한 것이다. 〈로스앤젤레스 타임스〉에 따르면, MGM은 영화의 배경을 보여주는 오프닝 장면을 바꾸고, 두 장면을 다시 편집하여, 이미 촬영된 중국 상징을 디지털로 바꾸고 북한 상징으로 바꾸는 데 거의 100만 달러를 소비했다.[28]

그러나 중국이 미국 영화에 미치는 영향은 이것이 전부가 아니다. 플롯 포인트에 영향을 주는 것 외에도 중국의 시장권력은 배역 선정에도 영향을 미쳤다. 많은 할리우드 스타들은 중국공산당을 비판했다고 중국 입국이 금지되었다. 브래드 피트는 단지 1997년 〈티베트에서의 7년〉에 출연한 것 때문에 블랙리스트에 올랐다. 이것은 〈세계대전 Z〉를 중국에서 상영하는 데 추가적인 장애물이었지만, 스튜디오가 좀비 바이러스의 진원지를 바꾼 것이 도움이 되었다.

그러나 이러한 종류의 겁주기는 영화 산업계에만 국한되지 않는다. 실제로, 중국공산당은 당의 지침을 준수하지 않고 정치적 메시지에 맞서는 다양한 미국 기업을 위협한다.

예를 들어 〈비즈니스 인사이더〉의 타라 프랜시스 찬(Tara Francis Chan)에 따르면, 몇몇 회사는 홍콩과 대만을 국가로 인정한 것에 대해 사과해야 했다. 메리어트 호텔은 "귀하는 어느 나라 출신입니까?"[29]라는 질문에 대한 답변에 티베트, 홍콩, 마카오 및 대만을 포함한 우편 설문지에 대해 중국 사이버공간 관리국(Cyberspace Administration of China)의 연락을 받았다. 국영 신화통신은 해당 기관이 메리어트 담당자와 면담한 뒤 조사관이 사이트를 검토하는 일주일 동안 메리어트 호텔 체인의 중국 웹사이트를 폐쇄하도록 명령했다고 밝혔다. 상하이의 변호사 우하이는 신화통신에게 티베트, 홍콩, 마카오, 대만을 국가에 포함한 것이 "중국의 사이버 보안 및 광고법을 직접 위반"했다고 말하고, "100만 위엔 이하의 벌금(미화 15만 3822달러)을 내거나 사업허가증을 취소당할 수 있다"고 했다.[30]

이것은 미묘한 절차상의 문제처럼 보일 수 있지만 실제로는 중국공산당이 민간 기업으로 하여금 주권 문제에 대한 정치적 입장을 취하도록 위협하는 한 예이다. 중국이 더 큰 시장을 가지고 있기 때문에, 당은 준수를 강요할 권력이 더 많다. 유사한 사례에서, 중국 민간 항공국(Civil Aviation Administration)은 델타 항공(Delta Air Lines)이 웹사이트에 대만과 티베트를 국가로 등재한 것에 대해 사과하도록 요구했다고 〈비즈니스 인사이더〉가 밝했다. 항공사는 "심각한 실수"를 했다고 신속하게 응답했다. 로이터 통신의 브렌다 고(Brenda Goh)와 조쉬 루위치(Josh Ruwitch)에 따르면, 중국 항공사 규제기관은 "중국과 유사한 노선의 조사를 위해 중국에 노선을 운영하는 모든 외국 항공사들에게 자사의 웹사이트에 대한 포괄적인 조사를 실시하도록 요구할 것"이라고 했다.[31]

레닌의 전술에서 다른 페이지 빌리기

중국공산당의 광범위한 선전 노력을 볼 때 명심해야 할 중요한 개념은 "통일전선"이다. 공산당의 생존을 위해 통일전선 공작이 핵심적이다. 이는 당의 이념과 이익에 대한 반대 세력을 자신의 편으로 끌어들이고 억누름으로써 당의 메시지에 대한 통제력을 유지하기 위해 사용되는 정치적 영향 활동을 설명하는 전략적 개념이다. "통일전선"은 소비에트 연방에서 빌린 전략을 설명하는 데 사용되는 용어이며 실제로 레닌주의 전략이다.[32] 『"좌익" 공산주의, 소아병』에서 레닌은 다음과 같이 썼다.

"더 강력한 적은 극도의 노력을 기울여야만, 또한 대중의 동맹을 얻을 수 있는 가장 작은 기회까지도 모두 이용해야만 정복할 수 있다. … 이 것을 이해하지 못하는 자들은 마르크스 또는 과학적이고 현대적인 사회주의 일반의 한 조각조차 이해하지 못한다."[33]

시진핑은 2014년 연설에서 통일전선의 중요성을 중국의 "마술 무기" 중 하나로 묘사하여 강조했다.[34] 중국에서는 통일전선부(United Front Work Department)가 통일전선공작을 조정한다. 호주 애들레이드 대학 중국학과

114

선임 강사인 제럴드 그루트(Gerald Groot) 박사는 통일전선을 "그것을 통해 당이 중국 내외의 많은 비당 핵심 단체에 다가가서 중요한 정치적 목표를 달성하는 조직"[35]이라고 불렀다.

키신저중미연구소의 글로벌 펠로우인 앤마리 브래디(Anne-Marie Brady) 교수는 〈마법 무기: 시진핑 하 중국의 정치적 영향 활동〉이라는 제하의 2017년 보고서에서 통일전선은 본질적으로 당과 국가 조직 간의 파트너십이라고 했다. 브래디는 그것이 국내외 정책에 모두 유용하다고 언급했다. 브래디의 주장에 의하면, "통일전선 활동은 사회, 정보 관리 및 선전에서 단체 및 저명한 개인들과의 협력을 포함하며, 또한 종종 간첩 활동을 촉진하는 수단이기도 했다."[36]

통일전선 관계자들은 "그들 정부 정책에 영향을 미치고, 전복 활동을 하고, 필요한 경우 우회하고, 당의 이익을 세계적으로 증진시키기 위해 외국인 및 해외 중국인과의 관계를 발전"[37]시키려고 노력함으로써 이를 수행한다. 제19차 중국공산당 전국대표대회에서, 시진핑은 중국공산당이 "해외 화교, 귀국한 중국인과 그 인척들과의 광범위한 접촉을 유지하고 연합하여 중국 국가에 새로운 활력을 가져오기 위한 우리의 노력에 동참하도록 할 것"이라고 발표했다.[38]

시진핑은 통일전선을 "당의 목적의 성공을 보장하는 중요한 방법"이라고 했고, 19차 대회에 참석자들에게 "통일전선에 장기적으로 헌신"하고 "애국심과 사회주의의 기치를 높이 들고, 큰 일치와 단결, 공통성과 다양성의 균형을 이루고 공통의 토대와 이해를 더욱 수렴하자"[39]고 촉구했다. 또한 2018년 8월 USCC 직원 연구 보고서에 따르면, 해외 중국 사업의 목표는 "민족, 문화, 경제 또는 정치적 유대를 이용하여 동조적인 해외 중국인 공동체를―이상적으로는 스스로―동원하여 중국공산당의 이익을 옹호하고 반대 세력을 소외"[40]시키는 것이다. 중국의 통일전선의 일환으로 당의 가장 중요한 정책 중 하나가 전 세계에 설립된 공자 학원(孔子學院, Confucius Institute)이다.

젊은 미국인에 영향 미치기

아마도 중국 공산주의 선전 기구의 가장 교활한 노력은 미국 교육 시스템에 침투한 것이다. 국립학자협회(National Association of Scholars) 연구 프로젝트 책임자 레이철 피터슨(Rachelle Peterson)은 〈중국: 공자 학원과 미국 고등 교육의 소프트 파워〉에서 미국 전역의 100개 이상의 대학교에 공자 학원이 있다고 하였다. (2019년 6월, 국립학자협회는 이 수치를 미국의 90개 공자 학원으로 업데이트했다.[41]) 이것은 일반적인 학업 프로그램이 아니다. 중화인민공화국 교육부 대행인 국가한어 국제보급 영도소 조판공실(Chinese Language Council International, 일반적으로 한반Hanban으로 알려져 있다)이 이들 학원을 감독하고 직원을 관리한다. 피터슨은 중국의 한반은 또한 "미국 전역의 501개 초등학교 및 중고등 학교"에서 소규모 공자 교실의 자금을 제공하고 조직한다고 밝혔다.[42]

한반에 따르면, 이 학원의 목표는 "전 세계적으로 중국어와 문화교육자원 및 서비스를 제공"하고 "다른 나라의 다양한 유형 및 수준의 교육 기관의 중국어 프로그램을 지원함으로써 다문화 및 세계 이해의 증진에 기여하는 것"[43]이다. 한반은 "중국어, 문화, 인문학, 사회 과학에 대한 자료를 공자 학원(교실)의 교사와 학생들, 중국 학자, 중국 연구 학자 및 사람들, 특히 중국어와 문화에 대해 알고 싶은 젊은이들에게 제공한다." 뉴저지 럿거스 대학의 공자 학원에 등재된 과정의 두 가지 예는 다음과 같다.

- 현대 중국: "국내, 지역 및 세계 맥락에서 중국의 현대 사회, 경제 및 문화적

전환과 21세기 중국 사회의 도전과 전망"을 살펴보는 사회 경제 및 문화적
관점.

- "유교 전통과 중국 문화의 발전을 통한 사상의 연속성과 혁신"을 다루는 유
교, 신 유교, 그리고 새로운 유교."[44]

표면적으로 이 학원들은 무해한 듯 보인다. 그러나 공자 학원은 중국공산
당과 깊이 연계되어 있다. 2009년에 정치국 상임위원이자 제17차 중앙선전
사상영도소조의 회장인 리 창춘(李長春)은 공자 아카데미를 "중국 해외 선전
선동 설정의 중요한 부분"이라고 했다.[45] 한반 주재 협의회에는 국보 출판부
와 외교부 등 중국 12개 부처의 장관이 참여한다.[46]

첫째, 이 학원들은 잠재적인 안보 위험을 초래한다. 크리스토퍼 레이 FBI
국장은 2018년 2월 13일에 "우리는 이들 학원을 방심하지 않고 보고 있으며
어떤 경우에는 … 적절한 조사 단계를 개발했다"고 증언했다. 그러나 순수하
게 학문적인 차원에서, 중국이 고용한 교수들은 "중국의 국가 이익에 해를 끼
치지 않는다"는 서약을 하는 등 중국 법을 준수하도록 요구된다.[47] 피터슨의
보고서에 따르면, 중국 교사들은 천안문 광장의 중요성에 대해 질문을 받으
면, 1989년 학살보다는 건축물에 대해 이야기하는 것으로 답변했다. 이것은
교수들이 중국법을 위반하거나 당이 부적합하다고 생각하는 활동을 할 경우
해고될 수 있기 때문이다.[48] 전체주의 정권의 운영 방식을 미국 학생들에게
보여줄 가능성이 있는 것 외에, 이 학원들이 어떤 학문적 이점을 제공할 수
있을까?

또한 2019년 2월 미국 정부 회계감사원(US Government Accountability
Office: GAO)은 미국 대학교와 한반 간의 공자 학원 설립을 위한 계약 중 90
건을 검토했다.[49] 이 감사원은 3개 대학교에서 한반이 "새로운 시설 건설을
위해 90만 달러에서 170만 달러 사이의 자금을 제공하기로 동의했다"고 밝

했다. 85개 대학교에서는 한반이 학원의 강의 자료를 제공하기로 되어 있었다. 86개 대학교에서는 한반이 최소 한 명의 교사를 제공하고 그 급여를 지불하기로 되어 있었다. 61개 대학교에서는 한반이 5만 달러에서 15만 달러에 이르는 창업 자금을 제공하기로 되어 있었다. 3개 대학교만이 공자 학원 교사는 대학 정책에 따라야 한다고 했다.[50]

미국 상원 상임조사 소위원회의 한 직원은 〈미국의 교육 시스템에 미치는 중국의 영향〉 제하의 보고서에서, "중국은 공자 학원을 위해 미국 학교들에 1억 5800만 달러 이상의 자금을 직접 제공했다"고 밝혔다. 또한 시작 단계에서 "한반은 일반적으로 시작 비용으로 10만 달러에서 20만 달러 사이를 미국 학교들에 제공한다."[51]

특히 2019 회계연도의 국방수권법(National Defense Authorization Act: NDAA)은 공자 학원이 제공하는 중국어 교육에 미 국방부에 책정된 자금을 사용하는 것을 금지한다. 또한 NDAA는 공자 학원이 있는 고등교육 기관의 중국어 프로그램에 자금을 사용하는 것도 (면제가 이루어지지 않는 한) 허용하지 않는다.[52] 의회의 이 결정적인 행동은 중국 공자 학원에 관해 제기된 많은 우려, 즉 그 학원들이 선전선동 도구이며 투명성이 결여되어 있으며 미국 고등교육 시스템이 소중히 여기는 자유에 대한 위협이라는 많은 우려를 재확인하는 데 도움이 되었다. 이러한 우려 중 일부는 경각심을 불러일으켜 많은 공자 학원이 문을 닫게 되었지만, 많은 학원은 여전히 운영 중이다.

또한 2019년에 미국 상원의 상임조사 소위원회는 "공자 학원이 어떻게 운영되는지 완전히 투명하고 중국의 대학에서 미국의 문화적 활동에 대한 온전한 상호주의가 없다면" 미국에서 여전히 운영되고 있는 학원들은 문을 닫아야 할 것이라고 권고했다. 이 학원들이 "학문의 자유를 훼손할 수 있는 조건부"로 자금이 지원된다는 사실을 지적하면서, 만약 학원들이 폐쇄되지 않으면, "상원 패널은 미국 법무부가 중국이 고용한 공자 학원 교사들을 외국 요

원으로 등록하도록 하는 것을 고려해야 한다"고 권고했다.[53]

지금까지 중국공산당은 학원들과 관련한 상호주의에 별로 관심을 보이지 않았다. 이러한 공자 학원에 대한 대응으로, 2010년 미국 국무부는 "미국 정치, 가치, 문화 및 역사를 설명함으로써 미국의 이야기를 하기 위해" 중국 전역에 미국 문화 센터를 설립하려고 시도했다.[54] 국무부는 그 의도는 지역 사회를 위한 공간을 제공하고 "중국 대중들이 미국, 그 문화, 사회, 정부, 언어, 법률, 경제 체계 및 가치를 더 잘 이해할 수 있도록 하는 상호 작용을 가능하게 하는 것"이라고 설명했다.[55]

2011년 미국 내 공자 학원의 수가 최고조에 달했을 때 중국에는 단지 5곳의 유사한 미국 센터가 있었을 뿐이다. 또한 이들은 미국 대사관이나 영사관에서만 운영되어 중국인 대다수가 참여할 수 없었다. 또한 상원 보고서에 따르면, 2012년 국무부는 중국에 미국문화센터(American Cultural Centers)를 설립하기 위해 20개가 넘는 미국 대학교에 보조금을 제공했지만 중국의 학교들은 그 과정을 지연하기 시작했다. 어떤 학교들은 별다른 설명 없이 센터를 완전히 취소했다. 설립된 미국 센터들은 끊임없이 방해를 받았다. 미국 상원 보고서에 따르면,

"실제로 열린 ACC는 대부분의 문화 행사를 개최하려면 중국 학교의 허가가 필요하다는 것을 알게 되었다. 한 중국 학교는 ACC가 무하마드 알리의 삶에 대한 연극을 주최하는 것을 거부했다. 다른 학교는 미국이 직면한 정책 문제에 관한 강의 시리즈의 승인을 거부했다. ACC를 담당한 한 미국 학교 관계자는 분과위원회의 승인 절차에 종종 지역 공산당원들이 참여했다고 말했다. 또 다른 미국 학교 관계자는 중국 경찰이 그녀와 ACC 및 국무부와의 관계에 관해 두 차례의 광범위한 신문을 한 후 ACC를 떠났다. 그 미국 학교 관계자가 미국으로 돌아왔을 때, 한

동료가 그녀에게 중국 경찰이 학교 관계자를 신문하는 일은 흔했으며
그녀는 이제 '그런 사람들 중 하나'가 된 것뿐이라고 했다."[56]

미국 관계자가 중국에 입국하는 것을 거부하고 중국 캠퍼스의 미국인 직원
을 신문하는 등 중국공산당이 취한 조치로 인해 남은 ACC 중 상당수가 문을
닫게 되었다. 중국공산당이 상호적인 문화 교육에 관심이 없다는 것은 분명
하다. 피터슨은 국립학자협회의 보고서에서 2015년 중국 교육부 장관 유안
귀런(Yan Guiren)이 "서양의 가치를 강조한 책은 교실에 있으면 안 된다"며
중국 대학교들은 "시진핑의 이데올로기가 전면과 중심에 있게 해야 한다"[57]
고 말했음을 밝혔다.

그러나 미국 내 모든 공자 학원이 문을 닫더라도 미국 학자들은 여전히 중
국공산당의 강요와 협박의 대상이 될 것이다. USCC의 2009년 의회 보고에
따르면, "중국 정부는 미국 학자들과 싱크탱크의 중국과 미중 관계에 대한 논
평에 영향을 미침으로써 엘리트 정책결정 서클의 의견을 바꾸고자 한다." 중
국에 우호적인 학자에게는 "경력을 발전시키는 인터뷰 및 문서"를 제공하고
중국공산당이 싫어하는 것을 말하는 학자들은 중국에서 연구를 수행하기 위
한 비자를 거부함으로써 이를 달성한다.[58]

2018년에 취득한 CIA 보고서에 따르면, "중국공산당은 중국을 부정적으
로 보는 연구를 억지하기 위해 학술기관 및 싱크탱크에 '조건부' 자금을 제
공한다."[59] 이 보고서는 "이 전략을 사용하여 친 중국적인 관점에 대해 보상
을 제공하고 서방의 학술 출판물과 회의들이 스스로를 검열하도록 강요했다"
고 밝혔다. 중국공산당은 종종 중국의 정권을 비판하는 학자들에 대한 비자
를 거부하며, 많은 중국 학자들이 먼저 자기 검열을 하여 자기들의 연구를 죄
우하는 국가에 계속 접근할 수 있도록 독려한다."

현재 페어뱅크스 중국연구센터의 독립 학자이며 전 하버드(Harvard) 현대

중국사 교수인 로스 테리(Dr. Ross Terri) 박사가 2009년에 USCC에 중국 언론인들 사이의 "자기 검열"은 "매일 필수"라고 말하면서 이 점을 재강조했다. 그는 "희석된 형태(diluted form)"가 편집자와 학자들을 압박한다고 말했다. 테리는 "사람들은 다음 비자를 받을 수 있을지, 신장과 같은 민감한 지역에 갈 수 있을지 우려하거나 중국 측의 후의나 지원금을 프로젝트에 이용할 수 있기 때문에 베이징의 관점을 받아들인다"고 했다.[60]

노스웨스턴 대학교 정치학 교수 빅터 쉬(Victor Shih) 박사는 2009년 USCC 앞에서 다음과 같이 증언했다.

"신장에 대해 매우 진지하게 연구하는 사람들은 중국에 가는 것이 금지된다. 따라서 우리 중 많은 사람들이 그 주제를 피한다. ⋯ 그리고 학계와 정부 공무원 모두 경제적 이해관계를 가지고 있다. 그들은 중국 정부를 불쾌하게 하고 싶지 않으며 ⋯ 돈을 벌 수 있는 미래의 기회가 닫히기를 원하지 않는다."[61]

세계를 세뇌시키기

중국공산당은 또한 보다 전통적인 방법과 조직을 사용하여 공식적 정치적 채널을 통해 선전을 확산시킨다. 중국 외교학원(China Foreign Affairs University, CFAU)은 1955년 베이징에 설립되었다. 그 웹사이트에 따르면, "중국의 외교와 세계 평화와 번영을 위한 글로벌 비전과 훌륭한 학습으로 중국의 가장 유망한 청년들을 육성하는 데 전념하고 있다." 이 대학교는 중국 외교부가 운영한다. 1950년대와 1960년대에 CFAU는 소련, 동유럽 및 베트남에서 온 100명 이상의 유학생들을 훈련시켰다. 졸업 후 일부 학생들은 재

중국 대사가 되거나 자국 정부에서 고위직을 취득했다. 현재 CFAU는 중국이 영향력을 구축하고자 하는 모든 국가—아시아, 아프리카, 남미, 동유럽, 중앙 아시아 및 러시아의 외교관들을 위한 교육 프로그램을 조직한다. 이 단체에 따르면 150개국에서 온 3000명 이상의 외교관이 참여해왔다.[62] 다양한 프로그램이 "중국의 기본 국가 상태 및 정책", "외교와 국제 관계" 그리고 "중국어" 과정을 가르친다. 참가자들은 외무부 및 상무부 관계자와의 회의에 참석할 기회를 얻게 된다.

마찬가지로 북경 외국어 대학교(Beijing Foreign Studies University, 北京外國語大學)는 중국 교육부에서 운영한다. 1959년 베이징 러시아연구소와 합병되었다. 400명 이상의 대사와 1000명의 영사가 이 대학교에서 훈련을 받았기 때문에 자칭 "외교관의 요람"이라고 한다. 이 대학교에는 1326명의 유학생이 있으며 83개 언어로 교육하고 있다. 과학적 사회주의, 국제 공산주의 운동, 중국 및 외국 정치 체계 석사 학위를 제공한다.

사실을 밝히다

미국인들이 정보의 국내외 확산에 대한 공산당의 강력한 통제를 이해하는 것이 중요하다. 선전 기구를 통해 전 세계적으로 인식되는 중국공산당의 이미지에 당이 상당한 영향을 미칠 수 있다. 현재의 행사와 대중 문화에 대한 보도를 통해 미디어와 인터넷은 현대 중국의 시각과 오늘날 세계에서 수행하는 역할을 형성하는 데 큰 역할을 한다.

미국 정부와 미국 언론은 중공 중앙통일전선공작부의 활동을 조사하고 노출시켜야 한다. 여러 면에서 통일전선공작부는 소비에트연방 코민테른(Communist International)과 그 뒤를 이은 코민포름(Communist Information

Bureau)의 현대판이다. 통일전선공작부가 전 세계의 중국 미디어, 학계 및 캠퍼스에 미치는 영향에 대한 심층적인 조사가 필요하다.

캠퍼스에 침투하는 공자 학원과 교실의 역할에 대해 훨씬 더 많은 연구와 투명성이 필요하다. 이 글로벌 교육 시스템은 (공산당이 인식하는) 중국 문화와 사회에 대한 국제적인 시각을 형성하고 중국의 소프트 파워를 홍보한다. 테드 크루즈(Ted Cruz) 상원의원과 프랜시스 루니(Francis Rooney) 하원의원의 SHEET법(고등교육 스파이 행위 및 절취 금지법)은 올바른 방향으로 나아가는 좋은 단계이다.[63]

그러나 마지막으로, 중국에 자유로운 언론과 언론의 자유가 없는 상황에서 중국공산당의 70년 통치 기간 동안 야기된 실패와 비극에 대한 책임은 제한적이라는 점을 명심해야 한다. 중국공산당은 정보를 철저히 통제함으로써 오늘날 중국에 대한 이야기를 쓸 수 있는 권력뿐 아니라 과거를 다시 쓸 수 있는 권력을 갖게 된다. 진정으로 중국 특색을 지닌 오웰의 『1984년』이다.

미국에서도 거리의 이름을 바꾸어야 할지, 아니면 남부연합 지도자의 동상을 끌어내려야 하는지에 대해 관련된 논쟁이 벌어지는 것을 본다. 남북 전쟁은 미국 역사에서 고통스럽고 비극적인 부분이었지만, 우리는 그렇게 끔찍한 일이 다시 일어나지 않도록 이 나라 역사의 이 시기에 대해 아이들에게 여전히 가르친다. 중국에 있는 학생들과 공산당 자원을 연구하는 중국 밖의 사람들이 대약진의 공포, 문화혁명의 잔학 행위, 천안문 광장의 참화에 대해 무엇을 배우는지에 대해 어떤 말을 할 수 있는가?

중국공산당이 퍼뜨리는 선전을 비판적으로 조사하고 그러한 메시지를 객관적으로 분석해야 하는 것처럼, 중국공산당과 그 격변의 역사에 관한 가장 명백한 진실의 일부가 침묵에 둘러싸여 있기에 언급되지 않고 있다는 사실도 마찬가지로 중요하다.

중국의 선전 기구는 아마도 세계에서 가장 발달되고 정교한 선동선전 기구일 것이다. 그것은 우리 목전에 수십 년 동안 존재해왔으나, 우리는 이제서야 그 전체 형태를 보기 시작했다.

만약 그것이 이긴다면, 우리는 모든 세대에게 중국과 세계 사이의 실제 역사를 다시 가르쳐야 하기 때문에, 이것은 미국에게 엄청난 지속적 도전이 될 것이다.

07

5G의 도전

The 5G Challenge

우리는 이 강력한 미래 산업에서 다른 어느 나라도 미국을 능가하도록 허용할 수 없습니다. 미국은 이미 그런 종류의 너무나 많은 다양한 산업에서 너무나 많이 선도하고 있으며, 그런 일이 일어나게 놔둘 수 없습니다. 5G를 향한 경주는 미국이 반드시 이겨야 할 경주이며, 솔직히 말해서 우리의 대기업들이 현재 참여하고 있는 경주입니다. 우리는 그 대기업들에게 필요한 인센티브를 주었습니다. 이것은 우리가 이기게 될 경주입니다.

2019년 4월 도널드 트럼프 대통령[1]

우리의 가장 큰 장점은 사회주의 체제에 있으며, 이로 인해 우리는 중대한 임무를 위한 자원을 모을 수 있습니다. 이것이 우리의 성공의 열쇠입니다. 우리는 과거에 뚜렷한 과학적 돌파구를 만들 때 이에 의존했습니다. 그리고 오늘날 우리는 여전히 과학 기술 혁신의 약진을 달성하기 위해 이것에 의존할 것입니다. 우리는 사회주의 시장경제 하에서 과학 정책에 자원을 모으기 위한 새로운 메커니즘을 개발할 것입니다.

2016년 5월 시진핑 총서기[2]

우리가 중국과 함께 직면한 가장 즉각적이고 시급한 과제는 세계 5G 통신 네트워크를 개발하고 사용하는 경쟁이다. 필자가 이 글을 쓰고 있는 시점에 미국은 한참 뒤처져 있고 여러분이 이 책을 읽는 시점에는 훨씬 더 뒤처져 있을 것이다. 중국공산당은 이 기술에 있어 전 세계적으로 지배적이 되기 위해 노력해왔으며 미국은 이제서야 우리가 심각한 경쟁을 하고 있다는 사실에 정신이 들고 있다.

이 경쟁은 중국공산당이 사회 대 사회 경쟁을 대규모로 동원할 수 있는 능력에 대한 최초의 전면적인 시험 사례이기 때문에 특히 중요하다. 5G 도전이 본질적으로 중요하고 향후 몇 년간 이와 같은 많은 도전에 직면할 것이기 때문에 우리는 5G 도전을 다루는 방법을 배워야 한다.

필자는 이 도전에 대해 너무 심각하게 생각해서 미 하원과 상원 의원들에게 이 주제에 관한 장문의 보고서를 썼다. 이 장은 부분적으로 그 보고서의 요약 및 업데이트이다.

미국의 주요 통신 회사, 즉 AT&T 및 버라이즌(Verizon)은 유럽 회사와 제휴하여 4G LTE(현재의 전 세계적 이동통신 표준)의 이용을 선도했다. 결과적으로 세계 다른 국가들은 국제 네트워크 개발용으로 미국 모델을 채택했다. 많은 사람들이 "뉴트, 중국인이 차세대 모바일 네트워크를 개발하는 게 나와 무슨 상관이죠? 중국 기업들은 이미 내 휴대전화의 대부분의 부품을 만듭니다. 이것이 글로벌 경제 경쟁의 자연스러운 결과가 아닌가요? 뭐가 그렇게 문제죠?"라고 생각할 것을 필자도 알고 있다.

그것이 문제인 것은 전 세계적으로 이 분야를 주도하는 자가 다른 많은 미래 분야를 선도할 가능성이 높다는 것이다. 5G 기술의 개발은 단순히 4G LTE의 점진적 업데이트가 아니다. 단순히 출퇴근 중에 영화를 더 빨리 다운로드하거나 출퇴근 시간에 교통을 찾아보는 휴대전화의 기능을 향상시키는 것만이 아니다. 이 기술은 소위 4차 산업 혁명의 근간이다. 과거에 과학 소설에 나오던 것들—완전 자율 주행 자동차, 스마트 홈 및 도시, 원거리 수술, 자동 제조, 고급 가상 현실 및 기타 여러 혁신—을 개발하는 기초작업이 될 것이다.

5G와 관련된 성능이 함축하는 의미는 삼성의 한국 시설에서 필자가 본 간판에서 가장 명확하게 전달된다. "5G와 4G는 컴퓨터와 타자기 같다." 현재 4G LTE 네트워크에서는 영화 하나를 다운로드하는 데 약 6분이 걸린다. 5G를 사용하면 다운로드 시간이 약 3초 정도로 줄어든다.[3] 오늘날의 4G 네트워크는 평방 킬로미터당 2000개의 연결된 장치만 지원하는 반면, 5G는 같은

공간에서 최대 100만 개까지 장치를 지원할 수 있다.[4]

5G 기술은 무선 용량을 늘리고 물리적 환경과 가상 환경의 상호작용 방식을 변경하여 새로운 기능—뿐만 아니라 보안 취약점—을 도입할 것이다. 사물 인터넷(IoT)은 이미 현대 세계를 바꿔놓기 시작했다. (휴대 전화 앱으로 스마트 냉장고, 주택 보안 시스템 또는 온도 조절기를 제어하는 사람을 아시나요?) 5G는 우리 삶의 거의 모든 측면에서 이러한 변화를 기하급수적으로 가속화할 것이다.

미국 기업이 이 인프라 개발의 선두에 있다면, 미국 기업은 이 새로운 네트워크와 상호작용하는 미래 기술을 개발하게 될 것이다. 이것이 바로 미국 주도의 4G LTE 개발에서 일어난 일이다. 예를 들어, 미국의 4G 우세에서 넷플릭스(Netflix), 훌루(Hulu) 및 기타 미국 스트리밍 서비스가 부상했다.

우리가 5G 지배권을 얻는 경쟁에서 승리해야 하는 또 다른 큰 이유는 미래의 인터넷과 통신 네트워크가 공산주의 전체주의 국가에 의해 통제되고 감시되는 것을 막기 위해서이다. 중국공산당은 이미 중국 내 인터넷을 검열하고 있다. 웹사이트는 정기적으로 차단되며 중국 국민은 온라인으로 정부를 비판하면 감옥에 갇히거나 더 심한 경우를 당하게 된다. 한 인터넷 밈(짤)이 이전에 시진핑 총서기를 만화 곰과 비교했기 때문에 중국에서는 위니더푸(Winnie the Pooh) 사진을 온라인에서 찾을 수 없다.

중국 전체주의 규칙이 인터넷에 적용되고, 휴대전화가 베이징에 의해 감시되고, 검색 엔진이 중국공산당에 의해 검열되고, 얼굴이 전 세계적으로 추적되고 중국에 보관되는 세상을 상상해보라. 우리가 5G 통신 시스템을 구축하는 데 계속 혼란스럽고 무질서하다면 그런 세상은 믿을 수 없을 정도로 (아마도 10년 후에) 가능할 것이다.

중국공산당이 우리의 자유롭고 개방된 미국 체제에 침투하고 조작하는 일이 지금 일어나고 있다. 그것은 먼 미래의 문제가 아니다. (데이터 수집 및 빅데이터에 관한 장에서 논의한) 중국 앱 틱톡은 이미 미국 십대 시장에 깊이 침투했다.[5] 틱톡과 그 중국어 버전은 전 세계적으로 10억 회 이상 다운로드되었다. 필자의 동료 한 명이 최근 애틀랜타 브레이브스 게임에서 홈 플레이트 뒤쪽에 있는 틱톡 광고 배너를 보았다고 한다.

마지막으로, 중국공산당의 스파이 및 규칙 위반 전력이 전 세계 통신사업에서 중국이 어떻게 행동할 것인지에 대한 하나의 지표가 된다면 세계 통신 네트워크를 통해 흘러나오는 방대한 양의 정보도 중국공산당이 장악하게 될 것이다. 공산당이 글로벌 인터넷 이면의 인프라를 장악하는 경우 개인정보 보호 및 개인의 자유는 어떠한 방정식에서도 고려되지 않을 것이다. 공산당은 네트워크에 닿는 모든 장치에서 개인 데이터를 적극적으로 채굴할 것이고, 그들을 막을 자는 없을 것이다.

화웨이와 5G 지배를 위한 투쟁

5G에 대한 경쟁은 중국공산당과 미국 간의 투쟁에서 첫 번째 큰 전략적 경쟁이다. 지금 현재, 미국은 지고 있다.

중국은 그 챔피언 화웨이를 통해 성공하고 있다. 이 통신 거대기업은 중국 정부의 막대한 보조금으로 전 세계 5G 네트워크를 구축하기 위해 적극적으로 노력해왔다. 필자가 이 글을 쓰고 있는 시점에 화웨이는 (기존 4G 계약과 새로운 5G 계약을 통해) 170개국에서 운영하고 있다. 한편, 미국의 주요 통신 회사는 국제적 5G 존재가 실제로 없다. 그들은 배타적으로 미국 내에서만, 그것도 도시 지역에만 집중하고 있다. 마찬가지로 국제 4G 사업은 캐나다와 멕시코까지 가지만 그뿐이다. 화웨이와 비 중국 기업 사이의 격차가 너무 빨리 커져서 몇 년 안에 중국의 시장 침투와 포화로 인해 중국이 인터넷과 모든 무선 통신을 정의하고 지배할 수 있는 분기점이 발생할 수 있다.

RWR 자문단의 데이터로 생성된 화웨이 족적을 보여주는 삽입된 지도는 이 기술회사의 전 세계적 존재를 보여주며 중국이 어떤 규모로 노력하고 있는지에 대한 통찰력을 제공한다.[6] 화웨이의 거대한 세계적 족적을 시각화할 때, 중국의 전 세계적 노력에 맞서기 위한 미국 전략의 필요성과 시급성을 깨닫게 된다.

여러 가지 면에서 화웨이와의 이 경쟁은 법의 지배와 자유에 기초한 문명의 생존을 위한 세 번째 큰 경쟁이다. 우리는 1939년 나치 독일과 일본 제국, 또는 1946년 소련의 세계적 도전에 대해서만큼 새로운 전체주의 중국의 도전에 대한 준비가 되어 있지 않다. 이전의 경쟁에서 새로운 사고, 새로운 전략, 새로운 제도, 새로운 자원 할당 및 새로운 창의성이 요구되었던 것처럼, 전체주의 중국과의 경쟁은 링컨 대통령이 말했듯이 미국 사회 전체가 "새롭게 생각하고 새롭게 행동"해야 할 것이다.[7]

영국 외무장관 제레미 헌트(Jeremy Hunt)는 최근 다음과 같이 말했다.

> "중국 정부가 서구 대기업이라면 불가능할 방식으로 중국 대기업을 통제할 수 있기 때문에 우리가 그들의 역할에 대해 어느 정도 조심하는 게 맞다. "그렇다고 해서 그들의 역할이 자동으로 악의적이라고 말하는 것은 아니지만, 모든 중국 기업이 소유권에 관계없이 언제든 중국 정보 당국에 협조해야 한다는 2017 법과 같은 것들이 있다."[8]

따라서 화웨이를 신뢰한다는 것은 중국 전체주의 체제를 신뢰하는 것이다.

마이크 폼페이오 국무장관이 2019년 5월 23일에 말했듯이, "회사는 중국뿐 아니라 중국공산당과 깊이 연계되어 있다. 그리고 그 연계성, 그 연계의 존재는 그러한 네트워크를 통과하는 미국 정보를 위험에 빠뜨린다."[9]

중국은 사실상 모든 중국 기업이 다른 모든 중국 기업을 지원할 미국과의 전 사회적 경쟁을 하고 있으며, 중국공산당의 요구를 무시하면 어떤 기업도 생존할 수 없기에 이 점은 핵심적이다. 중국의 공산주의 체제로 인해 중국은—경제, 외교, 군사, 정치 및 학문적 전술을 사용하여—미국을 희생시키면서 패권적 야심을 전개하기 위해 모든 전선에서 통합된 노력을 기울일 수 있다. 남중국해 캠페인, 일대일로 구상 및 화웨이 통신 전략은 중국공산당이 지도적으로 세계적 패권을 확립하려는 거대하고 장기적인 노력의 일부이다.

위협으로서의 화웨이는 중국을 인류중심의 중화로 재건하려는 이러한 전 사회적, 전정부적 노력의 전체주의적 맥락 안에서만 이해될 수 있다. 5G 무선 기술의 도입은 중국이 미국 등 다른 모든 국가에 대해 결정적인 이점을 달성할 수 있는 기회이다.

화웨이가 5G 구현 경쟁에서 이기는 경우, 2030년이면 전체주의 중국이 정의하는 인터넷이 전 세계를 지배할 것이다. 미국은 선도적 기술력으로서의 자리를 잃었을 것이고, 중국이 공급하고 전체주의적으로 통제되는 의사소통 및 컴퓨터 시스템의 존재로 인해 전 세계에서 미국의 행동은 심각하게 제약을 받을 것이다.

중국의 네트워크가 미국에 들어오지 않더라도 우리는 통제된 의사소통과 정보의 바다 안에서 섬이 될 것이다. 다른 나라와 함께하는 것이 필수적이다. 미국 관광객, 방문 교수 및 연구원, 군사 요원 및 외교관이 해외에 있는 동안 손상된 5G 네트워크로 또는 그 안에서 작동해야 한다면 어떻게 될지 생각해보라. 화웨이 5G 기술의 전 세계적 사용을 중단하려면 전 세계적으로 노력해야 한다.

이 입장이 너무 심하다고 생각하는 사람들은 몇몇 주요 전문가의 견해를 고려해보라.

전 미국 국가안보 보좌관이자 NATO 최고 연합군사령관인 짐 존스(Jim

Jones) 장군에 따르면,

"중국이 21세기의 디지털 인프라를 통제한다면, 국가안보 목적으로 이 지위를 이용하고 미국과 동맹국에 대해 강제할 수 있는 영향력을 가질 수 있을 것이다."[10]

2019년 5월 전 하원 국토안보위원장인 마이클 맥카울(Michael McCaul) 의원은 2019년 5월 〈블룸버그〉와의 인터뷰에서, 화웨이가 전 세계시장에 진출하는 경우의 위협을 되풀이했다.

"화웨이에 대해 좀 말씀드리겠습니다. … 5G기술 성능을 가지고 시장에 일단 진입하면 그들이 해당 데이터를 소유합니다. 따라서 국가안보 위험이 매우 큽니다. … 나는 국가안보 위협 때문에 미국의 동맹국들, 특히 다섯 개의 눈(Five Eyes) 즉 호주, 캐나다, 뉴질랜드, 영국, 미국이 화웨이와 관계를 맺지 말도록 강권하겠습니다."[11]

미국인들은 화웨이가 막대하게 유리한 스타트를 했음을 알아야 한다. 대서양 협의회의 회장 겸 CEO 프레드 켐프(Fred Kempe)는 다음과 같이 썼다.

"많은 화웨이 고객들이 중국이 직간접 보조금으로 훨씬 더 좋은 가격을 제공하면서도 더 나은 서비스를 제공하고, 더 진보된 장비를 제공한다고 주장함에 따라 기술 영향의 두 영역에서 위험이 커지고 있다. 화웨이는 현재 170개국에 18만 명의 직원이 있으며 그중 8만 명이 연구 개발에 종사하고 있다. 화웨이는 세계 최대 50개의 무선 통신업체 중 45개를 고객으로 집계한다."[12, 13]

〈리얼클리어디펜스RealClearDefense〉에 기고한 글에서 마이클 처토프(Michael Chertoff), 키스 알렉산더(Keith Alexander), 티모시 키팅(Timothy Keating)은 이 경고를 강화했다.

> "또한 5G로의 글로벌 경쟁은 미래를 정의하는 지리전략적 경쟁이며, 현재 진행형이다. 리더십은 혁신의 우위뿐 아니라 글로벌 미래의 모습을 결정하는 국제 규범과 표준을 설정하는 능력을 혁신에 부여한다. 중국은 이것이 스푸트니크 모멘트라는 것을 알고 있으며 이를 포착하기 위해 전략을 개선하고 투자를 가속화하고 있다.
> 포레스터 리서치(Forrester Research)의 최신 보고서에 따르면, 중국은 5G 모바일 인프라를 출시하려는 신흥 글로벌 경쟁에서 이길 수 있는 최적의 입지에 있다. 최근 딜로이트 연구에 따르면, 중국은 2015년 이후 미국의 무선 인프라 지출을 80-100억 달러 앞질렀다. 국방혁신위원회는 그 순효과를 '중국은 4G에서 미국에 일어난 일을 5G에서 반복하는 중에 있다'고 요약했다."[14]

세계가 스파이 활동, 경제적 절도, 강압 및 권위주의 통치를 위한 도구로 5G를 활용하는 중국공산당의 모델을 채택할 것인지, 번영, 인간개발 및 사생활 보호를 위한 플랫폼으로 5G를 사용하는 미국과 서구 모델을 채택할 것인지에 성패가 달려 있다. 중국산 5G 장비의 글로벌시장 침투가 그 나라의 일대일로 구상의 일부라는 것은 잘 알려져 있지만 충분히 제대로 인식되지는 않았다. 동시에, 중국 법은 이 장비 제조업체에 국가 정보 활동에 협력할 의무를 부과한다. 5G 정책에 대한 모든 논의는 기술, 자금 조달, 마케팅 및 지속가능성에서 화웨이를 능가하는 성공적인 프로그램을 개발하는 것이 미국 자유의 생사가 걸린 문제라는 이해에서 시작해야 한다.

존스 장군은 다음과 같이 경고했다.

"이 경주와 그 결과는 20세기의 맨해튼 프로젝트와 '달 착륙' 프로젝트
만큼이나 중요하다. ··· 중국 대안을 선택하고 그러한 결정에 수반되는
결과를 선택한 국가는, 진행하다가 그 결정을 뒤집는 비용이 기하급수
적으로 증가할 것이다."[15]

이것은 공화당이나 민주당의 노력이 아니라, 또는 자유주의적이거나 보수
적인 노력이 아니라 미국의 노력이어야 한다. 1939년과 1946년과 마찬가지
로 미국인들은 문명으로서 우리의 생존에 대한 이 도전에 대해 지속 가능한
전략적 대응을 할 것인지 논의하고 토론하고 결정해야 한다.

화웨이의 5G 영역에서의 공격적인 전술은 중국과의 경쟁이라는 새로운
시대의 첫 번째 시험 사례이다. 그러나 마지막까지는 멀었다.

베타맥스 대 VHS:
우리가 어떻게 실패하고 있는가

미국은 경쟁에서 이기기 위한 협력이나 전략이 없기 때문에 이 경쟁에서
지고 있다. 미국의 주요 통신사업자들은 5G를 국내에 출시할 계획을 천천히
진행하는 것으로 만족하는 듯 보이며 화웨이가 확보 중인 국제 시장에는 관
심이 없는 듯하다. 사실 AT&T는 실질적인 조치를 취하지 않으면서 초기 시
장 점유율을 확보하려는 필사적 시도로서 최신 서비스를 "5G E"라고 기만적
으로 표시하기도 했다(E는 Evolution의 약자이다). 기술 뉴스 웹사이트 Ars
Technica에 따르면, 웃음거리가 된 AT&T의 5G 네트워크 연구는 실제로 그

속도가 Verizon과 T-Mobile이 운영하는 4G 네트워크보다 느리다는 사실이 발견되었다.[16]

또한 미국은 자신의 5G 네트워크 트래픽을 위해 세계의 국가들과 다른 전자기 스펙트럼 대역을 사용하려고 하고 있다. 너무 기술적인 부분에 대한 논의는 피하려 하나 이것은 문제의 중요한 부분이다. 세계의 다른 나라들은 6GHz 이하의 주파수 대역을 사용하기 위해 5G 셀룰러 네트워크를 계획하고 있다. 상대적으로 저주파이므로 더 적은 수의 중계탑으로 넓은 지역을 커버할 수 있다. 미국에서는 국방부(DoD)가 이 대역의 대부분을, 자주 있지는 않지만 중요한 의사소통을 위해 통제한다.

미국의 정부와 산업은 더 높은 고주파 대역을 주시하고 있다. 이는 정부가 스펙트럼 할당을 잘못 선택한 결과로 미국의 거대한 지역이 5G 적용 범위를 절대로 확보하지 못하고 주요한 기회를 놓치게 될 것임을 의미한다. 이것은 또한 미국이 기술적으로 고립되게 할 것이다. 보다 널리 사용되는 저주파 스펙트럼에 네트워크를 구축하는 국가들이 완전히 새로운 기술생태계와 표준을 개발하여 미국이 따라잡고 경쟁하기가 어렵게 될 것이다. 조쉬 로긴(Josh Rogin) 기자의 〈워싱턴 포스트〉 기사 제목과 같이, "5G에서 미국은 베타맥스(Betamax)를 구축하는 반면 중국은 VHS를 구축"하고 있다.[17]

국방부, 민간 부문 및 연방 스펙트럼 규제기관 간의 이러한 스펙트럼 분쟁은 중요하며 미중 경쟁의 승패 여부를 결정할 수 있다.

첫째, 미국 시골은 6GHz 이하의 스펙트럼이 있어야 적용에 필요한 거리와 침투가 가능하다. 더 고주파는 도달 거리가 너무 짧고 간섭하기가 너무 쉽다. (공표된 AT&T 현장 중 하나인) 댈러스 카우보이 축구경기장에는 적합하지만 메인의 삼림이나 몬태나의 장거리를 가로지를 희망이 없다. 한 실험에서, 더 고주파수의 파동 안테나가 600피트 멀리에 떨어졌다. 그것이 노스다코타 또는 다른 시골 지역에서는 어떻게 작동할까? 6GHz 이하의 스펙트럼이 필요한 것이다. 국방부가 이를 통제하고 있으며 국방부의 관료주의가 미국의 전체적인 5G 노력을 방해하고 있다.

티모빌(T-Mobile) 최고기술책임자(CTO) 네빌 레이는 이 고주파 밀리미터 파 스펙트럼이 미국의 모든 농촌 지역을 커버하지 못한다고 썼다. 그는 다음과 같이 강조했다.

> "이것의 일부는 물리학이다. 밀리미터 파(mmWave) 스펙트럼은 속도와 용량 면에서 큰 잠재력을 가지고 있지만, 셀 사이트에서 멀리 가지 않고 물체를 전혀 관통하지 않는다. 조밀한 도시 환경에서 5G 핫스팟의 작은 포켓들을 넘어서는 실질적으로 확장할 수 없다."[18]

마찬가지로 버라이즌(Verizon)의 CEO 한스 베스트버그(Hans Vestberg)는 밀리미터 파 스펙트럼(millimeter wave spectrum)과 관련하여 다음과 같이 조언했다. "우리는 이것이 적용 범위가 넓은 스펙트럼이 아님을 스스로에게 상기시켜야 합니다."[19] 미국의 5G 스펙트럼이 인구 밀도가 높은 도시에서만 유용할 경우, 농촌 지역 사회에 대한 깊은 배신이 될 것이며 그들은 훨씬 더 뒤처지게 될 것이다. 이것은 트럼프 대통령의 목표와 정확히 반대되는 것이다. 트럼프 대통령은 2019년 4월 백악관 행사에서 다음과 같이 말했다.

> "5G 네트워크는 모든 커뮤니티를 포괄해야 하며 가능한 빨리 사용해야 합니다. 우리가 5G에 큰 진전을 이룰 때 우리는 광대역에 접근할 수 없는 농촌 지역에도 초점을 맞추고 있습니다. 우리는 연방기관과 긴밀히 협력하여 미국 농촌에 네트워크를 더 빨리 구축하고 오늘날보다 훨씬 저렴한 비용으로 제공하고 있습니다. … 어디에서든 5G에 접근할 수 있습니다."[20]

백악관 행사의 목적은 미국의 5G 작업을 시작하기 위해 밀리미터 파 스펙트럼 몇 개의 매각을 발표하는 것이었다. 발표는 틀렸지만 트럼프 대통령의 목표는 맞다.

국내 스펙트럼과 국방부의 충돌과 관련된 두 번째 큰 문제는 다음과 같다. 세계의 다른 지역은 국방부가 금지하지 않아 6GHz 이하의 스펙트럼으로 이동하고 있다. 국방 혁신위원회는 2019년 4월 〈5G 생태계 : 국방부의 위험과 기회〉 제하의 보고서에서 고주파 밀리미터 파 스펙트럼에 집중하는 비용에 대해 설명했다.

"미국 사업자들은 계속해서 mmWave를 추진할 수 있지만, 추종자들 없이 5G 분야를 선도하는 것은 불가능하다. 무선 네트워크의 리더십은 5G 하위 구성 요소 및 제품이 궁극적으로 네트워크 전체에서 상호 운용성을 추진할 수 있기 때문에 전 세계 시장에서 리더가 선택한 스펙트럼 대역 사양을 받아들이고 이에 따라 구축해야 한다. 세계의 다른 지역은 미국 사업자와 동일한 6GHz 이하의 스펙트럼 제한이 없으며, 그 이후 범위에서 5G 개발을 추구하고 있다. 결과적으로 미국이 세계의 여타 지역과 다른 스펙트럼 범위를 계속 추구한다면 글로벌 공급 기반이 없는 상태에 처할 수 있다.

"대부분의 세계에서 채택한 미래의 5G 생태계가 6GHz 이하 중대역 스펙트럼을 기반으로 구축된다면, 미국은 또한 mmWave 기기 상호 운용성 문제와 6GHz 이하 인프라 보안 문제에 직면하게 될 것이다. 6GHz 이하가 세계 표준이 됨에 따라 현재 이 분야의 선두주자인 중국이 주도적으로 이끌 것으로 보인다. 이는 공급망에 중국 부품이 있는 네트워크에 의존하는 해외에서의 국방부 활동에 보안 위험을 초래할 것이다. 미국이 국내에서 중국 장비 공급업체의 사용을 제한하더라도,

미국은 중국의 5G 공급업체가 전 세계적으로 시장 점유율을 계속 늘려 가는 것을 막기에 충분히 큰 무선 시장이 아니고, 그 결과 이미 줄어들고 있는 미국 시장에 서비스를 제공할 공급업체에 상당한 압박을 주고 있다. 이 공급업체들은 시장 점유율 감소로 인해 미래 5G 제품의 R&D 에 투자할 수 없게 되면서 경쟁력 있는 제품의 수가 제한되고 국방부와 미국 산업은 더 좋고 저렴한 글로벌 공급망을 잃게 될 것이다."[21]

국방 혁신위원회의 보고서에도 불구하고 국방부는 (거대한 양을 소유하고 있는) 저주파 5G 스펙트럼을 개방하는 어떤 일도 하지 않았다. 연방 통신위원회(FCC: Federal Communications Commission)는 그런 결과는 기술적으로 불가능함에도 불구하고 미국 농촌에 도움이 되는 것처럼 가장하고 고주파 밀리미터 스펙트럼 경매를 계속 진행해왔다. 오래된 통신 회사와 FCC의 방어자들은 미국 내 5G에 중점을 두려고 시도하지만 이것 역시 단순히 불가능하며 심각한 결과를 초래할 것이다. 스케일은 전 세계 판매에서 나오게 된다. 노텔(Nortel), 루슨트(Lucent) 및 알카텔(Alcatel)은 한때 뛰어난 기술력을 갖춘 강력한 회사였지만 더 성장하여 스케일이 커질 수 없었고 쫓겨나게 되었다. 인텔이 최근 5G 칩 사업을 중단한다고 발표한 반면, 화웨이는 자사의 5G 칩을 애플에 판매하는 것에 개방적이다. 미국 내에서만 중점을 두고 5G 전략을 방어하려는 것은 현대 세계의 경제현실을 형편없이 부인하는 것이다.

언급했던 〈워싱턴 포스트〉 기사에서 로긴은 "그러니까 우리는 아무도 사용하지 않을 5G 생태계를 구축하기 위해 아무도 달리지 않는 경쟁에서 이기고 있다"라는 행정공무원의 말을 인용했다.[22]

불행하게도, 4월의 백악관 5G 행사 기간 동안 관료적인 발표는 참사였고 잘못된 방향으로 가는 발걸음이었다. 2014년 필자의 책 『탈옥Breakout』에 쓴 바와 같이, 변화의 시대에는 미래의 개척자와 과거의 교도관이 있다. 백악관

행사는 국가를 희생하여 자신의 몫과 자기 잇속만 차리는 기득권을 보호하는 과거의 교도관인 로비스트와 관료들의 분명한 예였다. 국방혁신위원회(Defense Innovation Board)의 2019년 4월 보고서는 기존 시스템이 얼마나 실패했는지를 보여준다. 그 보고서에는 다음과 같은 언급이 있다.

> "5G를 소유한 국가는 이러한 많은 혁신을 소유하고 세계 다른 지역의 표준을 설정할 것이다. 현재 그 국가는 미국이 아닌 것 같다."[23]

이 31페이지 분량의 보고서는 공개적으로 구할 수 있으며 오래된 통신 회사와 그들이 장악한 무역협회인 CTIA의 모든 선전을 꿰뚫어 본다. 미국 기업들이 얼마나 많은 소규모 사이트들을 시작했는지에 대해 광고한 후에 국방혁신위원회는 다음과 같이 평가한다.

> "중국은 최초의 광범위한 5G 네트워크를 구축할 계획이며 2020년에 최초의 6GHz 이하 서비스를 이용할 수 있게 된다. 선점자 우위로 중국의 국내 반도체 및 시스템 공급업체와 함께 핸드셋 및 통신장비 공급자 시장에서 상당한 증가를 이끌게 될 것이다. 결과적으로, 중국 인터넷 회사는 5G의 속도와 저지연(low latency)을 활용하여 자국시장을 위한 서비스와 응용 프로그램을 개발할 수 있는 좋은 입지를 갖추게 될 것이다. 5G가 전 세계에 유사한 스펙트럼 대역에 배치됨에 따라 중국의 핸드셋 및 인터넷 앱과 서비스는 미국에서 제외되더라도 지배적이 될 가능성이 크다. 중국은 4G에서 미국에 일어난 일을 5G에서 재현하는 중에 있다."[24]

이 경고는 FCC가 2018년 9월에 제안되어 2018년 12월에 승인된 경매를 추진할 것이고, 승인 1년 후인 2019년 12월에 개최할 예정이라고 최근에 발표함에 따라 더욱 강력해졌다. 이 15개월 과정이 "고속 트랙 버전"이었다. 그것은 고압적인 관료주의의 참으로 느린 속도를 나타낸다.

마지막으로 화웨이가 전 세계 통신장비의 주요 공급업체가 되면 미군, 미국 외교관 및 미국 기업은 중국이 통제하는 통신기술 및 인프라의 바다에서 작동하게 될 것이다. 이것은 멀리 있는 위협이 아니다. 최근에 〈월스트리트 저널〉은 AT&T가 멕시코에서 화웨이를 사용하고 있다고 보도했다.

> "AT&T는 4G 서비스를 지원하기 위해 구축한 인프라를 업그레이드하면서 향후 4년 동안 화웨이 장비를 두 배로 늘렸다. 2016년 AT&T의 한 고위 임원은 업계 간행물에 공급업체의 성능이 '우수하다'고 말했다. 이 문제를 잘 아는 사람에 따르면 이 회사는 멕시코에 있는 화웨이 제품을 대체하는 비용을 추정했으며 그 비용이 엄청나다는 것을 발견했다. … "AT&T의 멕시코 본사가 2016년에 완공된 유리 건물로 옮겼을 때 화웨이는 고객과 가까이 있기 위해 그로부터 한 층 떨어진 위성 사무실로 이사했다."[25]

한편 〈파이낸셜 타임스〉에 따르면, 유럽 동맹국들조차 화웨이의 제안을 받아들이고 있다. 그 기사는 다음과 같이 지적했다.

> "독일의 통신 규제기관은 안보상의 이유로 논란의 여지가 있는 중국 공급업체를 배제하라는 미국의 열화 같은 압력에도 불구하고 장비 제조업체 화웨이가 독일의 초고속 5G 네트워크 구축에서 제외되지 않을 것이라는 가장 분명한 신호를 주어왔다."[26]

중국의 5G 우위가 계속됨에 따라 동유럽의 이전 공산주의 블록에서 미국의 전략적 작전도 위협받고 있다. 로이터 통신의 2019년 4월 16일 보도에 의하면, 전 화웨이 직원이 폴란드에서의 스파이 활동에 대한 조사를 받고 있음에도 불구하고 폴란드는 5G 네트워크에 화웨이를 허용할 것이라고 보도했다.[27] 이 글을 쓰는 시점에 미국은 폴란드에 미군기지를 설립하기 위한 협상을 진행하고 있다. 폴란드는 이를 러시아 침략을 억지하는 전초기지로 보고 있다.[28]

화웨이의 5G가 구축되는 곳에는 중국의 감시 기술이 뒤따른다. 중국 통신 컨소시엄이 필리핀에서 세 번째 통신회사 사업허가를 받았을 때 화웨이는 고급 안면인식 소프트웨어가 내장된 1만 2000대 이상의 카메라를 배치하는 "안전한 마닐라(Safe Manila)" CCTV 카메라 시스템을 제공하는 일을 급히 추진했다.[29] 미국이 군사 주둔에 관해 필리핀과의 강화된 협력 협정에 서명한 직후였다. 이 프로젝트는 결국 거부되었지만 화웨이와 중국은 주요한 전략적 미군주둔 국가에 감시 시스템을 제공하는 데 놀라울 정도로 빠르다. 중국 권력의 네트워크에 구축된 중국 감시 기술 내에서 운영해야 하는 경우 미국의 군대와 미국의 이익을 어떻게 보호할 수 있는가?

이길 수 있는 방법

미국은 앞으로 중국으로부터 더 많이 보게 될 정교한 사회 대 사회 전략의 사례 연구로 화웨이와 5G 기술 개발을 연구해야 한다. 5G의 고유한 중요성과 중국공산당 제도를 분석하고 효과적인 대응을 개발해야 할 필요성이 있으므로, 우리가 화웨이의 5G 도전을 신중하게 생각하고 해결하도록 스스로를 강요하는 것이 필수적이다. 화웨이에 대한 투자, 화웨이에 큰 유익을 제공하기 위한 국가자금조달 사용, 외국을 참가시키는 데 있어 화웨이에 대한 외교적 추가지원을 제공하려는 정부의 의지, 5G 인터넷에 대해 설정해야 하는 기준을 지배하는 글로벌 전략, 모두가 우리가 반복해서 직면하게 될 중국의 조율된 전사회적 장기적 투자 접근방식을 반영한다. 미국은 화웨이의 부상을 분석하고, 중국의 전략을 어떻게 능가할 것인지 알아내고, 미국과 동맹국이 5G 세계와 5G 인터넷을 장악하기 위해 필요한 공공 및 민간 부문의 제도 개혁을 구현해야 한다.

미국 농촌 전역에 서비스를 제공하는 강력하고 안전한 5G 네트워크와 화웨이와 성공적으로 경쟁하여 패배시키는 미국 5G 시스템에 대한 트럼프 대통령의 비전은 올바른 비전이다. 그것은 우주에서 미국의 리더십을 보장할 달과 그 너머에 가는 유인 우주 프로그램에 대한 대통령의 대담한 비전에 평행하는 것이다.

우주 프로그램과 5G 프로젝트의 차이점은 펜스 부통령의 적극적인 리더십과 국가우주협의회를 중심으로 구축된 시스템에 의해 불붙는 가속도이다. 트럼프 대통령의 비전과 펜스 부통령의 지도력으로 전 정부적이고 동시에 전 사회적인 노력인 우주 프로그램이 실제로 구체화되기 시작했다.

5G에 대해서는 그에 견줄 만한 리더십 노력이 없고, 전 사회적 전 정부적인 조율 시스템이 없다. 5G에 대한 주된 목소리는 변화를 거부하고 낡은 관점에 집착하는 구식 관료주의와 구식 기업이다. 이로 인해 미국 농촌은 광대역과 휴대전화가 없는 상태로 남아있다. 화웨이가 인터넷과 모든 글로벌 커뮤니케이션을 장악하기 위해 투자를 시작한 지 11년이 지났지만 미국은 여전히 글로벌 전략이 부재하다.

마치 선구적인 기업가적 지도자들이 배제된 것 같고 가장 오래되고 가장 느린 기업 및 정부 관료만이 강력하고 안전한 5G 네트워크에 대한 트럼프 대통령의 비전을 계획하도록 허용된 것 같다. 예상대로 결과는 지금까지 재앙이었다. 이를 해결하기 위해 우리는 국가우주위원회와 유사한 5G구현 협의회가 필요하다. 중국과 경쟁하는 데는 트럼프 대통령과 펜스 부통령이 미국인들을 다시 우주로 데려가기 위해 구축한 것과 유사한 전 정부적이고 전 사회적인 접근법이 필요하다. 5G구현 협의회는 소규모 인력으로 구성되지만 아이디어를 실행할 수 있는 많은 권한을 가져야 한다. 협의회 구성원은 실제 자산을 가진 장래의 이해 관계자 및 대담한 아이디어를 가진 새로운 창업 기업 등 공공 및 민간 이해 관계자를 포함해야 한다.

그러나 5G 우위를 달성하는 데는 정부운영 프로그램이 필요하지 않다. 실제로 정부운영 프로그램은 재앙이 될 것이다. 정부는 정보와 지침, 그리고 민간 부문이 종료 시까지 프로젝트를 수행할 수 있는 능력과 실행 메커니즘을 제공할 수 있게 하는 공공 모멘텀만 제공해야 한다. 이러한 맥락에서 트럼프 행정부는 중국-화웨이의 노력을 능가할 수 있는 공격적인 5G 전략을 조율하고 이행해야 한다. 미국은 화웨이를 기술과 자금 조달에서 이길 수 있는 전략을 개발해야 하고, 따라서 (중국 국경 외부의) 차세대 전 세계 인터넷은 자유와 법의 지배 원칙에 기반하게 될 것이다. 또한 가능한 빨리 미국 농촌에 100% 5G 적용을 달성해야 한다. 이를 위해서는 모든 정부를 하나의 운영 계획으로 모으기 위해 강력하고 명확한 대통령 행정 명령이 필요하다. 시간이 급하다. 2020년 봄까지 심각한 이행 전략을 집행하기 시작해야 한다.

또한 5G 구축을 위해 고주파 밀리미터 파 스펙트럼을 고수하겠다는 미국 정부의 결정은 바뀌어야 한다. 우리가 어떤 대역에 할당할 것인가는, 미국이 전 세계에 판매할 중국 장비에 대한 대안을 생산할 수 있는지 여부와 더불어, 미국 사업자가 국내에서 구축하고 있는 네트워크가 전 세계적으로 장기적인 가치를 가지게 될지를 결정할 것이다. 트럼프 대통령은 미 국방부가 미국 통신 부문에 정보를 요청하도록 명령해야 한다. 그 요청은—필요할 때 국방부가 여전히 우선 통제를 할 수 있도록 하면서—민간 부문이 국방부가 가지고 있는 6GHz 이하의 스펙트럼을 어떻게 활용할 수 있는지 알아내는 것이어야 한다. 이를 통해 미국은 스펙트럼 측면에서 세계의 다른 나라들과 동일하며—더 많은 기업가 집단과 논의를 시작할 수 있다.

일단 정보와 옵션이 평가되면, 이 정보 요청 다음에 제안 요청이 신속하게 이루어져야 한다. 2019년 5월 3일 금요일, 국가스펙트럼컨소시엄(National Spectrum Consortium)은 5G 맥락에서 다른 무엇보다 "동적 스펙트럼 공유"와 관련된 "기술적 개념의 요청"을 발표했다. 이것은 극도로 중요한 발전으로 판명될 수 있다. 컨소시엄은 원래 국방부에 의해 "스펙트럼 활용 방식을 혁명적으로 발전시키는 새로운 기술을 육성"하기 위해 설립되었으므로, 정보 요청과 같은 이 요청은 시의적절하다. 컨소시엄이 적절한 반응을 얻고 조달을 향해 빠르게 움직이는 경우 단기적으로 전국적으로 민간 5G 구축과 국방부의 6GHz 이하 스펙트럼을 공유하는 데 있어 행정부가 필요한 수단을 제공할 수 있다.

다음으로, FCC는 새로운 자본과 새로운 기업가의 대안적 모델과 새로운 참가자를 포함하도록 경매 시스템을 개방해야 한다. 너무 오랫동안 FCC와 크고 관료적이고 오래된 통신 업체가 내부자 클럽의 과점을 운영해왔다. 그것은 실패했고, 현재 미국 농촌에 공급하지 못하고 있다. 정보에 대한 새로운 요청은 가능한 한 최대로 광범위한 제안과 아이디어와 함께 공개적 심사를 받도록 해야 한다. 통신업계에는 너무 오랫동안 관료주의적이고 로비스트가 정의한 내부자 게임 시스템이 있었다. 그것은 미국 농촌과 세계 시장에서 우리에게 나쁜 영향을 미쳤다. 또한 진짜 경쟁적인 환경에서 우리가 지불하게 될 금액보다 더 많은 비용을 청구했다.

또한 중국과의 경쟁을 위해, 연방 무역위원회(Federal Trade Commission)는 퀄컴(Qualcomm)에 대한 칩 특허 및 로열티에 관한 소송을 기각해야 한다. 의회는 중국과의 경쟁에 응하면 그 협력에 대한 세금공제가 이루어지도록 법을 개정해야 한다. 화웨이를 물리치기 위해서는 연합이 필요하고, 연합을 위해서는 전 세계 시장에 대한 화웨이의 공략을 물리치는 것을 목표로 하는 기업들이 함께 일할 수 있는지 여부를 재고할 필요가 있다.

좀 더 깊은 수준에서, 필자가 이전에 의회에 설립을 제안한 중국의 활동에 관한 공동위원회가 설립된다면 중국공산당의 5G 도전 및 기타 유사한 미래 산업 과제를 다루는 데 유용할 것이다. 중국은 너무 크고 활력이 넘치며, 지능적이고 공격적인 전략을 가지고 있기에, 의회는 양 체제 간의 경쟁에 대해 보다 심층적인 이해를 발전시킬 필요가 있다. 오늘날 중국은 보조금을 많이 준 가격으로 시장 점유율을 높이고 있다. 중국의 가격에 맞추거나 이길 방법을 찾지 못하면 결과는 미국의 파멸일 것이다. 해외 원조 예산의 4분의 1을 제3세계에서의 화웨이의 정부 보조를 받은 가격과 맞추는 용도로 전환하고 수출입 은행을 재고해야 할 수도 있다.

또한 앞 장에서 중국의 IP 절도의 전모를 설명했듯이, 다른 국가의 발명을 단순히 훔치는 중국의 방식을 제거하기 위해 적극적인 특허 및 지적재산권보호 프로그램을 시행해야 한다. 화웨이의 연구개발 노력은 절도에서 도움을 막대하게 받는다. 이것은 중지시켜야 한다.

미국의 5G 구축 노력이 모든 미국인에게 혜택을 주도록 하기 위해 의회는 정해진 기한과 화웨이를 물리치기 위한 실제 전략을 갖춘, 미국 농촌을 위한 실현 가능한 전략을 주장해야 한다. 이러한 노력에는 성공의 주요 척도에 대한 가차 없이 현실적인 평가도 필요하다. 이 평가로 인해 우리가 단지 상투적 이야기와 약속으로 우리 자신을 속이는 것이 아니라 진정으로 변화하지 않을 수 없기 때문에 이것은 중요하다. 또한 의회는 우리가 화웨이와의 경쟁에서 승리하도록 변경할 필요가 있는 법률을 파악하기 위해 트럼프 행정부 및 민간 부문과 협력해야 한다.

마지막으로, 의회와 트럼프 행정부는 새로운 5G 시스템이 전자기 펄스경화(hardening) 및 강력한 사이버 보안 기능을 갖추도록 노력해야 한다. 또한 네트워크를 신뢰할 수 없는 경우에도 안전하고 신뢰할 수 있는 통신이 이루어질 수 있어야 한다. 우리가 비상한 성공을 거두어도 화웨이는 일부 국가에서 계속 운영될 것이라는 현실에 대비해야 한다. 미국 5G 노력은 분기별 보고서를 위해서가 아니라 한 세대를 위해 구축되어야 한다.

도매 솔루션

이 기술 경쟁에서 우리가 그렇게 뒤처진 이유 중 하나는 미국의 시스템이 구식이고 도움이 되지 않는 행동을 장려하기 때문이다.

현재 시스템에서 정부는 스펙트럼을 경매하고 최고 입찰 회사가 이를 네트워크를 구축하는 데 사용한다. 여전히 엄격한 정부 규칙이 적용되지만, 경매 낙찰자는 이러한 네트워크의 라이센스 보유자이며 그 네트워크의 일부를 사용하도록 다른 회사와 계약을 맺을 옵션이 있다. 그러나 라이센스 보유자는 궁극적으로 자신의 이익을 최적화하기 위해 가격을 설정하고 네트워크를 구축한다. 라이센스 보유자는 도매 고객들에게 가능한 최고 가격을 책정하고 최대의 고객 기반을 가진 도시 지역에만 네트워크를 구축하게 된다.

현재 미국에는 전국적 이동통신사가 4개뿐이며 그중 두 회사(티모빌 및 스프린트)가 합병을 시도하고 있다. 이 합병이 성공하면 미국 전역의 미국 무선통신망 사업자는 셋만 남는다. 이 제한된 경쟁으로 치열한 경쟁 시스템이 아닌 과점이 생긴다.

당연히 시장에서 경쟁하는 모바일 네트워크 사업자(MNO)가 많을수록 소비자 가격은 낮아진다. 리휠(Rewheel)의 2019년 보고서에 따르면 유럽연합(EU28) 및 OECD의 4G 스마트폰 계획에서 평균 기가바이트 가격은 3-MNO

시장에 비해 4-MNO 시장에서 더 낮다.[30] 그러나 경쟁이 더 많으면 5-MNO 시장은 소비자에게 가장 낮은 평균 가격을 제공한다. 다음 도표에서 잘 알 수 있듯이. 미국 가격은 "다른 4-MNO 및 이스라엘 5-MNO 시장과 비교할 때 "우주만큼 떨어져 있다." 미국 소비자의 가격도 3-MNO 시장의 평균 가격보다 더 높다. 보고서에 따르면 "미국에서 평균 스마트폰 요금제 기가바이트 가격은 … 4-MNO 경쟁적 대규모 유럽 시장의 평균 가격보다 15배 높았다."

과도한 가격은 미국 4G 모바일 및 무선 가정 광대역 요금제에도 반영되어 있다. 리횔 보고서에 따르면, "미국과 캐나다의 평균 모바일 광대역 기가바이트 가격은 OECD 시장의 평균 가격보다 6배 높았고 EU28 시장의 평균 가격보다 10배 높았다."[31]

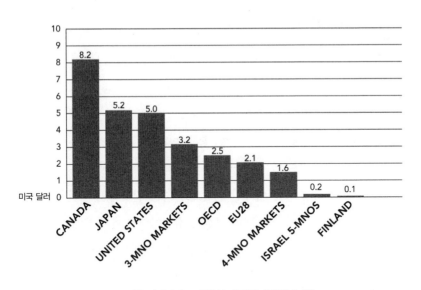

평균 기가바이트 가격 (스마트폰), 2019년 4월

4G 스마트폰 요금제의 완전히 할당된 평균 기가바이트 가격
(최소 1000분, HD비디오의 경우 3Mbit/s)
MNO: 모바일 네트워크 사업자
출처: 리횔 / 연구, 디지털 연료 모니터

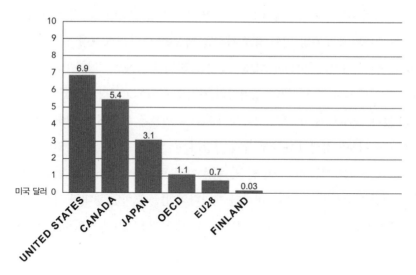

평균 기가바이트 가격 (모바일 광대역), 2019년 4월

4G 모바일 및 무선 가정 광대역 요금제의 전체 할당된 평균 기가바이트 가격
((HD 비디오의 경우 3Mbit/s 이상)
MNO: 모바일 네트워크 사업자

출차: 리휠 / 연구, 디지털 연료 모니터

현재 시스템으로 인해 미국 소비자들은 상당히 더 높은 가격을 지불해야
한다. 또한 우리의 현재 모델은 미국의 농촌 지역사회에 크게 불리한 점이 있
으며 현대 디지털 시대 모든 미국인이 필요로 하는 필수적인 통신을 성공적
으로 제공하지 못했다. 이 시스템의 단점을 경험하려면 휴대전화가 전혀 개
통되지 않는 이 나라의 넓은 지역들을 운전해서 횡단해보면 된다. 서비스가
제공되는 작은 도시에서도 기기 사용자는 그다지 멀리 떨어져 있지 않은 대
도시 사용자에 비해 속도가 상당히 느린 경험을 하게 된다.

현행 시스템은 도시 지역에 통신 인프라를 구축하고 그 다음에 여건이 되
면 농촌 지역에도 구축하는 것을 강력히 선호한다. 지금까지 4G 네트워크의

경우, 이 전략은 미국의 농촌 및 소도시에는 도움이 되지 않았다. 그 결과 연결된 도시 지역은 경제 성장과 번영이 이루어졌으며 농촌 지역은 성장과 기회의 결핍으로 인해 뒤처져 왔다. 한 가지 중요한 결과는 젊은이들이 연결이 끊어진 시골 지역에서 현대적이고 연결된 도시로 이주하는 것에 뚜렷이 나타난다.

FCC는 경매 설계를 통해 이 문제를 해결하려고 시도해왔다. 스펙트럼 라이센스는 일반적으로 전국적인 블록들에서 판매되는 것이 아니라 다양한 크기의 지리적인 구역 단위로 판매된다. 이는 부분적으로는 전국적인 통신사업자가 서비스 제공을 꺼리는 지역에서의 네트워크 구축을 장려하기 위한 것이다. 몇몇 성공적인 지역 통신사업체가 있기는 하다. 그러나 이들 농촌 라이센스 보유자의 대부분은 주요 통신사업자에게 경제적으로 종속되어 로밍 계약을 받기 위해 그들에게 의존하게 된다. 또한 농촌 라이센스 보유자는 자기들이 부과할 수 있는 로밍 가격과 전국 사업자가 청구하는 로밍 가격 사이에 극도로 불균형이 있음을 발견한다. 농촌 스펙트럼 라이센스를 발급하면 성공적인 지역 사업자가 있는 소수의 지역에서는 어느 정도 도움이 되었다. 그러나 이들은 예외이다.

이 경매 시스템이 계속 활용된다면, 5G 시스템을 개발하는 경우 도시와 농촌의 현재 격차가 더욱 커질 것이다. 5G 시스템이 도시에서 먼저 출시되면, 속도, 지연 시간, 용량 등 모든 이점이 도시 산업과 도시생활에 있게 되고 농촌 지역의 기술 개발은 훨씬 더 뒤처지게 된다.

현재의 정책은 납세자 보조금을 사용하여 통신회사를 농촌 지역으로 유인하는 것이다. 이 계획은 느리고 번거롭고 비효과적이다. 보조금은 기존의 회사에 돈을 제공하지만, 자금 지원은 미국의 농촌 전 지역에 통신 서비스를 제공하는 데 성공하지 못했기 때문에 궁극적으로 거의 효과가 없었다. 현재 모든 미국 농촌에 5G 서비스를 적시에 제공할 그럴듯한 계획은 부재하다.

5G는 원격 학습, 원격 의료, 자율 주행 차량, 그리고 제조와 농업 모니터링의 데이터 밀집 시스템(data dense system)을 향상시킬 것이다. 현재 계획에 따르면, 이러한 이점은 모두 도시 지역에 제공될 예정이며, 농촌 지역은 경제적, 기술적으로 어려움을 겪어 동일한 속도로 발전하는 것이 불가능하게 될 것이다.

병행 시스템으로서의 도매

병행 시스템(concurrent system)으로서 도매를 도입하는 것은 농촌 지역에 막대한 영향을 주게 될 5G 연결 능력의 구축을 위한 가장 강력한 구조적 변화일 수 있다.

도매 모델에서 통신사 및 기타 업체는 시장 원칙에 기초한 가격을 사용하여 네트워크 용량 사용을 위한 지속적인 입찰 프로세스에 참여한다. 스펙트럼 라이센스 보유자 또는 네트워크 소유자가 아니라 공급과 수요가 가격을 설정하고 시장은 동일한 접근 권한을 가진 모든 도매 입찰자에게 지속적으로 개방된다.

이 아이디어는 기존 통신업체를 교체하거나 제거하거나 단일의 필수 도매 네트워크에 강제로 배치하지 않는 것이다. 그보다는, 도매 네트워크는 통신업체의 현재 및 미래 네트워크와 함께 나란히 동시에 작동하게 된다.

도매 시스템을 통해 여러 서비스 제공업체가 동일한 자본 투자를 공유할 수 있다. 사용자 당 비용 및 생성된 데이터 비트당 비용이 절감된다. 또한 자본투자의 사용을 극대화함으로써 인구가 적은 지역에 서비스를 제공하기 위해 서비스 범위를 신속하고 광범위하게 확장하는 것을 더욱 수익성 있게 만든다.

도매 모델에 대한 저항

대역폭 서비스를 위한 도매시장을 거론하면 대형 통신회사의 오랜 지지자들이 소외감을 느끼고 분노하는 것처럼 보인다. 무선 생태계에 도매를 추가할 생각을 하는 것에 대해서조차 적대감이 대기업과 관료적 규제당국 전체에 퍼져 있는 것 같다. 도매 모델에 대한 저항의 일부는 막중한 빚을 진 회사가 고객에게 청구할 수 있는 가격이 추락할 위험이 있기 때문일 수 있다. 연결 서비스의 가격이 크게 떨어지면 AT&T와 같은 회사는 부채 부담을 유지하는 것이 불가능할 수 있다.

또한 대규모 통신 회사는 미국 도시 지역에서 많은 돈을 벌고 있으며, 미국의 농촌 지역을 천천히, 점진적으로 개발하기 위해 납세자의 돈을 걷어가는 것을 선호한다. 대규모 통신 회사들은 기술적 접근성과 연결성이 뒤떨어진 미국 농촌의 경제적, 사회적 비용에 크게 개의치 않는 것 같다.

한편, 필자가 설명하는 모델은 다른 업계에서는 잘 작동했다. 실제로 전기 및 천연 가스 시장에 경쟁력 있는 도매 시스템이 개발되어 비용이 막대하게 감소하고 자본 투자의 공유 사용이 현저히 크게 증가했다.

도매 시스템이 전기요금에 미치는 몇 가지 영향의 예를 고려해보자.

클리블랜드 주립대학교와 오하이오 주립대학교의 공동연구를 인용하면서 알스트릿 연구소(R Street Institut)의 전기 정책 관리자이자 수석 연구원인 데빈 하트만(Devin Hartman)은 다음과 같이 썼다.

"전기 시장의 경제적 이점은 독점과 재구조화된 주들에서 반대 방향으로 나타난 요금 추세에서 정점을 이루었다. 2008년부터 2016년까지 독점적인 주들의 가중 평균 전기요금은 15% 증가한 반면, 재구조화된 주들에서는 8% 감소했다. 이 전국적 추세는 중서부 지역에서도 마찬가지이다."[32]

하트만은 오하이오의 도매 시장에서 전기 소비자가 절감한 비용은 실제로 2020년까지 약 150억 달러에 이를 것으로 예상된다고 밝혔다.

경쟁의 영향은 자유시장 옹호자가 기대할 효과와 정확히 일치한다. 〈혁명의 진화: 소매 전기 경쟁의 지속적 성공〉의 연구 결과를 인용하면서, 셰릴 카프텐(Cheryl Kaften)은 현대 에너지 관리자(Energy Manager Today)에서 다음과 같이 말했다.

"고객 선택 관할지역의 경쟁 시기 요금 추세는 35개의 전통적 독점규제관할지역(독점 상태의 주)의 요금 추세보다 고객에게 더 유리해왔던 바, 평균 전기요금은 고객 선택 관할지역에서는 인플레이션에 비해 하락하지만 독점 상태의 주에서는 인플레이션을 훨씬 초과한다. …

"고객 선택 관할지역은 발전(generation)에 있어 독점 상태의 주를 능가하여 새롭고 보다 효율적인 발전에 대해 수십억 달러의 투자를 유치했으며, 그 결과 독점 상태의 주보다 더 높은 설비 이용률과 수요를 충족시키는 자원 적합성에 있어 동등한 수준을 달성했다."[33]

전기 업계의 경쟁은 실제로 천연가스 시장에서의 유사한 패턴의 성공으로부터 비롯되었다. 2016년 국가재생에너지연구소 보고서에 따르면,

"천연가스 산업의 규제 완화로 인해 전기 규제 완화에 대한 추진력이 증대되었다. 1980년대 후반과 1990년대 초의 실제 도매 및 소매 천연가스 가격의 하락은 천연가스 산업에서의 규제 완화 및 경쟁 도입에 기인한 것이다. … 1990년대 중반, 주정부들은 전력업계의 효율성을 높

이고 전기요금을 낮추는 방법으로 경쟁을 고려하기 시작했다. 2001년 4월까지 24개 주가 전력시장 구조개혁과 관련된 법안을 통과시켰다.

"2015년 7월 현재 14개 주에서 경쟁적인 소매 시장에 소비자들이 광범위하게 접근하고 있다."[34]

5G 네트워크를 효율적이고 효과적으로 구축하는 방법을 생각할 때, 이 두 산업에서 얻은 성공과 교훈을 살펴보는 것이 필수적일 것이다.

시스템 구축

현재의 모델 전체를 도매 통신시스템으로 대체하는 것은 너무 급진적일 것이다. 따라서 필자는 대체를 제안하지는 않는다.

그러나 현재 시장을 독점한 소수와 나란히 도매 공급자가 있을 수 있다. 그런 다음, 그러한 경쟁은 광범위한 혁신을 통해 소규모 사업자, 신생기업 및 새로운 유통업체를 유치할 것이다.

전기 도매 모델이 부분적으로 태양, 풍력 및 기타 전원을 수용하기 위해 성장하고 발전한 것처럼 5G의 도매 모델은 현재의 과점 및 과점 가격에서 고객을 해방시킬 수 있다. 대형 건물은 자체 조합을 형성하여 도매업체를 통해 네트워크 용량을 구입할 수 있다. FedEx, UPS, 주요 트러킹 회사 등 다량의 데이터를 사용하는 대기업들은 구매 시스템을 형성하여 도매업체를 통해 구매할 수 있다.

새롭고, 경쟁력 있고, 통신사 중립적인 도매 네트워크에 수십억 달러를 투자할 명백한 의사가 있는 주요 민간 투자자들이 있다. 결과적으로 이 모델에 기반한 새로운 5G 네트워크가 정부 보조금 없이 민간 부문에 구축될 수 있음이 분명하다.

정부 보조금 대신에, 경쟁적 입찰 과정에 대한 상세한 기록은 도매 네트워크가 당국에 영구적인 로열티를 지불할 수 있게 할 것이다. 이것은 현 체제에서 받는 것보다 훨씬 많은 수입의 흐름을 창출할 것이다. 또한 도매시스템은 스펙트럼을 훨씬 더 효율적으로 사용하기 때문에 저렴한 비용의(어떤 경우에는 무료의) 5G 서비스를 연방 정부에 영구적으로 제공할 수 있다.

전국 도매 네트워크를 모두 한꺼번에 출시하는 계획이 관료적 사고로는 너무 심한 경우, 중간 단계로서 개별 주 또는 지역에 도매 네트워크를 개발할 기회를 제공할 수 있을 것이다. 자신의 주를 다른 주보다 10년 이상 앞서가게 할 민간자금 기반 5G 네트워크를 제공받은 주지사는 이것이 자신의 주에 큰 돌파구가 된다는 데 동의할 것이다. 농촌 지역의 모든 유권자에게 미국의 대부분의 대도시에 앞서 5G를 적용한다고 알릴 수 있는 주지사는 대단히 긍정적인 반응을 받게 될 것이다.

FCC가 전국 도매 네트워크의 틀을 제안할 의사가 없다면, 적어도 민간 회사가 설치 요청을 한 주에 대해서는 그러한 네트워크를 인가해야 한다. 도매 네트워크 건설에는 민간자금이 조달되고 시골 지역까지 완공이 보장된다.

도매 네트워크가 완공 후에 충분한 수익을 창출하지 못한다 해도 여전히 최신 5G 네트워크일 것이며, 시스템 전체를 기존의 통신회사 또는 다른 기업에 판매할 수 있다. 궁극적으로, 5G 시스템의 개발 속도를 높이기 위해 이 혁신적인 접근방식을 사용하는 데 있어서 불리한 위험은 없다.

이겨야 한다

미국 주도의 5G 구축 사례는 국가안보상 중요한 문제이며 심각하고 긴급하게 해결되어야 한다. 5G를 통제하는 주 또는 업체가 미래의 필수 디지털 인프라를 정의할 것이다. 결과적으로 공격적인 전체주의 국가가 이 기술을 전 세계적으로 통제한다면 미국에 위험한 영향을 미칠 것이다.

또한 5G는 미국의 경제 및 기술 분야를 개발하는 데 필수적이다. 미국에게는 이 부상하는 기술로 세계를 선도할 기회가 있다. 또한 도시 지역과 동일한 수준으로 연결하는 기술을 농촌 지역사회에 구현하는 데 명백히 실패해왔다. 5G를 통해 우리는 이 문제를 해결하고 미국의 농촌 및 도시 지역사회를 새로운 디지털 시대로 이끌 기회를 갖게 된다.

미국의 국가안보를 보호하고 농촌 지역을 연결하며 이 분야에서 미국의 리더십을 보장할 5G를 출시하기 위해 밟아야 할 분명한 단계들이 있다. 정부는 리더십과 격려를 제공해야 하며, 민간 부문은 필요한 최첨단 기술을 설치하고 사용해야 한다. 5G를 안전하고 효율적으로 구축하기 위해 전 정부적이고 전 사회적인 노력을 경주하지 않으면 전체주의 중국공산당이 통제하는 기술의 미래라는 위험에 직면하게 된다. 행동해야 할 시간은 지금 당장이며, 이 일을 성공적으로 완수하는 것이 얼마나 절박한지는 아무리 강조해도 지나치지 않다.

08

모래 모으기:
중국의 스파이 활동

Gathering Sand

무역과 상업, 그리고 국가를 위해 돈을 버는 것은 매우 중요하지만, 나에게 있어 가장 중요한 일은 내가 항상 이야기하듯이 다른 모든 것보다 훨씬 중요한 국가안보입니다. 미국의 안보가 중요합니다.

2019년 4월 도널드 트럼프 대통령[1]

국가안보는 중국의 평화와 안정의 초석이며, 이를 보호하는 것이 중국의 모든 민족 집단에게 근본적인 이익입니다. … 우리는 모든 당원과 국민의 국가안보에 대한 인식을 제고하기 위한 노력을 강화하고 국가안보를 지키기 위해 사회 전체의 강력한 시너지를 창출할 것입니다.

2017년 10월 시진핑 총서기[2]

미국인들이 첩보와 스파이를 생각할 때면, 다국어를 구사하고 정부 기관들에 교묘하게 침투하는 고도로 훈련된 요원의 이미지를 연상한다. 그는 기지와 기술, 몇 가지 첨단기기를 사용하여 적의 비밀을 알아낸다. 또는 비밀 정보로 가득한 하드드라이브를 몰래 복사하기 위해 보안이 철저한 서버실에 현수하강할 계획으로 공기덕트를 기어가는 고양이 복장의 스파이를 연상한다. 보다 어두운 예로서는, 달빛이 비치는 옥상에 검은 복장을 한 저격수가 저명인사나 정치적 배신자가 시야에 들어오기를 기다리는 것을 연상한다.

확실히, 세계의 스파이 기관에는 이런 임무를 수행했던 특수요원이 있지만 간첩 활동의 현실은 훨씬 더 광범위하다. 그리고 외국 요원에게 이용당하고 있는지도 전혀 모르는 일반인들이 더 빈번하게 연루된다. 정보사회에서 외국 스파이의 다양한 방법과 특성을 이해하는 데 사용되는 비유가 있다.

스파이의 화폐가 섬의 모래라고 생각해보자. 모래 한 알마다 유용한 정보, 데이터 또는 비밀이 포함되어 있다. 이 모래는 중요한 전략적 이점을 제공할 수 있기 때문에 모래를 많이 소유하는 것이 세계 강국에 중요하다. 어쨌든 상대 팀의 각본을 아는 것은 이기는 데 도움이 된다. 모래의 귀중한 비밀을 얻기 위해 미국은 위성으로 그 섬의 수천 개의 고해상도 영상을 찍어서 워싱턴 DC 주변의 여러 기관에 전송한다. 러시아는 한밤중에 잠수함을 투입하고 잠수부를 보내 모래를 몇 양동이 훔쳐서 잠수함에 가져와 분석할지 모른다. 한편 중국은 수천 명의 관광객으로 가득한 유람선을 그 섬으로 보낼 것이다. 그들은 그 섬의 해변에서 산책하고 일광욕하면서 오랜 시간을 보낼 것이다. 그런 다음 관광객들은 배로 돌아와 수건, 옷, 신발에서 모래를 떨어낸다. 결국, 중국은 다른 어느 나라보다 더 많은 모래—와 그 안에 들어 있는 가치 있는 정보—를 갖게 될 것이다.

물론 많은 전문가들은 이 비유가 지나치게 단순화되었다는 데 동의할 것이다. 또한 독자가 만나는 모든 중국인이 비밀 스파이라는 인상을 주려는 것도 아니다. 그러나 이것은 중국 정부의 스파이 방식을 이해하는 데 도움이 된다. 공산당 지도자는 훈련된 요원에만 의존하지 않는다. 중국공산당은 현대 생활의 거의 모든 측면에서 자산을 찾는다. 더욱이, 중국 스파이 기관은 군사 또는 국가 기밀에만 전적으로 관심이 있는 것이 아니다. 상업적 비밀과 일반 사람들에 대한 정보에도 마찬가지로 관심이 있다.

중국공산당 지도부는 간첩의 장점과 사용방법에 대해 제도적으로 깊이 이해하고 있다. 약 2500년 전 중국 병법가 손자가 『손자병법』에서 강조한 대로, "군대의 이동 능력은 첩자에 달려 있으므로 첩자가 전쟁에서 가장 중요한 요소이다." 기원전 6세기에 쓰여진 손자의 글은 독자들에게 "교묘하게 행동하라! 그리고 모든 종류의 일에 첩자를 사용하라"고 한다.[3]

중국공산당은 손자의 조언을 따르는 경향이 있다. 중국공산당은—정치, 경제, 미디어, 학계 및 기타 분야에 걸쳐—국내외의 정보를 획득하기 위해 전 정부적이고 전 사회적인 방법을 사용한다. 당의 전술은 중국의 전략적 사고의 핵심적 특색인 은밀하고 점진적인 이익을 강조한다.

중국의 스파이 기구

앞서 언급한 바와 같이, 최근의 몇 가지 중국 법률에 따라 개인 및 기업은 국가안보를 보호함에 있어 정부에 순응해야 한다. 이것은 모든 국가에 일반적인 것으로 보일 수 있지만 중국에서 이것은 엄청나게 광범위한 명령으로서 중국에서 사업을 하는 미국 기업들에게 영향을 주며 요구조건을 수반한다. 이 법들은 중국의 인민과 회사가 중국 정부(즉, 공산당)를 지원하고 협력하여 국가안보의 법적 정의에 따라 중국이나 중국의 이익에 대한 위협을 방지하도록 본질적으로 강요한다. 실제로, 이것은 중국에서 활동하는 일상적인 중국인과 기업이 전적으로 애국적이고 당에 충성하는 것이 아니라고 여겨질 경우 전체주의 공산주의 정권이 그를 형사 고발로 위협할 수 있는 전권을 위임하는 것이다.

중국의 2015년 국가안보법은 국가안보를 "국가 통치력과 지속가능한 방식으로 안보를 지킬 능력에 대한 국내외 위협의 상대적 부재"[4]로 정의했다. 그 법에 따르면, 국가안보의 개념에는 "주권, 통일, 영토의 보전, 국민의 복지, 지속가능한 경제 및 사회 발전, 기타 주요 국가 이익"이 포함된다.[5] 또한 코빙턴과 벌링(Covington & Burling LLP)의 2015년 보고서에 따르면, 이 법은 "시민과 기업이 국가안보를 보호하는 데 있어 정부와 협조해야 하는 광범위한 의무"를 정하고 있다.[6] 이러한 국가안보의 광범위한 정의와 그에 따른 권한과 함께 2017년 중국은 개인, 조직 및 기관에게 중국 정보요원이 "정보" 업무 또는 간첩 행위를 수행하는 것을 도울 의무를 부과하는 국가정보법(National Intelligence Law)을 제정했다.[7] 이 법은 중국에서 운영되는 모든 회사나 모든 중국인을 본질적으로 스파이 기구의 요원으로 만들었다.

머레이 스캇태너(Murray Scot Tanner) 박사는 〈로우페어Lawfare〉에 기고한 글에서 중국의 2017년 국가 정보법을 다루었다. 태너에 따르면, 이 법은 방어적인 정보수집 기구가 아닌 공격적인 정보수집 기구의 창설을 시도한다. 그는 이 법이 "베이징의 정보수집 활동에 대한 접근, 협력 또는 지원을 제공하기 위해 중국인들과 때로는 중국에서 활동하는 외국인, 회사 또는 조직에 적극적인 법적 책임"을 지운다고 지적했다.[8]

최근 2017년 국가정보법 내의 두 가지 조항이 중요하다. 첫 번째는 제7조로서 "모든 조직이나 시민은 법에 따라 국가 정보업무를 지지, 지원하고 이에 협력해야 한다"고 명하고 있다. 두 번째는 제14조로서 정보요원에게 그러한 협조를 요구할 권한을 부여한다. 머레이는 이 조항이 중국의 시민인 개인들에게만 적용되는 것으로 보이지만, 중국인 "조직"만 그러한 명령을 준수해야 한다고 적시하지는 않았다고 한다.

또한 머레이는 중국에서 과거에 통과된 법률들처럼, 정보요원에게 제한 시설에 출입하고, 개인 기록을 조사하고, 사람들을 신문 및 조사하고, 단체나 개인이 통신이나 운송에 사용하는 장비를 접근 또는 압수할 권한을 부여하는 이 법에 대해 우려가 제기된다고 설명했다.

〈월스트리트 저널〉은 흥미로운 기사에서 중국의 법률이 중국 최대의 기술회사들인 알리바바, 텐센트 및 바이두와 소비자 또는 사용자에게 어떤 영향을 미치는지 설명했다.[9] 이 회사들은 중국의 아마존과 이베이(알리바바), 중국의 페이스북, 애플 페이, 와츠 앱(텐센트), 중국의 구글(바이두)로 생각할 수 있다. 이들 각 회사는 고객에 대한 풍부한 데이터를 보유하고 있으며 공산당 간부들은 그들의 인텔을 최대한 활용한다. 이 기사는 이들 회사가 당국에 제공하는 지원은 "서구 회사가 정부에 주는 도움보다 훨씬 더 광범위하며, 요청이 있는 경우 그에 대한 거부는 거의 불가능하다"고 밝혔다. 또한 공산당이 보호무역과 경제정책을 단독으로 통제하는 권위주의 국가에서 사업을 운영하는 동안, 기업은—얼마나 침해하는 것이건 간에—조사 요구에 기꺼이 따를 수밖에 없다.

예를 들어 〈월스트리트 저널〉은 알리바바 회사에 있는 경찰 출장소를 설명했다. 이 출장소는 "수상한 범죄를 경찰에 신고"하고 경찰이 "조사를 위해 알리바바에 데이터를 요청"하는 데 사용된다. 한 알리바바 직원은 경찰이 자신에게 접근하여 테러 관련 콘텐츠를 게시한 사람의 사용자 ID와 정보를 달라고 했던 일을 회상했다. 그는 그것을 넘겨주었다. 이 기사에서 언급했듯이 2015년 샌버나디노 총기난사 사건 용의자의 아이폰 잠금을 해제하라는 요청을 받았을 때 Apple이 FBI를 거절했던 것과 이러한 강요된 협조를 비교해보자. 이것은 미국과 중국의 회사와 정부가 소비자 개인정보 보호를 다루는 방식에 분명한 차이가 있음을 보여준다.

〈월스트리트 저널〉은 베이징의 사회활동가 후지아(Hu Jia)가 스트레스 완화 용으로 온라인에서 새총을 구입한 다른 사례에 대해 설명했다. 후지아는 위챗의 모바일 결제 기능인 텐센트 앱을 사용했다. 나중에 국가 보안요원이 그의 아파트 주변에 설치된 감시 카메라를 쏘려고 새총을 산 것인지 그를 신문했다. 이 사건 전에 후지아는 대만을 여행 중인 친구에게 메시지를 보내면서, 친구가 그곳에 있는 동안 만나면 좋을 듯한 활동가의 이름을 써 보냈다. 그 친구의 집에 국가 보안요원들이 찾아와, 후지아가 추천한 사람들과 만나지 말라고 경고했다는 것이다.

후지아에 따르면, 특히 당의 감시 목록에 있는 개인의 경우, "경험에 의하면 위챗은 완전히 감시 가능한 것으로 입증"되었다. 그는 "누구나 자기를 감시하는 스파이가 있다"고 경고했다. "그 스파이는 자기의 스마트폰"이다."[10] 후지아는 거의 옳았다. 중국에서 최근에 통과한 법률에 따라 스파이는 스마트폰뿐만 아니라 그 이면의 사업체 및 조직이기도 하다.

중국의 스파이 기술

미국 국가 방첩 전 책임자인 미셸 반 클리브는 2016년 6월 미중 경제안보심의위원회(USCC)에서, "중국의 스파이 활동은 미국 및 미국의 글로벌 이익에 대한 외국 스파이 활동 위협 중 1위 또는 2위로 평가되고 있다"고 밝혔다.[11]

실제로, 중국의 스파이 활동은 미국 정부의 최고위급을 표적으로 삼아 침투해왔다. 상원 정보위원장이었던 캘리포니아 민주당 상원의원 다이앤 파인스타인(Dianne Feinstein)은 2013년에 거의 20년 동안 자신의 개인 직원으로 일했던 인물과 관련하여 FBI의 연락을 받았다.[12]

문제의 직원은 파인스타인 상원의원의 개인 운전기사이자 샌프란시스코 사무실의 직원이었다. 그 조사에 관한 뉴스는 2018년까지 공개되지 않았다. 거의 20년 동안 그 스파이는 파인스타인의 차를 운전하면서 상원의원이 동승객이나 통화하는 사람들과 하는 대화를 모두 엿들었다. 파인스타인 상원의원의 일정, 누구를 만났는지, 언제 만났는지, 그리고 아마도 그 회의가 무엇에 관한 것이었는지 알았다. 상원의원이 서류 가방, 휴대전화 또는 노트북을 차 안에 두고 내리면 이러한 물건에 접근할 수 있었고 공산주의자 동료들과 쉽게 공유할 수 있었다. 상원 정보위원장의 생각이 무엇인지, 그녀를 어떻게 조종할 수 있는지 추측하려고 할 때 이것은 매우 귀중한 정보이다.

〈샌프란시스코 크로니클〉은 그 운전기사가 샌프란시스코 주재 중화인민공화국 영사관 직원들과 정보를 공유하고 있었다고 보도했다. 파인스타인은 시장이었을 때 그 영사관이 설치되는 것을 도왔었다.[13] 〈위클리 스탠다드〉에 따르면, "그 스파이는 처음에는 정상적인 직원으로 시작한 듯하나, 아마도 동부를 방문한 어느 시점엔가 중국 국가안보부의 요원에 의해 포섭된 것 같다." 운전기사는 파인스타인 상원의원이 이 조사에 대해 알게 된 후에 퇴직해야 했으며, 이 글을 쓰는 시점에 아직 스파이 행위로 기소되지 않은 상태이다. 폭스 뉴스에 따르면 이는 "그가 비밀 자료보다는 기소가 거의 불가능한 정치적 정보를 전했기 때문"이라고 한다.[14]

이것은 중국이 스파이 활동을 수행하는 방법에 대한 훌륭한 사례 연구이다. 요원들은 지위는 낮지만 권한이 높은 사람, 즉 발견되기 전에 거의 20년 동안 정보를 제공할 수 있는 사람을 표적으로 했다. 그가 공유한 대부분의 정보는 일급 비밀 정보가 아니었을 가능성이 높지만 이것은 정치적 정보를 오랫동안 수집한 것으로서 미국 정부 내에 심각한 보안상의 취약점을 야기했다. 이 계획은 고위급에게 가까이 접근할 수 있는 중국 요원을 배치함으로써 인내심을 가지고 언제나 어떻게 해서든 귀중한 정보를 수집하는 것이었다. 이러한 위반의 결과로 어떻게 스파이가 파인스타인 상원의원으로부터 수집한 겉보기에 문제 없는 자료 또는 정보가 베이징에 있는 다른 정보와 맞추어져 별안간 미국에 불리하게 사용될 정말 쓸모 있는 통찰력을 제공할지는 알 수가 없다.

그러나 중국의 스파이 기구는 또한 21세기의 역량을 완전히 활용해왔다. 『중국의 정보 전쟁: 간첩, 사이버 전쟁, 통신 통제 및 미국의 이익에 대한 기타 위협』의 저자인 데니스 에프 포인덱스터는 2015년 6월 15일 USCC 청문회에서 다음과 같이 말했다.

"그들은 단지 사업체만 해킹하는 것이 아닙니다. 모든 수준의 비밀정보 취급인가 처리자, 보험 회사, 의료, 방위, 컴퓨터 보안, 교육 기관, 그리고 정보 기술 같은, 미국 정부 및 계약직 인력을 지원하는 산업을 해킹해왔습니다. 아마도 우리보다 미국의 군사, 사업 및 공무원에 대해 더 잘 알고 있을 것입니다. 그들은 훔친 기술을 사용하여 미국 사업 부문과 경쟁을 할 의지로 가득 차 있습니다. 그들은 국영기업을 통해 강화된 정보 군사 부서, 대학연구센터를 이용하여 정보를 수집하고 적용합니다. 그러고는 모든 것을 부인하면서 '증명해보라'고 합니다."[15]

2014년에 중국 정부는 연방직원 서류철을 보관하는 미국 인사관리실(OPM)의 기록을 해킹했다. 두 가지 별도의 사이버 공격을 통해 2200만 명 이상의 미국인의 기록이 도난당했을 가능성이 있다. 그 해킹을 "미국 정부 역사상 가장 피해를 줄 가능성이 큰 사이버 강탈" 중 하나라고 부르면서 〈워싱턴 포스트〉는 "해커들은 현재 및 과거 직원의 인사 기록뿐만 아니라 정부에서 가장 민감한 업무 일부에 대한 비밀정보 취급인가 신청서에 참고로 나열된 친구, 친척 및 기타 광범위한 정보에도 접근했다"고 보도했다.[16]

이런 정보는 중화인민공화국이 자국의 영향력이 미치는 지역 내에서 활동하는 미국 스파이를 파악하는 데 잠재적으로 도움을 줄 뿐만 아니라, 중국공산당이 이 정보를 이란, 북한, 러시아 및 기타 비 우호 국가에 판매하거나 거래할 수 있다. 이것은 미국인의 삶에 대한 심각한 위협이다. 고가치 표적으로 간주되지 않는 미국 직원들의 정보를 중국공산당은 단순히 협박, 신분 도용 또는 기타 사악한 활동에 사용할 수 있다.

당시 중국은 OPM 해킹에 대해 명백하거나 즉각적인 결과에 직면하지 않았다. 오바마 행정부는 중국의 간첩 행위 및 침투의 크고 지속적인 문제를 확실히 해결하기 위해 한 일이 거의 아무것도 없다. 오바마 행정부는 결국 인사관리실 해킹과는 무관한, 미국 기업 침입 건으로 5명의 인민해방군 해커들을 기소했다. 궁극적으로 2015년 9월, 오바마는 양국이 사이버 기반 지적재산 절도에 관여하지 않는다는 협정을 중국과 체결했다. 또한 CNBC에 따르면 이 협정은 "양국은 국제사회 내 사이버 공간에서 적절한 국가 행동 규범을 찾을 것을 다짐한다"고 명시했다.[17]

앞서 언급했듯이 이 협정은 문제를 해결하지 못했다. 지구상에서 가장 강력한 국가를 해킹한 것에 대해 이정도의 대응밖에 없으니, 중국이 그러기를 계속한 것은 놀라운 일이 아니다. 오바마 정부는 중국에 어떤 실질적인 압력도 가하지 못했다.

트럼프 대통령은 훨씬 다른 접근법을 취했다. 2018년 9월, 국가안보 보좌관인 존 볼턴(John Bolton)은 특히 중국이 인사관리실을 해킹한 것은 미국이 더욱 경계해야 할 이유라고 하면서 새로운 사이버 보안정책을 발표했다. 볼턴은 백악관에서 "미국을 상대로 사이버 활동을 하는 모든 국가에 대해 방어적일 뿐만 아니라 공격적으로 대응할 것"이라고 말했다.[18]

또한 2019년 5월 트럼프 행정부는 18개월 동안 4차의 중국 해커에 대한 기소를 공개했다. 〈워싱턴 포스트〉에 의하면 5월의 기소는 2015년에 미국의 대형 건강보험회사인 앤덤(Anthem)을 해킹한 두 명의 PLA 관련 해커를 대상으로 했다. 그 사이버 공격에서 해커는 7800만 명의 개인 정보를 잠재적으로 절취했다. 이 신문은 전 상무부 사이버 보안 관리담당 짐 루이스(Jim Lewis)를 다음과 같이 인용했다. "그 중국인들은 뭐든지 훔쳐 달아나도 처벌을 모면할 수 있다고 생각했다. 중국 해커를 찾아 공개하고 그 활동에 대해 처벌하기 위해 보다 적극적이고 단호한 조치를 취하는 것이 행정부의 보다 큰 전략의 일부이다."[19]

기소만으로는 사이버 스파이의 문제를 해결할 수 없지만, 기소는 미국이 그러한 침입을 용인하지 않을 것이라는 메시지를 중국과 기타 다수 국가에 보내는 데 중요한 역할을 할 것이다. 다행히 트럼프 행정부는 중국의 사이버 공격과 스파이 활동을 심각하게 받아들이고 있다.

2019년 1월 29일, 전 국정원장 댄 코트(National Intelligence Dan Coats)는 상원 선택정보위원회에 "중국은 지속적인 사이버 스파이 활동으로 위협이 되고 있으며 미국의 핵심 군사 및 중요 인프라 시스템에 대한 공격 위협이 증가하고 있다"며 "중국은 미국 정부, 기업 및 동맹국에 대한 사이버 스파이 활

동에 있어 가장 적극적인 전략적 경쟁자"라고 증언했다.[20]

미국이 중국의 전자적 침투를 당한 유일한 외국 정부는 아니다. 〈더 인터셉트The Intercept〉에 따르면, 중국 신장에 그 시스템을 설치해왔다고 필자가 앞서 언급한 감시기술회사 힉비전은 또한 "영국 의사당뿐만 아니라 경찰, 병원, 학교 및 대학용으로도 감시 카메라를 공급했다." 그 뉴스 매체는 이 회사가 영국 기업에 판매해서 "연간 수백만 달러의 수익을 내고 있다"고 보도했다.

영국 정치인들은 중국 정보기관이 약 120만 대의 카메라를 사용하여 영국 시민들을 감시할 수 있다는 우려와 두려움을 제기하고 있다. 일부 카메라는 민감한 장소에 있으며 일부는 인터넷에 연결되어 있다.[21]

고맙게도 의회는 정부기관이 중국 기업 힉비전과 다후아의 비디오 감시 제품을 구매하는 것을 금지하는 2019년 국방수권법(National Defense Authorization Act) 개정안을 추가하였다.

경제적 스파이 활동

"중국의 이익을 도모하고 미국의 목표를 좌절시키기 위해 국가안보 비밀(정보, 계획, 기술, 활동, 운영 등)을 침범, 수집 및 훼손하는" 기존의 스파이 활동 외에도 밴 클리브(Van Cleave)가 2016년 6월 USCC에 밝힌 바에 의하면, 중국 스파이는 중국의 군사력을 강화하기 위해 미국 기업의 영업비밀을 훔치고자 한다.

사실 밴은 "FBI의 추정에 의하면 중국군은 3만 명이 넘는 중국군 사이버 스파이와 15만 명의 민간 부문 컴퓨터 전문가들로 구성된 네트워크를 개발했으며 그들의 임무는 미국의 군사적, 기술적 기밀을 빼내는 것"이라고 밝혔다.[22]

중국의 명백한 상업 부문의 표적은 미국의 방위 계약자들이다. 2014년 미국 정부는 미국 방위 계약업체에 고용된 중국인을 체포했다. 그 정보원은 "미 군용 고급 기술 티타늄 개발에 사용된 방정식과 실험 결과 등 민감한 독점 문서"[23]를 가지고 중국으로 가다가 잡혔다. 그해 초 미국 세관 및 국경보호국은 그가 "신고되지 않은 현금, 중국 기업 설립 문서 및 중국 국영항공 및 항공우주 연구소에 제출할 거의 다 작성한 신청서"를 갖고 있는 것을 발견했다.[24]

또한 2018년 설립된 민주당 국방재단은 중국의 사이버 기반 경제전쟁 활용에 관한 보고서에서, 2012년에 "중국 해커들이 미국 교통사령부에 접근하여 방위 계약업체를 통해 미군의 군수 및 공급 시스템에 최소 20번 침입했다"고 밝혔다.[25]

최근 중국의 정보기관은 링크드인(LinkedIn)을 사용하여 중국인이 아닌 자들을 모집하여 모국을 배신하고 중국공산당에 정보를 제공하도록 해왔다. Cyberscoop.com에 따르면, 국가 방첩안보센터 대변인인 딘 보이드(Dean Boyd)는 중국의 새로운 모집 방법에 대해 다음과 같이 경고했다.

"그들은 구인 리쿠르터나 공동 관심사를 가진 사람으로 가장하고 표적 대상에 다가가 관계를 맺으면서 중국 정보기관에서의 역할을 숨긴다. 종종 표적의 가치를 재기 위해 개인적, 전문적 정보를 끌어내려고 한다. 가장 유망한 표적에 대해서는 인터뷰, 연설 또는 연구 교류를 하도록 모든 중국여행 비용을 대주기도 한다."[26]

중국의 정보 요원들은 이 방법을 사용하여 전 CIA 간부인 케벤 말로리(Keven Mallory)를 유인했다. 2017년 초, 말로리는 업무관련 계약에 관한 메시지를 받았으며 이에 응답했다. 〈뉴욕타임스〉는 당시 말로리가 "수천 달러의 빚이 있었고 주택대출금 납부가 밀려 있었다"고 보도했다.[27] 그는 중국 요원에게서 2만 5,000달러를 받았다고 한다. 그 신문에 따르면, 말로리는 만다린어에 유창했으며 4개월 동안 상하이로 여행했고 "중국인이 제공한 전화를 통해 요원과 은밀한 소통을 했다"고 한다.[28] 그곳에 있는 동안 그는 "미국 정보정책에 관한 미분류 백서"와 같은 정보도 함께 전달했다고 이 보고서는 밝혔다.[29] 그는 2018년에 스파이 활동과 FBI에 위증을 한 죄로 유죄 판결을 받았다."[30]

말로리 사례는 중국공산당이 어떻게 다층적인 스파이 활동을 통해 취약한 대상을 찾는지 보여주는 흥미로운 사례이다. 이 경우, 중국 스파이는 수백만 명의 미국인에 대한 수많은 개인 재무상태 데이터에서 시작했을 수 있다(이것은 미국인사관리실 침투, 안텀 보험회사 해킹 또는 중국이 시작한 주요 사이버 공격에서 비롯된 것일 수 있다). 재정적 위기에 처한 미국인들로 범위를 좁힌 후, 요원들은 누가 취약할지 결정할 수 있었다. 이 경우에 그들은 전 CIA 간부를 발견했다. 그것은 상당히 고가치의 표적이다.

중국공산당이 간첩 노릇을 할 미국 국민을 찾기 위해 링크드인을 사용한 나라는 미국 말고도 있다. 2018년 10월 22일, 프랑스 신문 〈르 피가로〉는 중국 간첩 프로그램이 프랑스를 표적으로 삼았다고 보도했다. 이 논문에 따르면, 공공 서비스의 수천 명의 관리자와 직원들, 전략적 회사의 직원들과 영향력 있는 사람들을 중국이 전문 소셜 네트워크, 특히 링크드인을 통해 "접근"했다고 한다.[31]

마지막으로, 래리 엠 보르첼(Larry M. Wortzel) 박사의 2005년 헤리티지 재단에서의 강의에 따르면 중국공산당은 "필요한 국방 기술을 가져오도록 고안된 회사를 만들기 위해" 미국에 대리 사업체를 설립했다.[32] 보르첼은 이 관행이 아마도 1970년대 후반과 1980년대에 시작되었을 것이라고 본다. 일부 추정치는 당시 이 대리 회사의 수가 총 3,200개에 달했으며, 그들의 목표는 "인민해방군용과 타회사 판매용 국방 제품을 생산하는 것"이었다.[33]

보르첼은 인민해방군이 이러한 대리 회사를 정하는 세 가지 예를 강조했다.

"인민해방군 총정치국은 지주 회사인 카일리(Kaili) 또는 케리 법인
(Kerry Corporation)을 설립했으며 이는 수년 동안 미국에서 부동산
및 투자회사로 운영되었다.[34] "인민해방군의 일반 장비 부서는 미국에
사무실을 둔 지주 회사인 폴리테크놀로지스(Polytechnologies) 또는
바올리(Baoli)를 운영했다."[35]

　"일반 군수부서는 미국에 사무소를 둔 신시다이(Xinshidai) 또는 신
시대(New Era)라는 지주 회사를 운영했고 중국의 인민해방군 제조공
장 네트워크를 계속 책임지고 있다."[36]

보르첼은 "이들은 중국공산당 중앙군사위원회가 인민해방군과 군산복합
체의 이익을 위해 설립했지만 중국법에 따르면 기술적으로 독립적인 법인"이
라고 지적했다.

학계로의 침투

중국의 간첩 활동은 또한 미국의 대학에서 지식을 훔치고 자산을 배양하는
능력을 구체적으로 연마했다.

반 클리브(Van Cleave)는 중국 정부와 민간 기술 전문가들의 방대한 간첩
망은 또한 "수십만 명의 학생과 학자들의 정보수집에 중점을 두고 있다"고
USCC에 말했다. 이 학생, 교수 및 연구원들은 (정부 및 민간 부문 행위자와 함
께) "중국 간첩 활동의 범위를 잠재적으로 미국 국가안보의 핵심 구조로 확
장"하는 데 도움을 준다."[37]

실제로, 국가방첩안보센터의 2018년 사이버 공간에서의 외국의 경제적 간첩 활동 보고서에 따르면, 중국의 간첩 활동은 비밀 또는 독점 기술을 몰래 배우기 위해 "과학 또는 사업이 주업인 개인들"을 특정하여 표적 삼는 것으로 나타났다. 마찬가지로, 그들은 종종 "특정 연구를 받아내고 고급 연구 장비에 접근하기 위해" 고등교육 기관과의 학술 협력을 사용한다.[38] 2018년 〈파이낸셜 타임스〉의 캐서린 힐은 이 첩보 시스템을 "베이징의 군사기술 개발을 촉진할 수 있는 연구 협력망"[39]이라고 설명했다.

신미국안보센터(New American Security Center)의 선임연구원인 피터 해럴(Peter Harrell)은 2018년 상원 사법위원회에 "중국은 자국 정책을 비판하는 중국 학생과 교수를 위협하고 그보다 좀 정도가 덜하지만 미국 학생과 학자도 위협하는 것을 목표로 하는" 임무도 수행한다고 밝혔다.[40]

더욱이, 〈라디오 프리 아시아〉는 중국의 공안국 경찰이 중국인 유학생들을 모집하여 요원 또는 장기적 스파이로 해외 활동을 모니터링하고 그것이 중국 공산당의 이익에 부합하도록 한다고 보도했다. 중국의 비밀경찰은 특히 중국의 민주주의를 위해 투쟁하는 해외 중국인이나 이민한 티베트인과 위구르인들의 반체제 단체에 침투하는 것을 목표로 한다.

조지아 대학교의 중국 학생들은 이러한 공격적인 충원(recruitment) 전술을 직접 체험했다. 미국에 기반을 둔 권리 운동가이자 조지아 대학교 학생인 술라이만 구는 〈라디오 프리 아시아〉에 자신이 공안국 경찰의 충원의 표적이었다고 말했다. 그는 중국의 공안국 경찰로부터 전화를 받았다. 통화 녹음의 음성은 다음과 같이 술라이만 구를 위협했다.

"내가 알기로는, 학생이 중국으로 돌아오는 순간 곧장 감옥에 갇히지는 않을 거야. … 그러나 학생이 꽤 활동적이고 국가와 정부에 부정적인 영향을 미쳤던 여러 가지 말을 했으니, 학생은 확실히 관심 대상이지

… 우리는 망명한 중국 억만장자 구오 웬구이(Guo Wengui)에 관심이 있고, 학생의 작은 서클 활동에도 관심이 있어 … 예를 들어 미국의 민주주의 단체에 얼마나 많은 사람들이 참여하고 있는지, 현재 상황은 어떤지, 행사는 보통 어떤 것인지 … 학생이 나를 통해 그러한 정보를 상급자에게 보낼 수 있다면 그냥 그렇게 조금 일하는 것만으로도 대부분의 사람들보다 더 잘살게 될 거야."

집에서 멀리 떨어진 외국에서 혼자 대학을 다니면서 이 전화를 받는 기분을 상상해보자. 점점 더 억압적인 정부가 자신을 감시하고 모니터하고 있다는 것을 아는 것은 누구에게나 공포스러운 일이다. 그러나 위협은 술라이만 구에서 멈추지 않았다. 경찰은 심지어 중국에 있는 그와 가장 가까운 사람들을 괴롭혔다. 그는 〈라디오 프리 아시아〉에 말했다. "비밀 경찰은 가족과 친구들을 여러 차례 괴롭혔으며, 해외 유학 중인 모든 반체제 청년들의 블랙리스트가 있다고 하면서 내가 "중국 밖에서 국가권력 전복을 선동한" 죄로 기소될 사람들의 목록에 올라가 있다고 겁을 주었다."

비슷한 일이 조지아 대학교의 다른 학생 우리바오에게도 있었는데, 그는 자신과 가족과 친구들이 모두 협박 전화를 받고 있었다고 한다.

"그들은 저를 반복해서 괴롭혀왔고 해외 민주운동가와 반체제 인사들의 활동에 대한 정보를 달라고 했다"고 그는 〈라디오 프리 아시아〉에 말했다. 그리고 "그들은 특히 위구르인과 티베트인의 활동에 관심이 있다"고 덧붙였다. 우리바오는 "미래에 귀국하고 싶다면 이렇게 하는 것이 필수가 될 것"이라고 강조했다. "나는 돌아가지 않겠다고 말했고, 그들은 연로한 친지들을 보러 돌아와야 한다고 했습니다. 이것은 강압입니다."

시진핑의 행정부는 정보, 사회, 문화 및 시민에 대한 통제를 점점 더 강화해 왔다. 이러한 사례는 계속될 것으로 보인다.

또 다른 상황에서, 대학에 오는 중국 학자와 과학자들은 고등교육 기관에서의 자유롭고 개방된 아이디어 교환을 이용하는 중국 요원들이다. 알렉스 호스케(Alex Joske)는 2018년 호주 군사전략연구소(ASPI)에서 중국군과 외국 대학의 협력에 관한 보고서를 출판했다. 호스케는 중국 인민해방군이 "2500명 이상의 군사 과학자 및 엔지니어가 해외 유학을 하도록 후원했으며 해외 여행을 하는 사람들 중 일부는 자신의 군대 소속을 위장하기 위해 존재하지도 않는 학술기관에서 왔다고 주장하면서 적극적으로 은폐공작을 했음"을 발견했다.

중국군은 이 유학생들을 면밀히 주시하고 그들이 당에 대한 절대적인 충성을 유지하도록 한다. PLA 신문은 해외 전문지식, 연구 및 훈련을 사용하여 중국의 국내 군사 능력을 발전시키는 것을 "중국에서 꿀을 만들기 위해 외국에서 꽃을 따기"로 언급한다.[41]

호스케는 중국군이 해외 유학 학자들을 "군대의 관심 분야에서 일하도록 장려한다"고 한다. 호스케는 PLA 국립국방기술대학교(National University of Defense Technology)의 관련 전문가들이 2016년 작성한 기사를 다음과 같이 요약했다.

"유학을 어디로 갈지 선택할 때, 학생들의 최우선 순위는 그 해외기관의 연구 방향이 중국에서 그들의 일과 관련이 있어야 하는 것인데, 이는 '중국에서 공부할 때와 유학할 때의 연구 작업의 연속성을 종합적으로 고려해야 하기 때문이다.' 학생들이 해외에 있을 때 그들은 '해외의 최첨단 연구 조건과 환경을 충분히 활용' 하고 중국으로 돌아온 후 해외 연구 내용을 제시하고 연구 계획을 작성해야 한다."[42]

미국은 중국 군사 관련 과학자들이 최대한 이용해온 주요 국가 중 하나이다. 호스케에 따르면, 2017년에 미국은 'PLA와의 연구 협력에 참여한' 국가 중 1위였다. 이것은 중국군과 해외 과학자들이 공동으로 저술한 동료 검토 간행물의 수를 기준으로 계산한 것이다. 이 지표에 의하면 2017년 영국, 캐나다, 호주 및 독일이 미국의 뒤를 이었다.

어떤 경우에는 정부의 자금이 PLA와의 협력에 사용되었다. 일례로, 호스케의 보고서에 따르면 미 공군과 해군의 보조금이 맨체스터 대학교와 PLA 국립국방기술 대학교의 과학자들이 공동 저술한 논문을 지원하는 데 사용되었다.

다시 강조하자면, 중국 유학생이 모두 중국공산당 또는 군대의 요원인 것은 아니다. 종종 많은 중국 과학자와 학자들이 미국 기관의 활기찬 다양성에 기여한다. 그러나 미국과 미국 대학교는 모두 우리 기관의 개방성이 오용당하는 경우가 있음을 인식해야 한다. 미국에서 공부하는 중국 유학생들은 본국 정부에 의해 협박 및 강요를 받을 수 있다. 이는 우리의 자유 국가에서 보호되는 개인의 자유와 권리에 대한 명백하고 고의적인 침해이다. 고등교육기관은 학생들을 표적으로 하는 이러한 침해에 대응하고 미국 교육 체계의 무결성을 보호하기 위해 더 강력한 정책을 실시해야 한다.

더욱이 미국의 대학교들은 사실상 간혹 중국의 군사력 구축을 돕고 있다. 어떤 경우에는 미국이 그 구축에 자금을 지원하고 있으며, 다른 경우에는 중국학자들이 소속을 숨기는 경우, 미국 대학교와 과학자들은 그 연구와 발견이 사용되어 달성하는 더 큰 목적에 대해 다 알지 못한다.

중국공산당은 유학생들을 포섭하여 파견하는 것 외에도 미국 학생들이 CIA와 미 국무부에 일자리를 신청하도록 설득하기 위해 노력하고 있다.

미국 법무부에 따르면 대학생인 글렌 더플 시버(Glenn Duffle Shiver)는 "중화인민공화국의 정보 관계자들에게 국방 정보를 제공하도록 공모한" 죄로 48개월의 징역형을 선고받았다.[43] 시버는 국제관계학을 전공했으며 대학교 3학년 때 상하이에서 해외 유학 프로그램에 참여했다.[44] 2004년 상하이에 거주할 때 정치적인 글을 쓸 수 있는 영어 구사자를 구하는 영어 광고를 보았다. 그는 응모했고 그 글을 써주고 120달러를 받았다. 불과 몇 개월 후, 그는 광고주의 동료들과 만나보겠냐는 질문을 받았다. 그는 동의했고, 중국 정보 담당관은 미국 정보 및 국방 관련 직장에 지원하면 돈을 주겠다고 제안했다. 결국, 그는 2010년에 체포되기 전에 모두 7만 달러를 받았다.

2010년의 FBI 비디오 〈놀아나지 말 것: 해외 유학생에 대한 경고〉에서 시버는 자기 이야기를 하면서 해외로 가는 학생들에게 경고했다. 그는 중국 정부가 어떻게 간첩 행위를 하도록 그를 조종했고, 학생들이 무엇을 주의해야 하는지 설명했다. 그의 핵심 메시지는 다음과 같다. "충원은 적극적이며, 표적은 젊은이들입니다."[45]

"가장 큰 문제는 그들이 대단히 친절하다는 것이었습니다. '문제 없어. 돈이 필요해? 걱정 마. 그냥 너랑 친해지고 싶어. 우린 친구야. 중국과 미국이 좋은 관계를 갖는 것이 중요하고, 친구가 많을수록 더 좋은 것이지.' 그 시점에서 나는 깨달았는데, 그냥 상하이에 가면 된다, 거기 가면 그들은 중국 돈을 많이 줄 것이고 떠나올 때는 미국 돈을 또 많이 준다. 그 이면의 동기는 분명히 탐욕과 돈이었어요. 누가 돈을 던져준다면, 특히 상하이와 같은 곳에서는, 거절하는 게 쉽지 않습니다."[46]

의심할 여지없이, 중국은 간첩 활동에 손자병법 모델을 사용하고 있다. 그들은 교묘하게 모든 종류의 사업에 스파이를 사용한다. 중국에 대한 미국의 전략은 중국공산당이 사업을 수행하는 방식에 있어 첩보 활동이 얼마나 광범위하고 만연한 것인지 이해하는 것에서 시작해야 한다.

미국이 이 치열한 경쟁에 처하게 된 주된 이유는 미국의 지도부가 중국과 그 역사 및 의도를 계속해서 오해했기 때문이다. 2부에서는 이러한 오해를 바로잡고 미국이 앞으로 어떻게 중국에 접근해야 할지를 설명한다.

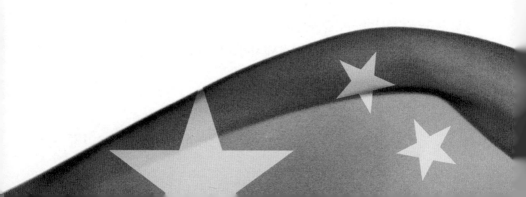

2부

중국 이해하기

09

중심 왕국의
귀환

The Return of
the Middle Kingdom

우리가 역사를 알고 있는 한, 우리의 미래를 어떻게 구축할 것인지 알게
될 것입니다.

2017년 7월 도널드 트럼프 대통령[1]

중국, 중국인 및 중국 국가가 중국공산당을 집권당으로 가진 것은 큰 축복
입니다. 우리가 현대 중국의 역사와 혁명의 역사를 읽고 이해한다면, 중국
공산당의 지도력 없이는 우리 민족과 국가가 이렇게 큰 발전을 이루지 못
했을 것이고, 이렇게 높은 국제적 지위를 달성하지 못했으리라는 것은 확
실합니다.

2015년 12월 시진핑 총서기[2]

중국 역사상 대부분의 사람들 사이에는 중국이 "중화"라는 깊은 가정이 있
었다. "중국"에 대한 중국 글자의 실제 번역은 "중앙 국가"로 더 정확하게 번
역되지만, 왕조가 번성하고 쇠락할 때도 일반적인 연속성의 느낌이 있었다.
그러더니 100년 이상의 "굴욕의 세기"—(1842년 중국이 패배한) 1차 아편전쟁
에서 시작하여 1949년 중화인민공화국의 수립으로 끝난 시기— 동안 중국의
우월성과 중국의 중심성의 개념 자체가 그 핵심부터 흔들렸다.

중국의 자신감이 붕괴된 주된 이유는 유럽의 강대국들과 연이어 일본이 중
국보다 훨씬 빨리 현대화되었기 때문이다. 중국에게 유럽과 일본의 군사력은
막을 수 없는 것이었다. 그 결과 일련의 재난이 꾸준히 발생했다. 그런 다음
영국, 프랑스, 독일, 러시아 및 일본은 중국의 약점을 이용하여 군사 분쟁에
대한 대량의 배상금 지불 등 막대한 이익을 강탈했다. 중국의 청 왕조는 재정
적, 심리적으로 약화되어 1911년 붕괴하였다. 권력의 진공 상태에서, 지역
군벌의 물결이 일어났다. 군벌들은 독자적인 군대가 있었고, 자금조달 방식

과 중국의 미래에 대한 아이디어를 가지고 있었다.

이러한 혼란과 광범위한 폭력에 대응하여 두 가지 현대화 운동이 나타났다. 첫 번째는 국민당 또는 민족주의 운동이었다. 두 번째는 중국공산당이었다. 아이러니하게도, 둘 다 소비에트 연방의 도움을 받았으며, 레닌주의 러시아에서 만든 방법에 따라 중앙집중화된 조직이었다. 국민당이 원래 더 강력했다. 그것은 상하이와 같은 곳에서 도시 공산당을 파괴하는 데 집중했다. 아이러니하게도 이것은 공산주의 운동 내에서 새로운 힘의 공백을 만들었다. 도시 프롤레타리아 대신 농촌에서 농민을 조직하는 것에 대한 과격한—사실 이단적인—이데올로기를 가졌던 마오쩌둥이 그 공백을 메운 사람이다.

국민당은 결국 중국공산당을 파괴했을 수도 있었다. 1930년대에는 그들이 명백히 공격적인 위치에 있었고 마오의 공산주의자들은 필사적으로 생존하기 위해 애썼던 기간이 있었다. 그러나 1937년 일본이 공격했을 때 국민당은 가진 자원을 국가 생존을 위한 전쟁으로 전환해야 했다. 그 전쟁 동안 그들의 시스템은 점점 더 부패해졌다. 이에 반해 공산당은 계속 중국 농촌 지역에서 득세하고 있었고 1945년에는 대규모의 효과적인 군대가 있었다. 제2차 세계대전이 끝난 지 4년 만에 마오의 공산당은 수십 년간의 권력 투쟁에서 승리했으며, 국민당은 살아남았지만 대만으로 도망해야 했고 그곳에서 생존했지만 중국에 영향을 줄 능력이 없었다.

1949년 10월 1일, 마오가 중화인민공화국의 수립을 선언했을 때, 중국은 다시 한 번 통일되었다. 중국은 철저히 전쟁에 짓밟혔고 빈곤했다. 마오가 농촌 지역에서 권력을 공고히 하는 데 수년이 걸릴 것이지만, 중국은 분명히 다시 한 나라가 되었으며, 굴욕의 세기는 끝났다.

그러나 굴욕의 세기 종료와 1949년 중화인민공화국의 설립은 새로운 중국이 아닌 중국의 새로운 시대의 시작이었다.

마오와 그 이후의 모든 공산주의 중국 지도자는 중국을 다시 중심 왕국(中

國, Middle Kingdom)으로 만드는 핵심 목표에 중점을 두었다. 중화인민공화국 설립 이후 중국의 지도자들에 따르면, 중국공산당의 통치 하에 중국은 다시 한 번 과거와 같은 강력한 나라가 될 것이었다. 무엇보다, 중국은 세계에서 가장 많은 인구를 가지고 있다. 중국은 남달리 풍부한 역사와 문화가 있다. 한때는 기술에 있어 가장 선진국이었으며 가장 강대한 경제가 있었다.

중국의 관점에서 볼 때, 역사적으로 세계의 다른 부분은 중국을 중심으로 작동했다. 이러한 현실을 감안할 때, 시진핑 총서기가 자신을 불가피한 미래 중심 왕국(Middle Kingdom)의 지도자로 생각하는 것은 당연하다. 중국 역사의 맥락에서 그것이 의미하는 바를 더 깊이 이해하는 것이 도움이 된다.

중국의 고대

중국의 고대 역사는 약 5000년 전으로 거슬러 올라간다. 많은 황제(皇帝), 전쟁, 성공, 실패, 발전 및 쇠락이 있었다. 중국의 오랜 역사가 복잡하다고 말하는 것은 심각한 과소 평가일 것이다. 중국의 역사는 역동적이고 매력적이며 신중한 연구를 필요로 한다. 그러나 이 책의 목적을 위해 우리는 중국의 고대역사에서 세 가지 교훈을 살펴볼 것이다. 첫 번째는 왕조의 흥망성쇠의 패턴이며, 두 번째는 "중심 왕국(Middle Kingdom)"이라는 자기 인식이고, 마지막은 중국의 아주 오래된 역량이다.

불가피한 사이클

전설에 따르면 황제(黃帝)가 중국을 창시한 지배자이다. 황제는 많은 부족들이 농지를 탐하며 서로 싸우고 있던 시기에 살았다. 황제는 혼란과 전쟁으로 인한 고통을 인식했다. 폭력을 종식시키기 위해 그는 도덕법을 만들고 군대를 훈련시켜 불화를 종식시켰다. 56번의 전투를 한 후, 그의 군대가 승리하여 그는 통일된 부족의 장이 되었으며 농업을 상징하는 흙의 노란색을 나타내는 황제라는 이름을 갖게 되었다.[3]

혼돈과 분권화의 인적 비용과 순응과 안전을 갖춘 통일된 체계의 바람직함에 대한 강조에 주목하라. 이 모델은 중국 역사에 깊이 뿌리내리고 있으며 그 뿌리는 5000년 전 신화 시대로 거슬러 올라간다. 질서가 무정부 상태와 혼돈보다 낫다는 생각은 많은 중국 문화와 심리학에 중심적이다. 그것은 개별성에 대한 서구의 강조와 엄청나게 다르다.

황제의 전설에서 우리는 폭력적이고 혼란스럽고 전쟁에 함몰된 사람들을 조직하고 안보를 제공할 왕국이 없을 때, 질서와 단합을 회복시키기 위해 나타난 강력한 지도자를 본다. 이 일련의 사건은 중국 역사에서 가장 만연한 패턴 중 하나이다. 채플 힐의 노스캐롤라이나 대학교의 마이클 친(Michael Tsin) 부교수는 이러한 반복적인 패턴을 설명했다. 중국의 역사적 사건을 연구하는 동안, 마이클 친 교수는 "왕조의 형성, 부상 및 쇠퇴의 패턴을 주목하라고 한다. 많은 왕조의 마지막 몇 년은 비효율적인 관리와 부패로 얼룩졌고 그것이 홍수나 가뭄 등 천재지변과 복합되면 사회적 불안이 초래되었다." 또한 친 교수는 종교적으로나 정치적으로 동기화된 다양한 운동과 반란이 중국 역사 전반에 걸쳐 왕조의 몰락 또는 붕괴로 이어졌다는 것을 관찰했다.[4] 이 계속적인 순환이 수천 년 동안 지속된 중국 역사의 특징이다. 마오가 연설에서 자주 인용하고 아마도 어떤 정치 문서보다 훨씬 더 많이 읽힌 유명한 14세기 서사 소설인 삼국지연의는 "오랫동안 나뉘었던 제국은 통일되어야 한다. 오랫동안 통일되었으면 나뉘어야 한다. 늘 그래 왔다(天下大勢, 分久必合, 合久必分──옮긴이)."로 시작한다.[5,6]

또한 중국의 역사적 관점에서 각 왕조가 통치를 확립하거나 지속할 수 있는 힘을 준 주요 요소는 "천명(天命, Mandate of Heaven)"이라는 개념이다. 중국에서 지도자의 정당성을 설명하기 위해 천명을 사용하는 것은 주(周) 왕조(기원전 1046-256년) 때 시작되어 1911년 마지막 황제가 붕괴할 때까지 사용되었다.[7] 천명에 따라 덕이 많고 의로운 통치자만이 권력을 유지할 수 있었다. 예를 들어 현재의 통치자가 부패하거나 잔인하거나 지나치게 방탕하다면 그 통치자는 천명을 잃고 혼란이 일어나고 새로운 통치자가 부패한 자의 자리를 차지할 것이다. 천명은 지도자들에게 권력을 주었지만 또한 도덕 규범을 준수하기를 요구했다. 이 천명의 개념은 중국인들이 오랜 역사 동안 왕조가 흥망한 이유를 이해하는 데 도움이 되었다. 그것은 또한 잘하고 있던 왕조에는 신성한 정당성을 제공했다.

이 순환의 가장 주목할 만한 예 중 하나는 주(周) 왕조의 쇠퇴로 시작되었다. 주 왕조의 권력 상실은 춘추시대(기원전 약 770-476년)와 전국시대(기원전 약 475-221년)로 이어졌다. 전자는 후대에 역사가들이 유교 경전을 따라 명명했다. 후자의 이름은 자명하다. 이 두 갈등의 시대는 지적, 문화적으로 매우 창의적이었다. 공자와 손자는 모두 혼란 가운데서 해결책을 모색했다. 한 사람은 어떻게 승리하고 질서를 부과할 것인가라는 문제를 해결하려고 노력했다. 다른 한 사람은 일단 질서가 부과되면 사실상 질서를 유지할 도덕률을 개발하려고 했다. 결국, 이러한 폭력과 무질서의 시대는 진(秦) 왕조의 부상으로 대체되었다.

이 춘추전국 시대 동안 귀족들은 권력을 늘리고 주변의 작은 나라들에 대한 통제력을 넓혔다. 이로 인해 더 크고 강력한 반 자치 국가들이 생겨났으며, 그 중 일부는 지배 주(周) 왕조로부터 독립을 선언했다. 권력과 통제의 추구가 제국 전역에 걸쳐 분출하면서 폭력으로 이어졌다. 기원전 4세기 초, 전국시대에는 (몇몇 더 작은 국가들이 여전히 존재했지만) 7개의 주요 국가가 부상했다. 기원전 221년에는, 그 국가 중 하나인 진(秦)이 다른 주요 강국들을 모두 정복하고 진 왕조를 설립했다.[8] "진의 첫 황제"[9]라는 의미인 진시황으로도 알려진 지도자 영정(Ying Zheng)은 정복한 사람들을 통일시켰으며 통일 중국의 첫 황제로 알려져 있다.[10] 사실, "차이나(China)"라는 단어는 그의 이름에서 유래한 것이다.

새로운 진 왕조 시대에는 문자의 통일, 사람들의 통일, 일련의 대규모 인프라 프로젝트 건설과 같은 중요한 발전이 이루어졌다. 진 왕조 동안 진행된 모든 진보 중에서 오늘날 세계에 가장 잘 알려진 것은 진시황의 거대한 무덤과 테라코타 군대일 것이다.

진시황릉은 (오늘날의 기준으로도) 정말 놀랍다. 중국의 첫 황제는 영원히 살고자 노력하고 사후의 삶에 사로잡혀 있었다. 그는 약 38평방 마일에 이르는 놀라운 황릉을 구축했다. 그 묘에는 내세에서 황제를 보호하기 위해 약 8000명의 군인과 말로 구성된 테라코타 군대가 있다. 그 섬세함은 놀랍다. 군인들은 모두 얼굴 표정이 다르며 무덤 전체에 계급에 따라 배치되었다. 오늘날 고고학자들은 그 무덤 전체의 발굴을 시작하지도 못했다. 황제의 최종 안식처는 그 단지의 나머지 부분으로부터 봉쇄된 높은 능 안에 있다. 역사적 기록은 그 안에 무엇이 있을 수 있는지 설명한다. 주장되는 바는, 무덤에는 중국의 여러 강들의 복제품이 있으며 수은이 그 강들을 통해 바다로 흘러 들어간다. 언덕과 산은 청동으로 만들어졌으며 진주와 기타 보석들이 태양, 달, 별을 상징하는 데 사용되었다.[11] 그러나 이것은 아주 고된 노역이었고, 고고학자들은 황릉 현장에 다수의 무덤들을 발견했는데 그것은 무덤을 만드는 동안 죽은 장인, 노동자, 사슬에 묶인 죄수들의 것이라고 생각된다.[12] 따라서 이 거대한 프로젝트 가운데서도 현실에 있어 진시황의 통치는 많은 사람들의 저항으로 이어진 치열하고 잔인한 폭정이었다. 진시황의 사망 이후 내란이 일어나 홍수와 가뭄으로 인해 사태가 더 악화되었다. 진 왕조는 진시황의 아들이 살해당하고 나서 공식적으로 무너졌다. 혼란은 기원전 202년에 한(漢) 왕조가 중국을 재통일하고 다시 질서를 회복할 때까지 계속되었다.

이 예는 중국 왕조의 흥망 순환에서 두 번의 반복을 보여준다. 주(周) 왕조가 쇠퇴했고, 춘추전국 시대에 혼란이 뒤따랐다. 진(秦) 왕조는 15년 통치 기간 동안 권력을 강화하고 진보한 후, 쇠퇴했다. 이로 인해 더 많은 혼란이 생긴 후 대체 왕조인 한(漢) 나라가 권력을 잡았다.

이 패턴은 중국의 과거에 수없이 반복된다. 이것은 정권이 당시에는 아무리 강력하거나 정교하더라도, 쇠퇴와 붕괴의 위협이 항상 현존한다는 메시지를 보낸다. 이 순환과 더불어 왕조가 과연 망할 것인가가 아니라 언제 망할 것인가의 문제가 중국의 역사 이야기의 근간이 되었다.

중심 왕국의 세계관

중국 왕조 흥망의 고대 패턴 외에도 수천 년 동안 중국은 스스로를 "중심 왕국"으로 생각해왔다. 이것이 중국의 세계관에 중심적이다. 왜냐하면 고대 중국에서 세련된 서구 문명은 거의 알려지지 않았으며 사람들은 중국이 지구 한가운데 위치하고 있다고 믿었기 때문이다. 특히 중국의 영토가 광대하므로, 역사의 많은 부분에서 제국은 그 능력, 규모 또는 세련됨에 필적하는 다른 국가나 문명을 정기적으로 조우하지 않았다. 이것은 이웃 국가들 사이에서 중국의 우월함에 대한 인식을 강화하고 제국의 세계관에 지대한 영향을 미쳤다. 헨리 키신저 전 국무장관은 그의 저서 『중국론On China』에서 이것을 설명한다.

"중국은 비견할 만한 문화나 규모의 사회들을 만나보지 않은 단순한 이유 때문에 평등에 입각해 다른 국가와 지속적으로 접촉한 적이 없었다. 중국 제국이 그 지리적 영역 위에 높이 솟아 있다는 것은 실제로 자연법, 천명의 표현으로 받아들여졌다.

"중국 황제는 중국과 멀리 떨어진 곳에 위치하는 불행을 타고난 국가들에 영향을 주고자 고려하는 것은 비현실적이라고 생각했다. 중국판 예외주의에서 중국은 아이디어를 수출하지 않고 다른 나라들이 와서 찾도록 했다. 중국인들은 이웃나라들이 중국 정부의 종주권을 인정하는 한 중국과의 접촉과 문명으로부터 혜택을 받는다고 믿었다. 그렇지 않은 사람들은 오랑캐였다. 황제에 대한 복종과 제국 의례의 준수가 문화의 핵심이었다."[13]

키신저가 설명한 접근방식(중국 대 "오랑캐들")은 중국 조공 체제라는 결과로 이어졌으며, 이는 중국 외교 관계의 주요 부분이 되었다. 어떤 형태의 중국 조공체제는 한(漢) 왕조로 거슬러 올라갈 수 있고(기원전 206-220년) 19세기 말까지 지속되었다. 그래도 이 체제가 중국의 길고 혼란스러운 역사에서 얼마나 안정적이고 일관성이 있었는지는 논쟁이 되고 있다.[14] 그러나 조공 체제는 중국 제국과 다른 아시아 정치 체제 간의 교류에 대한 고도로 의식화되고 규제된 절차를 확립했다. 독립적인 정치 체제에서 온 사람들은 조공을 바치려고 중국에 오며, 그렇게 함으로써 황제의 궁극적인 최고권위를 인정하는 것이다. 때때로, 조공을 바치는 정치 체제가 다른 상업적 또는 정치적 관계를 중국과 맺기 위해서는 이와 같은 교류가 요구되었다. 현재 한국, 베트남, 태국, 버마 등의 정치 체제가 이 체제의 일부였다.[15]

조공 체제는 외교 관계를 통해 중국이 중심 왕국이라는 아이디어를 강화하는 데 핵심이었지만, 중국의 고도로 규제되고 제한적인 해양 무역 시스템도 이러한 중심성과 우월성 개념을 보존하는 데 도움이 되었다. 16세기에 해양

항로를 이용한 유럽과 중국 간 무역이 시작되었다. 처음에 중국 연안의 여러 항구가 서방 세력이 무역을 위해 사용하도록 개방되었다. 그러나 결국 이것은 변경되었다. 중국은 후에 서방 국가들과의 무역을 하나의 장소, 즉 광둥(광저우)의 남쪽 항구로 제한했다. 이 제한적인 광둥 시스템은 한동안 유럽과 중국에게 수락 가능한 것이었다. 그러나 영국의 경우 산업 혁명으로 인해 판매해야 할 상품이 더 많이 생산되고 중국 차에 대한 수요가 증가하면서 긴장이 야기되었다. 영국은 기존 체제 밖에서 중국과의 무역 특권과 외교 관계를 확대하고자 했다.

그래서 1793년에 매카트니(Macartney) 경이 이끄는 영국 사절단이 중국에 도착하여 중국 황제에게 일련의 요청을 했다. 즉, 국가 간의 무역 특권을 더 허가해 달라는 것이었다. 중국인은 영국의 요구를 중국의 정책에 대한 직접적인 도전으로 보았고 영국의 사절단과 선물을 "조공"이라고 부르기까지 했다. 조지 3세 왕에게 보낸 거절서한에서 황제는 영국의 요청을 거부하고 영국의 열등한 지위를 어떻게 보았는지를 분명히 전달했다.

> "귀왕은, 많은 바다의 경계 너머에 살고 있으면서도, 우리 문명의 혜택에 참여하고자 하는 겸손한 욕구로, 친서를 지닌 사절단을 정중하게 파견하였도다. 귀왕의 특사는 바다를 건너 짐의 궁전에서 경의를 표했노라. …"

> "나는 귀왕의 친서를 정독하였다. 이에 쓰여진 가장 진심 어린 용어는 귀왕이 경의를 표함을 나타내며, 이는 매우 칭찬할 만하다. 귀왕의 대사와 부대사가 귀왕의 친서 및 조공을 가지고 먼 길을 왔다는 사실을 고려할 때, 나는 그들에게 높은 호의를 보여 내 면전에 소개하도록 허락하였다. …"

> "우리 왕조의 장엄한 미덕은 하늘 아래 모든 나라에 스며들었으며,

모든 나라의 왕들은 육지와 바다를 통해 값비싼 조공을 바쳐왔다. 귀왕의 사절단이 직접 볼 수 있듯이 우리는 모든 것을 소유한다. 짐은 이상하거나 독특한 물건에 가치를 두지 않으며 귀국에서 만든 것은 필요하지 않다. ⋯ 오 왕이여, 짐의 심기를 존중하고 앞으로 우리의 왕좌에 영구적으로 복종함으로써, 이제 이후 귀국의 평화와 번영을 확보할 수 있도록 귀왕이 더 큰 헌신과 충성을 보이는 것이 합당하다."[17]

황제의 반응은 18세기 후반 세계 질서에 대한 그의 견해를 분명히 보여준다. 중국의 관점에서 볼 때, 제국은 진정으로—세계의 중심에 위치한—중심 왕국이었으며 천명을 통해 궁극적인 통치권을 가진 것이었다. 결과적으로 다른 국가들이 중국의 우월성을 인정하는 것이 "합당한" 것이었다.

중국의 역량

고대 역사를 통해 중국의 주목할 만한 기술 발전 역시 제국이 중심 왕국이라는 생각에 기여했다. 혁신적인 인프라 및 연구 프로젝트에서 복잡한 관료 시스템, 비단, 도자기, 차, 청동 및 화약과 같은 상품에 이르기까지 중국의 혁신적인 능력은 놀랍고(특히 화약의 경우) 세계에 큰 영향을 미쳤다.[18]

고대 중국의 놀라운 크기와 규모가 제국이 발전에 그렇게 성공한 이유 중 하나이다. 산업 혁명 이전에 GDP는 인구 규모와 밀접한 관련이 있었기 때문에 이 두 수치는 중국이 역사적으로 얼마나 큰 대국이었는지를 보여준다. 〈세계 경제: 역사적 통계The World Economy: Historical Statics〉에서 앵거스 매디슨에 따르면 중국은 AD 1년에 세계 인구의 26%를 차지했으며 세계 총 GDP의 26%를 차지했다. 중국의 역량 추세는 이후 천년에도 계속되었다. 1600년에 중국은 세계 총 GDP와 인구의 29%를 차지했다.[19] 키신저는 또한 매디슨의 연구를 참조하면서 "지난 20세기 중 18세기 동안 중국은 어떤 서구 사회보다 총 세계 GDP의 더 큰 비중을 차지했다"고 썼다. 1820년 후반에는 세계 GDP의 30% 이상을 생산했으며 이는 서유럽, 동유럽 및 미국을 합친 GDP를 초과하는 양이다."[20]

그러나 놀라운 기술 발전을 이룩하는 중국의 역사적 역량에 대한 가장 흥미로운 사례는 훨씬 일찍 찾아볼 수 있다. 정화(鄭和) 제독은 1405-1433년에 "보물선" 함대로 인도, 자바, 호르무즈 해협 및 아프리카의 뿔과 같은 먼 땅으로 항해했다. 그처럼 놀라운 먼 거리를 성공적으로 항해한 것만으로는 당시의 업적으로 충분하지 않은 듯이, 그의 보물선 함대는 너무나 기술적으로 진보하여 비견할 만한 다른 함대가 없었다. 정화 제독의 함대가 중국을 떠났을 때 유럽의 탐험 시대는 아직 시작도 되지 않았었다. 스페인의 아르마다(Armada) 호가 항해한 것은 그로부터 150년 후였다. 그렇더라도, 아르마다 호는 키신저가 쓴 것처럼, 정화 함대의 크기와 정교함에는 훨신 못 미쳤을 것이다.[21]

정화 제독이 왜 이 기념비적인 임무에 착수했는지는 아무도 확실히 모른다. 키신저는 보물선 함대의 여행이 "말하자면 중국의 '소프트 파워'의 초기 행사"와 비슷하다고 했다.[22] 정화 제독은 각 목적지에서 정박하면서 공식적으로 중국 황제를 높이고 사치스러운 선물을 주었으며 통치자(또는 그의 특사)가 중국을 방문하도록 초대했다. 이에 보답하여 중국을 방문한 외국인들은 황제를 만나자마자—땅에 엎드려서 이마를 땅에 3번 두드리는 관습인—고두의 예를 수행하곤 했다. 그렇게 하는 것은 키신저가 "중국 중심의 세계 질서"라고 칭하는 질서에서 황제의 지고한 권위와 외국인의 예속된 위치를 인정하는 것을 나타낸다.[23]

흥미롭게도 정화 제독은 어떤 영토에 대한 권리를 주장하거나 어떤 민족을 정복하거나 자원에 대한 통제권을 주장하지 않았다. 그는 여행에서 "공물"(선물)을 다시 가져왔는데, 이러한 항해 활동은 1433년에 중단되었다. 다음 황제는 30년간의 보물선 항해 기록을 파괴하고 (후에 중국에 상당히 불리하게) 배를 해체했다. 이 결정으로 중국은 새로운 아이디어와 새로운 태도의 주입과 교환에 있어 뒤로 후퇴하게 되었다. 다음 황제가 항해의 기회를 받아들였다면 세계는 매우 달라졌을 것이다. 그러나 탐험은 다시 없었고 중국의 항해 능력은 감소했지만, 보물선 항해와 능력은 그 당시 너무나 주목할 만하여 중국이 기술 개발에서 놀라운 성과를 거둘 수 있는 역량을 가지고 있음을 증명했다.

중국 역사의 이 세 가지 측면(긴 역사적 순환, 자기중심적 세계관 및 기술적 도약 능력)은 중국의 국가 정체성을 형성하고, 공산주의자이자 중국인인 오늘날 중국 지도부에 영향을 미쳐온 근본적인 교훈으로 이어진다. 불가피한 순환은 중국에게 통일과 권력의 쇠퇴가 항상 가능하고 임박했음을 가르친다. 그러나 더 중요한 것은 이러한 불확실성과 혼란의 시기 후에는 제국이 일어나 통일을 이루어내며 힘을 회복한다는 점이다. 이러한 중심 왕국 세계관은 중국 제국이 외부 "오랑캐들"과 비교할 때 영향력 있고 우수한 존재라고 중국에게 가르친다. 마지막으로, 중국의 역량은 중국이 중심 왕국(Middle Kingdom)이라는 관념을 강화한다. 이러한 발전은 어떤 도전이 있더라도 중국 제국은 서구 국가와 경쟁하거나 이를 능가하는 수준으로 계속 성장하고 발전할 수 있다고 중국에 가르친다. 중국의 고대 역사에서 우리가 배우는 이 모든 교훈은 19세기 중반에 중국이 또 다른 쇠퇴와 혼란의 시기에 들어서면서 시험을 받았다. 이 쇠퇴 주기는 오늘날 우리가 알고 있는 중국에 극적인 영향을 미치고 이를 형성했다.

굴욕의 세기

이 시기는 마오와 건국 세대의 생각을 결정적으로 형성하고 현재 중국 지도부에 여전히 생생하기 때문에 더 자세히 살펴볼 가치가 있다. 청나라 통치 당시의 굴욕의 세기 동안 세계에서 지배적 세력으로서의 중국 통치는 필연적으로 정지되었다. 이 기간은 1800년대 중반부터 1949년 중화인민공화국이 설립될 때까지 지속되었으며 여러 차례의 반란과 외국 및 토호 세력의 침략이 있었다. 이로 인해 중국 내 불안정과 혼란이 심화되었고 1911년에는 중국의 마지막 왕조가 결국 붕괴되었다. 굴욕의 세기는 중국과 영국의 무역 불균형으로 인한 제1차 아편 전쟁에서 시작되었다. 제1차 아편 전쟁은 1839-1842년 동안 지속되어 중국의 패배로 끝났다.

전쟁이 발발하기 전에 서구에서는 도자기와 비단 같은 중국 제품의 수요가 높았다. 그러나 중국에서는 서양 제품에 대한 수요는 그에 미치지 못했다. 이로 인해 많은 결제가 은화로 중국에 흘러 들어갔다. 당시 세계적으로 은이 부족했으며 은 화폐가 중국이 받는 유일한 화폐였기 때문에 상품 교환을 계속하려면 무역 불균형의 해결책이 필요했다.[24] 중국으로의 은의 유입을 막기 위해 영국—및 미국—상인들은 인도의 아편이 중독성이 강하고 중국에서 이 마약에 대한 수요가 있을 수 있음을 발견했다. 영국 상인들은 아편을 막대한 이익을 얻을 수 있는 기회로 보았고 이 마약을 중국으로 운송하기 시작했다.

청나라의 지도자들은 중국인들에게 아편이 얼마나 파괴적인지 인식했다. (모르핀, 코데인, 헤로인 및 옥시코돈과 같이 위험하게 중독성이 있고 잠재적으로 치명적인 것으로 인식되는 마약이 아편 공장에서 제조됨에 따라 이는 오늘날에도 마찬가지이다.) 결과적으로 중국 정부는 1800년에 그 마약의 수입과 생산을 금지했다. 1813년, 아편을 흡입하는 것은 불법이 되었으며 곤장 백대로 처벌되었다. 정부가 아편을 금지했지만, 그 마약을 중국으로 밀수하는 복잡한 체제는 계속되었다. 아편은 대형 컨테이너 또는 통으로 선적되었으며 1810년에서 1838년까지 중국으로 수입된 통의 수는 4500개에서 4만 개로 증가했다. 은은 아편 대금으로 중국에서 흘러 나갔으며 1820년대 초 약 200만 온스의 은에서 1830년대 초 900만 온스 이상으로 증가했다.[25] 미국 역사학자실은 중국에 있어 아편 수입의 중요성을 지적하고, "서방 세력과 아편 거래가 증가하면서 처음으로 중국이 수출하는 것보다 더 많은 상품을 수입했다"고 언급했다.[26]

중국으로 아편의 불법 유입을 막기 위한 전쟁은 1839년 공식적으로 발발하여 1842년 영국의 승리와 중국의 패배로 끝났다. 이 패배의 결과로 중국은 일련의 "불평등 조약"의 첫 조약에 동의해야 했다. 중국은 항구들을 서구인의 대외 무역 및 거주지로 개방하는 것에 동의했으며, 이로 인해 필자가 앞서 설명한 기존의 고도로 규제되고 제한적인 무역 시스템인 "광둥 시스템"이 붕괴되었다. 또한 중국은 상당한 배상금을 지불하고 홍콩의 통제권을 영국에 건네주었다.

흥미롭게도 키신저는 『중국론』에서 "가장 심하게 이견을 보였던 조항들"은 중국과 영국의 "지위 평등" 문제에 관한 것이었다고 한다. 키신저는 "양측 지도자들은 이것이 프로토콜이나 아편 이상의 것에 대한 분쟁이라는 것을 이해했다. 청나라 궁정은 탐욕스러운 외국인들을 돈과 무역으로 기꺼이 유화하려 했다. 그러나 천자(황제)에 대한 야만적인 정치적 평등의 원칙이 확립된다면, 중국의 세계 질서 전체가 위협을 받을 것이었다. 왕조는 천명을 잃을 위험에 처했다."[27]

키신저는, 이 분쟁을 해결하기 위해 중국과 영국은 "중국과 영국 당국자들이 이후로는 '완전히 동등한 입장에서 연락을 주고받게 될 것임'을 명시적으로 보장하는 조항을 포함하기로 동의했다"고 썼다. "문장에서 수용 가능한 중립적 의미를 갖는 특정 한자를 열거하기까지 했다. 중국 기록(또는 적어도 외국인이 접근할 수 있었던 기록)은 더 이상 영국을 중국 당국에 '간청하거나' 그들의 '명령'에 '떨며 복종하는' 것으로 묘사해서는 안 되었다."[28]

중국의 역사적인 "중국 중심적" 세계 질서는 제1차 아편 전쟁의 종결에 따라 흐트러지기 시작했다. 19세기 내내 특히 제2차 아편 전쟁(1856-1860)과 중일 전쟁(1894-1895) 동안 서방 세력과 일본이 중국에 침입했다. 외국인에게 중국의 권력과 통제를 이양하는 것은 중국인들의 저항에 부딪혔으며 1900년에는 의화단 사건 또는 권난(Boxer Rebellion, 拳亂)으로 알려진 반란이 일어났다.

주로 농민으로 구성된 비밀 집단이 의화단(義和團)이라고 자칭하며 조직되었다. 이 집단은 총알이나 공격으로 인한 부상을 막기 위해 수행한 무술 및 유연 체조 수련으로 인해 "박서(拳匪)"라는 별명을 받았다. 이 의식을 서양인들은 그림자 복싱으로 불렀으므로 "박서"라는 이름이 붙은 것이다.

많은 단원들은 파괴적인 홍수와 기근을 겪고 여러 유럽 국가에 영토와 경제적 양보를 해야 했던 산둥성 출신으로, 그들의 열악한 생활 상태를 유럽 국가들의 탓으로 돌렸다. 결과적으로, 박서들은 중국에서 외국의 영향력이 증가하는 것에 반대했고, 또한 기독교에 강력하게 반대했다. 박서들은 1890년대 후반에 인기가 상승하면서 외국인과 중국 기독교인들을 자주 공격했다. 이 운동은 1900년에 베이징 주변 지역으로 퍼졌다. 중국 기독교인들과 선교사들이 박서들에 의해 살해되었고, 교회와 철도역들이 흔적 없이 사라졌다. 박서들은 1900년 6월 20일 베이징에서 외국 외교관이 거주하는 공사관 지역에 대한 포위 작전을 시작했다.[29] 청나라 황제는 "박서의 용감한 추종자들"을 칭찬하고 중국과 외교 관계를 맺은 모든 외국과의 전쟁을 선포함으로써 박서의 포위 작전에 응했다.[30]

외교관, 가족, 경비원들이 기아와 어려운 상황을 견디는 동안 다국적 부대가 포위 작전을 종식시키기 위해 구성되었다. 이 반란 중에 수백 명의 외국인과 수천 명의 중국 기독교인이 사망한 것으로 추정된다. 1900년 8월 14일 미국, 오스트리아-헝가리, 프랑스, 독일, 이탈리아, 일본, 러시아 및 영국의 약 2만 명의 군대로 구성된 다국적 군대가 외국인과 중국 기독교인을 박서로부터 해방시켰다.

1901년 9월 7일에 신축조약이 서명되었으며, 이는 그 반란의 공식적인 종말이었다.[31] 박서의 난은 외국인의 영향력이 증가하는 것을 막으려는 시도가 실패한 사례이다. 실제로 문제는 반란의 결과로서 생긴 신축조약에 의해서 악화되었다. 이 합의에 따라 중국은 베이징을 보호하고 있던 요새를 파괴하고 2년간 무기를 수입할 수 없었으며 약 3억 3000만 달러 이상, 오늘날의 통화로 약 90억 달러를 관련 외국에 지불해야 했다. 또한 반란에 참여한 모든 공무원과 박서에 대한 처벌이 의무화되었다. 수비 목적으로 베이징의 외국 공사관에 군대를 배치하는 것이 허락되었다.[32,33]

박서의 난의 결과는 중국에게 치명적이었다. 중국의 세계적 지위를 더욱 약화시키고 청조를 심하게 약화시켰다. 중국 왕조의 전형적인 순환을 따라 (일부는 정부의 근대화 실패, 1644년 이후 인구의 4배 증가, 정부 자원의 고갈로 인해) 1911년 봉기가 발생했다. 청나라는 무너졌다.[34]

중국에는 20세기 전반에 걸쳐 권력의 진공이 발생했다. 이를 대체하는 강력하고 중앙집중화된 정부를 세우는 것은 특히 그렇게 광대한 영토, 대규모 인구 및 중국 전역의 다양한 지역과 군대를 통제하는 군벌들 때문에 어려운 것으로 판명되었다(전국시대와 유사한 분열에 주목하라). 1920년대에는 국민당과 중국공산당의 두 주요 정당 운동이 인기를 얻어 중국을 장악했다.

국민당은 1911년 혁명 이후 쑨이셴(Sun Yat-sen, 孫逸仙)에 의해 설립되었다. 쑨이셴은 "삼민주의", 즉 민족주의, 민권주의 및 민생주의에 중점을 두면서 궁극적으로 강력하고 통일되고 현대화된 중국공화국을 설립하는 것을 목표로 삼았다.[35] 국민당은 서방의 도움을 받지 못했고 그 결과 모스크바의 지원을 기대했다. 국민당은 공산주의가 아니었다. 그러나 소련에 의존했고 지원을 환영했다. 쑨이셴은 심지어 볼셰비키 혁명의 성공에 대해 레닌을 칭송했고 1920년대 소련은 군사적, 정치적, 조직적 지원을 제공하기로 동의했다.[36]

한편, 중국공산당이 시작된 것은 베이징 대학교의 수석 사서 리 다자오(Li Dazhao, 李大釗)가 러시아에 사용된 모델이 중국에도 유용할 수 있다는 사실을 깨닫고 마르크스주의 연구 그룹을 설립했을 때이다. 그 당은 1921년 마오쩌둥(Mao Zedong, 毛澤東)을 창립자 중 하나로 하여 공식화되었다.

한동안 국민당과 중국공산당 사이에 중국을 통일하기 위한 합작이 있었다. 실제로, 중국공산당원들은 중국공산당원 자격을 따로 계속 보유하면서 국민당에 가입하라는 명령을 소련(레닌과 스탈린)으로부터 받았다. 마오와 중국의 첫 외무장관 저우언라이(Zhou Enlai, 周恩來)와 같은 지도자들이 이에 따랐다.[37] 중국을 통일하기 위한 이 동맹이 제1차 국공합작이다. 그러나 1925년에 쑨이셴이 사망한 지 2년이 지난 후, 양당 사이에 중국 내전이 발발했다.

이 갈등은 국민당과 중국공산당이 제2차 세계대전 중에 일본의 침략에 맞서 싸우기 위해 제2차 국공합작을 했을 때 멈추었다. 1945년 전쟁이 끝난 후, 국민당 지도자 장제스(蔣介石)와 중국공산당 지도자 마오쩌둥 사이의 전후 정부 수립에 관한 회담은 실패했다. 양측 간에 싸움이 또다시 일어났다. 공산당이 국민당에 승리했고 마오쩌둥은 1949년 10월에 중화인민공화국 수립을 공식적으로 선포했다. 중국공산당의 중화인민공화국 선언으로 중국의 굴욕의 세기가 종식되었다. 공산당의 승리와 권력 강화의 결과로 국민당은 대만으로 후퇴해야 했다. 권력을 장악한 후 공산당은 벅찬 과제를 앞두고 있었다. 중국공산당은 폭력, 전쟁, 외국 세력의 침략으로 얼룩진 한 세기가 넘은 후 중국 인민들을 단합시키고 국가를 다시 강화해야 했다.

그러나 새로운 중국공산당 "왕조"의 한 가지 중요한 특성은 더 이상 천명과 신성한 힘으로부터 통치의 정당성을 받지 않는다는 것이다. 대신 공산당은 백년의 비극 후에 중국이 더 나은 미래를 향해 가시적으로 앞으로 나아가게 미는 것으로 그 권력을 유지한다.

후계자는 혈육으로 선택하지 않는다. 전체주의 중국공산당과 그 목표의 고수와 그에 대한 충성을 통해 부상한다. 이것은 당의 단합과 권력을 유지하며 중국의 공산주의 체제 내에서 혼란스럽고 불확실한 세력을 막아내거나 제거한다.

1949년에 마오가 한 연설에서 그는 굴욕의 세기 동안의 중국의 쇠퇴와 중국의 강인함을 회복하려는 중화인민공화국의 목표에 대해 설명한다.

"중국인들은 항상 위대하고 용기 있고 부지런한 민족이었으나, 현대에 와서는 뒤처지게 되었습니다. 그것은 전적으로 외국 제국주의와 국내의 반동적 정부에 의한 억압과 착취 때문이었습니다. 한 세기가 넘게 우리 선조들은 국내외 압제자들에 대한 부단한 투쟁을 멈추지 않았습니다. …"

"우리 선조들이 성취하지 못한 뜻을 수행하도록 우리에게 명했습니다. 그리고 우리는 그에 따라 행동했습니다. …"

"우리나라는 더 이상 모욕과 굴욕의 대상이 되지 않을 것입니다. 우리는 일어섰습니다. …"

"인민 민주 독재인 우리 국가 체제는 인민 혁명의 승리의 결실을 지키고 다시 복고하려는 국내외 적의 음모를 막기 위한 강력한 무기이며, 우리는 이 무기를 단단히 잡아야 합니다. …"

"우리의 앞길에는 실제로 어려움이 있으며, 아주 많이 있습니다. 그러나 우리는 우리나라 사람들이 영웅적인 투쟁으로 그 모두를 극복할 것이라고 굳게 믿습니다. 중국인들은 어려움을 극복한 경험이 풍부합니다. 우리 선조들과 우리도 오랜 세월 동안 극심한 어려움을 겪고 강력한 국내외 반동분자들을 물리칠 수 있었는데, 왜 승리를 거둔 후에 우리가 번영하고 융성하는 나라를 만들 수 없겠습니까?'

"국내외 반동분자들이 우리 앞에 떨게 합시다! 우리의 이것이 좋지 않고 저것이 좋지 않다고 말하게 둡시다. 우리 자신의 불굴의 노력으로 우리 중국인들은 확고하게 목표에 도달할 것입니다."[38]

그러나 공산당의 지도하에 중국의 새로운 방향의 미래에 대한 이 낙관론은 오래 가지 못했다. 중소의 이데올로기적 분열에 연이어, 대약진 운동 기간 동안 마오의 실패한 정책과 혼란으로 1958-1962년간 최대 4500만 명의 사망자가 발생했으며, 문화혁명(1966-1976)으로 인해 약 50~800만 명의 사망자가 발생한 것으로 추정되지만, 중국이 새로운 활력을 갖게 될지는 여전히 불확실했다.[39,40] 냉전이 계속될 때까지, 후에 개혁주의 중국 지도자 덩샤오핑(鄧小平)이 부상할 때까지 그러했다 덩(鄧)은 중화인민공화국을 위한 예상 밖의 전략적 기회—태평양을 가로질러 멀어진 강대국 미국과 동맹하는 기회—를 보았다.

10

동맹, 적,
전략적 파트너

**Ally, Enemy,
Strategic Partner**

우리는 중국의 만성적 무역 오용과 지적재산의 절취 그리고 그 외에도 우리에게 저질러 온 수많은 다른 것들에 맞서고 있습니다. 어떻게 이런 일이 수년간 일어나도록 허용했는지 이해할 수 없습니다. … 그러나 정말로 그랬습니다. 그들은 우리나라를 이용해왔습니다. … 나는 시진핑과 사이가 좋지만, 그들이 우리나라에 어떤 피해를 주었는지 정말 신랄하게 지적했습니다. … 그런 일이 있도록 허용한 우리나라의 지도자들을 나는 비난합니다.

2019년 4월 도널드 트럼프 대통령[1]

건전한 중미 관계는 우리 양 국가와 국민뿐만 아니라 전 세계에도 혜택을 줄 것입니다. 중미 관계를 성공시켜야 할 수천 개의 이유가 있는 반면, 해쳐야 할 이유는 하나도 없습니다. 45년 전 중미 관계 정상화 이후 기복이 있었음에도 불구하고 역사적인 진전이 이루어졌고, 이로 인해 양국의 국민에게 막대한 실질적인 혜택을 주었습니다.

2017년 10월 시진핑 총서기[2]

미국인들은 중국에 대한 다양한 견해를 가져왔다. 이러한 견해는 시간이 지남에 따라 진화했다. 장기간 변화의 패턴을 보면 중국에 대한 현재의 우리의 인식 변화를 조망하는 데 도움이 된다. 중국에 대해 미국이 가졌던 처음 태도는 냉전의 종식으로 크게 진화했던 전략적 파트너십에 도달했을 때까지 상당히 변했다.

초기 미국 혁명에서 19세기 후반까지 미국인들은 중국을 시장, 이국적인 해외 여행지, 완전히 다른 문화로 보았다. 중국 정부가 권력을 잃으면서 그 국가는 더욱 폭력적이고 불안정하며 통제불능하게 되었다. 상당수의 선교 의

사와 간호사를 포함해 많은 개신교 선교사들이 중국으로 가기 시작했다. "문명화된, 현대 미국인들이 빈곤한 후진 중국"을 돕는다는 분위기가 있었다. 박서의 난과 같은 특정 폭력 사건은 19세기 말과 20세기 초에 중국에 대한 우리의 생각을 많이 정의했다. 후에 〈북경의 55일〉 같은 영화가 그 시대를 포착하려 했다. 『모래 자갈The Sand Pebbles』 소설과 영화에서도 비슷한 폭력의 느낌이 전해졌다. 작가 리처드 맥케나(Richard McKenna)는 1931년 미 해군에 입대하여 극동에서 10년간 복무했으며, 그중 2년은 양쯔강의 포함(gunboat)에서 보냈다.3

대조적으로, 우리는 근대 국가로 극적인 전환을 이뤄내고 1905년 쓰시마 해협 전투에서 러시아 발트 함대를 전멸시키면서 군사적 능력을 과시한 일본인에 대해 처음에는 감탄했다.4 실제로 시어도어 루즈벨트 대통령은 러일 전쟁을 종식시키기 위해 러일 사이에서 중개를 한 업적으로 노벨 평화상을 수상한 최초의 미국인이 되었다. 일본에 대한 우리의 동경은 제1차 세계대전 내내 일본이 독일에 대항하는 우리의 동맹국이었을 때 계속되었다. 일본인은 1919년 베르사유 평화회의에서 5대 강국 중 하나로 대우받았다. 한편 중국인들은 너무나 무시당했고 그들의 이해는 너무나 외면당해서 중국은 베르사유에서 열린 파리 평화회의에서 조약을 지지하기를 거부한 유일한 국가가 되었다.5 (우드로 윌슨 대통령은 이 조약을 옹호했지만, 미국은 상원에서 투표에 실패한 이후 이 조약을 비준하지 않았다.)

일본에 대한 미국의 감탄은 일본군국주의에 대한 적개심으로 바뀌기 시작했다. 태평양을 지배하기 위해 해군력을 건설하려는 일본의 모든 조치는 그 당시 태평양에서 다른 유일한 주요 해상 세력이었던 미국에게 불가피하게 위협이 되었다. 처음에 만주를 점령하기 시작하고, 중국을 공격하고, 1937년까지 중국의 많은 지역을 지배한 일본의 침략으로 일본에 대한 미국의 정서가 뒤집히고 중국에 더 호감을 갖는 쪽으로 시각이 변했다.6

국민당의 부상과 장제스의 부인이자 선전원 및 외교관이었던 쑹 메이링 (Soong Mei-ling)의 광채로 인해 "중국 로비"라는 말이 만들어졌다. 〈타임〉 지와 〈라이프〉 지의 창업주이자 미국에서 가장 유명한 언론인인 헨리 루스 (Henry Luce)는 중국이 일본의 침략에 맞서 스스로를 방어하도록 돕자고 강력히 옹호했다. 그는 또한 열정적으로 반공주의자였으며 장제스와 국민당을 치켜세웠다. 이 친중 정서는 생애 초기 40년의 대부분을 중국에서 보낸 선교사 딸 펄 벅(Pearl Buck)이 쓴 소설에서 포착된다. 그녀의 소설 『대지The Good Earth』는 퓰리처상을 수상했으며 1931년과 1932년에 베스트셀러였다. 그녀가 묘사한 중국은 우리의 도움이 필요하고 도움을 받을 자격이 있는 선량한 사람들의 낭만적인 나라였다.[7]

1937년부터 1945년까지 미국인들은 약자인 중국인이 일본 침략자와 용감하게 싸우는 것으로 보았다. 난징의 강간(도시 전체에서 정말 끔찍한 강간, 고문 및 살인의 광란)과 같은 사건으로 인해 미국인들은 계속해서 더 친중 반일이 되었다. 1941년까지 미국이 여전히 일본과 평화를 유지하고 있었던 동안, 프랭클린 루즈벨트 대통령은 중국이 일본 공군으로부터 스스로를 방어할 수 있도록 대중에게 '나르는 호랑이(Flying Tigers)'로 알려진 미국 자원봉사단의 구성을 허가했다.

일본의 진주만 기습으로 반일 감정이 끓어올랐고 그 결과 친중 정서가 급상승했다. 전쟁이 계속되면서 미국인들은 점점 더 중국을 돕는 데 열성적이 되었다. 미 육군 공군과 중국항공회사(China National Aviation Corporation) 는 "혹(Hump)"이라고 불리는 히말라야 산맥을 넘어 65만 톤의 보급품을 날랐다.[8] 이 경로는 너무 위험해서 700건에 이르는 치명적인 충돌 사고의 기록이 있다.[9] 이것은 중국을 강화하고 전쟁에서 지키기 위해 루즈벨트 대통령이 한 많은 놀라운 노력 중 한 가지 예에 지나지 않는다. 1943년에 장제스가 루즈벨트 대통령과 윈스턴 처칠 수상과 함께 카이로 회의에 초대된 것은 그가 이제 강대국의 수뇌라는 증거였다. 동일한 분위기로 중국은 유엔 안전보장이 사회의 상임국가가 되었다.

미국에서는 장제스가 친미적이고 "서구화된" 중국의 희망으로 확고하게 굳어졌다. 헨리 루스는 중국 민족주의자들에게 너무나 열성적이어서, 국민당이 부패하고 인기가 없으며 일본인이 나간 후 공산당이 내전에서 이길 가능성이 높다는 그의 기자들의 경고를 무시했다.[10] 일본과의 전쟁이 끝난 후 미국은 공산당과 국민당 사이의 타협점을 찾으려고 했지만 1945-1947년 조지 마셜 장군의 노력조차도 실패했다. 민족주의자들이 대만으로 망명하기 위해 본토를 떠날 때, 대부분의 미국인들의 충정과 우정도 그들을 따라갔다. 중국 공산당은 서방의 당연한 적인 위험하고 파괴적인 자들로 묘사되었다. 그들은 또한 제2차 세계대전이 끝난 후 너무 빨리 발생한 새로운 냉전에서 소비에트 연방의 동맹국으로 여겨졌다.(앞서 주목한 바와 같이, 국민당은 실제로 초기에 소련의 지원을 받았기 때문에 이것은 아이러니하다.)

미국에서는 "빨갱이"의 승리에 대한 충격이 너무 커서 "누가 중국을 잃었는가?"라는 질문이 주요 정치 문제가 되었다. 미국은 모든 공산주의 침공으로부터 대만을 방어하기로 다짐했다. 북한이 한국을 침략했을 때, 갑자기 미국은 완전히 다른 전쟁에 처한 자신을 발견했다.

미국이 동맹국을 방어하고 공산주의 침략을 막으려고 갔을 때, 중국공산당은 미국이 국경에 너무 가까이 가지 못하도록 전쟁에 참여하기로 결정했다.

1950년 11월, 중국이 30만 명에 달하는 병력을 비밀리에 배치하고 미국을 북한에서 몰아낸 기상천외한 공격으로 미국인들을 놀라게 했을 때 비효율적이거나 무능한 중국군에 대한 우리의 이미지는 산산조각 났다.[11] 그 다음 3년 동안 우리는 쓰라리고 격렬한 싸움을 벌였다. 미국은 거의 4만 명의 미국인을 잃었다.[12] 중국인들은 40만 명 이상을 잃었다.[13] 한국인들은 제2차 세계대전보다 큰 민간인 사상률로 인구의 10%를 잃었다. 1953년 한국전쟁에서 벗어나면서 미국인들은 인정사정없는 적인 억세고 위험한 공산주의 치하의 중국에 대해 새로운 관점을 가지게 되었다. 우리는 그들이 소련과 밀접한 동맹임을 보았고 그들을 봉쇄하기 위해 적극적인 노력을 계속했다.

베트남 전쟁은 우리의 주의를 중국 남쪽으로 이동시켰다. 우리는 베트남 공산주의자에 대한 많은 보급물이 중국을 통해 온다는 것을 알고 있었지만 근접한 거인과 새로운 전쟁에 빠지지 않도록 조심했다. 1950년대에 공산당은 권력을 강화했고 미중 사이에는 상호 피해망상이 대두했다. 베트남 전쟁이 끝날 무렵, 중국에 대한 우리의 시각과 미국에 대한 그들의 시각이 바뀌기 시작했다.

공산주의 세계에서—베이징과 모스크바 사이에—깊은 분열이 발생했다. 마오와 그의 지도자들은 자신들을 레닌과 스탈린의 원칙을 따르는 진정한 공산주의자로 보았다. 그들은 후루시초프의 지도부를 이 참된 원칙들을 배신한 이단들로 간주했다. 후에, 그들은 흐루시초프의 후계자인 브레즈네프를 공산주의의 국제 이익을 더 이상 대표하지 않는 러시아 민족주의자로 보게 되었다. 중국은 자신이 보기에 러시아가 동유럽에 잘못 관리하고 있는 것과 그 지역의 소요로 인해 더욱 소외감을 느꼈다. 소련이 아시아에서 군사력을 키우기 시작하면서 1960년대 중반부터 모스크바에 대한 중국의 의심은 커져갔다. 1968년 기밀 해제된 일급 비밀 CIA 특별 비망록은 다음과 같이 밝힌다.

"지난 2년 반 동안 중국 근처의 소련군 태세에 있어 질적 개선뿐만 아니라 양적 개선도 목격되었다. 중소 국경을 따라 일반 전투부대가 꾸준히 강화되었다. 20년 만에 처음으로 몽골에 중요한 소비에트 전투부대가 자리를 잡고 있다. 전략적 로켓 부대가 중국 표적에 대한 잠재적 미사일 공격을 위해 거의 확실히 배치될 예정이다. … 군사력 증강과 관련된 부대의 유형은 소련이 단순히 지역의 전쟁 발생을 억제하기 위해서뿐만 아니라—전통적이든 핵무기이든—중국에 대한 주요 군사 작전의 궁극적인 가능성을 대비해 군대를 준비하고 있음을 나타낸다."[15]

1969년에 이르러 양국 사이에 긴장이 충분히 고조되어 심각한 국경 분쟁이 있었다. 소련이 중국에 선제공격을 가함으로써 공산주의의 세계적 리더십 문제를 해결하려고 시도할지도 모른다는 진정한 두려움이 쌓이고 있었다. 1950년대 후반 대약진 운동의 효과와 1960년대 후반의 문화혁명이 중국을 뒤흔들고 권력을 투사할 능력을 약화시키면서 중국에 대한 미국의 두려움은 줄어들고 있었다. 진짜 두려움은 중국이 소비에트 연방에 의해 지배되리라는 것이었다. 양국 간 대중의 여론은 크게 변하지 않았지만 워싱턴 DC와 베이징의 통치 지도자들은 어떤 종류의 라프로슈망(화해)이 전략적으로 양국에 도움이 될 수 있다고 보기 시작했다.

닉슨 역시 대통령으로 선출되기 전에 고립된 중국에 대해서 비슷한 우려를 표명했다. 그는 〈포린 어페어스〉에 1967년 10월 기고한 글에서 다음과 같이 썼다. "우리는 한마디로 중국을 국가들의 가정(family) 밖에 두고 그곳에서 중국이 환상을 키우고 증오를 품고 이웃을 위협하도록 놔둘 여유가 없다. 잠재적으로 가장 유능한 10억 명의 사람들이 분노한 고립 속에 살 공간이 이 작은 행성에는 없다."[16]

닉슨은 당시 미국이 직면한 외교적 도전을 도심 빈민지역의 사회개혁과 비교했다. 그는 "각각의 경우 대화가 열려야 하고, 교육이 진행되는 동안에 공격이 억제되어야 하며, 어느 경우에도 사회에서 스스로 망명한 자들이 영원히 망명 상태에 있게 할 여유가 우리에게는 없다"고 주장했다.[17] 후에 닉슨이 1969년 대통령이 되었을 때, 그는 여전히 이러한 우려를 가지고 있었지만 중화인민공화국과의 관계 수립과 관련된 전략적 기회 또한 인정했다. 그는 미국의 개입을 단계적으로 축소함으로써 베트남 전쟁을 끝내고 싶어 했지만,

또한 미국이 새롭게 부상하는 인도·태평양 질서를 형성하는 데 역할을 할수 있도록 노력했다. 키신저는 『중국론』에서 다음과 같이 썼다.

"닉슨은 베트남 전쟁을 종식시키기 위해 노력했지만, 하나둘씩 등장하고 있는 국제 질서를 개편시키는 데 있어 미국이 역동적인 역할을 하도록 하기 위해서도 마찬가지로 강력히 노력했다. 닉슨의 의도는 미국의 정책이 개입과 철수의 극단을 왔다갔다 하지 않게 하고, 정부가 바뀌더라도 지속될 수 있는 국가이익의 개념에 기반하게 하려고 했다.

"이 설계에서 중국은 핵심적인 역할을 했다. 양국 지도자들은 서로 다른 관점에서 공통의 목표를 보았다. 마오는 (소련 침략이 계속되리라는 심각한 위협으로 인해) 라프로슈망을 전략적인 필요로 보았고, 닉슨은 대외 정책과 국제 리더십에 대한 미국의 접근방식을 재정의할 수 있는 기회로 보았다. 그는 진빠지는 전쟁 속에서도 미국이 장기적인 평화를 위한 계획을 세울 수 있는 입장에 있음을 미국 대중에게 보여주기 위해 중국에 대한 개방을 이용하고자 했다."[18]

라프로슈망이 유익하고 필요하다는 닉슨과 마오의 결론에도 불구하고 전술적으로 역사적 긴장과 국내의 장애물로 인해 외교 관계를 수립하는 것은 어려운 일이었다. 중국공산당 지도자로서의 마오의 지위로 인해 그는 원하는 대로 중국의 방향을 지시할 수 있었지만, 닉슨 대통령은 보다 신중해야 했다 (미국은 대만의 국민당 망명 정부를 지지했고 공산당 지배 하의 중국을 봉쇄하기를 원했으며, 중국-소련의 파트너십을 두려워했기 때문이다). 닉슨이 대통령이 되었을 때, 중국에 대한 미국의 금수 조치는 20년 동안 지속되고 있었다. 미국 관료주의 내에서 오랫동안 깊이 가져온 신념을 바꾸는 것은 어려운 일이며, 미국 국민들의 여론의 흐름을 바꾸는 것 역시 쉽지 않았다. 이 모든 것을 더욱 어렵게 만든 것은 냉전의 지속, 광범위한 반공 여론, 그리고 미국의 베트남 전쟁 개입이었다.

이로 인해 미중 간에 전통적인 외교가 어려워졌고 양국의 거대한 문화적, 정치적 차이는 더 멀어지게 되었다. 미중 간의 화해의 초기 단계를 어떻게 전달할 것인가는 불확실했다. 미국은 공식적인 입장으로서 닉슨의 전략을 효과적으로 전달할 방법이 없었으며, 중국은 국가로서 직면하는 중대한 위협들에 에워싸여 약하게 보이고 싶지 않았다.

그럼에도 불구하고 1969년에서 1970년 사이에 양국 간에 일련의 비공식적인 비밀 소통이 있게 되었다. 1970년 12월, 당시 닉슨 대통령의 국가안보 보좌관이었던 키신저는 중국의 저우언라이 총리로부터 메시지를 받았다. 이 메시지는 미국의 사절이 베이징에 와서 "지난 15년 동안 미국의 외국 군대에 의해 점령되어 온 대만이라는 중국 영토의 휴가(vacation)"에 관해 이야기하도록 초대했다.[19]

백악관은 중국에 답변을 보냈다. 그 답변은 사절단에 대한 초청을 받아들였지만 대만뿐만 아니라 "중화인민공화국과 미국 사이에 있는 광범위한 문제를 다루도록 논의 의제를 정의했다"[20] 닉슨 행정부를 무시한 채 중국 정부의 3개월간 침묵이 이어졌다. 1971년 4월, 미국이 마침내 중국으로부터 실제로 듣게 되었을 때 그것은—세계 탁구 선수권 대회 기간 동안—아무도 예상하지 못한 경로를 통해서였다.

일본 나고야에서 3회 연속 세계 챔피언을 한 주앙제동(Zhuang Zedong)은 중국팀 버스 뒤에 앉았다. 19세의 산타모니카 대학교 학생인 글렌 코완(Glenn Cowan)이—아마도 우연히—그 버스에 탔다. 중국 선수들은 장발의 미국 선수가 미국 유니폼을 입고 자기들 버스에 올라서 혼란스러웠다. 주앙은 후에 CNN 인터뷰에서 "우리는 모두 긴장했다"고 말했다. "우리 팀은 미국인들에게 말하지 말고, 악수하지 말고, 선물을 주고받지 말라는 말을 들었었다."[21]

그러한 지시에도 불구하고, 주앙은 코완을 무시하는 것이 중국의 손님 접대 관습에 맞지 않는다고 생각했다. 약 10분 동안 고민하다가 코완에게 다가가서 통역사를 통해 대화를 시작했다. 주앙은 중국 황산산맥의 실크스크린 사진을 코완에게 선물했으며, 다음 날 코완은 주앙에게 평화 상징과 "Let It Be"라는 문구가 있는 티셔츠를 주었다. 이 교류는 언론에 의해 널리 보도되었으며, 그 소식은 베이징과 워싱턴 DC에 전달되었다.

마오는 "주앙제동은 훌륭한 탁구 선수일 뿐 아니라 좋은 외교관이기도 하다"고 말했다.[22] 그런 다음 마오는 전액 중국 정부 부담으로 미국 팀을 중국으로 초대했고 이것은 미국 대사관의 승인을 받았고 선수들도 수락했다.

1971년 4월 10일, 15명의 미국 탁구 선수와 팀 관계자 및 배우자들이 홍콩 다리를 통해 "죽의 장막"을 통과하여 중국으로 갔다. 미국 대표단이 중국을 방문한 지는 20년이 넘었었다. 닉슨 대통령은 후에 회고록에서—해빙 관계의 최초의 공개적인 표시였던—이 "핑퐁 외교"의 중요성에 대해 썼다. "놀라기도 했고 기쁘기도 했다"며 "중국에 대한 정책이 탁구 팀을 통해 실현될 것이라고 예상한 적은 전혀 없었다"고 말했다.[23]

미국의 경우, 이러한 상호 작용은 중국이 공개적으로 라프로슈망을 고려한다는 재확인이었다. 4월 말, 닉슨 행정부는 저우언라이 총리로부터 또 다른 편지를 받았다. 저우는 이 사절이 키신저, 윌리엄 로저스 국무장관 또는 "미국 대통령이면 더욱 좋겠다"고 요청했다.[24] 키신저는『중국론』에서 이를 다음과 같이 회상한다. "닉슨은 베이징과의 채널이 백악관에 한정되어야 한다고 결정했다. 저우언라이의 연락에 대해 다른 어떤 기관도 듣지 못했다."[25]

닉슨은 1971년 5월 10일 초대를 수락하고, 7월에 비밀리에 키신저를 베이징으로 보내 대통령 방문 준비를 시작하도록 했다. 이것은 1971년에 이루어진 키신저의 두 번의 중국여행 중 하나였다. 1972년 2월, 닉슨 대통령은 중국을 방문하여 마오 주석과 저우 총리를 만났다. 이 방문에서 미국과 중국이 합의한 상하이 커뮤니케가 도출되었다. 이 문서는 미중 관계 정상화를 시작하고 20년 이상의 적대감을 종식시키는 데 매우 중요했다. 다음 수년간 미중 관계가 계속 해빙되고 개선되었다. 1979년 지미 카터 대통령은 대만과의 공식적인 유대 관계를 끊고 중화인민공화국을 온전히 외교적으로 인정했다.

중국 군사, 과학, 기술의 건설

20세기 전반에 걸쳐 미국의 정책입안자들은 일반적으로 중국이 "후진" 국가이고 공격적인 군대가 없으며, 능력이 제한적이고 미국을 주요 군사위협으로 보지 않는다고 생각했다. 이제 와서 도대체 어떻게 이렇게 생각하기 시작했고 왜 그것이 수십 년 동안 지속되었는지 의아해하기는 쉽다. 그러나 더 중요한 것은 이러한 생각으로 인해 미국이 기술 이전, 교환 및 교육을 통해 중국의 경제건설을 도왔고 정보 및 무기 시스템을 제공하여 중국의 군대를 강화하는 데 도움이 되었다는 점을 인식하는 것이다. 1970년대 라프로슈망 초기 단계 이후 중국의 공산당 지도자들은 중국이 미국에 위협이 되지 않는다고 강조했다. 대신 베이징은 중국이 성장하고 강력한 국가가 되도록 미국이 도와야 한다고 주장했다. 키신저가 1971년 닉슨 대통령의 방문을 준비하면서 중국에 있을 때 저우언라이 총리는 정확히 다음과 같이 지적했다.

"우리는 스스로를 강대국으로 생각하지 않습니다. 우리는 경제를 발전시키고 있지만, 다른 경제와 비교할 때 우리는 비교적 후진적입니다. 물론, 귀국의 대통령도 향후 5년에서 10년 안에 중국이 빠르게 발전할 것이라고 언급했습니다. 우리는 본격적으로 높은 목표를 가지고 더 낮게, 더 빠르게, 더 경제적인 방법으로 사회주의 건설을 발전시키려고 노력할 것이지만, 그렇게 빨리는 아닐 것이라고 생각합니다. … 우리 경제가 발전해도 우리는 여전히 스스로를 초강대국으로 여기지 않을 것이며 초강대국의 반열에 합류하지 않을 것입니다."[26]

미국의 우려에 관해, 마오는 1972년 2월 닉슨 대통령과의 만남에서 이 말을 되풀이했다. "나에 대해 우려한다고요? 이건 고양이가 죽은 쥐를 위해 울고 있는 것과 같군요!"[27] 이런 식으로 중국의 공산당 지도자들은 자세를 낮췄다. 중국이 스스로를 훨씬 약한 국가로 본다고 미국인들에게 알리는 것은 그들의 의도에 대한 미국의 인식에 영향을 미쳤다. 중국은 어떤 종류의 확장이나 지역적 지배를 추구하기보다는 배우고 성장하기 위해 고군분투하는 비위협적인 국가인 것처럼 보였다. 이러한 인식으로 인해 그 후 수년간 다양한 행정부 밑에서 미국의 정보, 기술, 무기, 거래소 및 거래가 중국으로 보내졌고, 그것은 그 바로 얼마 전까지만 해도 도저히 이해 불능했을 것이었다.

허드슨 연구소의 중국 전략 책임자이자 트럼프 대통령의 중국 관련 주요 자문 중 한 명인 마이클 필스버리(Michael Pillsbury)는 그의 저서 『백년의 마라톤The Hundred-Year Marathon』에서 이러한 전환을 길게 설명한다. 필스버리가 설명했듯이, 중국에 대한 최초의 중요한 은밀한 지원은 닉슨 대통령이 중국을 방문하기도 전에 이루어졌다. 키신저는 비밀리에 파키스탄에 대한 인도군의 움직임에 관한 비밀정보를 중국에 제공했다. 두 번째 지원은 1972년 1월 닉슨의 방문을 준비하기 위해 중국을 방문한 키신저의 보좌관 알렉산더 하이그(Alexander Haig)가 한 것이다. 닉슨의 지시에 따라 하이그는 미국이 중국의 소련에 대한 노력에 협력할 것이라고 중국에 약속했다.

이 두 제안은 미래의 미중 관계에 대한 미국 낙관주의의 분명한 징후였다. 지난 20년 동안 정상이었던 양국 간 협력과 관계의 부족을 고려할 때, 이 제안들은 비밀이었지만 획기적인 것이었다. 1972년 2월 마오와의 회의에서 소련에 대한 이러한 미중 협력의 약속을 계속하면서 닉슨 대통령은 소련이 중국에 대하여 취하는 어떤 "공격적인 행동"에도 미국은 반대할 것이라고 말했다.[28] 또한 이 방문 기간 동안 키신저는 두 명의 중국 관리에게 브리핑을 하면서, 소련의 지상군, 항공기, 미사일 및 원자력 정보를 포함해 중소 국경을 따라 주둔한 소련군의 위치에 대한 중요한 정보를 제공했다. 예일 교수 폴 브라켄(Paul Bracken)의 저서 『두 번째 핵 시대』에 따르면, 키신저가 브리핑한 핵 표적 정보에 대해 한 중국 관리는 "관계를 개선하려는 귀하의 바람을 표시한 것"으로 보았다고 한다.[29]

중국이 소비에트 연방에 대한 미국의 전략에서 빠진 연결 고리라는 생각은 계속되었다. 키신저가 닉슨에게 "영국을 제외하고는 중화인민공화국(PRC)이 글로벌 인식에서 우리와 가장 가까울 것입니다"[30]라고 한 발언으로 증명되듯이 미국은 중국을 가능한 파트너로 보기 시작했다. 닉슨 행정부는 중국과의 이러한 협력을 활용하여 소비에트 연방에 대한 균형을 이루는 힘으로 사용하는 방법을 찾고자 했다. 닉슨 방문 후 1년 만에 키신저는 중국 관리들에게 닉슨이 "중국에 대한 공격이 미국의 상당한 이익과 유관할 정도로 중국과의 관계가 충분히 확립되기를" 원한다고 말했다. 필스버리는 이 개념을 일종의 "상징적 트립와이어(인계철선)"라고 부른다. 실제로 그것은—미국이 피하고자 한 상황인—소련의 중국으로의 확장을 억지할 것이었다.

이 시점까지 미국이 중국에 제안한 약속은 의미가 있었지만 유형적인 것이 아니었다. 양국 관계의 정상화가 진행됨에 따라 미국이 중국에 외교적 약속과 제스처만을 계속 제공할 것인지 또는 전술적 지원을 제공하기 시작해야 할 것인지에 대한 문제가 명백해졌다. 키신저가 소련이 중국을 공격하는 경우 "장비 및 기타 지원"을 제공하겠다고 제안했을 때, 미국은 1973년 11월 (라프로슈망의 실제 진전을 나타내는) 전술적 원조를 중국에 제공하기로 결정한 것이다. 그는 또한 베이징과 중국의 폭격 기지 간에 소통 능력을 향상시키는 것을 미국이 돕겠다고 제안했다. 또한 중국이 "특정한 종류의 레이더"를 구축하는 데 필요한 기술을 미국이 제공할 것이라고 말했다.[32] 이것은 공동의 적에 맞서 중국을 기꺼이 돕겠다는 미국의 뜻을 강조했다. 인민해방군에게 미국의 지원을 제공하겠다는 11월의 전술적 제안도 역시 비밀로 유지되었으며, 필즈버리에 따르면—CIA에조차도—30년 동안 공개되지 않았다.[33]

중국에 대한 미국의 제안과 양국 간 라프로슈망이 중국과 미국의 리더십이 바뀐 후에도 계속 진전되었다. 1976년 9월 마오가 사망한 후 집권한 덩샤오핑은 1970년대 후반 중국공산당에 대한 권력을 공고히 했다. 덩은 침착한 성격과 개혁지향적인 정책 목표로 인해 서구에 아주 매력적인 지도자였다.

덩은 중국의 근대화와 발전이 뒤처져 있다고 생각했고 상당히 발전했어야 하나 그만큼 발전하지 못했다고 믿었다. 덩은 중국이 발전의 길로 나아가도록 하기 위해 농업, 산업, 과학기술 및 국방의 "4대 근대화"를 채택했다. 4대 근대화의 목표는 2000년까지 중국을 비교적 현대적인 국가로 변화시키는 것이었다. 중국공산당은 이 지침에 너무나 열성적이어서 당과 주 헌법에 모두 반영했다.

덩은 이 4가지 영역 중 과학기술이 국가의 경제력과 능력을 향상시키는 데 갖는 강력한 힘을 인식했다. 후에 1988년에 그는 경제 성장 측면에서 "과학과 기술이 주요 생산력"이라는 이론을 발표했다.[34]

필즈버리에 따르면, 1978년 7월 카터 대통령은 중국의 기술 개발을 돕기 위해 "최고 수준의 미국 과학자 대표단"을 파견했다.[35] 대표단은 전 MIT 교수이자 카터 대통령의 과학 자문인 프랭크 프레스(Frank Press)가 이끌었다. 프레스는 세계화의 이점을 강조한 연설을 했고 이는 〈인민일보〉에 보도되었다. 중국 정부가 후원하는 언론 매체가 외국인의 연설을 발표하는 것은 특히 드물기 때문에 그의 연설이 보도된 것은 중요한 의미를 가졌다. 보고된 바에 의하면, 덩은 또한 미국 대표단과 매우 가까운 관계를 맺고 그들의 토론에 호기심과 관심을 보여주었으며, 대표단과 중국의 미래에 대한 그의 비전을 공유했다. 필스버리에 따르면, 덩은 또한 "중국이 과학기술에 있어서 절망적으로 뒤처져 있다고 하면서 미국이 중국에 대한 첨단기술 수출에 제한을 두고 있음이 우려된다"고 했다.[36] 이는 미국의 우월성과 중국의 발전의 필요성에 관한 중국의 이야기를 계속한 것이다.

덩은 또한 언론 대표단에게 미국이 700명의 중국 과학도들을 미국으로 즉시 데려가고 향후 몇 년 동안 수만 명을 더 받아들이는 것을 목표로 해야 한다고 제안했다.(중국은 이전에는 미국에 진출한 과학자들이 미국으로 망명할 것이두려워 엄격히 통제했었다.) 프레스는 이 획기적인 제안에 너무나 흥분하여 새벽 3시에 카터 대통령에게 전화해서 메시지를 전했다. 또한 1978년에 대통령령 43호가 서명되었다. 이 지침에 따라 교육, 에너지, 농업, 우주, 지구과학, 상업 및 공중 보건 등의 분야의 과학과 기술적 성취를 미국에서 중국으로 보내는 다양한 프로그램이 만들어졌다.

이듬해 덩의 미국 방문은 널리 홍보되었으며 기념비적으로 성공적이었다. 그는 디즈니 월드, 휴스턴의 존슨 우주센터, 코카콜라 본사를 둘러보고, 카우보이 모자를 쓰고 상징적인 사진을 찍었을 뿐만 아니라, 미국과 과학 교류를 증대하기 위해 수많은 계약을 체결했다. 이 교환의 첫 5년 동안 중국에서 약 1만 9000명의 학생들이 미국에서 유학을 왔다. 이 학생들은 주로 미국 대학에 있는 동안 물리학, 보건과학 및 공학을 습득하는 데 중점을 두었다. 1979년 여행 중에 카터와 덩은 영사관, 무역 및 과학기술과 관련된 더 많은 계약에 서명했다. 과학기술 분야와 관련하여 미국이 중국에 제공한 정보는 이 분야의 미국의 전문 지식을 역사적으로 가장 많이 이전한 것이다.[37]

같은 시기에 카터 대통령은 중국 북서부에 신호정보수집 장소를 조성하도록 승인했다. 그의 회고록『중국의 손China Hands』에서 CIA 요원이자 후일에 중국 주재 미국 대사인 제임스 릴리(James Lilley)는 "내가 CIA로부터 메달을 받은 이유 중 하나는 베이징에 최초의 CIA 유닛을 설립한 것 때문이었다"고 말했다. 그는 "또 다른 이유는 중국과 정보 공유를 개발하는 데 있어서 나의 역할이었다. … 베트남에서 바로 몇 년 전만 해도 대리 전쟁을 했던 미국과 중국이 협력해서 소련에 대한 전략적 정보를 수집한다는 아이디어는 지나친 것 같았다."[38]

수년 후, 그의 전임자들보다 중국공산주의 의도에 대해 보다 회의적이었지만, 레이건 대통령은 이전 행정부들의 궤도를 따라 미중 군사협력 및 과학기술 교류를 지속적으로 추진했다. 레이건 대통령은 1981년에 국가안보결정지침(NSDD 11)에 서명했다. 이 지침은 중국에 고급 공중, 지상, 해군 그리고 미사일 기술을 판매하도록 허가하여 인민해방군이 극적으로 더 강화되는 데 필요한 능력을 제공했다. 1년 후인 1982년, 레이건 대통령은 미중 핵 협력 및 개발을 통해 중국 군부 및 민간의 핵 프로그램 증가가 시작되게 한 NSDD 12에 서명했다.[39] 이후 레이건 행정부는 6개의 주요 무기 시스템을 10억 달러 이상의 가격으로 중국에 판매하기로 합의했다.[40] 이제 미국은 군사정보 및 기술 지식뿐만 아니라 중국 군대를 건설하는 데 필요한 물리적 무기를 중국에 제공하게 되었다.

또한 중국 정부가 운영하는 기관들은 레이건 행정부로부터 자금과 훈련 자원을 받았다. 이 기관들은 유전 공학, 자동화, 생명 공학, 레이저, 우주 기술, 유인 우주 비행 및 지능형 로봇 공학 등의 연구 분야에 중점을 두었다. 레이건의 승인을 받은 후 중국 군사대표단이 미국에 와서 미국 국가안보 관련 프로젝트와 정책의 핵심 기관으로서 다양한 다른 첨단기술 외에도 인터넷 및 사이버 활동의 개발로 유명한 국방고등연구기획청(DARPA, Defense Advanced Research Projects Agency)을 방문했다.

1986년 3월, 미국은 중국이 유전자 공학, 지능형 로봇 공학, 인공지능, 자동화, 생명 공학, 레이저, 슈퍼 컴퓨터, 우주 기술 및 유인 우주 비행을 전문으로 하는 8개의 국가 연구소를 개발하는 것을 도왔다. 이러한 지원의 결과로, 중국은 1만 개 이상의 프로젝트에 대한 계획을 크게 진전시켰다.[41]

따라서 수십 년 동안 중국의 군사 및 과학기술 역량을 구축하기 위한 중요한 조치가 취해졌다. 중국의 지도자들은 미국이 후진국으로서 성장 중인 "뒤처진" 국가를 돕고 있다는 메시지를 계속 강화하였고, 미국에게는 소비에트 연방을 억지하고 방어할 수 있는 중국의 역량을 강화하려는 인센티브가 있었으므로, 미국의 여러 대통령 행정부가 왜 중국과 관계를 맺고 지원을 퍼부었는지 이해할 수 있다.

1991년 냉전은 끝났지만 미중 관계는 끝나지 않았다. 분명히 미국의 경우, 여전히 발전 중인 (그러나 1979년 현재 공식적인) 중국과의 관계는 소련을 물리치고 냉전을 종식시키기 위한 단순한 전략적 계획 이상의 것이었다. 오히려 미국 관리들은 공산주의에서 민주주의, 자유, 자유화로 진로를 변환할 수 있는 진정한 가능성이 있는(또는 있다고 우리가 생각한) 국가와 교류할 수 있는 기회의 창을 보았던 것이다.

11

냉철한 현실주의

Sobered Realism

나는 중국이나 기타 다른 나라들을 무역을 통해 미국을 이용한다고 비난하지 않습니다. 그 대표들이 후환 없이 계속할 수 있다면, 그들은 단지 자기가 할 일을 하고 있을 뿐입니다. 나는 우리나라의 이전 행정부가 무슨 일이 일어나고 있는지 잘 보고 그것에 대해 뭔가를 했었더라면 하고 바랍니다. 그들은 하지 않았고, 나는 할 것입니다.

2017년 11월 도널드 트럼프 대통령[1]

우리가 힘과 경험이 부족했던 개혁개방의 초기에 많은 사람들은 지배적인 서방국가들에 의해 침식당하거나 삼켜지지 않고 개혁개방의 혜택을 얻을 수 있을지 의심했습니다. … 오늘 뒤돌아보면, 국가를 개방하고 세계로 진출한 것은 올바른 발전 방향을 선택한 것입니다. … 오늘날 중국은 다양한 형태의 서구 보호주의에 저항하여 세계 무역을 자유화하고 촉진하는 가장 큰 동인으로 여겨지고 있습니다.

2016년 1월 시진핑 총서기[2]

발전의 속도에 좌절했던 마오 지도부의 마지막 발악은 대약진의 경제 재앙으로 이어졌다. 이 실패는 10년이 채 지나지 않아 문화혁명으로 이어졌으며, 그 기간 동안 마오는 공산주의 중국에 대한 그의 비전에 맞게 헌신하지 않은 사람들을 사회에서 정화하려는 광신 단체에 중국 젊은이들을 동원시키려고 시도했다. 그 결과로 초래된 혼란은 너무나 컸고—중국에 대한 피해는 너무나 명백하여—군대가 개입하여 통제불능이 된 학생 운동을 제압해야 했다. 이 시기에 미래 세대의 지도자 전체가 도시로부터 시골에 보내져서 일하고 "재교육"을 받게 된 것은 재앙이었다.

마오가 사망하고 문화혁명이 끝난 후 중국의 경제와 사회는 난장판으로 파괴되었다. 중국 인구의 대다수는 극심한 빈곤에 처해 있었으며 88% 이상의 사람들이 하루에 2달러 미만으로 생존했다. 1978년에 중국은 전체 세계 경제의 1.8%만을 차지했다(산업 혁명이 시작된 이래 극적인 쇠퇴).[3]

보다 온건하고 실용적인 덩샤오핑의 리더십 하에 중국은 경로를 바로잡기 위해 일련의 경제 및 정치 개혁을 시행했다. 이 개혁개방의 시기는 베이징에서 중국공산당 제11차 중앙위원회 제3차 총회에서 시작되었다. 제3차 총회는 실패한 마오의 이데올로기에서 벗어나 궁극적으로 중국 경제의 기하급수적인 성장과 강화로 이어질 새로운 시대의 시작을 선언했다. 클라우스 밀흘한 교수는 그의 책『중국의 현대화Making China Modern』에서 제3차 총회의 영향을 다음과 같이 설명한다.

> "제3차 총회는 중국의 정치, 경제, 사회 발전에서 분수령이 되는 행사였다. 지도부는 공식적으로 마오주의적 계급투쟁에서 경제 발전으로의 획기적인 정책 변화를 선언했다.
>
> 새로운 사고가 장려되고 생활 수준의 실천과 구체적인 개선에 중점을 둔 새로운 어조가 설정되었다. 그것은 교리적 순결에 대한 마오 시대의 주장에서 급격히 벗어난 것이다. 새로운 시작, 중국과 해외에서 낙관주의와 열정을 불러일으킨 전환점의 분위기가 있었다. 덩은 당의 사실상 수장이 되어 이후 30년간 중국의 급속한 경제 발전을 위한 토대를 마련할 개혁개방에 착수할 수 있게 되었다."[4]

이 전환은 중국에 유익했다. 브루킹스 수석펠로우 니콜라스 래디에 따르면, "세계 어느 나라도 세계 무역의 점유율을 이렇게 빠르게 증가시킨 적이 없었다."[5] 덩 치하에서 개발과 성장이 중국의 사명의 핵심 요소였다. 이는 중국공산당의 중심성을 유지하면서 계획되고 통제된 경제와 글로벌 초점의 시장 기반 경제의 통합을 통해 이루어졌다. 덩(Deng)의 지도력과 함께, 경제 발전에 대한 중국의 강조와 다양한 개혁의 시행은 문화혁명의 혼란 후에 중대한 변화를 가져왔다. (중국공산당이 여전히 중국인들에 대한 엄격한 통제를 행사했지만) 정책이 완화되었고 외부 세계와의 더 많은 관계가 발전하면서 지적인 토론을 장려하는 더 많은 지식과 아이디어가 중국으로 왔다. 또한 중국은 경제특구(SEZ)를 설립하여 외국인 투자와 전문성뿐만 아니라 혁신과 진보를 이끌어냈다. 1980년에는 선전(Shenzhen), 주하이(Zhuhai), 샤먼(Xiamen)과 같은 도시가 경제특구로 지정되었다. 이 특구들은 외국인 투자자들에게 중국 기업은 받을 수 없었던 법적 보호를 제공했다. 밀홀한 교수에 따르면 외국 자본을 유치하려는 중국의 노력은 매우 성공적이었으며, 1979년에서 1982년 사이에 외국 투자자들은 경제특구에 대해 총 60억 달러가 넘는 949개의 협약을 체결했다.[6]

이러한 모든 긍정적인 단계에도 불구하고, 덩의 전례 없는 개혁은 여전히 내부 긴장과 불확실성을 초래했다. 개혁과 세계적 개방은 중국인들 사이에서 자유와 생활 수준에 대한 기대를 높였고, 또한 부와 성공 분배의 불균형 역시 더 커졌다. 이로 인해 중국공산당은 존재적인 질문을 하게 되었다. 키신저는 『중국론』에서 다음과 같이 썼다.

"외부를 향해 돌아섬으로써 중국은 자신의 운명(destiny)을 완수하고 있는가, 아니면 자신의 도덕적 본질을 훼손하고 있는가? 서구 사회 및 정치 제도로부터 배울 게 있다면, 무엇을 배우는 것이 목표가 되어야 하는가?"[7]

이 질문들은 1989년 천안문 광장의 학생 시위와 점령 중에 부상했다. 이 운동을 하는 동안 시위대는 보다 많은 정치 자유화를 옹호했으며 부패, 인플레이션, 언론의 제한, 대학교의 상태, 당 지도자들의 광범위한 통제와 영향에 항의했다. 이러한 반정부 시위들은 중국공산당의 권위에 직접 도전하는 것이었다. 1989년 6월에는 341개 도시에서 시위가 일어나 중국의 지도자들에게 항의했다. 1989년 6월 4일 공산당 인민해방군은 천안문 광장의 비극적인 대립에서 시위를 폭력으로 진압했다. 총 희생자 수는 불확실하지만 사상자의 추정치는 수백에서 수천 명에 이른다.[8]

학살 후 덩은 6월 9일의 연설에서, "그들(시위대)은 두 가지 주요 슬로건이 있습니다. 하나는 공산당을 무너뜨리는 것이고, 다른 하나는 사회주의 체제를 전복시키는 것입니다. 그들의 목표는 완전히 서구에 의존하는 부르주아 공화국을 설립하는 것입니다."[9] 중국의 오랜 과거 패턴을 바탕으로 중국이 다시 한 번 혼란과 내란으로 이어질 수 있다는 위협은 (권력을 놓치는 것과 함께) 항상 중국공산당 지도부가 가장 우려하는 바이다. 공산당의 통제에 대한 도전이 잔인하게 제거된 후에도 덩은 여전히 경제개혁 정책과 세계개방 정책이 옳다고 확신했다.

6월 9일 연설에서 덩은 시위와 학살 후에 중국이 현재 직면한 문제에 대한 답변을 제공했다.

> "우리의 개혁개방의 기본 개념이 잘못되었습니까? 아닙니다. 개혁개방
> 이 없다면 오늘날 우리가 가진 것을 어떻게 가질 수 있겠습니까? 지난
> 10년 동안 인민의 생활 수준이 상당히 높아졌으며 우리가 한 단계 더
> 나아갔다고 할 수 있습니다. 인플레이션과 같은 문제가 발생하더라도
> 10년간의 개혁과 외부 세계 개방의 긍정적 결과는 적절하게 평가되어
> 야 합니다. 당연히, 개혁을 수행하고 우리나라를 외부 세계에 개방함에
> 있어서 서방의 나쁜 영향이 우리나라에 들어오게 되어 있지만, 우리는
> 그러한 영향을 결코 과소평가한 적이 없습니다."[10]

덩은 개혁개방이 중국에 번영과 진보를 가져올 것이라고 여전히 굳건하게 확신하고 있었다. 그는 중국공산당 중앙지도부에서 물러난 후에도 이 신념을 고수했다. 1992년, 덩은 자기가 권력을 잡았을 때 시작한 개혁정책이 느리게 진행되는 것을 보고 좌절했다. 덩은 가족 휴가로 위장하여 중국 남부를 여행 하면서 중국의 개혁 활동에 다시 활력을 불어넣으려고 했다. 그는 베이징에 서 남쪽으로 가는 길에 우한의 당 간부들에게 "개혁에 반대하는 사람은 누구 든지 당직을 떠나야 한다"고 공개적으로 말했고, 창샤의 간부들에게 "개혁개 방을 더 담대하게 수행하라"고 명령했다.11

한 달 남짓 지속된 유명한 남부 순회에서 그는 공장과 사무실들을 둘러보 았으며 "덩 아저씨"라고 부르는 군중들로부터 따뜻한 환영을 받았다. 덩의 남부 방문에 대한 중국 언론보도를 막기 위한 베이징의 보수적인 노력에도 불구하고, 홍콩 언론은 전 세계에 그의 여행 소식을 전했다. 이때 덩의 후임 인 장쩌민(Jiang Zemin, 江澤民)은 공산당 지도자로서의 자신의 입지를 여전 히 확보 중이었다. 덩은 은퇴했지만 여전히 중국 전역에 큰 영향을 유지했다. 덩의 남부 순회에 대한 반응을 보면서 장쩌민은 중국의 개혁개방 정책도 추 진해야 한다는 것을 인식했다. 하버드 교수 에즈라 보겔(Ezra Vogel)이 쓴 전 기에 따르면, "장쩌민은 자신이 개혁개방을 과감하게 장려하지 않으면 덩이 그를 제거하기로 결심할 것이라는 사실을 깨달았다. 장쩌민은 덩의 남부 방 문으로부터 그가 베이징의 주요 지도자와 지역 지도자로부터 엄청난 지지를 받는다는 것을 알 수 있었다. 나중에 장쩌민은 덩의 견해가 우세할 것이라고 결론을 내렸고 자기는 이를 지지하는 것이 현명할 것이라는 결론을 내렸다고 말했다."12 장쩌민의 리더십과 더불어, 남부 순회는 최근 중국의 상당한 성장 을 이끌었던 덩의 개혁개방 정책의 부활을 위한 기반을 제공했다. 그것은 새 로운 리더십과 함께 발전 의 시기를 효과적으로 다시 시작했으며 중국은 발 전을 향한 궤도를 계속 유지할 수 있었다.

개혁에 대한 중국의 초점이 부활된 것과 상관없이, 미국의 정책입안자들은 천안문 광장의 끔찍한 잔학 행위에 물론 무관심하지 않았다. 1991년 소련의 붕괴 이후 미국은 더 이상 소련의 확장을 상쇄하기 위해 중국과 협력할 필요가 없었다. 그러나 1970년대 말 덩이 시작한 개혁개방의 시기는 중국과의 관계에 새로운 차원을 가져왔다. 공산주의 체제 내에서 추구할 자유(freedom), 벗어날 자유(liberty), 민주주의가 진화할 가능성이 있는 것처럼 보였다. 천안문 사태의 분명한 후퇴에 이어, 보다 자유로운 개방사회로 전환하는 중국이라는 아이디어는 덩의 남부 순회와 중국의 개혁 지속, 1990년대 내내 지속된 경제 성장으로 다시 활력을 되찾았다.

경제적으로 중국은 개혁의 길을 계속했다. 1995년에 새로운 경제 및 무역 정책이 수립되어 합작 투자 회사를 설립하고 수입 관세를 30% 줄였다.[13] 그러한 개혁의 결과로 경제는 계속 성장했다. 1978년 총 GDP 1495.4억 달러로 시작하여 그 경제는 2000년 총 GDP가 1.211조 달러로 폭발하여 단지 20여 년 만에 거의 710% 증가했다.[14] 이에 비해 미국은 1978년 총 GDP가 2.35조 달러였고 2000년에는 10.25조 달러로 거의 340% 증가했다.[15]

또한 1999년 경제 성장과 12.5억 명의 인구와 더불어 중국과의 무역증대 기회는 엄청났다. 세계무역기구(WTO)에 가입하는 것에 대한 중국의 협상은 한창 진행되어 21세기로 이어졌다.[16] 1999년 11월 15일, 미국과 중국은 중국이 농업에서 통신에 이르는 다양한 시장을 개방하고 관세를 낮추기로 합의한 WTO 협정에 동의했다. 동시에 중국과의 무역 관계 정상화 문제도 워싱턴에서 제기되었다.

개혁개방에 대한 중국의 20년 추세—와 거대한 경제적 기회—를 살펴볼 때, 미국 정책입안자들은 중국과의 무역 관계 정상화와 WTO 가입이 미국에게 어떤 의미가 있는지에 대해 낙관적인 전망을 갖게 되었다. 또한 경제적 관계가 중국을 자유와 민주주의로 이끌어 미국의 이해를 더욱 발전시킬 수 있는 효과적인 전략이라는 쌍방의 의견일치가 이루어졌다. 빌 클린턴 대통령은 2000년 3월 8일 연설에서 이 점을 정확하게 지적했다.

"그러나 중국의 WTO 가입을 지원하는 것은 우리의 경제적 이익 이상의 의미를 지니고 있으며, 보다 큰 국가이익에 부합합니다. 1970년대 닉슨 대통령이 처음 중국에 갔을 때, 그리고 10년 후 카터 대통령이 관계를 정상화한 이후로 이것이 중국에 긍정적인 변화를 가져올 수 있는 가장 중요한 기회입니다."[17]

미국 연방준비제도 의장 앨런 그린스펀(Alan Greenspan)도 마찬가지로 상설적 정상적인 무역 관계를 수립하고 중국을 세계무역기구(WTO)에 가입시키는 것이 중국인의 생활 수준을 향상시키고 법의 지배를 강화시킬 것이라고 주장했다. 그린스펀은 2000년 5월에 다음과 같이 말했다.

"세계 시장에 중국 경제를 추가하면 전 세계적으로 보다 효율적으로 자원을 배분하게 되고 중국과 그 무역 파트너의 생활 수준을 높일 것입니다. …"
"중국 시민들이 경제적 이익을 경험함에 따라, 확장되는 시장에서 무역하는 미국 기업들도 그러할 것입니다. …"
"중국이 미국 및 기타 산업 국가들과의 무역 관계를 발전시키면 중국 내 법의 지배를 강화하고 경제 개혁을 확고히 추진하게 될 것입니다. …"
"영구적, 정상적 무역 관계를 중국에 확대하고 WTO에 중국이 완전히 참여하는 것이 미국의 이익에 부합한다고 믿습니다."[18]

또한, 당시 조지 W. 부시 주지사도 대통령 선거운동 기간 동안 중국과의 교역이 증가하면 불가피하게 중국 시민들은 더 많은 자유를 누릴 것이며 미국의 가치와 의제를 촉진할 것이라고 주장했다.

"첫째, 중국과의 무역은 자유를 증진시킬 것입니다. 자유는 쉽게 봉쇄되지 않습니다. 일단 경제적 자유가 허용되면 정치적 자유가 이어질 것입니다. 오늘날 중국은 자유 사회가 아닙니다. 국내에서는 자국민에게 무자비할 수 있습니다. 해외에서는 이웃나라들에게 무모할 수 있습니다."

"내가 대통령이 되면 중국은 미국의 가치가 항상 미국 의제의 일부라는 것을 알게 될 것입니다. 인간의 자유에 대한 우리의 옹호는 외교적인 수사가 아닙니다. 그것은 우리나라의 근본적인 약속입니다. 이것이 우리가 모든 형태의 공산주의가 끝났다고 확신하는 원천입니다."[19]

2000년 10월 10일, 클린턴 대통령은 중국에게 미국과의 정상적인 무역 지위를 부여하는 법에 서명했다. 1년 후 중국은 WTO에 가입했다. WTO에 중국을 가입시키는 것이 일보 전진하는 것이라고 생각한 사람들 중 필자도 하나라는 것을 인정한다. 순진하게도, 필자는 그것이 중국공산당 지도자들에게 법의 지배 내에서 운신하는 방법을 가르칠 것이라고 생각했다. 당시 미국의 엘리트들 사이에는 아마도 후진국인 중국을 우리의 현대 세계로 데리고 와서 우리의 아마도 보다 진보된 방식을 배우게 할 수 있으리라는 분위기가 있었다. 아차, 우린 잘못 생각했던 것이다.

거의 20년 후 클린턴, 그린스펀, 부시가 묘사한 중국의 미래 버전은 현실이 되지 못했다. 우리가 지금 살고 있는 세계는 70년대, 80년대, 90년대, 2000년대 초 우리가 알았던 세계와는 아주 다르다. 부분적으로 소비에트 연방의 팽창에 대응하기 위해 시작한 미중 관계, 후에는 미국 경제의 성장을 창출하고 미국의 가치를 증진시킬 수 있는 기회로 여겼던 미중 관계를 이제는 비판적으로 재검토할 필요가 있다.

마이클 필스버리가 『백년의 마라톤』에서 말했듯이, "우리는 우리처럼 생각하는 연약한 중국에 대한 미국의 원조가 중국이 지역적 또는 세계적 지배의 야심 없이 민주적이고 평화로운 국가가 되도록 도울 것이라고 믿었다."[20] 아마도 우리는 순진했거나, 아마도 낙관주의에 의해 눈이 멀었을 수도 있고, 사리사욕이 객관성을 방해하도록 두었을 수도 있다. 어떤 경우이든, 우리는 이제 중국의 미래에 대한 미국의 비전이 환상에 지나지 않는다는 것을 알고 있다. 중국 환상을 계속 추구하는 대신, 우리는 냉철한 현실주의로 세상을 바라보아야 한다.

현실은 미국이, 우리가 예상했던 것처럼 미국의 가치를 모방하는 것이 아니라 그에 도전하는, 현대 공산주의가 지배하는 중국과 치열하게 경쟁하게 되었다는 것이다. 우리는 어떻게 그렇게 잘못 생각할 수 있었을까?

다르게 생각하기

미국의 경로 수정이 필요하다는 것은 분명하다. 트럼프 행정부가 이미 적극적인 조치를 취했지만, 앞으로 더 잘못된 방향으로 가는 것을 막기 위해 미국인들은 중국공산당이 무슨 일을 하고 있는지 연구해야 하고 중국의 전략적 사고에 대한 다른 접근법을 이해해야 한다.

중국 전략을 공부하는 가장 좋은 방법 중 하나는 바둑을 두는 것이다. 헨리 키신저는 『중국론』에 이것에 대해 썼다. 바둑은 수백 년 동안 중국의 사랑을 받아왔으며 그 인기는 전 세계로 퍼져 나갔다. 오늘날 수천만 명이 바둑을 두

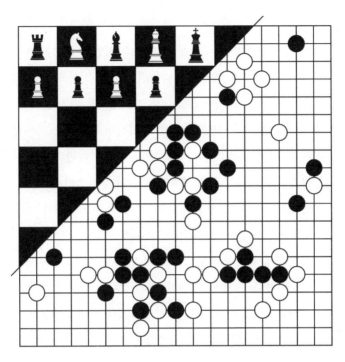

바둑 vs. 체스

체스는 직선형의 힘 대 힘 집중 게임이다. 대조적으로, (중국에서 수천 년 전에 시작된 것으로 여겨지고 오늘날에도 여전히 인기 있는 게임인) 바둑에서는 힘의 균형은 미묘하고 점진적인 승리를 통해 끊임없이 진화하고 있다. 어떤 시점에 누가 이기고 있는지 알기는 거의 불가능하다.

고 있고, 중국에는 바둑의 고수를 훈련시키는 학교들이 있다.

프로 바둑기사인 우 율린(Wu Yulin)은 선수들이 바둑에서 무엇을 배울 수 있는지를 설명했다. "바둑에서, 변증법과 군사 책략의 적용을 발견할 수 있다. 또한 인격을 배양하고 지능을 향상시킬 수 있다. 바둑 게임에는 수많은 변형이 있으며 그 밑바닥에는 결코 도달할 수 없다."[21]

바둑은 수천 년 전에 중국에서 시작된 것으로 알려져 있다. 그것은 여전히 원래 형식으로 두는 세계에서 가장 오래된 게임 중 하나이다. 규칙이 적고 간단한 게임 조각을 사용하지만 바둑은 세계에서 가장 어려운 게임이다. 속담에서 말하듯이, 바둑을 배우는 데는 몇 분이면 되지만 마스터하는 데는 평생이 걸린다. 게임은 정사각형, 19x19줄 바둑판 위에서 진행된다. 한 플레이어는 180개의 흰색 둥근 돌을, 다른 플레이어는 181개의 검은 둥근 돌을 갖는다. 모든 돌은 동일한 힘을 가진다. 평평한 정사각형 바둑판은 역사적으로 평평하고 정사각형이라고 믿어졌던 지구를 나타낸다. 바둑판의 정사각형 입체 형상은 또한 안정성을 상징한다. 사계절과 시간의 주기적인 변화는 바둑판의 네 모서리로 상징된다. 바둑판에 바둑돌을 놓는 것은 지구에서의 활동을 나타내며 둥근 모양은 이동성의 감각을 반영한다.[22]

바둑판이 빈 상태에서 시작하며 검은 돌이 먼저 시작한다. 두 사람은 차례로 교차점(사각형의 중앙이 아닌) 두 개의 선이 교차하는 곳에 바둑돌을 하나씩 놓는다. 이 게임의 목적은 빈 공간을 둘러싸거나 상대방의 돌을 둘러싸고 따내어 가능한 한 많은 영역(공간)을 확보하는 것이다. 확보한 영역의 각 공간에 대해 점수가 부여된다. 모든 돌을 놓은 후 또는 두 사람이 다 자신의 차례를 지나가면 가장 많은 점수를 얻은 플레이어가 이긴다. 규칙은 간단하다. 그러나 게임의 복잡성은 각자가 사용할 수 있는 수의 숫자로 인해 발생한다. 중국바둑협회의 화이강에 따르면, "한 고대 과학자는 한 번의 게임에서 바둑판의 위치(board positions)가 768자리 숫자일 수 있다고 계산했다."[23] 이러한 수준의 복잡성으로 인해 플레이어는 창의적이고 의도적이며 전략적으로 행동할 수 있는 여지가 많다.

바둑판에서 여러 영역의 영토를 팀색하고 방어하는 동안 플레이어 간의 침략, 대결, 전투가 필요한 다양하고 복잡한 시나리오가 발생한다. 각 플레이어가 단기 승리와 장기 전략에 대해 끊임없이 생각해야 하는 여러 차례의 엎치락뒤치락이 있는 긴 게임이다. 한 플레이어의 영토에 대한 명백한 통제는 상대방의 한 번의 수로 도전받거나 약화되거나 완전히 제거될 수 있다. 바둑은 역동적이며 바둑판의 제어는 종종 불확실하다. 끊임없이 엎치락뒤치락한다. 바둑에서 수를 선택할 때, 두는 사람은 끊임없이 변화하는 판에서 최상의 수를 결정하기 위해 항상 자신의 관점에서 상대방의 관점으로, 공격에서 방어 모드로, 그리고 위험 감수에서 위험 회피로 생각을 바꾸어야 한다.

현재 미 육군 전쟁대학 전략연구소의 아시아안보 연구 교수인 데이비드 라이(David Lai) 박사는 2004년 바둑을 중국 전략과 동일시하는 논문을 썼다. 라이는 "이 게임은 중국의 전쟁과 외교 방식과 매우 흡사하다"고 주장한다. 그것의 개념과 전술은 중국 철학, 전략적 사고, 책략과 전술적 상호 작용의 살아있는 반영이다. 이 게임은 또한 중국인의 사고와 행동 방식에 영향을 미친다."[24] 라이는 또한 미국의 전략은 체스와 매우 유사하다고 주장했다. 미국 전략은 전장에 중점을 두는 힘 대 힘 경쟁이라는 아이디어에 기반한다. 미국은 거대한 힘을 사용하여 전쟁을 벌이고, 고도로 발전된 기술을 보유하며, 이 둘을 사용하여 상대방에 대한 완전하고 총체적인 승리를 추구한다. 전쟁에 참여할 때 미국인들은 능력과 기술적 우위에 크게 의존한다. 이것은 우리가 정교하고 숙련된 전략과 작전에 덜 의존한다는 것을 의미한다. 체스는 이러한 "권력 기반 경쟁"의 개념을 반영한다.[25] 각 피스는 서로 다른 크기의 권력과 다른 종류의 능력을 갖는다. 그러나 우리는 루크(rook)가 기사보다 더 강한 것처럼 여왕이 졸(卒)보다 훨씬 더 강하다는 것을 안다. 따라서 게임이 계속됨에 따라 판에서 더 강한 피스가 제거되면 세력균형이 바뀌면서 승리의 기회는 아직 더 강한 피스가 남은 플레이어에게 유리하게 기울어진다.

따라서 체스 게임에서 각 피스는 군사 또는 정치적 실체로 볼 수 있다. 어떤 것은 다른 것보다 훨씬 강력하다. 체스 게임에서는 각 플레이어가 여전히 갖고 있는 개별 피스의 수와 힘을 살펴보면 누가 이길지 질지를 예측할 수 있다. 반면에 라이는 바둑이 기술과 빠른 적응 능력을 바탕으로 한 게임이라고 설명한다. 라이는 다음과 같이 쓰고 있다.

"바둑 게임에서 각 돌은 같은 유형적 힘을 가지고 있지만, 거의 무한한 조합과 대안적 방식에 기반한 무형의 잠재력은 상황적이며 무제한적이다. 바둑판 위의 돌들은 집단적으로 그리고 항상 서로 협력하여 전투를 벌인다. "개별적인 돌을 언뜻 봐서는 승리를 예측하기가 어렵다."

따라서 체스 플레이어는 세력균형과 개별 피스의 명확한 성능에 중점을 두지만, 바둑 플레이어는 같은 등급의 여러 돌을 함께 모아 힘을 만들고 플레이어의 모든 능력을 발휘할 수 있게 하는 방법을 터득해야 한다. 궁극적으로, 이 두 게임의 주요 차이점 중 하나는 가시적 힘 대 잠재적 힘이다. 중국과의 현실세계 경쟁에서 미국인들은 중국이 전 세계에 전략적으로 돌을 배치하는 방식을 보거나 이해하거나 인식하지 못할 수 있다. 이 돌들이 단기적으로 가지게 될 잠재적인 힘—더 중요하게는 장기간에 걸친 힘은 미국의 분석 시스템 밖에 있다. 라이는 또한 체스와 바둑은 자원 할당에 관한 결정이 다르다는 것을 주목한다. 체스 게임이 시작될 때 모든 자원(피스)이 판에 있으며 플레이어는 돌아가면서 상대의 자원을 하나씩 제거한다. 바둑에서, 게임은 빈 판에서 시작한다. 가능성은 무한하며, 플레이어들은 바둑판에서 선택하는 위치에 자원(돌)을 배치할 옵션이 있다. 보드에는 너무 많은 공간과 플레이어를 위한 거의 무한한 옵션이 있다. 바둑 게임이 진행됨에 따라 한 번에 바둑판의 여러 곳에서 여러 작전, 경쟁 및 전투가 진행된다. 이 모든 것은 바둑 플레이어가 자원을 어디에 할당할 것인지에 대해 전략적이고 의도적이어야 한다는 것을 의미한다. 플레이어가 특정 전투 또는 탐색에 자원을 계속 투자하기로 결정해야 하거나 전투 또는 탐색을 성공적으로 완료하는 것이 불가능해 보이는 경우, 다른 곳에 자원을 할당하는 것이 더 유리한지 결정해야 하는 경우가 많다.

정치 및 군사 지도자 및 전략가와 마찬가지로, 바둑 플레이어는 각 플레이어가 사용할 수 있는 유한한 자원(한 번에 1개의 돌)을 고려할 때 어떤 수가 가장 효율적이고 유리한지를 결정하기 위해 비용·이익 분석을 지속적으로 수행해야 한다. 더 큰 장기적인 승리를 위해 언제 항복하거나 영토를 포기할지를 아는 것이 바둑을 마스터하는 핵심이다. 바둑의 여러 전장에서 자원을 효과적으로 사용하는 방법을 알기 위해서는 플레이어가 더 큰 그림을 볼 수 있어야 한다. 상대가 다른 지역에서 자신의 위치를 강화하고, 영토의 한 지역을 포획하고, 궁극적으로 승리할 수 있기 때문에, 플레이어는 보드의 한 영역에 너무 집중할 수 없다. 바둑판 전체, 플레이어 위치의 지속적인 변화와 이동, 그리고 이미 둔 돌의 힘을 증가시킬 수 있는 잠재력을 항상 각 기사의 생각의 최전선에 두어야 한다. 라이에 따르면, 이것이 상대방의 전략을 공격하는 것이 효과적인 이유이다.

그러나 체스는 왕에 더 집중해야 한다. 모든 수는 상대방의 왕을 완전히 패배한 상황(체크메이트)에 처하게 하는 것이다. 또한 더 강력한 체스 피스는 무게 중심을 형성해 플레이어들이 힘이 적은 조각보다는 이들 피스에 더 집중하도록 장려한다.[26] 이러한 유형의 조건에서는 체스 플레이어가 보다 좁게 집중하고 외골수여야 한다. 또한 체스는 승리자가 상대방의 왕을 잡음으로써 극적이고 결정적인 승리를 거두는 게임이다. 상대방의 왕을 제거하면서 자신의 왕이 살아있도록 보호하고 유지하는 것 외에 두 플레이어의 다른 목표는 없다. 플레이어가 승리를 달성할 수 있는 데 방해가 되는 졸, 루크 또는 기사는 제거된다.

일반적으로, 두 명의 동급 기사 사이의 바둑에서 승리는 그렇게 결정적이지 않다. 보통 작은 차이로, 종종 단지 몇 점 차이로 결정된다. 상대방을 전멸시키는 것이 바둑의 목표가 아니다. 대신, 플레이어는 바둑판에 동시에 여러 개의 작고 점진적인 이득을 얻기 위해 경쟁한다. 바둑에서 이기는 것은 영토의 획득(한 번에 한 칸)으로 이어지는 많은 작은 경기장에서 자신의 돌을 유리하게 만드는 것이다. 이 작은 경기장에서의 성공이 집단적으로 더해져서 게임이 끝날 때 승리로 이어진다.[27] 키신저가 『중국론』에서 쓴 것처럼 "체스가 결정적인 전투에 관한 것이라면, 바둑은 오래 끄는 군사작전에 관한 것이다." 체스에 사용된 것과 동일한 전략으로 바둑을 두면 질 수 있다. 라이는 "체스 사고방식으로 바둑을 두는 것은 위험하다. 지나치게 공격적이 되어 전력이 얇아지고 전장에서 취약한 부분을 노출시킬 수 있다."

우리 깅리치 360사무소에서는 바둑이 얼마나 다른지 더 잘 경험하기 위해 한번 두어 보기로 결정했다. 버지니아 주 알링턴에 있는 전국바둑센터의 바둑 기사들이 우리 팀에게 바둑을 소개해 주었다. 그들은 우리가 바둑을 두면서 배우라고 말했다. 중국에서 온 프로 바둑기사 등 경험 많은 바둑 기사들을 우리쪽 두 명과 각각 짝을 지었다.

바둑을 두면서 배워보니 전혀 새로운 것이었다. 바둑에 대한 생각과 체커나 체스에 대한 생각이 얼마나 근본적으로 다른지를 과장하기는 어렵다. 결국, 모든 수를 두려면 바둑판 전체를 살펴봐야 한다. 상대방의 전략을 이해하려고 노력해야 한다(체스보다 직관하기가 훨씬 어렵다). 이 게임에는 1분은 공격, 그 다음은 방어, 그 다음은 상호 회피 상태에 있을 수 있는 일련의 주고받는 패턴이 있다.

내가 가장 크게 배운 두 가지는 먼저, 전체 보드를 항상 봐야 한다는 것이었다. 하나의 전술 상황에 생각이 갇히면 상대방이 결정적인 돌파구를 만들 수 있는 기회를 줄 수 있기 때문에 결코 판의 한 영역에만 좁게 집중해서는 안 된다. 둘째, 상대방의 피스를 죽이는 것이 아니라 항상 영토 획득을 주요 목표로 삼아야 한다.

바둑을 통해 중국공산당의 남중국해 전략과 일대일로 정책에 대한 새로운 인식을 갖게 되었다—천천히, 꾸준히, 해롭지 않은 것처럼 보이지만 꾸준히 지배력을 얻는 것이다. 이 두 가지에 대해 보다 자세히 설명하겠다.

미국 역사의 다른 시기에 제2차 세계대전과 같은 우리가 직면한 세계적 도전은 체스 선수의 사고 방식을 사용하여 극복할 수 있었다. 다른 시기에, 예를 들어 냉전 동안 미국은 바둑 중에 사용된 전략과 더 유사한 전략을 사용할 필요가 있었다. 오늘날 중국과 대면한 경쟁은 체스가 아닌 바둑처럼 전략적으로 접근해야 한다는 점을 인식하는 것이 중요하다. 중국공산당과 체스를 한다면 위험할 것이다. 우리가 지금 처한 경쟁의 시대는 바둑 기반 사고와 전략을 통해서만 항해할 수 있다. 이러한 유형의 전략에 대한 미국의 접근방식이 필요하다. 우리는 미국의 강점과 역량을 활용해야 한다. 그러나 경쟁자의 성격과 공산당이 최종 목표를 달성하기 위해 사용할 전략을 완전히 이해해야 한다.

우리는 중국과의 다양한 도전을 고립적으로 다루어서는 안 된다. 우리는 더 큰 판을 보고 중국의 모든 돌과 각각의 작전(5G, 남중국해, 일대일로 정책, IP 절도, 공격적인 사업 관행, 간첩 전술, 선전 정책 등)이 함께 작동하는 방식을 보아야 한다. 그렇지 않으면, 우리는 중국이 다양한 영역에서 추구하는 작고 상대적으로 점진적인 이익을 보지 못하고 이들이 어떻게 더 큰 장기 전략에 속하는지 보지 못하고, 게임이 끝나고 우리가 질 때까지 보지 못할 것이다.

3부에서는 중국이 지역 권력을 증대하고 경제력을 사용하여 다른 국가에 영향을 미치고 기술을 발전시켜 전 세계에 권력을 투사함으로써 현대의 중심국가가 되고자 하는 방식을 설명한다.

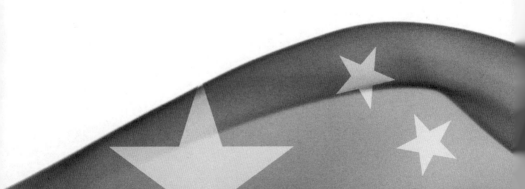

3부

중국의
전 세계적 도전

12

바다 훔치기

Stealing the Sea

우리는 법의 지배, 개인의 권리, 항행 및 비행의 자유에 대한 존중 등 우리 모두에게 혜택을 준 원칙을 준수해야 합니다. … 이러한 원칙은 같은 생각을 가진 국가들 사이에서 안정성을 창출하고 신뢰, 안보 및 번영을 구축합니다.

2017년 11월 도널드 트럼프 대통령[1]

중국인들은 평화를 사랑합니다. 우리는 결코 침략이나 확장을 추구하지 않지만 모든 침략을 물리칠 확신이 있습니다. … 우리는 어떤 사람, 조직 또는 정당도 중국 영토의 어느 부분이든 언제 어떤 형태로건 분할하도록 허용하지 않을 것입니다. 아무도 우리가 주권, 안보 또는 발전의 이익에 해로운 쓴 과일을 삼키리라 기대해서는 안 됩니다.

2017년 8월 시진핑 총서기[2]

남중국해는 바둑의 원칙을 국가 정책에 적용한 완벽한 예이다. 중국은 남중국해에 대한 통제권을 점진적으로 주장하려는 다세대에 걸친 계획이 있다. 이 정책은 1935년 중화민국 토지해양 지도검사위원회가 지도를 만든 것에서 시작하여 후에 1947년에 확장되었고 공산당이 내전에서 승리한 후 공산주의자들이 계속하여 수정했다.[3]

바둑의 본질은 바둑판 전체를 보고 인내심을 사용하며 경쟁자의 돌을 죽이는 것보다는 영토를 얻는 데 집중하는 것임을 기억하자. 손자는 강점(힘의 상관 관계)이 압도적으로 자기 편에 올 때까지 갈등을 피하면서 계획과 준비를 하는 것의 미덕을 거듭하여 설명했다.

중국이 남중국해에서 이행한 꾸준한 비폭력적이지만 단호하고 공격적인 전략은 그로부터 우리가 많은 것을 배울 수 있는 사례이다. 중국이 폭력을 최소화하기 위해 고안된 장기 목표, 인내력 있는 계획 및 구현의 동일한 패턴을 적용하고 있는 분야가 많이 있다.

남중국해 역시 전략적으로 너무나 중요하기 때문에 독자적으로 연구할 가치가 있다. 남중국해는 서태평양의 일부이며 중국 남부, 대만, 베트남, 필리핀, 말레이시아, 인도네시아 및 브루나이와 접해 있다. 이곳은 수십 년 동안 이웃 국가들이 이의를 제기하거나 주장하거나 점유해온 많은 섬, 암초, 침수 모래톱 및 바위가 있는 곳이다.[4] 남중국해는 자원, 무역로 및 유리한 군사 위치가 풍부하기 때문에 정기적으로 논란이 되고 있다. 남중국해를 지배하는 국가(또는 상당한 영향을 미치는 국가)는 이 지역에서 전략적으로 매우 유리한 이점을 가지고 있으며 세계 해상 무역에 대한 영향력이 크게 증가한다.

중국은 현재 남중국해 전역에 군사화되고 인공적인 섬들을 건설하고 기존 지형지물에 대한 주장을 펼치면서 장기적으로 유지되어 온 국제 규범을 무시하고 있다. 이 모든 것은 그 지역에 통제권을 주장하고, 미국의 지위를 약화시키고 이웃나라들로 하여금 지역 패권국으로서의 중국의 지배를 받아들이도록 협박하려는 것이다. 『중국의 승리 비전』에서, 저자 조나단 워드는 "해양 중국에게 있어 남중국해는 인도·태평양 지역의 심장이다. 그것은 두 개의 대양이 만나고, 중국이 전 세계에 군사력을 투사하기 위해 통제해야 하는 곳이다."[5]

이러한 통제권을 획득하기 위해 중국은 2013년 12월 최초의 중국 준설선이 난사군도(Spratly Islands, 南沙群島)의 존슨 산호초(Johnson Reef)에 도착했을 때 인공섬 건설을 시작했다.[6,7] 유념할 것은, 난사군도는 중국에서 500마일 이상 떨어져 있다는 것이다. 그 섬들은 실제로 중국보다 필리핀, 베트남, 브루나이에 더 가깝다.[8] 그럼에도 불구하고 중국의 준설선은 해저 바닥을 연삭하고 기존 해저 또는 암초 위에 새로운 모래를 쌓은 다음 두꺼운 바위와 시멘트 층을 추가하여 시설과 인프라를 건설할 수 있는 기반을 만들어 인공

섬을 짓기 시작했다.[9]

중국공산당은 보통 말이 안 되는 주장을 한 다음, 자신이 실제로 하고 있는 일을 인정하기를 거부한다. 수년간 중국은 자기들이 건설한 인공섬은 군사용으로 사용되지 않을 것이라고 주장했다. 시진핑 총서기는 2015년 로즈가든에서 오바마 대통령과의 공동기자회견에서, "중국이 하고 있는 관련 건설 활동은 … 어떤 국가를 표적으로 하거나 영향을 미치지 않고 중국은 군사화를 추구하지 않는다"고 말했다.[10] 이것은 새빨간 거짓말이었다. 중국은 난사군도와 시사군도(Paracel islands, 西沙群島) 모두에 인프라를 구축하는 데 주력해왔다. (시사군도는 난사군도의 북서쪽에 위치하고 있으며 중국과 베트남 해안에 더 가깝다.) 미국 해군제독 필립 데이비드슨은 (인도·태평양 사령부 사령관으로 확정되기 전) 2018년 4월 상원 군사위원회에 다음과 같이 밝혔다.

"중국은 섬들에 격납고, 막사, 지하 연료 및 물 저장 시설, 공격적이고 방어적인 이동성 및 비이동성 시스템들을 수용할 수 있는 벙커 등 명확한 군사 시설을 건설했습니다. … 오늘날 이러한 전진 작전기지는 완성된 것으로 보입니다. 유일하게 없는 것은 배치된 전투 부대입니다."[11]

나중에 2018년 11월 캐나다 할리팩스 국제안보 포럼에서 데이비드슨 제독은 청중들에게 다음과 같이 말했다.

"인민해방군은 올해 초에 대함 미사일, 전자 교란기 및 (SAM으로도 알려진) 대공 미사일을 비밀리에 배치했습니다."

"따라서 3년 전만 해도 '모래의 만리장성'은 이제 남중국해의 'SAM 만리장성'이 되어 중화인민공화국은 국제 공해 및 공역에 대한 국가 통제권을 행사할 수 있는 잠재력을 갖게 되었습니다. 매년 3조 달러가 넘는 물품, 상업적 항공 교통, 정보 및 재무 데이터가 해저 케이블을 통해 운반됩니다."[12]

이 군사력 구축은 단순히 모호한 역사적 또는 전통적인 영토 권리에 대한 주장이 아니다. 그것은 명백한 침략 행위로 간주되어야 한다. 이것은 또한 중국공산당 정부와 관련된 모든 것에 대해 강력한 경고를 주는 이야기이다. 그들은 아무렇지도 않게 거짓말을 하고 너무나 열성적으로 하기에 거의 믿게 만들 정도이다. 필자는 중국 관리들이 너무나 믿을 수 없는 말을 해서 왜 그렇게까지 하는지 궁금할 지경이었다. 그러나 당의 노선을 고수하면서 그들은 분명히 부정직한 진술을 눈 하나 깜박하지 않고 한다. 다음에 시진핑이나 다른 중국공산당 지도자의 성명서를 읽을 때 이것을 기억하라.

전략 및 국제연구센터(CSIS) 아시아 해양 투명성 구상(Asia Maritime Transparency Initiative)에 따르면, 중국은 난사군도에 7개의 전초 기지가 있으며 2013년부터 3,200에이커 이상의 새로운 땅을 만들었다.[13] 난사군도 전역에 걸쳐 중국 군대는 레이더, 전자 공격 및 방어 기능을 구축했다.[14] CSIS는 중국이 시사군도에 20개의 전초 기지를 두고 있다고 밝혔다. 인접한 로키 섬을 포함하도록 확장된 우디 섬은 시사군도에서 가장 큰 섬이며 그 군도에서 중국의 주요 군사 기지 역할을 한다.[15] 한 중국공산당 관계자는 중국이 우디 섬과 두 개의 작은 섬을 "국가의 주요 전략 서비스 및 군수 기반"으로 만들려고 한다고 말했다.[16] 중국이 이 지역에 머무를 의도가 있는지에 대해 확신하지 못하는 사람을 위해 덧붙이자면, 우디 섬이 중국이 남중국해에서 주장하는 모든 군도의 행정 수도로 선포되었다.

남중국해에서의 영토 주장을 함에 있어서 힘을 드러내고 이 지역에서 통제권을 행사하려는 중국의 목표는 분명하다. 그리고 이러한 움직임은 지역 전체와 세계에 실질적인 결과를 가져올 것이다. 데이비드슨 제독은 상원 군사위원회에 다음과 같이 설명했다.

"일단 점령하면, 중국은 그 영향을 남쪽으로 수천 마일 연장하고 오세
아니아 깊숙이 힘을 보여줄 수 있을 것이다. 인민해방군은 이 기지들을
이용하여 이 지역에서 미국의 존재에 도전할 수 있을 것이며, 섬에 배
치된 모든 부대는 남중국해에 대한 권리를 주장하는 다른 국가의 군사
력을 쉽게 압도할 것이다. 요컨대, 중국은 이제 미국과의 전쟁에 못 미
치는 모든 시나리오에서 남중국해를 통제할 수 있다."[17]

데이비드슨 제독의 증언은 문제를 과소평가하는 쪽이다. 중국이 군도에 자
산을 배치하는 것을 끝내면 미국의 힘의 투사를 중국에서 수백 마일 더 떨어
진 곳으로 밀어낼 것이다. 미국이 섬들을 뚫고서 중국 본토까지 가는 데 상당
한—아마도 지속 불가능한—노력이 필요할 것이다. 군도가 건설되기 전에,
미국이 중국에 전면적으로 힘을 투사할 수 있다는 점을 고려할 때, 이것은 미
국과 그 동맹국에게 중대한 문제이며 전략적인 패배이다. 이 모든 입지 구축
은 정확히 손자가 정한 방식으로 총을 발사하지 않고 달성되었다. 이러한 일
방적 확장의 공격적인 전략은 미국과 세계에 중대한 위협이 되고 있다.

2019년 2월 상원 군사위원회에서의 후속 증언을 통해 데이비드슨 제독은
중국의 목표가 "공포와 강압을 통해" 국제법을 파괴하고 다시 쓰는 것이라고
밝혔다. 데이비드슨 제독은 "그 대신 베이징은 70년 넘게 지속된 인도·태평
양의 안정과 평화를 대체하여 중국 특색으로 인도하는 새로운 질서를 창출하
고자 한다"고 말했다.[18]

2019년 1월에 발표된 의회연구서비스(CRS) 보고서 〈중국 남동 중국해에
서의 중국의 행동: 미국의 이익에 대한 시사점—의회를 위한 배경 및 문제
점〉은 중국이 남중국해의 군사 기지를 통제하고 주변 해역을 지배할 경우 발

생할 수 있는 위협에 대해 설명했다.[19]

첫째, CRS에 따르면, 중국이 그 지역을 통제한다면 중국의 군사력과 정치적 영향력이 서태평양에 점점 더 투사될 것이며, 중국은 지역 패권국가로 확립될 것이다. 또한, 중국은 대만 주변에서 봉쇄를 시작하고 강행할 수 있다. 중국과 대만 사이에 위기나 갈등이 있는 경우 중국이 주변 해역을 통제한다면 미국의 군사개입 능력이 복잡해질 수 있다. 중국은 또한 남중국해에서 이웃 국가들을 계속 위협하거나 압박하거나 강요할 수 있다. CRS가 지적한 바와 같이, 남중국해와 동중국해에서의 중국의 행동은 이 지역에서 "힘이 곧 정의"라는 원칙을 확립할 수 있다.[20] (동중국해는 중국이 추가 영토 분쟁에 관여하고 있는—일본, 한국 및 대만 인근—해역으로 중국 동해안에서 떨어져 있다.[21] 또한 서태평양에서 "지역 안정성 유지, 교전 및 파트너십 구축 작전, 위기 대응, 전쟁 계획 실행" 등을 위해 서태평양 지역에서 작전을 수행하는 미군의 능력은 중국이 근해를 통제하고 남중국해에 계속 기지를 건설하면 복잡해질 수 있다.[22]

또 다른 우려는 중국과 남중국해 또는 동중국해를 경계로 하는 다른 국가들 사이에 위기나 갈등이 발생하는 경우 미국이 그 분쟁에 말려들 가능성이 있다는 것이다. 미국은 일본, 필리핀, 한국과 방위 조약이 있어서 위기나 갈등이 발생하면 그러한 조약에 따른 의무가 있어 미국이 개입하게 될 수 있다.[23] 예를 들어, 구체적으로 2019년 3월 마이크 폼페이오 국무장관은 "남중국해의 필리핀 군, 항공기 또는 공공 선박에 대한 무장 공격은 상호 방위조약 제4조에 따라 상호 방위의 의무를 촉발할 것"이라고 말한 바 있다.[24]

실제로 2014년 이전에 미국은 남중국해의 긴장이 고조되면서 인근 영토와 미국 동맹국들 사이에 사건이나 지역 갈등이 발생할 수 있다고 우려했다. 미국은 이제 중국이 어떻게 이 지역에서 거점을 강화하고 있고 그 공격적인 전술이 미중 갈등의 위험에 영향을 미칠 수 있고 양국 간의 전략적 경쟁에 영향

을 미치고 전 세계 미국의 운영에 영향을 줄 수 있는지 우려하고 있다.[25]

더욱이 중국이 공격적인 전술과 협박을 통해 해상 거점을 지속적으로 구축함에 따라 이 지역에서 미국의 위치, 영향력 및 능력이 감소할 것이다. CRS 보고서에 따르면, "일부 관측통은 중국이 남중국해와 동중국해에서 분쟁을 이용하여 미국의 동맹국 또는 파트너 국가들 사이에서 동맹 또는 파트너로서 미국의 신뢰도에 의혹을 제기하게 하거나, 또는 그와 달리 미국과 그 지역 동맹국 및 파트너 사이에 쐐기를 박아 미국 주도의 지역 안보구조를 약화시키고 그를 통해 그 지역에 대한 중국의 영향력을 확대하려 한다고 믿는다."[26]

중국의 도박, 위기에 처한 막대한 레버리지

섬들을 먼저 조성할 필요가 없다 해도 몇몇 군도에 대량의 군사용 인프라를 배치하는 것은 이미 많은 비용과 시간이 소요된다. 그러나 남중국해를 통해 흘러 들어오는—또 그 해저에 존재하는—자본 및 자원의 양과 비교할 때 중국의 도박은 이해할 만하다.

CSIS의 아시아해양투명성구상의 책임자이자 동남아시아 프로그램의 펠로우인 그레고리 폴링(Gregory Poling)은 2015년 전 세계 어획량의 12%가 남중국해에서 온다고 지적했다. 그곳의 어업은 공식적으로 400만 명에 가까운 사람들의 일자리이다.[27]

또한 약 120억 배럴의 미개발된 원유와 190조 입방 피트의 천연가스가 바다 표면 아래에 있다.[28] 그러나 이러한 자원이 깊숙이 묻혀 있다 해도 남중국해는 이미 액화천연가스(LNG)와 원유 운송에 매우 중요하다. 미국 에너지 정보국은 2016년 전 세계 LNG의 약 40%가 남중국해를 통해 운송되었다고 밝혔다.[29] 또한 2016년에는 전 세계 해양 원유 거래의 30% 이상이 이 지역을 통해 운반되었다.[30] 이것은 하루에 1,500만 배럴에 해당한다. 같은 해에—미국의 중요한 태평양 지역의 두 동맹국인—일본과 한국이 수입한 원유의 약 90%가 남중국해를 통해 운송되었다.

이것은 남중국해를 통과하는 유일한 상업 물동량과는 거리가 멀다. CSIS의 차이나 파워 프로젝트(China Power Project)의 2017년 보고서에 따르면, 전 세계 해상운송의 3분의 1이 남중국해를 통해 운송된다. 2016년에 이는 34조 달러에 달하는 무역으로 세계 무역의 21%를 차지했다. 중국 수출은 8740억 달러에 달하는 반면, 중국 수입은 총 5,980억 달러에 달했다. 이를 남중국해에 대한 권리를 주장하는 이웃나라 베트남의 남중국해 수출 및 수입과 비교해보자(각각 1,580억 달러 및 1,610억 달러).[31]

이제 중국이 전 세계 어획량의 12%를 직접 통제하고 액화천연가스의 40%와 해상 원유의 30%를 거래하는 세계를 상상해보자. 중국은 일본, 한국 등과 같은 미국의 핵심 지역 동맹국 몇몇에게 중요한 자원을 거부할 수 있을 뿐만 아니라 세계 경제에 심각한 피해를 줄 수 있다.

군대화된 군도를 구축하고 점령하는 것에 대한 중국공산당의 사고방식은 독자적인 역사관과 국제연합법에 대한 비뚤어진 해석에 근거하고 있다. 남중국해에서의 중국의 주장은 실제로 중화인민공화국의 설립 이전에 시작되었다. 중화민국 토지해양지도 검사위원회가 그린 1935년 지도에서 더 나아가 국민당 민족주의자들은 1947년 11개의 점선을 사용하여 남중국해의 영토를 그렸다. 민족주의자들이 그린 이 지도는 이 선으로 중국의 경계를 설정하고 바다에 있는 수백 개의 암석과 산호초를 지도에 표시했다.[32] 그러나 1950년대 초, 마오가 통킨만에 대한 권리 주장을 포기함에 따라 중국의 영토 주장에서 두 개의 점선을 제거했고 임의적인 경계는 우리가 현재 아홉 점선으로 알고 있는 것으로 진화되었다. 아홉 점선의 경계는 아직 중국에 의해 공식적으로 정의되지 않았다. 점 사이에는 간격이 있으며, 여러 분석가들이 수년에 걸

쳐 그 선을 다시 구획했으며, 심지어 중국조차도 주기적으로 그 위치를 재해석했다.[33]

그럼에도 불구하고 로이터 통신에 따르면, 중국은 남중국해에서의 이러한 주장의 정당성이 기원전 21세기에서 기원전 16세기까지 통치했던 하 나라(夏朝)까지 수천 년 전으로 거슬러 올라간다고 믿는다.[34] 〈타임〉지와의 인터뷰에서 (원래의 11점선 주장의 배후에 있는 지리학자 중 한 명의 "제자"인) 중국 해양 지리학자 왕잉(Wang Ying)은 중국 역사 전반에 걸쳐 해상 야망이 전반적으로 부족하여 지도 제작상의 증거가 많지 않다고 지적했다. 그러나 그녀는 중국의 주장에 대한 정당성을 증명하기 위해 중국 어부들이 사용했던 항법 책자와 같은 품목들을 지적했다. 이 책자를 바탕으로 왕은 "점선은 바다, 섬 및 산호초가 모두 중국에 속하고 중국이 주권을 가지고 있음을 의미한다"고 말했다.[35]

이미 모호한 9점선 내에서 중국공산당이 무엇을 주권으로 주장하고 있는지도 모호하다. 9개의 점선 내에 토지의 전부 또는 일부가 주장에 포함되는지와 이러한 주장에 해양 자체도 포함되는지도 여전히 불명확하다. 〈타임〉지에 기고한 글에서 전 동아시아국장 한나 비치(Hannah Beech)는 "중국 일반인들에게 점선 안의 바닷물 한 방울도 빠짐없이 분명히 중국의 것"이라고 썼다. 왕은 이 점을 반복하면서도 그 점선은 "불연속적이며 그 의미는 다른 국가들이 자유롭게 통과할 수 있다는 것"이라고 말했다.[36]

9개의 점선 내에서 중국의 역사적 주장이 법적 근거가 없다고 결정한 2016년 국제 재판소 판결에도 불구하고, 중국은 공격적이고 위협적인 전술을 사용하여 이 지역에 대한 통제권을 계속 주장하고 있다.[37] 중국은 이 판결이 "유효하지 않으며 구속력이 없다"며 "중국은 이를 수락하지도 인정하지도 않는다"는 외무부의 성명으로 판결을 무시했다.[38] 또한 2018년 6월 짐 매티스(Jim Mattis) 전 국방장관과 만난 자리에서 시진핑 총서기는, "중국의 주권과 영토

246

보전과 관련하여 우리의 입장은 확고하고 분명하다. … 조상들로부터 물려받은 영토는 한 치도 결코 잃어버릴 수 없으며 우리는 다른 것은 아무것도 원하지 않는다."[39]

중국공산당의 국제 관습과 법률에 대한 의도적인 오해로 인해 중국의 입장은 더욱 복잡하다. 국제 해역에서의 운항의 자유는 현대 미국 주도 국제질서의 기본 원칙이다. 이 개념은 또한 공해의 자유 항행권, 항해의 자유 또는 통행의 자유로도 알려져 있다. 공해의 자유항행권은 국제법에 기술적으로 정의되어 있지 않지만 미 국방부의 항행 자유 보고서에 따르면, 이 개념은 "국제법에 따라 모든 국가에 보장되는 군함 및 항공기 등을 포함하여, 해양과 항공의 모든 권리와 자유 그리고 합법적 사용"[40]을 의미한다. 즉, 공해는 전 세계의 공유재이며 모든 국가와 국민은 그 수역에서 합법적으로 운행하도록 허용된다.

그러나—미국이 비준하지 않은—유엔해양법협약(UNCLOS)에 따라 연안국은 영해 접속 수역의 특정 수역을 통제할 수 있다. 법은 각국이 연안으로부터 자국의 소유권을 주장할 수 있는 배타적 수역을 개념화하고 만들었다.

이러한 지역은 한 국가의 영해와 인접해야 하며, 해당 영해의 해안선에서 최대 200해리까지 확장될 수 있다.[41,42] 이 지역 내에서 국가는 발생하는 경제 활동(즉, 어업, 석유 탐사 또는 파도나 바람으로부터의 해양 에너지 생성)에 대한 규제 권한을 갖는다.[43,44] (미국과 러시아를 포함한) 대부분의 유엔 회원국은 연안 국가가 배타적 경제 수역 내에서 외국의 군사 활동에 대한 배타적인 통제권을 갖고 있지 않다는 데에 동의한다. 그러나 중국과 30여 개 나라—이란과 북한 을 포함한—의 소수 그룹은 연안국이 이 지역 내에서 경제와 외국 군사 활동을 통제할 권리가 있다고 결정했다. 이러한 변질된 해석을 보면 중국의 섬 건설 계획을 잘 이해할 수 있다.[45] 중국이 이 인공섬들에 대한 주권을 가지고 있다고 인정되면 베이징은 현재 자신의 입장대로라면 각 섬 주변의 최대 200해리의 해역에 대한 군사적, 경제적 통제권을 주장할 수 있다. 이로 인해 중국은 섬을 건설하는 만큼의 영해를 주장할 수 있을 것이다. 중국의 남중국해 활동에 관한 의회 연구서비스 보고서에서 지적한 바와 같이, 유엔에서의 더 큰 배타적 경제수역 분쟁은 인공섬들에 대한 영토 주권 관련 문제만큼이나 중요하다. 경제수역 문제의 해결은 남중국해와 동중국해 및 전 세계에서의 미군 작전에 큰 영향을 미칠 수 있는 선례를 만들 것이다.[46]

고조되는 갈등

이 분쟁은 미중 간에 심각한 긴장을 불러일으켰다. 해상 충돌에 대한 기존의 국제 규약이 확립되어 있다(해상에서의 우발적 충돌에 관한 규칙). 2014년에 미국과 중국이 이에 서명했지만, 이 규약은 자발적이며, 소위 영해에서 어떤 국가들이 어디로 갈 권리를 가지는지의 문제를 명확히 하고 있지 않다. 라자라트남 국제대학원의 해양 전문가 콜린 코(Colin Koh)에 따르면, "이것은 신사 협정과 비슷하다."[47] 또한 2015년에 출판된 미 국방부의 〈아시아·태평양 해양 안보 전략〉은 점점 더 위험해지는 상황을 묘사했다.

"자국의 소유권을 주장하는 국가들의 노력이 증가함에 따라 최근 몇 년간 동중국해 및 남중국해에서 중국 해양 기관의 위험한 활동의 전례 없는 증가를 포함하여 항공 및 해상 사건이 증가해왔다. 미군 항공기와 선박은 종종 이러한 위험하고 규칙을 위반하는 행동의 표적이 되어 왔으며, 이는 해양 자유를 보호하고 국제법과 표준의 준수를 촉진하려는 미국의 목표를 위협하고 있다. 영해와 영공을 넘어서는 관할권에 대한 중국의 확장적인 해석은 이 지역의 국제 공해와 공역에서 운항하는 미군 과 조약 동맹국들과의 마찰을 일으키고 뜻하지 않은 위기의 위험성을 높이고 있다."[48]

중국의 침략에 답하기 위해, 트럼프 행정부는 (올바르게) 정규적인 항해의 자유 작전을 수행해왔다. 이 훈련은 그 바다들에서 자유 항행의 원칙을 강제하고 국제공동체에 미국의 입장을 분명히 한다. 트럼프 행정부는 2017년 5월 25일에 이러한 훈련을 시작했다. 여기에는 종종 미 해군 함정이 대만 해협을 통과하는 것이 포함된다. 중국은 이 작전에 반대해왔으며, 여러 차례 중국 해군 함선을 배치하여 미국에게 분쟁 지역을 떠나도록 경고했다.[49]

2018년 9월 30일, 두 구축함 사이에 위기일발의 상황이 발생했다. USS 디케이터(Decatur)가 난사군도에서 항행의 자유 작전을 하고 있을 때 중국 구축함과 45야드 안으로 근접하게 되었다. 미군 구축함은 작전을 수행하는 동안 (인정된 영토의 영해로 간주될) 개븐(Gaven)과 존슨(Johnson) 산호초의 12해리 내에 들어갔다. 보도에 따르면, 중국 함정은 직접적인 경고를 보냈다. "귀하는 위험한 항로를 가고 있다. 항로를 바꾸지 않으면 결과가 초래될 것이다."[50] 전 미 해군대장 칼 슈스터는 구축함이 몇 초만 있으면 서로 충돌할 거리였던 것 같다고 CNN에 말했다. 슈스터는 이러한 전술로 인해 미국 함장이 "충돌을 피하기 위해 브레이크를 세게 밟고 핸들을 오른쪽으로 돌리는 것과 같은" 급격한 조종을 해야 했다고 말했다.[51] 이 충돌을 피하지 않았다면 심각한 군사적 상호대응을 볼 수 있었을 것이다. 미국은 침몰되거나 심하게 손상된 구축함을 보고도 못 본 체하지는 않았을 것이다.

데이비드슨 제독은 2019년 2월 상원 군사위원회에 미국이 남중국해에서 항행의 자유 작전을 계속 수행할 것이며 미국 동맹국과 파트너를 참여시킬 것이라고 밝혔다.[52]

트럼프 행정부는 남중국해에서의 중국의 침략에 도전하기 위해 수많은 노력을 기울였다. 즉, 오바마 행정부가 발표한 인도태평양 해상안보구상(이전 명칭은 동남아 해상안보구상)을 지속적으로 시행해왔으며, 이는 이 지역 국가들이 중대한 해양 도전에 대처할 수 있게 하는 역량 강화 노력이다.

또한 미국은 동맹국 및 파트너와 공동군사훈련을 계속하고 있다. 2년마다 미국은 20여 개 참여 국가와 함께 태평양에서 다자간 해군 훈련을 이끈다. 이 훈련을 "환태평양(Rim of the Pacific)" 훈련 또는 RIMPAC이라고 한다. 중국은 2014년과 2016년 훈련에 참여했지만 2018년 5월 23일 국방부는 다국적 훈련에 중국을 초대하는 것을 철회했다. 중국이 남중국해에서 "대함 미사일, 지대공(SAM, Surface-to-Air Missile) 시스템, 전자 교란기를 전개했다는 강력한 증거"를 인용하면서 해병대 중령 크리스토퍼 로건 국방부 대변인은 당시 "중국이 남중국해의 논쟁 대상이 된 곳을 계속 군사화한 것은 그 지역의 긴장을 고조시키고 지역을 불안정하게 만들었을 뿐이다. … 중국의 행동은 RIMPAC 훈련의 원칙과 목적에 모순된다"고 말했다. 로건은 중국이 군사화 노력을 중단하고 원래대로 돌려놓을 것을 촉구했다.[53] RIMPAC에서 중국을 배제하기로 한 결정의 지지자들은 중국이 참여하도록 초대하면 중국이 남중국해와 동중국해에서 공격적인 전술을 취한 것에 대해 실질적으로 보상하는 것이라고 주장했다. 게다가 중국은 그 작전을 목격함으로써 귀중한 정보를 얻게 될 것이다.[54]

트럼프 행정부는 베트남과 인도네시아의 해양안보 능력을 강화하고 양국에 추가적인 방위 및 정보 협력을 제공하기 위해 추가 조치를 취했다.[55] 남중국해에 대한 중국의 통제와 군사화를 막기 위한 이러한 적극적인 조치에도 불구하고, 아직 할 일이 더 많다. 미국은 중국의 확장적 영토 주장에 반대하는 강력한 입장을 유지하고 공해의 자유 항행 원칙을 계속 유지해야 한다. 미국은 담대히 동맹국과 파트너들의 편에 서고 이 지역의 법의 지배를 도모하여 무역 항로 및 자원을 군사화하고 통제하려는 중국의 추가적인 시도를 중단시켜야 한다.

중국의 대양으로의 회귀

남중국해 문제를 무시하는 것은 재앙일 수 있다. 중국의 현재 침략이 완화
될 것이라는 징후는 없다. 이 나라는 역사적 행동에서 명백히 돌아서고 있으
며 남중국해의 140만 평방 마일을 통제하기 위해 적극적으로 노력하고 있다.
이는 중국의 면적을 현재 땅 크기의 3분의 1이상 증가시킬 것이다.[56]

중국의 고대 역사의 많은 부분에서 제국은 육지 기반의 권력이었다. 전략
및 예산 평가센터 선임 펠로우, 도시 요시하라(Toshi Yoshihara)는 워싱턴
DC의 세계 정치 연구소에서 이 점에 대해 강의했다. 일반적으로 중국은 역
사적으로 바다를 통해 외부로 힘을 투사하는 것보다는 육지 기반의 이민족들
이 광활한 물리적 국경을 침해하는 것을 방지하는 데 중점을 두었다. 중국의
만리장성은 육상 중심 방어 시스템의 한 예이다.[57]

그러나 미국 국방정보국의 2019년 〈중국 군사력〉 제하의 보고서에 따르
면, 1980년대에 중국 지도자들은 현대의 위협과 경제적 이익으로 인해 해상
전략의 전환이 필요하다는 사실을 인식했다. 특히 해군전략가들은 연안 경계
의 보호를 넘어서 그들의 역량을 밖으로 확장하기로 결정했다.[58]

류화칭(Liu Huaqing) 제독은 인민해방군 해군의 수장이었으며 "현대 중국
해군의 아버지"로 알려져 있다. 1980년대에 그는 2050년까지 전투 준비가
완료된 항공모함들을 갖추고 세계적 차원에서 작전을 수행할 수 있도록 중국
해군을 성장시키는 야심찬 전략을 세웠다.[59] 오늘날 중국 해군의 능력을 향상
시키려는 시진핑 총서기의 야심은 더욱 강화되고 있다. 2015년 중국 국방부
가 처음 출간한 〈중국 군사 전략〉 백서는 다음과 같이 말한다.

"육상이 해상보다 중요하다는 전통적인 사고방식은 버려야 하며, 공해와 대양을 관리하고 해양 권리와 이익을 보호하는 데 큰 중요성이 부여되어야 한다. 중국은 국가안보 및 발전 이익에 상응하는 현대 해양 군사력 구조를 개발하고, 국가 주권 및 해상 권리 및 이익을 보호하고, 전략적 해상 통신로 및 해외 이익을 보호하고, 국제 해양 협력에 참여함으로써 해양 대국 구축을 위한 전략적 뒷받침을 제공해야 한다."[60]

시진핑은 군의 현대화가 전 세계에서 중국의 국가 이익을 보호하고 방어하는 데 필수적이라고 본다. 그는 공산당 인민해방군 창립 90주년을 기념하는 2017년 연설에서 이를 분명히 했다. 그는 "국가적 회복과 인민의 더 나은 삶을 위해서는 인민의 군대를 세계적 수준의 군대로 건설하는 것을 가속화해야 한다고 그 어느 때보다도 강력히 느낀다"고 말했다.[61] 사실 2017년에 시진핑은 중국공산당 군대의 현대화를 위한 새로운 시간 계획을 제시하면서, 완료 시점을 15년 가까이 앞당겼다. 이 새로운 방향 하에서, 인민해방군은 2035년까지 완전히 "현대적인" 군대로 발전하는 것을 목표로 하고 있다. 이 계획은 중국이 21세기 중반까지 "세계적 수준의" 군사 강국이 되는 것을 목표로 하고 있다.[62]

다시 한 번, 2018년 4월, 1949년 중화인민공화국이 창립된 이래 중국공산당 해군 최대 규모의 사열을 감독한 후, 시진핑은 강력한 해군을 건설하는 것이 "오늘날보다 시급한 적이 없었다"고 말하면서 현대화 노력을 가속화하겠다고 맹세했다. 어느 모로 보나 시진핑의 계획은 이행되고 있다. 2019년에 국가정보국장이 발행한 〈미국 정보기관들의 전 세계적 위협 평가〉 내용에 따르면,

"중국이 세계적 입지와 국제적 이익이 커지면서, 군사현대화 프로그램

은 해상 영역에 대한 점증하는 강조, 공격적인 항공 작전 및 장거리 이
동작전 등 중국 주변 지역을 넘어선 다양한 임무를 지원하기 위한 투자
및 인프라에 더욱 집중되고 있다."[63]

미 국방정보국은 중국의 해군이 아시아 최대 규모이며 300척 이상의 해상
전투함, 수륙양용선, 순찰선, 잠수함 및 특수 부대를 갖춘 시스템을 보유하고
있다고 보도했다.[64] 또한 미중 경제안보 심의위원회(USCC)의 〈2018년 의회
보고서〉는 그 현대화가 일정보다 앞서 있을 수 있음을 발견했다.

"중국이 고성능 다중임무 전함을 계속 제작하여 인민해방군 해군을 대
양 해군으로 신속히 구축함에 따라, 2025년 초에는 중국 해군의 원정
능력이 인민해방군의 2035년 현대화 목표보다 훨씬 앞서 전 세계에 전
개될 수 있을 것이다."[65]

전 사회적 노력

중국공산당은 해군을 확대하는 한편 목표를 추구하기 위해 준 군사력 역시
강화하고 있다. 2018년 중국 중앙군사위원회(Central Military Commission)
는 중국 해안경비대를 직접 그 휘하에 가져왔다. 이것은 무해하고 관료적인
개편이 아니었다. 그것은 중국 해안경비대의 민간 지위를 제거한 것이다.
USCC는 이번 조치는 "중국의 해상법을 준수하도록 단속하고, 집행하는 도구
로서 중국해안경비대에 중요성을 부여했다"고 지적했다.[66]

해안경비대 외에도 중국은 인민무장 해상민병(PAFMM, People's Armed
Forces Maritime Militia)을 활용하고 있는데, 이는 주로 무장한 승무원이 있는

어선들로 구성된다.[67] 해상 민병대는 종종 간과된다. 그러나 남중국해를 통제하는 중국공산당의 전반적인 전략에서 가장 중요한 요소 중 하나이다. CSIS의 스티븐슨 해양 안보 프로젝트(Stephenson Ocean Security Project)에서 발표한 2019년 보고서는 남중국해의 난사군도에 있는 이 어선들의 활동과 규모를 조사했다. 보고서는 "해당 지역에서 상당수의 어선이 공식 해상 민병대로서 국가의 직접적인 팔 역할을 하기 위해 풀타임 어업을 포기했다"고 밝혔다. 난사군도의 수비와 미스치프 산호초 사진들을 사용해 이 보고서는 실제로 어업을 하는 어업선은 거의 없다는 결론을 내렸다. 더 자주, 그들은 종종 중국이 통제하는 전초기지 근처에 한가로이 정박해 있거나 물에 그물을 던지지 않은 상태로 단순히 항해만 했다."[68]

실제로, CSIS 보고서는 민병대 선박이 고기를 잡고 있었던 것이라면, 관측된 중국 선박의 크기와 수는 "엄청나게 초과된 용량"을 의미하는 것이라고 했다. 보고서는 다음과 같이 썼다.

> "공개된 중국 어획량을 기준으로 550톤의 그물 어선은 하루에 약 12톤을 잡을 수 있다. 이는 2018년 8월 수비와 미스치프 산호초에 있는 270척 이상의 어선이 하루에 약 3240톤 또는 1년에 거의 120만 톤을 잡을 수 있음을 의미한다. 그것은 난사군도의 총 추정 어획량의 50~100% 사이이다.
>
> "이러한 대규모 초과용량과 더불어, 선박들이 중국이 점유한 산호초와 다른 국가들이 점유한 산호초 주변에 모이는 경향을 볼 때, 이 선박의 대부분이 적어도 파트타임으로 중국의 해상 민병대에 복무한다는 결론에 도달한다."[69]

국방 정보국의 2019년 보고서에 따르면, 해상 민병대는 주요 중국군의 연장이라고 한다. 민병들은 중국공산당의 군대와 함께 특히 해상의 권리를 수호하고 어업을 보호하고 물류지원, 수색 및 구조(SAR), 감시 및 정찰을 제공하기 위해 훈련한다. 중국 정부는 민병대 임무를 수행하도록 어업 복장에 보조금을 지급하거나 어선을 빌려주기도 하지만 국방 정보국 보고서에 따르면 "중국은 남중국해의 해상 민병대를 위한 국유 어선단을 구축 중인 것으로 보인다."[70]

이 특수 민병대는 중국공산당의 군사력의 주요 세력을 대표한다. 일부 분석가들은 민병대가 "특히 남중국해에서 중국의 해양 권리를 주장하기 위한 중국 해양 병력의 주요 구성요소"라고 주장한다.[71]

우리는 TV 카메라가 장착된 소위 작은 어선들에 둘러싸여 해상 통과권을 행사하려고 하는 미국 전함들을 머지 않아 보게 될 것이다. 큰 미국 군함이 어선으로 위장한 작은 중국 민병대 함정을 가라앉히기 시작하면 어려운 홍보 문제가 될 것이다.

갈림길에 선 미국

남중국해는 미국과 중국 간의 경쟁이 벌어질 전장 중 하나이다. 중국공산당은 이 지역에서 첫 라운드를 이겼다. 섬을 건설하고 점유했다. 군사 장비를 옮겨왔다. 그들은 어업에 필요한 능력을 훨씬 능가하는 어선단 민병대를 구축했으며 이는 분명히 국가안보 목적을 위한 해상 민병대로 사용되고 있다. 불평할 수는 있지만 그것에 대해 무엇을 할 것인가?

극적으로 더 상상력 있는 전략이 없다면, 우리는 궁극적으로 중국이 이를 기정사실화하는 것을 맞이하게 될 것이다. 우리는 말하고—그들은 구축한다. 우리는 말하고—그들은 군사 장비를 들여온다. 우리의 통행권을 주장하고 남중국해가 공해라는 주장을 강화하기 위해 가끔 항행의 자유 작전을 실시하는 것은 장기적으로 지는 전략이다. 조만간 중국공산당은 우리에게 인도주의적 홍보의 재앙을 강요할 것이며 세계는 중국을 동정할 것이다. 법적 주장은 결코 미국 전함에 의해 부서지는 작은 보트에 탄 사람들의 이미지와 영상을 이길 수 없다. 이 군도에서 중국을 강제로 몰아내려면 전쟁이 필요할 것이다. 실질적인 에스컬레이션의 위험이 있는 상당히 심각한 전쟁 말이다.

따라서 미국은 남중국해에서의 장기적인 중국공산당의 공격에 대한 진지한 전략을 개발해야 한다. 장기적으로 중국의 발전은 더욱 강화될 것이며 우리의 주장은 유지하기가 점점 더 어려워질 것이다. 우리는 남중국해를 지배하려는 중국의 모멘텀을 깨뜨릴 수 있는 전략 개발에 높은 우선 순위를 두어야 한다.

그러한 전략을 갖기 전까지는, 우리는 단지 중국이 전 세계의 해상운송 상업 물동량의 놀라운 비율을 통제할 수 있는 더욱 견고하고 강력한 요새 네트워크에 투자하도록 허용하고 있는 것이다. 매년—성공하기 위해 필요한 동맹국을 모으는 등—효과적인 미국 전략 없이 지나갈 때마다, 남중국해는 미국에게 역사적으로 큰 의미가 있는 전략적 패배 지역이 되는 쪽으로 가까워지고 있다.

이러한 미국 전략에는 중국 섬 서쪽에 그들보다 중국에 가깝게 우리 자신의 섬을 건설하는 옵션이 포함될 수 있다.

20년 전 당시 합동참모차장이었던 빌 오웬스(Bill Owens) 제독은 거대한 석유 플랫폼들을 결합해서 비행장으로 쓸 수 있고, 약 5노트의 속도로 움직일 수 있으며 점진적으로 우리가 영향을 미치고 싶은 곳들로 갈 수 있는 부유하는 군도를 제안했다. 우리가 이러한 군도를 5개 건설하고 중국 본토와 불법 섬 사이의 이동을 방해할 수 있는 위치로 옮기겠다고 발표하는 행위 자체가 중국공산당으로 하여금 주의를 기울이게 할 것이다. 목표는 기존 군도를 비무장화하고 중국뿐만 아니라 지역 국가들의 공동 점령 하에 두도록 하는 것이다.

그러나 남중국해의 어디론가 가는 것은 어렵거나 불가능한 일이 될 것이다. 주의 : 필자의 말은 이것이 계속 어려운 문제가 되리라는 것이지만, 우리가 이 도전을 무시하고 지금까지 해왔던 데로 해야 한다는 말은 아니다. 분명히, 그것은 효과가 없었다. 남중국해에서의 분쟁은 중국공산당이 얼마나 심각하게 힘을 구축하고 미래를 향한 입지를 다지려 하는지의 좋은 예이다. 독자는 이 책을 읽으면서 심각한 세계 강국으로서 중국의 부상을 다루는 데 있어 똑같이 정신이 번쩍 들게 하는 도전들에 마주치게 되거나 이미 마주쳤을 것이다.

13

사방으로 가는
일대일로

Belt & Road
to Everywhere

우리는 우리의 생득권, 독립과 자유만큼 소중한 것이 없다는 것을 이해합니다. 세상에는 많은 꿈, 많은 길이 있다는 것을 결코 잊지 맙시다. 세계 어디에도 집과 같은 곳은 없습니다. 그러므로 가족, 국가, 자유, 역사, 하나님의 영광을 위해, 가정을 보호하고, 가정을 지키고, 오늘 그리고 항상 가정을 사랑하십시오.

2017년 11월 도널드 트럼프 대통령[1]

중국은 일대일로 구상의 창시자이자 추진자이지만 이 구상은 중국만의 사업이 아닙니다. 따라서 중국의 자체 개발에 중점을 두면서, 다른 국가들도 중국의 특급 개발 열차에 탑승하도록 환영하고 그들 자신의 개발 목표를 실현할 수 있도록 도와야 합니다.

2016년 10월 시진핑 총서기[2]

2019년 4월, 세계 각국의 거의 40명의 국가 및 정부 책임자가 베이징에서 제2차 국제 협력을 위한 일대일로 포럼에 모였다. 블라디미르 푸틴 러시아 대통령은 귀빈이었던 반면 미국은 고위 대표단을 보내지 않았다.[3,4] 〈액시오스Axios〉의 편집장 마이크 앨런은 "베이징에 그렇게 많은 유력 인사들을 올 수 있게 한다면 초강대국처럼 보이기 시작한다"고 말했다.[5] 대표단은 역사상 가장 야심찬 전 세계적 인프라 투자 노력(중국 주도의 일대일로 구상)을 논의하기 위해 모였다. 2013년에 시진핑 총서기가 발표한 일대일로 구상(Belt and Road Initiative, 이전에는 One Belt, One Road)은 주로 유라시아와 인도·태평양 지역을 연결하는 데 중점을 둔 대규모 프로젝트이다.[6,7] 그러나 중국은 일대일로 구상을 라틴 아메리카, 아프리카, 캐리브해, 북극 및 우주까지 확장

하고 있다.[8]

이 구상은 여러 대륙에 걸쳐 철도, 항만, 에너지 파이프라인, 고속도로, 디지털 인프라, 특수 경제 구역, 그리고 더 많은 프로젝트들의 개발과 설치를 요구한다. 분명히 이것은 관련된 모든 곳에서 엄청난 경제적, 전략적 영향을 미치게 될 것이다. 중국공산당은 이 전 세계적인 프로젝트를 주도함으로써 의심할 여지없이 권력과 영향력을 축적하고 있다. 미중 경제안보 심의위원회(USCC, US-China Economic and Security Review Commission)에 따르면, 2018년 현재 80개 이상의 국가가 일대일로 구상에 참여하기로 서명했다(이 글을 쓰는 시점에 중국 정부는 137개국이 가입했다고 주장한다).[9, 10] 합쳐서 이들 약 80개국은 세계 국내 총생산의 약 30%를 차지하고 있으며 세계 인구의 3분의 2 이상을 차지하고 있다."[11, 12]

이 프로젝트에 대한 영감을 중국은 자신의 과거에서 찾았다. 고대 실크로드는 아시아, 아프리카 및 유럽을 연결했다. 이것은 한 나라 시대에 건설되었다. 1000년이 넘게 이 무역망들은 대륙을 가로질러 상품, 아이디어 및 문화를 운송했다.[13] 오늘날 중국은 실크로드의 현대적 버전을 만들고자 노력하고 있다. 중국은 이 프로젝트에 대해 너무 진지하여 시진핑의 대표적인 경제 및 외교정책 구상으로서 우선시 되었으며 중국 헌법에 기록되었다.[14]

2018년 8월 일대일로 구상 5주년을 기념하면서 시진핑은 이 구상이 "중국이 세계의 개방 및 협력에 참여하고, 글로벌 경제 거버넌스를 개선하며, 공동 개발 및 번영을 촉진하고, 인류 공동의 미래를 가진 공동체를 건설할 수 있는 해결책의 역할을 한다"고 말했다.[15] 좋게 들리지만 USCC는 2018년 하반기 의회 보고서에서 "'인류 공동의 미래를 가진 공동체'라는 문구는 중국 지도자들이 중국 주도의 세계 질서에 대한 암호화된 약칭으로 사용한다"고 지적했다.[16] 실제로, USCC의 2018년 의회 보고서는 일대일로 구상에 대한 중국의 목표를 상당히 명확하게 설명했다.

"국내 발전을 촉진하고 중국의 외곽 지역에 대한 통제력을 강화하는 것, 기술 표준을 수출하면서 시장을 확대하는 것, 물리적 인프라와 디지털 인프라를 구축하는 것, 에너지 안보를 강화하고 중국 군사력의 범위를 확장하는 것, 중국을 세계 중심으로 이동시킴으로써 지정학적 영향력을 강화하는 것."[17]

일대일로 구상은 또한 중국이 초과 산업 용량을 수출하여 다른 국가의 시장에 진출하는 방법이기도 하다. 중국은 일대일로가 모든 국가와 회사에 개방되어 있다고 주장하지만 일대일로 프로젝트와 관련된 대부분의 계약이 중국에 주어지고 있다. USCC는 전략 및 국제연구센터의 아시아 재연결 프로젝트(Reconnecting Asia Project)의 데이터를 인용하여 중국이 자금을 지원하는 운송 인프라 프로젝트의 89%는 중국 계약자에게 주어진다고 한다.

이에 비해 다자 개발은행들이 자금을 지원하는 프로젝트는 29%만 중국 계약자에게 주어진다.[18] 외국 기업에게는 일대일로 구상에서 계약을 놓고 경쟁할 수 있는 공평한 상황이 아니다. 민츠 그룹(Mintz Group)의 관리 파트너인 랜덜 필립스(Randal Phillips)는 USCC에서 한 증언을 통해 이 프로젝트에서 외국기업은 "최우수 조연"의 역할을 수행할 수 있는 기회가 있다고 했다. 본질적으로 외국 기업은 중국의 대기업, 특히 상업보험, 컨설팅 및 물류와 같은 서비스 부문에서 하청업체가 될 것이다.[19]

초기에 이 구상에 참여한 많은 국가들은 일대일로의 기회와 전망에 대해 낙관적이었다. 그러나 많은 프로젝트가 문제, 반발, 항의에 직면하고 있다. 점점 더 세계는 중국의 의도와 방법에 회의적이 되고 있다. USCC는 "정치적 위험과 안보 위험, 자금 조달의 어려움, 환경 문제, 중국과 일부 호스트 국가 간의 정치적 신뢰 부족은 베이징에 상당한 도전을 제기하고 일대일로 구상의 주요 프로젝트 중 일부를 중단시켰다"고 썼다.[20] USCC는 2018년 보고서에서 RWR 자문단의 데이터를 인용하여, 2013년 이후 발표된 1,814개의 중국 인프라 프로젝트 중 약 270건에 대해 66개 국에서 문제가 보고되었다고 말했다. 이는 이 프로젝트 총액 중 32%가 난관을 보고하고 있음을 의미한다.[21] 이러한 문제들은 광범위한 비판으로 이어졌다. 예를 들어 2018년 말레이시아에서는 수상이 자신의 공약의 일부로 중국의 투자에 의문을 제기한 후 선출되었다(이것은 현직에 있던 상대와 확연히 대비되었다). 당선된 후 그는 일대일로를 "새로운 버전의 식민주의"라고 비난했으며, 검토 중이었던 수백억 달러의 중국 지원 프로젝트를 중단시켰다.[22,23] (중국과의 논의 후 그는 견해를 바꿨다.)

방글라데시에서는 인프라를 구축하려고 한 중국 회사가 공무원에게 뇌물을 주었다는 말이 나오고 나서 주요 고속도로 프로젝트가 취소되었다.[24] 스리랑카에서는 스리랑카 정부가 중국에 빚을 갚기 위해 함반토타에 있는 항구의 통제권을 중국에 양도한 것에 대해 엄청난 수의 시민들이 항의했다.[25] 분명히, 일대일로 구상과 관련된 심각한 문제들이 나타나고 있다. 그러나 이들 국가가 직면한 문제와 그것이 미국의 이익과 안보에 무슨 의미를 갖는지를 이해하려면 우리는 먼저 중국의 일대일로 구상과 관련된 야심찬 목표를 이해해야 한다.

지옥으로 가는 실크로드

일대일로 구상의 주요 단계에는 육상 기반 실크로드 경제 벨트, 해상 기반 21세기 해양 실크로드, 전 세계적 디지털 실크로드라는 세 가지 주요 구성 요소가 포함된다. 이러한 구성 요소들은 독립적으로 작동할 수 있지만 종종 협력하여 중국의 입지를 강화한다.

대체적으로, 실크로드 경제 벨트 계획은 중국을 중앙아시아와 남아시아, 중동, 그리고 유럽과 연결한다.[26] 이 벨트의 가장 중요한 요소 중 하나는 중국의 서부 신장 지역에서 파키스탄 전체를 통과하는 중국-파키스탄 경제 회랑 (CPEC)이다. 여기에는 고속도로와 철도가 포함되지만, 항구와 항공, (해상 및 디지털 실크로드와 연계하는) 정보망도 포함된다.[27] 이처럼 CPEC는 공격적 목표가 있는 야심차고 광범위한 제안이다. 중국-파키스탄 경제 회랑에 대한 장기 계획은 또한 "에너지 관련 분야", "무역 및 산업 분야", "농업 개발 및 빈곤 완화", "관광", "인민의 생계 및 비정부 교환 관련 분야", "금융 협력"에서의 협력을 제안한다. 이 계획은 중앙아시아 및 남아시아에서 충분한 경제 활동을 창출하여 이 지역이 "세계적 영향을 미치는 국제 경제 구역"이 될 것을 예상한다.[28] 이 프로젝트의 공공 목표는 중국과 파키스탄의 "공동 번영"이지만 현실은 크게 다르다. 이 계획은 중국과 인도양을 연결하는 육상 기반 회랑을 만들 수 있다. 이것은 중국에게 엄청난 경제적 기회와 중동으로 가는 중요한 무역로를 이용할 수 있는 기회를 제공한다.

또한 이 계획은 이미 파키스탄에 심각한 문제를 일으켰다. 이것은 부분적으로는 파키스탄 정부의 변화 때문이다. 그러나 더 중요한 것은 파키스탄의 경제가 무너지는 상황에서 대규모 중국 대출을 받은 결과라는 것이다. 중국이 거의 프로젝트 전체에 자금을 대고 있으며, 즉각적인 경제적 이익의 대부분은 중국 회사들로 들어간다. 파키스탄의 장기적인 경제적 이점은 잠재적으로는 존재하지만 현재 파키스탄의 경제는 어려움을 겪고 있다. 매일, 파트너에게 점점 더 많은 부채를 지게 된다.

한편, 특정 CPEC 프로젝트가 파키스탄의 재정 상황을 더욱 악화시키고 있다. 〈월스트리트 저널〉에 따르면, CPEC에서는 수력, 풍력 및 석탄 발전소 등 다양한 에너지 관련 인프라 프로젝트가 개발되고 있다. 그러나 중국은 이 프로젝트의 조건으로 파키스탄이 생산된 전력에 대해 "막대한 투자 수익을 보장하는 가격"을 지불하도록 요구하고 있다.[29] 초기 대출 부채로 인해 파키스탄은 이미 지불이 연체되고 있다.

일대일로 구상과 관련하여 파키스탄이 빠진 부채의 곤경은 예외라기보다는 규칙이다. 이런 종류의 채무함정 외교는 궁극적으로 중국공산당의 영향을 받지 않고 자국을 운영할 수 있는 파키스탄의 능력을 약화시킬 수 있다. USCC의 2018년 의회 보고서에 따르면, 많은 일대일로 인프라 프로젝트들은 중국 금융 및 상업 은행이 자금을 제공한다.

"중국 대출은 다수의 일대일로 구상 국가들에게 부채 지속가능성 문제를 제기하는 한편, 베이징에게 중국 이익을 증진시키는 경제적 지렛대를 제공하며 일부 경우에는 주최국의 주권을 위협한다. 일대일로 구상국가의 부채 위기 문제에 대한 베이징의 대응은 차용자에게 채무불이행을 피하도록 추가 대출을 제공하는 것에서부터 전략적으로 중요한 자산의 지분을 얻어내는 것에 이르기까지 다양하다."[30]

더욱이, 중국의 대출 관행은 국제표준을 준수하지 않으며, 대출이 불투명하여 관찰자들이 중국의 전체적인 개입을 이해하기 어렵다. USCC의 2018 보고서는 다음과 같이 지적했다.

"윌리엄 앤 매리 대학의 연구소인 에이드데이터(Aid Data)에 따르면, 2000년에서 2014년 사이에 중국의 개발 재정의 5분의 1만이 OECD 개발지원위원회(ODA)의 공적개발지원 기준을 충족했다. 또한 다자 기관과 대부분의 양자 개발금융기관은 주권 정부에 대한 대출 금융 조건을 공개한다. 그러나 중국의 정책 은행들은—대출 조건을 공개하지 않고—개별 국가들에 대한 대출을 보고하지 않아서, 한 국가가 중국에 빚진 부채의 현재 가치를 평가하는 것이 어렵다."[31]

글로벌 개발센터의 2018년 3월 보고서에 따르면, "부채 지속가능성의 표준 측정에 따라 당시 부채 위기의 위험에 처한 23개의 일대일로 구상 국가"가 발견되었다. 23개 국가 모두 부채 지속가능성 문제에 있어 "중요한" 또는 "높은" 위험에 처해 있다. 23개국의 목록에서, 이 보고서는 "일대일로 구상이 부채 지속가능성 문제를 야기할 가능성이 있는 것으로 보이는 8개국을 발견했고, 중국이 이러한 문제를 해결할 주요 위치에 있는 지배적 채권자"라고 밝혔다. 특히 파키스탄이 이 8개국 중 하나이며 위험이 높은 것으로 판단되었다.[32]

빚더미에 앉다

파키스탄의 육지 기반 프로젝트가 빚더미에 앉고 있을 때, 중국은 또한 해양 프로젝트를 위해 파키스탄에 눈독을 들이고 있다. 중국은 인도양에서 파키스탄을 거쳐 중국으로 직접 에너지와 상품을 운송할 수 있는 항구, 파이프라인 및 운송 인프라 개발에 관심이 있다. 중국은 에너지 안보를 우려하므로 이것은 중국에게 유혹적이다.[33] USCC는 미 에너지 정보국(US Energy Information Administration)의 2016년 자료를 인용해, 매일 1,900만 배럴의 석유가 호르무즈 해협을 통해 운송되고 1,600만 배럴은 말라카 해협을 통해 운송된다고 밝혔다.(중동에서 선적된 석유는 말라카 해협을 통과하여 중국에 도착하기 전에 인도와 스리랑카를 돌아 운송된다.[34]) 이 항로는 중국에게 중요하다. 호르무즈 해협과 말라카 해협은 모두 주요 일대일로 구상 노선과 겹친다.[35] 비슷한 통로로는 북동 아프리카 연안의 밥 엘 만데브 해협과 이집트를 관통하는 수에즈 운하가 있다.

2019년 상반기에 파키스탄은 CPEC 관련 일부 구상에 브레이크를 걸기 시작했다.[36] 파키스탄의 새 총리는 그의 전임자가 수행한 일부 프로젝트에 대해 비판적이었다. 파키스탄의 어려운 경제 상황과 중국에 대한 부채로 인해 비판가들은 파키스탄의 경제가 성공적으로 회복될 수 있는지에 대해 우려하고 있다. 그리고 파키스탄만이 아니다. 중국의 채무함정 외교에 취약한 국가들 역시 21세기 해양 실크로드를 따라 위치하고 있다. 이 해양 기반 실크로드는 중국을 남아시아, 중동, 동아프리카 및 유럽으로 광범위하게 연결하는 계획된 해양 항로 및 항구를 가리킨다.[37]

스리랑카 역시 글로벌개발센터 보고서에 언급된 23개 위험에 처한 국가 중 하나였다. 실제로, 이 작은 섬 국가는 인프라 프로젝트를 위해 중국의 자금을 받은 후 이미 상당한 대가를 치렀다.

2000년대 초 스리랑카는 섬의 남쪽 끝에 위치한, 함반토타 항구를 건설할 계획을 발표했다. 마힌다 라자팍세(Rajapaksa) 전 스리랑카 대통령은 일련의 야심찬 프로젝트를 개발하고자 했으며 특히 세계에서 가장 번잡한 대양항로를 따라 항구를 개발하는 것에 대해 낙관적이었다. 전략적 국제연구센터의 조나단 힐만(Jonathan Hillman)의 〈대출 게임〉 보고서에 따르면, "국제 공항, 크리켓 경기장 및 항구를 포함한 많은 대형 프로젝트에는 세 가지 공통점이 있었다. 중국 대출, 중국 계약자, 그리고 라자팍세의 이름을 사용했다는 것이다."[38] 힐만 보고서에 따르면, 스리랑카에 제공된 대출은 종종 이자가 높았다. 함반토타 항만 프로젝트의 첫 단계에서, 중국은 스리랑카에 3억 7800만 달러를 대출해주었는데 이것이 후에 (더 많은 대출을 제공하는 조치로서) 더 높은 6.3퍼센트 고정이율로 재협상되었다.[39] 이에 비해 다자간 은행은 보통 2~3%의 이자율로 대출을 제공하며 때로는 이자율이 0에 가깝다. 힐만은 또한 함반토타 항구에 대한 다른 경쟁적 제안은 없었다고 밝혔다. 힐만은 "다른 잠재적 대출기관들은 그 프로젝트의 위험을 무릅쓸 만한 반대급부를 보지 못했을 것"이라고 했다.

일대일로 구상 프로젝트는 2013년까지 공식적으로 발표되지 않았지만, 중국은 이 구상에 함반토타 건설을 포함시켰다. 결국, 그것은 전형적인 일대일로 관련 사업의 모든 특성과 목표를 갖게 되었다. DCA 중국 분석 경제학자이자 디렉터인 장 프랑수아 뒤푸르(Jean-Francois Dufour)는 다음과 같이 말했다. "중국의 자금과 엔지니어들이 윈윈을 의도한 파트너십의 일부로서, 중국 밖에 인프라를 구축하기 위해 동원된다. 이것이 바로 실크로드의 존재 이유의 정의이다."[40] 그 항구의 1단계는 2010년에 열렸다. 2015년 스리랑카의 정치 지도부가 바뀌자 이 섬은 이전 정부가 한 일부 거래를 재검토했다. 이 프로젝트가 계획된 지 약 10년 후에 스리랑카는 이 항구의 추가 공사를 중단했다. 사실상 이것은 사면초가에 처한 항구가 스리랑카를 위해 수입을 창출할 능력을 지연시켰다.

힐만은 2015년까지 스리랑카 정부 수입의 약 95%가 부채를 충당하는 데 사용되었다고 밝혔다. 결국 스리랑카는 중국(채권자)에게 대화를 간청해야 했다.

힐만에 따르면, 함반토타 항구는 예상대로 성공하지 못했다고 한다. 2017년에는 175개의 화물선만 그 항구에 도착했다. 스리랑카는 막대한 부채를 갚을 수 없었기 때문에 중국에 함반토타 항구의 지배적 지분을 내주고, 2017년 12월, 99년간 임대의 일환으로 그 운영과 그 주변 1만 5000에이커에 대한 통제권을 양도했다.[41] (아이러니하게도, 1898년 중국은 홍콩 주변의 "신 영토"를 99년 동안 영국에 임대했었다.) 스리랑카 항구가 중국에 넘겨졌을 때, 중국의 공식 통신사는 "#일대일로 경로에 세워진 또 하나의 이정표"라고 트윗했다.[42]

세계의 돼지 저금통 좀도둑질하기

파키스탄, 스리랑카 및 기타 국가의 공포스러운 이야기에도 불구하고 중국 공산당의 일대일로 구상은 계속해서 많은 국가를 유혹한다. 불행하게도, 중국의 적극적인 대출 제도에 의해 발생된 부채는 미국과 미국의 동맹국, 그리고 중국의 제안에 아직 동의하지 않은 다른 국가들에 비용을 발생시키고 있다. 대출을 받은 나라가 중국의 대출을 유지할 수 없는 경우에는 종종 부채 재협상을 한다. 로디움 그룹(Rhodium Group)은 2019년 4월 재협상 및 부채에 쪼들리는 것이 일대일로 구상 참여 국가에서 일반적인 현상임을 밝힌 보고서를 발표했다. 이 보고서는 "부채 재협상 규모 자체가 중국의 해외 대출의 지속가능성에 대한 정당한 우려를 나타낸다"고 밝혔다. 그 그룹은 더 많은 재협상이 곧 다가올 것이라고 예측했다. 2013년부터 2016년까지 많은 일대일로 대출이 이루어졌으며 곧 상환일이 다가올 것이다. 보고서에 따르면 스리랑카와 같은 자산 압류는 "드물게 발생"하지만, 앞으로 있을 많은 압류의 첫 케이스일 수 있다.[43]

또한 중국공산당은 다른 가혹한 상환 방법을 만들어낼 수 있다. 중요한 지렛대를 이용해 중국은 거래 조건을 변경하고, 고통스러운 경제적, 전략적 납부방법을 찾아내거나, 빚진 국가에 할당되는 국제 자금을 간접적으로 받을 수 있다. 2018년 8월 미국 상원의원 16명으로 구성된 초당파 그룹은 스티븐 므누신(Steven Mnuchin) 재무장관과 마이크 폼페이오 국무장관에게 서한을 보냈다. 그들은 "약탈적인 중국 인프라 금융을 받은" 국가들이 국제통화기금(IMF)에 구제 금융을 요청하는 데 대해 우려를 표명했다. 이 서한에 따르면, 대출을 받은 국가의 급증하는 부채와 금융위기는 "중국의 부채함정 외교와 일대일로 구상의 위험을 보여준다."[44] 국가는 때때로 관리 불가능한 부채에 대한 도움을 받기 위해—회원국의 납세자가 지원하는—IMF와 같은 기관에 의지한다. 상원의원들의 서한에 따르면, "중국에 빚진 지속불가능한 부채"로 인해 IMF는 2016년 스리랑카에 15억 달러의 구제 금융 대출을 제공하기로 합의했다. 스리랑카의 대규모 채무서비스를 감안할 때 이 돈의—전부는 아니더라도—상당 부분이 아마도 중국으로 갔을 것이다.[45]

그리고 스리랑카만이 아니다. 2019년 5월 파키스탄은 60억 달러의 IMF 구제 금융을 받았다.[46] 미국은 IMF 기금에 가장 큰 기여를 하는 나라이므로, 미국 납세자들이 일대일로 구상을 통해 전통적인 세계 질서를 대체하려는 중국공산당의 전 세계적 노력에 간접적으로 자금을 지원하고 있는 것이다.[47] 폼페이오 장관은 2018년 7월에 "중국 채무자나 중국 자체를 구제하기 위해—IMF 자금의 일부인 미국의 달러와—IMF 세금을 쓸 합리적 근거가 없다"고 말했다.[48] 더 많은 국가들이 중국에 깊이 빚질 위험에 처해 있다. 다른 고군분투하는 국가들도 국제기구들에 비슷한 호소를 할 수 있다. 이로 인해 중국이 관련 없는 국가에서 돈을 짜내어 자체 글로벌 목표를 달성할 수 있는 능력이 더욱 강화될 것이다.

또는 중국이 (스리랑카에서와 같이) 대신 다른 국가의 자산을 통제하기로 결정하는 경우, 중국의 핵심 인프라에 대한 세계적 통제와 자원 및 무역의 흐름을 확대할 수 있다. 이는 적극적으로 활용된다면 중국공산당의 의지를 따르지 않는 국가들 간의 자유롭고 개방된 상품의 흐름을 감소시킬 수 있다.

독재의 테라바이트

디지털 실크로드 또는 정보 실크로드는 일대일로 구상에서 덜 분석된 (그러나 잠재적으로 더 음흉한) 요소이다. 이 구성 요소는 통신, 사물 인터넷 및 전자 상거래와 같은 디지털 부문의 통합에 중점을 둔다. 특히, 이것은 이들 업계를 이끌고 미래의 구현 및 개발에 대한 표준을 설정하는 중국의 역량을 강화할 기술 분야에 대한 투자를 장려한다.[49] 많은 정보 전문가들은 이것이 중국의 감시능력을 향상시키고 전 세계에 중국식의 권위주의적 지배를 확산시키는 데 도움이 되는 얄팍하게 가장된 노력이라고 우려하고 있다.

디지털 실크로드는 전 세계에 걸쳐 있으며 여러 기술 부문을 통합한다. RWR 자문단의 데이터를 인용하여 블룸버그는 2012년 이래 중국 기업들이 일대일로 구상의 일부로서 76개국에 광대역 인프라를 판매 또는 설치하고, 56개국에서 "스마트 시티" 및 감시 기능을 개발하고, 21개국에 통신 장비를 설치하고, 27개국에 인터넷 연결 기기를 설치했다고 보도했다. 중요한 것은 이러한 완료되었거나 시작된 각각의 판매나 설치에 미국 역시 참가자였다는 것이다.[50] "중국의 디지털 실크로드가 철의 장막과 비슷해 보인다"라는 제목의 〈블룸버그〉 기사에 따르면, 미국과 중국은 미래의 중요한 기술 분야를 통제하고 글로벌 영향력을 행사하기 위한 대규모 경쟁을 하고 있다. 미국과 중국은 모두 전 세계에 기술을 판매한다. 중국은 기술 인프라를 개선하기에 자금이 부족한 개발도상국에 매력적인 저렴한 자금 조달의 이점이 있다. 실제로 이 경쟁으로 인해 디지털 세계가 어떻게 운영되어야 하는가에 대조적인 견해를 가진 두 국가 사이에 "디지털 철의 장막"이 쳐지고 있다.[51]

2015년 3월, 중국의 공산당 정부는 "실크로드 경제 벨트와 21세기 해양 실크로드 공동 건설의 비전과 행동"을 발표했다. 무엇보다 이 문서는 국경을 넘어 통신 인프라 구축을 추진할 것을 요청한다. 목표는 중국이 "신세대 정보 기술, 생명 공학, 신 에너지 기술, 신소재 및 기타 신흥 산업에서" 다국적 협력을 빠르게 늘리고 "기업 및 투자 협력 메커니즘을 확립하는 것"이다.[52] 2017년 일대일로 포럼에서 서명된 공동성명 또한 "전자 상거래, 디지털 경제, 스마트 시티 및 과학 기술 공원"을 강화하기 위한 계획을 포함했다.[53]

인터넷, 디지털 경제, 정보 기술 그리고 미래의 모든 산업에 별도의 서구와 중국공산당 버전을 만들어 지구를 반으로 가르는 철의 장막 같은 디지털 장벽이 있는 세상을 상상해보자. 이 목록에 중국의 디지털 실크로드의 핵심에 있는 통신을 추가한다. 5G에 관한 장에서 언급했듯이 중국은 가능한 한 많은 국가에 인터넷과 휴대전화 서비스를 공급하고자 한다. 미국 이동통신사는 국제시장—특히 개발도상국 시장—에 관심이 없고 미국 모바일 및 인터넷 공급업체가 없어졌기 때문에 많은 일대일로 국가는 중국의 제안을 기꺼이 받아들인다.

아프리카는 디지털 패권에 대한 중국의 야심의 주요 표적이다. RWR 자문단의 자료에 따르면 2012년 이후 디지털 실크로드의 일환으로, 아프리카에서 중국의 디지털 프로젝트 지출은 에디오피아에서 총 24억 달러, 나이지리아에서 18억 달러, 짐바브웨에서 18억 달러, 앙골라에서 17억 달러에 이른다.[54] 국가안보 보좌관 존 볼턴(John Bolton)은 2018년 12월 연설에서 아프리카에서의 중국의 광범위한 일대일로 노력에 대해 언급하면서, 중국이 "미국에 대한 경쟁 우위를 확보하기 위해 이 지역에 대한 투자를 의도적, 적극적으로 추진하고 있다"고 말했다.[55]

이를 염두에 두고 미국은 일관된 아프리카 전략을 수립하고 이행해야 한다. 아프리카는 미국과 중국의 특별한 경쟁의 중심지가 될 것이다. 아프리카 54개국에는 가난한 나라, 독재적인 정부 그리고 미국이나 서방에는 특별한 애정이 없는 나라들이 있다. 이 모든 것이 중국공산당이 중국 공산주의식으로 실질적인 재식민화를 할 수 있는 유대를 형성할 실질적인 기회를 창출한다. 아프리카 사령부 창설은 유용한 출발이었지만 훨씬 더 많은 노력이 필요하다. 또한 미국이 대륙 전체에 통신과 전기를 모두 제공할 수 있는 우주 기반 자산도 검토해야 한다.

볼턴은 중국의 방법에 대해 설명하면서 아프리카에 대한 미국 전략의 중요성을 강조한다. "중국은 뇌물, 불투명한 계약, 부채의 전략적 사용을 이용하여 아프리카의 국가들을 베이징의 바람과 요구에 포로가 되도록 한다. 그들의 투자는 부패로 가득 차 있으며 미국 개발 프로그램과 동일한 환경 또는 윤리적 기준을 충족시키지 못한다"고 볼턴은 말했다. "이러한 약탈적 행위는 중국의 세계적 지배력을 높이려는 궁극적인 목표 아래 중국을 오가는 일련의 무역로를 개발하려는 계획인 '일대일로'를 포함해 보다 광범위한 중국의 전략적 구상의 하위 구성요소이다."[56]

〈블룸버그〉에 따르면, 이미 아프리카 국가들—일례로 민주주의 국가인 잠비아—에서 그에 따른 결과가 있었다. 잠비아는 중국 통신, 감시 및 방송 기술에 약 10억 달러를 쓰고 있다. 일부는 잠비아의 기술 인프라 개발에 대한 중국의 참여를 잠비아의 근대화 노력을 자극할 수 있는 저렴한 방법이라고 지지하지만, 다른 사람들은 이것이 심각한 억압으로 이어질 수 있다는 우려를 표명하였다.[57] 네트워크 개입에 대한 개방형 관측소(Open Observatory of Network Interference)의 정보를 인용하여 〈블룸버그〉는 2013년과 2014년에 잠비아 정부가 "중국의 검열과 전형적으로 관련된 기술을 사용하여" 최소한 4개의 웹사이트를 차단했다고 보도했다. 중국의 장비가 관련되어 있다는 것이 입증되지는 않았지만 잠비아는 인터넷 모니터링 및 차단에 사용되는 ZTE 및 화웨이 장비를 설치했었다.[58]

또한 정부에 종종 비판적인 〈마스트Mast〉 신문사의 최고경영자는 "언론 기관들은 중국의 도움을 받는 정부를 두려워하고 있다"고 말했다. 정부에 대한 공개적인 비판은 잠비아에서 심각한 처벌을 받을 수 있다. 잠비아의 에드거 룽구 대통령을 비난하는 글을 소셜 미디어에 올린 여러 사람이 명예훼손 혐의로 구금되었다.[59] 잠비아의 수도인 루사카에서 ZTE는 공공장소에 카메라를 설치하고 있다. 이것은 2억 1000만 달러의 "안전 도시" 구상의 일부이며 치안 기능을 향상시키는 것을 목표로 한다.(루사카가 이미 남아프리카에서 가장 안전한 도시 중 하나로 알려져 있다는 사실은 중요하지 않다.) 잠비아 당국자들은 이 프로젝트에 정치적 함의가 있으리라는 것을 부인하지만, 이전 장에서 설명한 바와 같이 중국에서는 감시 시스템이 정규적으로 안면인식을 사용하여 반대 세력을 추적한다.[60] 잠비아 정부는 이 프로젝트를 지지하지만, 국민들의 자유가 희생되고 있다. 반부패 노력에 중점을 둔 단체의 책임자로서 잠비아를 탈출한 그레고리 치파이어(Gregory Chifire)는 "우리는 중국에 우리 자신을 팔았다"고 말했다. 그는 "표현의 자유—사상의 자유, 언론의 자유—는 날이 갈수록 줄어들고 있다"고 지적했다. 잠비아의 민주주의에 남아있는 것은 그 이름뿐이다."[61]

중국은 자사의 상품과 서비스 외에도 디지털 독재를 수출하고 있을 가능성이 있다. 기술과 민주주의의 연구 책임자 아드리안 샤바즈(Adrian Shahbaz)는 중국이 "기술이 사회를 어떻게 지배해야 하는가에 대한 자기들의 규범을 전파하고 있다"고 말했다.[62] 중국이 디지털 세계 질서를 지배하도록 허용한다면 개인의 자유가 심각하게 위태로워진다. 중국은 인터넷 사용과 내용을 크게 제한하는 전체주의 사회이다. 또한 기술을 사용하여 사람들을 감시하고 검열하고 통제한다. 이러한 관행이 전 세계적으로 채택된다면 어떨지 상상해 보라.

이 현대 디지털 세계를 구축하고 중국이 리더십을 발휘하는 것이 중국 정부의 우선 순위이다. 중국의 산업정보기술 차관인 첸자오시옹(Chen Zhaoxiong)은 디지털 실크로드가 "사이버 공간에서 공동 운명의 공동체를 구성하는 데" 기여할 것이라고 말했다. 많이 들어본 소리 같지 않은가? USCC에 따르면, "공동 운명의 공동체"라는 이 언어는 "중국이 자국의 취향에 부합하는 세계 질서에 대한 비전을 설명하기 위해 사용하는 언어"를 직접 반영한다. 이것은 앞서 설명한 "인류 공동의 미래를 가진 공동체"에 대한 시진핑의 생각과 비슷하다.[63]

중국의 다양한 일대일로 프로젝트가 확장됨에 따라 관련 국가의 주권을 침식하고 통치 기반을 약화시킬 수 있는 진정한 위험이 있다. 중국공산당 지도자들은 종종 일대일로 구상이 중국의 지정학적 야심을 진전시키기 위한 것이라는 말을 일축해왔다. 그러나 중국공산당은 프로젝트를 위해 경쟁자를 밀어내고 있으며, 프로젝트를 중국 상품 및 기술 표준을 수출하기 위한 파이프 라인으로 사용하고, 중요한 인프라에 대한 통제권을 확보하며, 국제 기관의 긴급 구제 자금을 받아가고 있다.

또한 중국공산당의 영향력이 커짐에 따라 중국이 일대일로 구상을 사용하여 군사적 입지를 확대할 가능성이 있다. 많은 분석가들은 중국이 아마도 파키스탄에 해군기지를 건설할 것이라고 한다. 중국은 그러한 의도를 부인한다.[64] (중국은 자신이 남중국해를 군사화하리라는 것도 부인한 것을 기억하자.) 실제로, 중국은 2015년 국방백서에서 중국군의 핵심 과제는 "중국의 해외 이익의 안전을 지키는 것"이라고 제시했다.[65] 중국은 일대일로 구상을 통해 해외 군사입지를 확대할 뿐만 아니라 권위주의 모델을 다른 국가로 확산시키거나 추종 국가들에서의 억압적인 관행을 장려할 가능성이 높다.

USCC가 밝혔듯이, 이 구상 아래 "중국은 권위주의 통치 모델을 수출할 수 있고 해외의 권위주의적 행위자들을 장려하고 정당화할 수 있다."[66]

위대한 재브랜드화

중국은 광범위한 비판을 받으면서 일대일로 구상의 브랜드를 바꾸고 다시 활성화하는 시도를 해왔다. 이러한 노력 중 일부는 성공적이었다. 앞서 언급했듯이, 중국의 투자를 비판한 후 당선된 말레이시아 총리는 이제 이 구상을 완전히 지지하고 있으며, 이전 프로젝트를 더 낮은 비용으로 재개하기 위해 중국과 거래를 텄다. 그는 처음에는 2019년 1월에 그 프로젝트를 종료시켰

었다. 또한 2019년 3월 이탈리아는 7개국 그룹 중 최초로 중국의 일대일로 구상에 참여했다.[67]

2019년 4월 제2차 일대일로 구상 국제협력포럼에서 시진핑은 추가적인 반발을 막기 위해 구상을 약간 수정해 제시했다. 시진핑은, 앞으로 이 구상의 참가자들은 "광범위하게 받아들여진 규칙과 표준을 채택해야 한다"고 말했다. 즉, "프로젝트 개발, 운영, 조달, 입찰 및 응찰에 관한 일반적인 국제규칙 및 표준을 따라야 한다." 그리고 "모든 프로젝트의 상업적, 재정적 지속가능성을 확보해야 한다."[68] 시진핑은 또한 "부패에 대한 무관용"을 강조했다.[69] 중국 정부는 또한 부채의 지속가능성을 분석하기 위한 틀을 발표했으며, 중화인민은행 총재는 중앙은행이 "개방적이고 시장지향적인 금융 및 투자 시스템을 구축할 것"이라고 발표했다.[70] 그 결과, 시진핑에 따르면, 그 포럼에서 640억 달러 상당의 거래가 체결되었다.[71] 싱가포르, 스위스, 오스트리아와 같은 선진국들마저도 개발도상국의 인프라 구축을 지원하기 위한 제3자 시장 협력 활동에 참여하겠다고 서명했다. 일본, 프랑스, 캐나다, 스페인, 네덜란드, 벨기에, 이탈리아 및 호주 등이 이미 이 계약에 서명했다.[72]

이 새로운 재브랜드화의 수사적 주장에 관계없이 미국과 전 세계 국가는 중국공산당의 일대일로 구상에 서명할 때 발생하는 위험을 염두에 두어야 한다. 우리는 이 구상이 어떤 목표를 달성하려고 하는지 깊이 고려해야 한다. 물리적 개발 외에도 일대일로 구상은 미국 주도의 세계 질서를 대체하려는 중국의 글로벌 외교 전략의 선도적 측면이다.[73] 이에 대응하여 미국과 다른 주요 강대국들은 여러 국가가 권위주의적 부채함정 모델의 잠재적 피해자가 되는 것을 막기 위해 일대일로 구상에 대한 대안을 개발했다.

사실, 전 세계의 개발도상국들은 인프라가 절실히 필요하다. 필리핀에 소재한 아시아개발은행은 2016년에서 2030년 사이에 특히 아시아의 개발도상국에서 발전이 26조 달러의 투자비용이 들 것으로 추정한다.[74] 트럼프 행정부는 중국의 노력에 대응하기 위해 자유롭고 공정하며 투명한 미국 모델을 홍보하는 것이 중요하다는 것을 깨달았다. 2017년 미국 국가안보 전략에 따르면,

"미국은 자유롭고 개방된 항로, 투명한 인프라 자금조달 관행, 방해받지 않는 상거래 및 분쟁의 평화로운 해결을 위해 지역 협력을 촉진할 것이다. 우리는 공정하고 상호적인 양자 무역협정을 추구할 것이다. 미국 수출을 위한 동등하고 신뢰할 수 있는 접근을 추구할 것이다. 파트너들과 협력하여 자유시장을 옹호하고 주권을 전복하려는 세력으로부터 보호받는 국가 네트워크를 구축할 것이다. 고품질 인프라 구조를 구축하는 데 동맹국들과의 협력을 강화할 것이다."[75]

미국은 제3세계 국가들과 동맹을 구축하고 재정 및 기타 경제 관계를 개발하기 위한 전략을 수립하고 구현해야 한다. 중국공산당의 모델은 종종 미국이 현재 따라잡을 수 없는 형태와 규모로 경제적 인센티브를 사용하여 어디서든 친밀한 관계를 추구하고 계약을 맺는 것이다. 중국의 공산주의 정부는 미국에는 없는 모든 도구를 사용한다. 또한 중국공산당의 억압적 체제와 치안제도가 매력적인 선택사항이라고 보는 권위주의 체제들에 대해 친밀감을 느낀다. 우리는 미국의 체제와 가치의 강점을 사용하여, 지구를 가로질러 친구를 만들고, 시장들을 뒷받침하며, 동맹과 관계를 구축하는 우리의 능력을 극대화하기 위해 우리 사회의 모든 자산을 새롭게 통합하는 것이 필요하다.

트럼프 행정부는 이미 이를 실행하는 필수적인 첫 조치를 취하고 있다. 마이크 폼페이오 국무장관은 2018년 7월 "미래의 기초 영역인 디지털 경제, 에너지 및 인프라"를 지원하고 강화하기 위해 1억 1300만 달러의 새로운 미국 구상을 발표했다.[76] 2018년 8월 폼페이오 장관은 지역 안보 지원을 위해 3억

달러를 추가로 발표했다. 이 기금은 해상 안보를 강화하고, 인도주의 및 평화유지 구상을 위한 능력을 개발하고, 초국가적 위협에 대응하기 위한 프로그램을 개선하기 위해 배정되었다.[77] 또한, 2018년 10월, 초당적인 '개발촉진을 위한 투자활용 향상법안' 또는 BUILD(Better Utilization of Investments Leading to Development) 법이 서명되었다. BUILD 법의 통과는 의회와 트럼프 행정부에게 중요한 이정표이다. 이 법은 미국의 국제개발 자금조달 능력을 개선하고 강화한다.[78] 이러한 개혁은 트럼프 행정부의 우선 순위였다. 국가안보전략에 따르면,

> "미국은 미국 기업들이 개발도상국의 기회를 활용할 인센티브를 갖도록 개발 금융도구를 현대화할 것이다. 이러한 변화를 통해, 다른 국가들이 영향력을 확대하기 위해 투자와 프로젝트 금융을 활용하는 동안 미국은 뒤처지지 않을 것이다."[79]

또한 신흥 시장에 투자하는 데 필요한 지원과 도구를 제공하는 미국 정부기관인 해외민간투자공사(Overseas Private Investment Corporation: OPIC)에 따르면, 미국의 개발 금융도구는 OPIC이 시작된 1971년에 마지막으로 크게 바뀌었다.[80] 일대일로 구상에 따른 중국의 노력으로 인해, 미국은 대외정책과 국가안보 이익을 보호하면서 세계개발 문제를 해결하기 위한 새로운 대안이 필요하다는 것을 인식했다. 다행히도 BUILD 법은 이러한 우선 순위들을 다룬다. OPIC에 따르면, BUILD 법은 새로운 기관인 미국 국제개발 금융법인(US International Development Finance Corporation)을 설립한다. 이것은 "OPIC과 USAID의 개발신용기관의 역량을 결합하는 현대적이고 통합된 기관이 될 것이며, 민간자본이 개발도상국으로 더 잘 유입되도록 하기 위해 새롭고 혁신적인 금융 상품을 소개할 것이다." 이 새로운 기관으로 미국은 경

제 성장을 이끄는 능력을 갖게 될 것이다. 대체로 OPIC는 미국 국제개발 금융공사가 미국을 강화하고 개발도상국을 약탈적인 대출 책략으로부터 보호할 것이라고 썼다.[81]

이것들은 정확히 미국이 중국공산당의 일대일로 구상의 함정을 막아내기 위해 필요한 구상이다. 미국은 실행가능한 대안을 제공하지 않고서는 개발도상국이 일대일로에 참여하지 못하도록 설득하는 데 성공할 수 없다. 그러나 이것은 엄격히 외교 문제가 아니다. 이미 2018 USCC 보고서에 따르면 허니웰, 제너럴 일렉트릭, 시티그룹 및 골드만삭스 등 미국 기업들이 일대일로 구상에 참여하고 있다.[82] 우리가 개발도상국을 위한 다른 선택사항을 장려해야 하는 것과 마찬가지로, 미국 회사를 위한 대안적 투자기회를 장려해야 한다. 미국은 중국공산당의 일대일로 구상와 관련된 경제적, 전략적 목표와 도전을 인식하고 미국의 이익을 보호하기 위해 행동해야 한다.

새로운 고지: 우주

The New High Ground

주지하시는 바와 같이, 다른 나라들은 핵심 통신을 방해할 수 있고 미국의 전장에서의 작전에 중요한 위성의 눈을 가리는 새로운 기술로 우주를 무기화하기 위해 공격적으로 움직이고 있습니다. 미국이 궁극적인 고지를 되찾고 오늘의 젊은 전사들이 내일의 전장에서 승리할 수 있도록 준비시킬 때입니다.

2019년 5월 도널드 트럼프 대통령[1]

우주 프로그램을 개발하고 나라를 우주 강대국으로 변화시키는 것은 우리가 지속적으로 추구해온 우주몽입니다.

2013년 6월 시진핑 총서기 [2]

우주에서의 리더십 경쟁은 우리가 직면한 가장 중요한 과제이다. 우주와 다른 행성으로 적극적으로 여행하고 개발하며 거주하는 국가가 인류의 미래에 대한 규칙을 만드는 국가가 될 것이다. 중국은 이를 완전히 이해하며 우주 능력을 향상시키기 위해 활발히 노력해왔다. 현재 중국이 기술, 경험 및 성과 면에서 미국에 뒤처져 있다는 것은 사실이다. 그러나 굉장히 뒤처지지는 않았으며 그 격차는 빠르게 좁혀지고 있다.

또한 중국의 목표는 미국을 따라잡고 그 발견을 공유하는 것이 아니다. 중국은 미국을 능가하고 세계에서 가장 뛰어난 우주 비행국이 되고자 한다. 시진핑 총서기는 우주를 지배하는 국가가 미래를 지배하게 될 것이라는 점을 이해한다. 중화인민공화국 창립 100주년을 맞이하는 2049년까지 중국을 "완전히 개발되고 부유하고 강력한 나라"로 만드는 그의 계획에 있어 우주 지배는 중요한 부분이다. 서양인들이 중국의 우주 프로그램에 대해 가장 쉽게 저지르는 실수는 그것이 NASA, 유럽 우주국 또는 기타 민간 과학 또는 탐사중심 모델과 같이 구성되어 있다고 가정하는 것이다. 실제로, 중국은 민군 융합 모델 내에서 우주에 대한 노력을 해왔다.

중국의 우주 관료 기구는 다양한 정부기관, 국유기업, 임명된 협의회의 약어가 대단히 많은 혼란스러운 제도이다. 우주에서 중국의 공식적 행동을 대표하는 기관은 중국 우주국이다. 그러나 군은 (장비 개발 부서를 통해) 궁극적으로 국가의 우주선, 위성, 우주 기반 무기 및 주요 엔지니어링 프로젝트를 연구, 개발, 조달함으로써 관료기구를 통제한다.[3] 이런 식으로, 중국 우주 부문의 거의 모든 측면이 공산당 인민해방군(PLA)의 지도를 받는다. 2019년 4월 11일 미중 경제안보 심의위원회(USCC)는 다음과 같이 밝혔다.

"중국 군대는 우주정책 계획에도 중요한 역할을 한다. 예를 들어, 2004년에 중국 최고급 군사기구인 국무원과 중앙 군사위원회가 달탐사 프로젝트를 위해 공동 주도로 소규모 조직을 구성했으며 이는 2004년부터 2015년까지 14회 이상 개최되었다. 군사조직은 표면적으로 군사적이지 않은 중국의 우주 프로젝트에도 크게 관여하고 있다."[4]

우주 프로그램에 대한 이러한 깊은 군사적 개입은 모두 계획적이다.(시진핑은 또한 중앙 군사위원회의 의장이기도 하다는 것을 유념하자.) 2012년에 권력을 잡은 직후, 시진핑은 당시 시대에 뒤떨어진 우주 부문과 인민해방군이 쉽게 통합될 수 있도록 양자를 재구성하기 시작했다. 첫 번째 단계는 모든 중국 정부의 우주 프로그램과 부서를 군대와 혼합하는 것이었다. USCC에 의하면, 2014년이 되어서 중국 정부는 비정부 행위자에게 (그들을 혼합적인 민군 중국 우주 모델에 통합하여) 우주 산업을 개방했다고 발표했다. 2015년에 중국은 우주, 사이버 및 전자 분야에서의 전쟁에 특히 중점을 둔 중국군의 서비스 분과인 PLA의 전략적 지원 부대(SSF)의 설립을 발표했다. 국방 정보국이 2019년에 〈우주 안보에 대한 도전〉에서 보고한 대로 "SSF는 중국 정보 전쟁의 핵심을 형성하고 전체 PLA를 지원하며 중앙 군사위원회 직속이다."[5]

오늘날 거의 모든 주요 중국 우주 프로젝트나 프로그램은 PLA 요원이 주도하거나 자문한다.[6] 중국의 우주 활동을 연구하고 글을 쓰는 남라타 고스와미(Namrata Gos-wami) 박사는 2019년 4월 25일 USCC에서 증언의 일환으로 이 중 일부를 제시했다. 고스와미 박사에 따르면,

- 류상푸(Liu Shangfu) 소장은 중국군의 핵심 장비 개발부(EED)를 이끌고 있다. 그의 이력은 부사령관 및 군 SSF 참모총장, 시창(Xichang) 위성발사 센터 사령관, 인간 우주비행 프로그램 부사령관, 일반군비국(GAD, 현재는 조직 개편을 해서 EED로 대체되었다.) 참모총장, 중국 달탐사 프로그램의 부사령관 등이다.
- 장율린(Zhang Yulin) 장군은 EED의 차장이며 SSF와 협력하고 있다. 그는 이전에 GAD 부국장을 지냈고, 중국 우주프로그램의 차장이다.
- 시에 경신(Xie Gengxin)은 충칭 민군통합 협력 혁신연구소(CQ, Chongqing Collaborative Innovation Research Institute of Civil-Military Integration)의 부소장으로 중국의 우주 기반 태양력 발전 프로젝트를 감독하고 창어 4호 우주선에 대한 실험 중 하나를 설계했다.
- 양시종(Yang Shizhong)은 충칭 연구소와 중국 공학 아카데미의 교수이다. 또한 일반참모 PLA 본부에서 군사과학기술 연구위원회 컨설턴트로도 활동하고 있다.[7]

따라서—달에서의 누에 부화, 달의 중계위성 시스템 생성 또는 국제 우주 정거장의 중국 버전 생성 등—우주에서의 중국 활동에 대해 이야기할 때 중국이 하는 모든 일에는 잠재적인 군사적 적용이 있음을 이해하는 것이 중요

하다. 시진핑이 우주에서의 지배권을 중국의 지구지배력의 핵심으로 보고 있기 때문에 이러한 이중적인 우주 활동이 존재한다. 중국 국영언론은 중국을 "우주 강대국"으로 만들려는 시진핑의 분명한 의도를 보도해왔다.[8] 2013년 6월 11일 센주-10(神舟-10) 임무가 시작된 후, 시진핑은 임무를 수행하는 사람들에게 "우주 프로그램을 개발하고 국가를 우주 강대국으로 바꾸는 것이 우리가 지속적으로 추구해온 우주몽"이라고 말했다. 2013년 6월 24일, 티안공(Tiangong) 임시 우주 실험실에 탑승한 중국 우주 비행사들과의 화상 통화에서 시진핑은 그들에게 말했다. "우주몽은 중국을 더 강하게 하려는 꿈의 일부입니다. 우주 프로그램의 개발로 중국인들은 우주로 나아가기 위해 더 큰 걸음을 내딛을 것입니다." 이 말은 우주 활동에 관한 중국 정부의 2016 백서에서 반복된다. 백서는 중국의 비전을 이렇게 설명한다.

> "독립적으로 혁신하고, 최첨단에서 과학적 발견과 연구를 수행하고, 강력하고 지속적인 경제 및 사회 발전을 촉진하고, 국가안보를 효과적이고 안정적으로 보장하고, 건전하고 효율적인 통치력을 발휘하고, 그리고 상호 유익한 국제교류 및 협력을 수행할 능력을 갖추고 중국을 모든 면에서 우주 강대국으로 건설하는 것. 선진적이고 열린 우주과학기술 산업, 안정적이고 신뢰할 수 있는 우주 인프라, 선구자 및 혁신적인 전문가, 그리고 풍부하고 심오한 우주정신을 갖는 것. 중국 국가를 새롭게 하려는 중국몽의 실현을 강력히 지원하고 인간 문명과 진보에 긍정적인 기여를 하는 것."[9]

이 비전 선언문은 상당히 무해한 것처럼 보이지만, 전 세계가 듣고 싶어하는 것을 말하면서 자기 이익을 진척시키는 일은 뭐든지 계속 수행하는 것이 중국공산당의 전반적인 전략의 일환임을 기억하자. 중국은 성실하게 세계무역기구(WTO)에 가입하고 나서 거의 즉시 자신이 했던 모든 약속을 깨뜨리기 시작했다.[10] 중국은 오바마 정부에 남중국해를 군사화하지 않겠다고 약속하고 나서 군사화된 섬들을 짓기 시작했다. 국방 정보국이 보고한 바와 같이, "중국은 우주의 평화적 이용을 공식적으로 옹호하고 있으며, 유엔에서 우주의 비무기화에 관한 협정을 추진하고 있다." 그럼에도 불구하고 중국은 대우주 무기능력을 지속적으로 개선하고 있으며 사이버 공간, 우주 및 전자전을 합동군사작전에 더 잘 통합하기 위해 군사 개혁을 시행했다."[11]

2019년 4월 11일, 중국의 우주지배력 추구에 대한 USCC 보고서는 중국이 우주 활동에 있어 자신의 역사적인 기술 및 경험 부족을 놀라운 속도로 개선하고 있다고 지적한다. 실제로 중국은 미국이 우주 프로그램을 구축하고 있을 때 보다 두 배나 빠르게 움직이고 있다. 1961년 미국은 최초의 유인우주선을 우주로 보냈다. 1973년에 스카이랩(Skylab, 임시 우주정거장)을 발사했다. 마지막으로, 1998년 무렵에 미국은 국제 우주정거장에서 장기적인 모듈을 운영하고 있었다. USCC 보고서에서 지적했듯이, 2003년 중국 최초의 유인우주선과 티안공 1호(Tiangong-1) 임시 우주정거장 발사 사이에 불과 8년이 걸렸다. 그 보고서에 따르면, "2020년에 최초의 장기 우주정거장 모듈인 티안헤 1호(Tianhe-1) 발사 계획이 성공하면, NASA가 최초의 유인 우주비행에서 첫 우주정거장 모듈까지 거의 40년 걸렸던 것을 20년 미만으로 따라잡는 것이다.[12]

중국이 천천히 가리라는 징후는 없다. 2019년 4월 25일 고스와미 박사가 USCC에 한 증언에 따르면, 중국은 30년 동안 주요 프로젝트 마감일 대부분을 맞추었거나 초과달성했다. 시진핑과 중국공산당은 우주에서 중국의 발전 속도를 계속 가속화시킬 가능성이 훨씬 높다. 2019년 3월 31일 현재, 과학자 협회 위성 데이터베이스에 따르면 중국은 299개의 위성이 궤도를 돌고 있으며 이는 두 번째로 많은 위성 수이다. 미국은 901개의 위성이 돌고 있다.[12] 또한 전략국제연구센터의 토드 해리슨은 4월 25일 청문회에서 중국이 궤도 발사에 있어 이미 미국을 앞지르고 있다고 USCC에 밝혔다. 해리슨은 CSIS 항공우주보안 프로젝트 및 국방예산분석 담당자이다. 그의 증언에 따르면, 중국은 2018년에 38회의 궤도발사에 성공했다. 미국은 34회뿐이었고, 러시아는 19회였다.[13]

해리슨은 중국의 우주 기반 야망은 약해질 조짐을 보이지 않는다고 덧붙였다. 중국은 티엔허-1우주 정거장 계획 외에도 1990년에 시작된 허블 우주 망원경보다 300배 더 큰 시야를 자랑하는 우주 망원경을 구축하고 있다. 한편, 미국의 허블 대체품인 제임스 웹(James Webb) 망원경은 2007년 10억 달러를 들여 출시될 예정이었다. (오늘날의 연로한 미국 우주 산업과 NASA 관료주의에 일반적인) 일련의 지연과 비용 증가로 인해 발사 날짜는 이제 2021년이 되었고 우주 망원경은 현재 100억 달러가 소요될 것으로 예상된다. 무엇보다도 중국은 (민간 및 군사) 우주 관련 프로그램에 연간 110억 달러를 지출할 것으로 예상된다. 해리슨이 말했듯이, 그것은 "미국에 이어 두 번째로 큰 금액"이다. NASA의 예산은 연간 평균 200억 달러가 넘는다. 트럼프 대통령의 최근 2020년 예산 역시 군용 우주프로그램에 141억 달러를 요구하고 있다.[14] 그렇다. 미국은 훨씬 더 많이 쓰고 있지만, 중국 제조 비용과 중국 관료기구는 미국에 비해 훨씬 저렴하다.

중국이 우주 부문에서 세계를 선도하고자 하는 최근의 가장 명확한 신호는 달의 뒷면에 성공적이고 역사적으로 착륙한 것이었다. 2019년 1월, 창어 4호 (Chang'e-4) 착륙선이 달의 뒤 표면에 도착하여 유투 2호(Yutu-2) 로봇을 내보냈다. 이것은 인류 역사상 처음이다. 이전에 어떤 국가도 달의 반대편에 우주선을 착륙시킨 국가는 없었고, 착륙선을 사용한 국가도 없었다. 달을 조사하고 그곳에 영구적인 존재를 구축하는 것은 창어 시리즈 임무의 네 번째 단계였다. 이 프로젝트의 이름이 달에 집을 지은 신화 속의 중국 선녀라는 점은

주목할 가치가 있다.[15]

그러나 이 획기적인 임무 중 가장 중요하고 과소평가된 단계는 착륙이 아니었다. 그것은 지구와 달 사이의 두 번째 라그랑주 점(Lagrange point)에 있는 헤일로 궤도(halo orbit)로 췌차오(Quectiao, 오작교) 중계 통신 위성을 발사한 중국의 사전 작업이었다. 기본적으로 라그랑주 점은 중력이 상쇄되는 행성체 사이의 영역이다. 라그랑주 점의 우주선은 어떤 방향으로도 너무 많이 당겨지지 않기 때문에 궤도에 머무르기 위해 많은 에너지를 소비할 필요가 없다. 따라서 라그랑주 점은 우주의 주차장과도 같다. 그리고 잠재적으로 믿을 수 없이 값비싼 부동산일 수 있다. 중국이 달 표면과 시스루나 공간(cislunar space, 지구와 달 사이의 공간)에 장기적으로 존재하려 한다는 것은 분명하다.

시스루나 공간: 새로운 고지

중국이 지구-달-2(Earth-Moon-2)에 중계위성을 배치하는 것은 더 큰 시스루나 상업 군사 인프라를 구축하는 첫 단계일 수 있다. 이미 창어-4에 사용된 위성은 중국이 네덜란드와 함께 하고 있는 다른 우주 프로젝트에 대한 정보를 전송하고 있다. 잘못 생각하지 말자. 중국이 시스루나 공간에 인프라와 건축을 구축한다면, 점점 더 많은 국가들이 미국이 아니라 중국과 파트너를 하려 할 것이기 때문에 중국은 보상을 받게 될 것이다.

창어 임무에 무엇을 포함할 계획인지에 대한 중국의 공개 설명은 미네랄 분석 및 수집, 누에 부화 시도, 면화 재배 및 기타 과학 기반 프로젝트를 포함한다. 그러나 많은 전문가들은 창어 임무의 잠재적이고 말해지지 않은 이중적인 용도를 파악하려고 노력하고 있다. 〈워싱턴 타임스〉에 따르면, 미공군

고위관리들은 중국이 달의 뒷면에 위성공격용 및 기타 우주 기반 무기를 숨길 수 있을 것이라고 우려하고 있다.[17] 실제로 미국과 중국의 군사지도자들은 시스루나 공간이 전쟁의 새로운 고지라고 설명했다. 은퇴한 미 해병대 제임스 카트라이트(James Cartwright) 장군은 2019년 4월 25일 USCC에 시스루나 공간이 달과 우주로 가는 "관문"이자 "지구의 모든 궤도를 관측할 수 있는 고지"라고 말했다.

이는 이 고지를 통제하는 국가가 다른 국가나 회사가 우주에 접근하는 것을 거부하거나 우주에서 다른 국가를 (우주 기반 및 지상 자산 모두) 공격할 수 있는 능력을 갖는 것을 의미한다. 카트라이트는 다음과 같이 경고했다. "그곳에서 무슨 일이 벌어지고 있는지 모르는 것, 시스루나 공간에 우수한 지휘 및 제어 아키텍처가 없는 것은 미래로 갈수록 우리를 엄청나게 불리하게 만들 것이다. … 그 고지에서 얻는 이점을 이해하는 것이 매우 중요하다. 이는 국가안보 관점에서, 군사적 관점에서 중요하다." 마찬가지로, 2015년의 중국 군사전략은 "우주 공간과 사이버 공간이 모든 당사자 간의 전략적 경쟁에서 새로운 지평이 되었다"고 분명히 밝혔다.[18] 이것이 충분히 확실한 메시지가 아니라면, 중국의 달탐사 프로그램의 최고 사령관이자 최고 설계자인 예 페이지안(Ye Pei-jian)이 다음과 같이 말한 것을 들어보라.

"우주는 대양, 달은 댜오위다오 제도, 화성은 황얀 섬(Huangyan Island)이다. 우리가 거기에 갈 수 있는 데도 지금 그렇게 하지 않는다면 후손들이 우리를 탓하게 될 것이다. 다른 사람들이 거기에 가면, 그들이 차지할 것이고, 우리는 가고 싶어도 갈 수 없게 될 것이다. 이것은 충분한 이유이다."[19]

이 말은 군사적 관점에서 우주가 세계 공유라는 관점을 반영하지 않는다.

중국의 우주 프로그램에 내재된 것은 시스루나 공간이 주장할 수 있는 영토라는 개념이다. 또한 중국의 행동은 그 새로운 영토를 방어하려는 의도를 보인다. 이 나라는 수년간 우주 기반 무기를 (우주 및 지상에서) 제작하고 실험해왔다.

미국 공군의 획득, 기술, 군수 담당 차관인 윌리엄 로퍼(William Roper)는 2019년 4월 25일 USCC에 "중국과 다른 국가들이 적대 행위를 우주로 확대하려는 의도를 이미 보여주고 있다"고 말했다. 위험한 우주 잔해물(국제 격납고뿐만 아니라)을 남긴 2007년 중국의 대위성무기 시험 외에도 중국이 현재 우주자산을 제거할 수 있는 유도에너지 무기를 개발 중이라고 로퍼는 밝혔다. "유도에너지 무기"는 레이저, 고출력 미세파 및 무기화된 무선 주파수를 포함하는 포괄적인 용어이다. 이 무기들은 사이버 공격, 신호 방해, 화학 스프레이 공격 및 중요한 위성관측에 대한 기타 악의적인 행동으로 보완될 수 있다. 이것은 공상 과학 소설이 아니다. 국방 정보국은 "중국은 2020년까지 저궤도 공간 기반 광학센서에 대응할 수 있는 지면 기반 레이저 무기를 배치할 가능성이 높으며 2020년대 중반에서 후반까지 비광학위성의 구조로까지 위협을 확장하는 고출력 시스템을 배치할 수 있다"고 밝혔다.

현재 미국은 시스루나 공간에서 이러한 유형의 활동에 대한 의미 있는 억제 시스템이 없다. 1967년 우주 조약은 대량 살상 무기를 금지하지만 소규모 표적 무기나 일반 군사 활동은 금지하지 않는다. 우주에서 폭력을 억지하는 법적 또는 실제적 방법이 없는데도 불구하고 미국의 값비싸고 중요하며 임무에 핵심적인 자산이 궤도에 있다.

중국의 재래식 군대는 재래식 전쟁에서 미국을 물리칠 가능성이 거의 없다. 일반적으로 우리는 훨씬 더 많은 지상 군사력이 있다. 중국의 재래식 군대는 지역 군사력으로 유용하지만 아직 세계적 군사력은 아니다. 그러나 미국은 유도미사일 시스템에서 지상군 지휘에 이르기까지 거의 모든 수준의 전투에 위성관측을 통합했다. 미국이 두 걸프전 동안 이 절묘한 통합을 활용할 때 중국은 이를 보고 배웠다. 로퍼가 USCC에 지적한 것처럼 "합동 타격 전투기가 가야할 곳에 갈 수 있도록 지원하는 위성과 전투할 수 있다면 왜 그 전투기와 전투할 것인가? 항공모함 타격단의 항법을 도와주는 위성을 제거할 수 있다면 왜 그 타격단과 전투할 것인가?"

실제로 국방 정보국은 또한 "미국과 연합군 작전에 대한 PLA 분석에 따르면 위성 및 기타 센서를 파괴하거나 포획하면 정밀 유도무기를 사용하기가 어려울 것"이라고 밝혔다. 또한 PLA의 글은 정찰, 통신, 항법 및 조기 경보 위성이 "적의 눈과 귀를 멀게" 하도록 설계된 공격의 표적이 될 수 있다고 한다. 미국군은 더 큰—고가의 표적—위성 중 일부를 분산된 별자리 위성들로 대체하기 시작했다. 이로 인해 적이 공격할 대상을 더 많이 만들어 우리의 위성 시스템을 불능화하기가 더 어렵고 비용이 많이 들게 된다. 그것으로 인해 또한 타격을 받을 가능성이 있는 위성을 교체하는 데 걸리는 시간도 줄어든다. 100개의 작은 위성으로 구성된 별자리는 하나의 큰 위성보다 공격에 대해 훨씬 더 회복력이 있다. 그러나 미국은 시스템 모두를 교체하는 데 있어 수년이 뒤처져 있다.

게다가 국방 분야의 많은 사람들이 중국이 우주 기반 무기 시스템을 우리가 그에 대응할 수 있는 방법을 만드는 것보다 더 빠르게 만들고 있다는 데 동의한다.

상업 부문은 더 세분화되어 있지만 여전히 어떤 면에서 취약하다. 이 맥락에서 국방 정보국 보고서에 따르면, 우리는 얼마나 많은 상업용 및 민간 위성 시스템이 일상생활에 영향을 미치는지를 과소평가해서는 안 된다. 여기에는 위치, 내비게이션 및 타이밍 시스템(예 : GPS), 통신 위성, 원격 감지 위성 등이 있다. 국방 정보국은 2019년 보고서에서 다음과 같이 설명한다.

"위치, 내비게이션 및 타이밍 신호들, 특히 정확한 타이밍은 또한 현대 인프라에 아주 중요한 지원을 제공한다. 정확한 타이밍이 없으면 금융 기관은 거래에 대한 타임스탬프(timestamp)를 만들 수 없어 일반인이 ATM 및 신용 카드를 사용할 수 있는 능력에 영향을 미치며 유틸리티 회사는 전력을 효율적으로 전송할 수 없다.

"궤도의 위성 대부분을 구성하는 통신 위성은 글로벌 통신을 지원하고 지상 통신망을 보완한다. 이 위성을 잃게 되면 광범위한 영향을 받게 되는데, 일례로 1998년에 미국 통신위성이 컴퓨터 장애를 겪었을 때 사람들이 가스비를 지불할 수 없었고 병원은 호출기를 사용하는 의사에게 연락할 수 없었으며 텔레비전 방송국은 프로그램을 전송할 수 없었다. 군대의 경우 위성통신은 상황 파악을 개선하고 지상 기반 인프라의 필요성을 없앰으로써 군대의 이동성을 더욱 강화한다.

"지구, 해상 및 대기에 대한 데이터를 제공하는 원격 감지 위성이 없다면, 사회는 날씨 비상사태 대비를 포함하여 일기 예보의 혜택을 볼 수 없다. 이들 위성은 지형과 환경에 대한 데이터를 제공한다. 이것은 사업체가 광물 자원이 있는 지역을 파악하는 데 도움을 주는 것에서부터 농민이 잠재적인 농업 재난을 파악하도록 지원하는 것까지 다양하다."[21]

우주 기반 무기와 전쟁의 전망 역시 미국에게 심각한 지정학적 도전이 된다. 한 나라가 미국 (정부 또는 상업) 위성을 공격할 경우 적절하고 비례적인 대응은 무엇인가? 확실히, 우리가 탄도 미사일 발사를 탐지하기 위해 사용하는 위성을 파괴하는 것은 위협적이다. 잠재적으로 심각한 결과를 가져올 것이나 그러한 공격이 미국인에게 직접적인 위험을 초래할 가능성은 낮다. 마찬가지로 은행이나 통신에 사용하는 상업용 위성을 어떤 나라가 비활성화하거나 파괴하면 어떨까?

이 비례적 반응에 대한 질문은 누군가 관련 위성을 사이버 공격이나 추적하기 어렵고 동시에 위험한 공간 잔해를 일으키지 않는 레이저로 제거하면 훨씬 더 어려워진다. 우주 공간에서 재산을 파괴한 결과는 무엇인가? 이것은 우주와 지구에서 중국 및 기타 국가를 상대하는 미국의 능력에 대한 중대한 도전이다.

경제적 경쟁

모든 영역에서 그러하듯이 중국은 우주에 대한 우리의 접근에 대해서도 경제적으로 도전하고 있다. 조지타운 안보 및 신생기술(Georgetown Security and Emerging Technology)의 연구원인 로랜드 라스카이(Lorand Laskai)는 일단 중국이 2014년에 민간 부문에 우주 부문을 개방하고 상업적 우주를 국가 우선 순위로 설정했을 때 그 업계가 즉시 성장하기 시작했다고 2019년 4월 25일 USCC에 밝혔다.

다시 한 번 강조하지만, 중국의 민간 회사는 미국 모델과 전혀 다르다. 대부분의 중국 기업은 실질적인 권한을 가진 중국공산당의 세포조직을 회사 구조에 통합해야 한다. 또한 국가 우선 순위로 선언된 상업 부문 또는 우주 부문과 같이 정부를 위한 이중 목적을 가진 부문은 국가의 보조금을 많이 받는다. 이 보조금은 기업의 발판을 마련하는 데 도움이 되지만 중국은 이를 무기화하는 기술을 터득했다. 중국이 시장을 선별해서 보조금을 많이 주면 (민간 및 국유) 중국 기업은 다른 국가의 산업을 파산시키는 최저 가격을 제안할 수 있고 그런 다음 지배적인 세계적 생산자가 되는 것은 흔히 있는 일이다. 우리는 철강, 알루미늄, 태양전지 패널, 통신 및 기타 여러 산업에서 이것을 보았다. 우리는 이제 우주 부문에서 이와 동일한 전술을 보고 있다. 라스카이는 자신의 증언에서 이것이 바로 중국의 소위 민간 발사 기업 원스페이스(OneSpace)가 사용하고 있는 교본이라고 지적했다.

> "작년에 한 인터뷰에서 원스페이스 설립자이자 CEO인 슈창(Shu Chang)은 그의 목표가 '중국의 SpaceX'가 아니라 '우주산업의 화웨이'가 되는 것이라고 분명하게 밝혔다. 목표는 상업용 우주기술의 한계를 밀어붙이기보다는 기존 기술을 상용화하고 더 낮은 비용으로 판매하는 것이다."[22]

라스카이는 "일부 발사 기업들은 시장 점유율을 확보하는 방법으로 소규모 위성회사에 무료 발사 서비스를 제공했다"고 덧붙였다.

막사 테크놀로지스(Maxar Technologies)의 규제정책 부사장인 마이크 골드는 2019년 4월 25일 청문회에서 라스카이와 같은 말을 했다. 막사는 캘리포니아에 기반을 둔 미국의 주요 우주 회사이다. 골드의 증언에 따르면, 10여 년 전에 중국은 지구정지궤도에 위성이 2개밖에 없었다(이것은 지구의 궤도와 같은 궤도를 의미하므로 하늘의 같은 곳에 가만히 있는 것처럼 보인다). 중국의 지구정지궤도 위성 중 하나는 2006년에 실패했고, 다른 하나는 2008년에 실패했다. "오늘날 중국은 위성 제조 분야의 세계적인 리더가 되어 2년 동안 40개의 위성을 제작하며 이것은 미국과 유럽의 생산성에 필적하는 속도"라고 골드는 말한다. 골드는 중국이 주로 일대일로 구상과, 중국의 공식 우주 프로그램의 최고 국유 계약업체인 중국 만리장성 산업 주식회사(CGWIC)를 통해 이를 달성했다고 USCC에 말했다. 중국공산당 정부는 CGWIC에 대출을 제공하여 일대일로 구상의 대상이 된 국가들로부터 저렴한 위성계약을 받을 수 있게 하고 있다. 골드는 CGWIC이 수익을 내고 있는지, 또는 국제적 경쟁자들을 몰아내고 일대일로 구상 국가들에 대한 영향력을 행사하는 대가로 중국 공산당이 기꺼이 경제적 손실을 감수하려 하는지는 확실치 않다고 말했다.

이 국유 회사가 사용하는 전술 중 하나는 인위적으로 경쟁적인 금융 옵션을 고객에게 제공하는 것이다. 이러한 재정적 인센티브는 경쟁사로서는 따라하기가 거의 불가능하다. 골드의 회사가 2016년에 두 인도네시아 회사의 합작사를 위한 위성 제작 건에 입찰할 때 "우리는 CGWIC가 계약 즉시 이용할 수 있는 70%의 파이낸싱을 제공하고 있음을 발견했다." 일반적으로 파이낸싱은 6개월에서 1년 동안 제공되지 않는다. 당연히 중국이 계약을 따냈다. 이것이 중국이 자신의 GPS 버전(BeiDou)과 위성 산업의 다른 많은 측면과 함께 또한 사용하는 전략이다. 국방 정보국은 이 보고서에서 "중국은 세계 위성통신(SATCOM) 산업의 최전선에 진출하기 위한 몇몇 야심찬 계획을 시작했다"고 경고했다. 중국은 양자 통신과 같은 다양한 차세대 기능을 테스트하고 있으며, 이는 고도의 보안성을 갖춘 통신 시스템을 설치하는 데 필요한 수단들을 공급할 수 있다."

상업용 우주 산업에서 불공정한 경쟁 환경을 만드는 것 외에도 중국이 채택하고 있는 보조금 제도는 중국 기업들이 미국의 수출입 법규 및 기타 규정을 피하고 미국 기업의 영업비밀을 도용하는 것을 돕고 있다. 라스카이는 자신의 증언에서 2018년 12월의 사례를 지적했다. 〈월스트리트 저널〉은 (정부 소유 투자회사가 재정적으로 지원한) 중국 신생기업이 보잉으로부터 위성 시스템을 주문했다는 사실을 발견했다.

미국의 수출 통제에 의하면 본질적으로 중국 정부에 위성을 판매하는 것은 불법이다. 그러나 그 신생기업은 사실상 상업적으로 보였다. 그러나 라스카이는 이 경우에 그 위성이 추가 수출금지 대상인 민감한 기술을 포함하고 있었다고 밝혔다. 그럼에도 불구하고, 모호한 서류 심사로 인해 보잉은 판매용 수출 허가를 얻을 수 있었다. 보잉이 판매를 취소하고 중국이 규제된 위성 시스템을 받지 못하게 한 것은—감시기구 또는 규제기관이 아닌—뉴스 기사 때문이었다.

마찬가지로 2019년 4월 23일 〈월스트리트 저널〉은 홍콩 기반 회사인 (중국 공산당 정부가 부분적으로 소유하는) 아시아새트(AsiaSat)가 보잉과 SSL(막사 테크놀로지스의 지사)로부터 9개의 미국산 위성들을 인수한 또 다른 음모를 발견했다.[23] 수출 통제 하에서도, 반독립 상태인 홍콩에 소재한 회사들은 미국 위성을 구입할 수 있다. 서류상으로 아시아새트는 통신위성을 사용하여 스포츠 및 TV 프로그램을 방영한다. 그러나 〈월스트리트 저널〉은 그중 여러 위성들이 중국공산당의 선전 활동을 방송하기 위해 사용되었고, 중국 경찰이 신속 대응을 하기 위해 사용했으며, 일부는—공산당이 수백만의 위구르족과 다른 무슬림과 소수민족을 박해하거나 투옥한—티베트와 신장에서 반정부 시위를 진압하는 데 사용되었다고 보도했다. 또한 아시아새트를 마케팅하는 중국정부 소유의 시틱 그룹(Citic Group)은 중국 국가보안부(중국의 최고 스파이 기관)와 공산당 인민해방군을 고객으로 두고 있다.

태양을 향한 경주

2019년 1월, 중국은 우주 기반 태양열 발전을 시도하는 프로그램을 공식적으로 추진했다. 이 프로젝트에는 지구정지궤도에 거대한 위성을 하나 설치하는 것이 포함된다. 이 위성은 (지구 대기에 의해 희석되지 않은) 태양 광선을 포착하고, 태양 에너지를 전파로 변환한 다음, 이를 지구에 설치된 공장으로 보내고 그 공장에서 전기로 변환시킨다. 고스와미 박사에 따르면, 이 공장은 2040년까지 24메가와트의 전기를 발전할 계획이다.

자, 말도 안 되는 것처럼 들리겠지만 우주 기반 태양열 발전은 우리가 아는 우주경제와 인류를 혁명적으로 바꾸어놓을 것이다. 지구상의 태양력은 복불복이다. 태양이 빛나지 않으면 전력이 없다. 실제로 지난 수십 년간 지상 태양열 발전에 대한 대부분의 진보는 이 흐린 날과 야간의 문제를 보완하기 위한 배터리 개선에 관련된 것이었다. 이것은 지구 대기권 밖에서는 더 이상 문제가 되지 않는다. 방해받지 않는 햇빛을 받도록 위성을 배치할 수 있다. 에너지를 전파로 전환해 지구로 보내는 것은 과학적으로 해결되었다. 따라서 이 기술의 궁극적인 의미는 100% 무탄소 기저부하(baseload) 에너지라는 것이다. 이 기술을 완전히 개발하는 국가(또는 회사)는 전 세계 어디에나—또는 우주 어디에나 전기를 공급할 수 있게 된다. 이것이 중국의 일대일로 구상, 달 탐사 또는 빈곤한 제3세계 국가에 영향을 미치는 능력에 얼마나 극적으로 도울 수 있을지 생각해보자. 중국의 주요 로켓 프로그램의 수석 엔지니어 왕 시지(Wang Xiji)는 다음과 같이 말했다.

> "화석 연료가 더 이상 인간의 발전을 지탱할 수 없을 때 세계는 공황 상태에 빠질 것이다. 우리는 그 전에 우주태양열 기술을 학보해야 한다. … 기술을 처음으로 확보한 사람이 미래 에너지 시장을 차지할 수 있다. 따라서 그것은 전략적으로 중요한 의미가 있다."[24]

우주 기반의 태양열 발전은 우주 경제를 주도하고(전략 생산은 큰 사업이다) 미래 우주임무를 위한 비용을 지불한다. 달에서 물 채굴과 소행성의 광물 채굴—및 우주 로봇 제조—의 가장 큰 장애물 중 하나는 이러한 시스템을 작동시키는 데 필요한 모든 자산에 전력을 공급하는 방법을 찾아내는 것이다. 에너지로 가득 찬 전파를 로봇 달 광부나 달 서식지에 보낼 수 있는 능력은 지구 외부에 영구 서식지를 구축하는 시간을 크게 단축시킬 것이다.

안타깝게도 미국 정부의 우주 프로그램은 중국의 우주 기반 태양열 발전 프로그램의 유용성이나 실용성에 필적하지 못한다. 그러나 이러한 인간 성취의 이정표에 있어 중국을 이기고자 하는 미국 회사가 있다. 필자는 우주로부터 전력을 생산하기 위한 자체 시스템을 갖춘 솔라렌(Solaren)이라는 회사와 여러 번 만났다.[25] 솔라렌의 시스템은 중국이 설계한 무게의 10분의 1이다. 이 회사가 자금을 확보할 수 있다면 2020년에 프로토타입 시스템을 출시할 수 있다. 전체 250메가와트 시스템은 2023년 초부터도 가동될 수 있다. 그것은 중국의 시설보다 10배 더 생산적이며 17년 더 빨리 구현될 것이다. 솔라렌의 설계는 이미 록히드 마틴의 과학자들에 의해 검토되고 검증되었지만 캘리포니아에 본사를 둔 이 회사는 현재 추가적인 시험 및 검증을 위해 미해군 연구소와 협력하고 있다. 이 회사는 개인 투자자를 찾고 있지만 초기 자금조달 옵션에 대해서는 미국 에너지부와도 논의 중이다.

우주 기반의 태양열 발전의 달성은 중요한 티핑포인트가 될 것이다. 솔라렌과 같은 미국 회사가 궤도에 최초의 실행 가능한 시스템을 보유하게 된다면 지구상의 어느 곳에나 전력을 판매할 수 있을 것이다. 군대와 계약을 맺어 원거리 기지에 무정전 전원을 공급할 수 있다. 주요 전기 인프라에 연결되어 있지 않거나 현재 러시아 또는 이란과 같은 적대적인 국가들에 에너지를 의존하는 동맹 외국 도시 및 국가에 전력을 공급할 수 있다. 중국이 이 기술을 먼저 터득하면 이러한 일을 할 수 있고 우주와 지구에 미치는 영향이 상당히 커질 것이다. 미래를 위해 미국이(정부와 민간 모두) 이 경주에서 승리하는 것이 필수적이다.

트럼프–펜스 솔루션

우주에서 중국의 도전에 맞서고 앞서는 것은 핵심적이다.

요약하면, 중국은 미국의 우주 우세에 대해 세 가지 측면에서 도전하고 있다. 첫째, 중국공산당 정부는 화웨이 모델을 반복하여 미국 민간 부문 발사 회사를 약화시키고 미국의 기술혁신을 구매하는 전략을 세우기 시작했다. 둘째, 중국은 NASA보다도 먼저 달에 대한 권리를 주장하려는 노력을 기울이고 있다. 셋째, 중국은 우주에 대한 다양한 전쟁 전투 접근을 개발하고 있으며, 이에 미국 우주군은 훨씬 더 적극적인 개발을 할 필요가 있다. 미국이 우주에서 리더십을 유지하려면 이러한 세 가지 도전에 모두 맞서야 한다.

　좋은 소식은 트럼프 행정부가 미국 우주 부문에 활력을 불어넣기 위해 엄청난 조치를 취하고 있다는 것이다. 최근 중국의 부상에도 불구하고 우리에게는 미국이 우주에서 세계적인 리더로 남을 수 있는 기회의 창이 있다. 이것은 단순히 경제에만 중요한 것이 아니다. 우리는 인류가 미래로 나아가는 데 있어 자유, 공정, 법의 지배가 이끌도록 해야 한다. 만약 중국의 공산당이 주도한다면, 우주 (그리고 결국 지구)의 통치 체제는 폭정과 압제가 될 것이다. 우주의 미래에 대한 도널드 트럼프 대통령의 비전은 바로 이런 일이 일어나지 않도록 하기 위해 미국이 해야 하는 것이다.

　트럼프 대통령이 임기 초에 취한 가장 강력한 조치는 국가우주위원회를 재구성하고 부통령을 위원장으로 임명하는 것이었다. 위원회는 진행 상황을 매번 회의에서—공개적으로—부통령에게 보고해야 하는 장관들로 구성되기 때문에 관료들을 움직이게 하는 엄청난 압력이 존재한다. 이 조치는 상업 우주 부문의 성장에 관여하고 장려하도록 상무부를 재구성하고 권한을 부여하는 데 있어 핵심적이었다. 또한 이 조치는 교통부를 움직여 발사 및 우주 비행을 위한 첨단 교통 제어 시스템을 개발하게 했다. 이 조치는 또한 독립된 부대이건 미공군 소속 부대이건 간에 미국 우주군을 설립하는 데 필수적인 역할을 할 것이다.

　가장 최근에, 2019년 3월 26일, 앨라배마 헌츠빌에서 펜스 부통령은—인간의 우주비행에 있어 의미 있는 진보는 하지 않고 수십 년간 정부 돈을 받아온—NASA, 미국 관료, 그리고 오래된 미국의 우주회사들에 몹시 대담하고 역사적인 도전을 했다. 부통령은 미국이 2024년까지 미국인들을 달로 돌려보낼 것이라고 발표했으며, 이 우주 비행사들 중 최소 한 명은 달 표면을 걷는 최초의 여성이 될 것이라고 발표했다. 펜스 부통령에 따르면, 실패는 "선택사항이 아니다." 이것은 미국의 달 탐사 임무를 사실상 2028년으로 늦춘 최근의 NASA 발표에 뒤이어 나온 것이기에 우주 관련 기구들에 매우 중요한 지시였다. 펜스 부통령은 마감일을 넘기거나, 비용을 초과하거나 활동이 없는 것을 관용하지 않겠다는 결정적인 메시지를 보냈다. 전통적인 우주 관료(정부와 민간 모두)는 더 이상 자기 주머니를 채우거나 자기들이 애호하는 프로그램을 보호하기 위해 우주에서의 미국의 운명을 늦출 수는 없을 것이다. 펜스 부통령은 다음과 같이 말했다.

> "우리는 어떤 한 계약자하고만 일하지 않는다. 현재 계약업체가 이 목표를 달성할 수 없는 경우, 달성할 수 있는 업체를 찾을 것이다. 미국 산업계가 정부 개발 없이 중요한 상업적 서비스를 제공할 수 있다면 그것을 구매할 것이다. 향후 5년 안에 미국 우주 비행사를 달에 보낼 수 있는 유일한 방법이 상업용 로켓이라면, 상업용 로켓으로 할 것이다."

가장 좋은 시나리오는 NASA가 이 메시지를 받고 과거의 업적만 가리키기보다는 아폴로 시대처럼 행동하기 시작하는 것이다. NASA는 위험을 수용하는 데 개방적이 되고, 절차보다는 실질적인 진전으로 스스로를 평가하기 시작하며, 그리고 펜스 부통령의 지시를 달성할 것이다. NASA의 책임자인 짐 브리덴스틴(Jim Bridenstine)과 함께, 필자는 이 일이 일어날 것이라고 굳게 믿는다.

마찬가지로, 기존의 대형 우주회사들은 사업을 하는 기존 방식(비용이 많이 드는 계약, 다년간의 지연 및 수십억 달러의 예산 초과)을 재평가하고 그것이 끝났음을 깨달을 것이다. 점점 더 날렵하고 효율적이며 효과적인 우주 신생 기업들이 등장함에 따라 과거의 공룡들은 변화해야 할 것이며, 그렇지 않다면 멸종할 것이다. 완벽한 결과로서, 새로운 미국 혁신가들은 우주에 대한 접근 비용을 계속 낮추게 될 것이다. 발사 및 우주 비행에 사용하는 하드웨어는 점점 재사용 가능하고 안정적이며 제조 비용이 저렴해질 것이다. 그리고 오늘날 중학생인 모든 미국인들은 원한다면 엄청나게 성공을 거둔 미국 우주산업에서 직장을 얻게 될 수 있을 것이다.

마지막으로, 펜스 부통령이 말한 것처럼, 우주 관련 기관들에서 일하는 모든 사람들은 "이전보다 더 크게 생각하고, 더 똑똑하게 실패하고, 더 열심히 일하는 법"을 배울 것이다. 헌츠빌에서 펜스 부통령이 다음과 같이 말한 것은 정확하게 맞는 말이다.

> "미국은 단지 미국 경제를 나가아게 하고 미국을 보호하기 위해서 뿐만 아니라, 무엇보다도 우주의 규칙과 가치는 모든 위대한 전선과 마찬가지로, 먼저 그곳에 갈 용기가 있고 머무를 의지가 있는 사람들이 작성하게 될 것이기 때문에, 지난 세기와 마찬가지로 금세기에도 우주에서 선두에 있어야만 한다."
>
> "그리고 미국인으로서, 그리고 생명, 자유, 행복 추구를 다짐하는 이 위대한 나라의 상속자로서 우리의 가장 소중한 가치가 우주에서 인류의 미래의 기초가 되도록 하는 것이 바로 우리의 의무이다."[26]

이 장의 서두 부분에서 말했듯이, 이것은 우리가 금세기에 직면한 가장 중요한 경쟁이다. 미국이 이겨야 하는 경쟁이다.

15

전쟁 대 전쟁 시늉

War Fighting
vs. War Posturing

우리는 이념이 아닌 결과를 중요하게 여깁니다. 우리는 공동의 목표, 이익, 그리고 가치에 뿌리를 둔, 원칙에 입각한 현실주의 정책이 있습니다. 그 현실주의가 이 방의 지도자들과 국가가 직면한 문제에 우리가 맞서게 합니다. 그것은 우리가 피하거나 도피할 수 없는 문제입니다. 우리는 안일함의 길로 빠져들어, 우리가 직면한 도전과 위협, 심지어 전쟁에 무감각해질 것입니다. 아니면 시민들이 내일 평화와 번영을 누릴 수 있도록 오늘 이러한 위험에 직면할 수 있는 충분한 힘과 자부심이 우리에게 있습니까?

2017년 9월 도널드 트럼프 대통령[1]

고대의 한 중국인은 말했습니다. "법령이 준수되지 않으면 국정에 혼란이 올 것이다." 당은 나라의 모든 부문에서 모든 활동에 대해 전반적인 리더십을 발휘합니다. CPC 중국공산당 중앙위원회가 정의한 이론, 지침, 정책은 중국의 모든 당원과 모든 민족 구성원이 사고방식, 결단, 행동에 있어 통일성을 보장하는 기초입니다. CPC 중앙위원회가 권위가 있어야만 모든 당원의 힘을 모으고 당 전체와 국가 전체를 통합하여 동일한 열망을 가진 불패의 힘으로 만들 수 있습니다.

2017년 2월 시진핑 총서기[2]

미국이 공산당 지배 하의 중국이 전 세계적 차원의 경쟁자로서 부상하는 것에 초점을 맞추기 시작하면서, 이 도전이 얼마나 어려울지, 그리고 얼마나 우리의 신중한 변화가 필요한지에 대한 이해는 심각하게 부족하다. 분명히, 향후 20년 동안 공산당 지배 하의 중국이 미국에 제기하는 도전에 응하는 것 (그리고 패배를 피하는 것)이 제2차 세계대전을 준비하거나 냉전을 위한 새로운 제도들을 설립하는 것만큼 큰 프로젝트가 될 것이다.(나토, 전략적 공군 사령부, 중앙정보국, 통합 국방부, 그리고 FBI의 광범위한 반소련 첩보 활동을 생각해 보라.)

이러한 규모의 연구, 분석, 변화에는 행정부, 의회, 뉴스 매체, 민간 부문 그리고 궁극적으로 미국 국민들이 참여해야 한다. 이것이 제2차 세계대전에서 승리하고 소련을 패배시키는 데 필요했던 것이며, 공산당 지배 하의 중국과의 경쟁에서 승리하기 위해 필요한 것이다. 이 과정의 핵심 부분은 중국공산당이 누구이며 우리가 누구인지에 대한 냉혹하고 정직한 분석이어야 한다. 지피지기가 백전불태의 조건이라는 손자의 경고를 따라야 한다.

공산당 지배 하의 중국을 국가안보에 대한 위협으로 엄격히 분석함에 있어서, 우리는 새로운 우주 경쟁에 관한 마이크 펜스 부통령의 경고를 기억해야 한다. "지금 우리에게 필요한 것은 긴급성입니다. … 그러나 그것은 단지 우리의 적들과의 경쟁이 아닙니다. 우리는 또한 최악의 적인 무사안일주의와 경주하고 있습니다."[3] 평시에는 우리 국가안보 관료들이 실제 전쟁이 아닌 전쟁 시늉(war posturing)의 포로가 될 심각한 위험이 있다. 전쟁 시늉은 변화를 피할 수 있기 때문에 관료주의가 좋아하는 행태이다. 전쟁 시늉을 하면서, 관료들은 평시에 그럴 듯하게 보일 수 있고, 필요한 변화를 최소화하면서 자신과 다른 사람들에게 모든 것이 괜찮다고 안심시킬 수 있다.

1930년대 후반, 미 육군과 해군을 조율하기 위한 공동 기획위원회가 있었다. 이론적으로 이 위원회는 육군과 해군 모두에 대해 조직적이고 통합된 계획을 개발해야 했다. 실제로 해군은 그 능력에 맞는 계획을 개발했고, 육군도 그 능력에 맞는 계획을 개발했다. 일본인들에게 깊은 인상을 주고 우리가 그들이 공격하기에는 너무 강하다는 인상을 주고 확신을 심어주길 바라면서 우리는 필리핀에서 전쟁 시늉에 들어갔다. 우리는 너무 많은 B-17, 충분하지 않은 전투기, 충분하지 않은 탄약, 그리고 완전히 부적절한 경고 시스템을 가진 완전히 불균형한 공군을 보냈다. 그 대부분은 전쟁 첫날에 4년 동안 중국에서 실제로 전투를 했고 무엇을 해야 할지 알고 있었던 일본군에 의해 대파되었다.

1941년 12월 7일 진주만 기습을 당하고 12월 8일 필리핀에서 미국 공군이 철수하면서 전쟁 시늉 모델의 부조리는 분명해졌다. 이것은 완전한 재앙이었다. 육군은 해군이 구조할 수 있을 때까지 3개월 동안 필리핀에서 버틸 계획을 했다. 해군의 계획은 동원하고 싸우면서 3년 안에 필리핀에 도달할 계획이었다. 이러한 일정 불일치의 부조리함은 참담했고, 계획의 심각한 조율을 요구하는 데 훨씬 더 많은 노력을 기울여야 했다.

제2차 세계대전을 준비하는 동안 육군에서 전쟁 시늉이 실패한 유사한 사례가 있었다. 데이비드 E. 존슨은 그의 탁월한 연구 〈고속 탱크와 중폭격기: 미군의 혁신, 1917-1945〉에서 다음과 같이 설명했다. 조지 마셜 육군참모총장은 폴란드와 프랑스에서 독일의 장갑차가 결정적인 승리를 한 것을 보고 기병 대장에게 전화를 걸어 미국 기병대는 독일의 혁신에 대처하는 계획을 재고하기 위해 무엇을 하고 있는지 물었다. 기병대장은 기병대가 독일을 신중하게 연구하고 있다고 마셜을 안심시켰다.

기병대장은 독일 탱크를 상대로 싸울 때 말이 기운차도록 하려면 트럭을 이용해 전장에 더 가까이 데려갈 필요가 있다고 결론을 내렸다. 마셜은 그 말을 불신하면서 듣고 나서 그의 보고에 감사하다고 했다. 기병대장이 떠난 후 마셜은 자신의 비서에게 그 대장을 즉각 퇴역시키고 기병대장 직위를 폐지하라고 말했다. 그것은 분명히 현대 세계의 도전에 응할 수 없었다. 관료주의가 독자적으로 움직이고 변화에 저항하며 자기기만을 하고 결국 재난을 겪은 후에 자기들이 구식이 되었다는 것을 발견하는 것을 이 이야기는 완벽하게 포착하고 있다.

또한 결정적인 패배로 이어지는 전쟁 시늉의 가장 유명한 예는 중세 시대 크레시, 뿌아띠에르 및 아긴꾸르(Crecy, Poitiers, Agincourt)에서의 프랑스의 세 가지 재앙이다. 무거운 갑옷에 중무장한 말을 탄 프랑스 귀족은 프랑스 군대의 주요 공격력이었다.

값비싸고 말에 탄 기사로서 그들의 역할은 전쟁 시늉에 있어서 뿐만 아니라 그들의 자부심과 사회적 지위에도 중심적이었다. 마상 시합하는 개인으로서, 이 기사들이 몇 년 동안 습득한 기술은 강력하고 스릴 있었다. 그러나 전쟁의 도구로서 그들은 세 번의 재앙을 만났다. 영국인들은 긴 활을 공격 무기로 사용했다. 이것은 놀라운 국가적 투자였다. 갑옷으로 중무장한 기사와 말에 대항하여 궁수로서 효과적일 수 있는 힘과 기술을 습득하는 데 몇 년이 걸렸다. 그들은 너무나 많은 양의 화살을 쏘아서 영국에서는 거위 깃털을 모으고 나무를 자르고 화살을 만드는 산업이 대두했다. 마을 화살제조인에게서 화살을 모아 특수한 케이스에 포장하고 프랑스에 있는 영국 군대로 옮길 수 있는 물류 시스템에 대한 추가 투자가 있었다.

영국의 장궁은 프랑스에 대한 지배력을 얻기 위한 전 사회적 노력으로 구현된 국가 전략이었다. 반면 프랑스 귀족들은 프랑스 귀족제의 전체 구조에 치명적인 위협이 되기 때문에 궁수를 미워했다. 귀족들은 궁수를 붙잡을 때마다 그들의 손가락을 잘라서 다시는 활을 당기지 못하게 만들었다. 그래서 한 세기에 세 번, 프랑스는 전쟁 시늉을 했고 영국은 전쟁을 했다. 프랑스인은 세 번이나 막대한 손실을 입고 패배했다. 프랑스인들은 새로운 기술과 새로운 조직에 적응할 수 없었던 것이다.

우리의 방대한 지출과 대규모 전문관료 모두가 전쟁 시늉을 하는 것이 더 쉽다고 여기고, 편안하고 익숙해진 습관과 교리 및 조직 구조를 유지할 심각한 위험이 있다.

중국은 계획하고 속이고 싸울 수 있다

중국이 무혈 승리, 장기 계획, 적을 파괴하기보다는 점진적으로 영토와 이점을 얻는 데 중점을 두는 바둑 같은 접근방식에 중점을 두기 때문에 속임수, 인내 및 조작이 직접적인 전투로 이어지는 순간들이 있다는 사실을 잊기 쉽다. (국가가 아닌 당에 충성하는) 공산당의 군대는 고난의 전투 전통이 있다. 먼저, 국민당과의 20년 간의 내전이 있었고 많은 사람들이 사망했다. 동시에 일본과의 8년 전쟁이 벌어졌고, 격렬한 고난의 전투가 있었다.

1949년 10월 1일, 마오쩌둥이 중화인민공화국 설립을 선언한 지 1년 만에 공산당은 상상했던 것보다 훨씬 더 치열한 전쟁에 끌려들어갔다. 1950년 6월 25일, (스탈린의 승인과 암묵적 지지를 받은) 북한 공산당이 남한을 공격했다. 이 준비되지 않은 미국의 동맹국은 신속하게 압도되었다. 공산주의자들이 남쪽으로 물밀듯 쳐들어가자 미국은 급히 훈련이 부족하고 장비가 부족한 평시 군대를 파견했다. 그들은 한국의 남동쪽 끝 부산항 근처에서 서서히 전선을 안정시켰다. 더글러스 맥아더 장군은 훌륭한 작전으로 서울에서 가깝고 북한군 전선 훨씬 뒤쪽에 있는 인천에서 수륙양용 상륙을 시작했다. 단절될 위기에 처하자 북한인들은 군인과 장비를 잃고 북쪽으로 철수했다. 그들은 미국 공군력의 응징과 미 육군과 해병대의 새로워진 전투력으로 인해 무너지기 시작했다.

맥아더는 일본이 "승리 병"이라고 부른 (일본이 1942년에 지나치게 확장했을 때 그들의 노력을 망친) 병이 있었다. 그는 1년밖에 되지 않은 중국공산당 정부가 성공적으로 개입하는 것이 불가능하다고 생각했으며 심지어 그렇게 말하기까지 했다. 그는 전쟁이 연말까지 끝날 것이며 미국 군대는 크리스마스에 고향에 돌아갈 것이라고 약속했다. 한편 마오의 새 정부는 중국 국경에 미국의 존재를 허용하지 않을 것이라고 공개적으로 경고했다. 미국인들이 북한으로 이동함에 따라 중국인들이 동원되기 시작했다.

일부 미군 부대는 실제로 한중 국경인 압록강에 도달했다. 미군은 과도한 자신감과 능선과 산을 따라 침투하고 있는 중국군에 대한 보고를 무시하라는 도쿄 주재 맥아더 본부의 지시로 인해 너무 엷게 분산되어 있었다. 그들은 주요 공격에 대해 방어할 준비가 전혀 되어 있지 않았다. 들키지 않고 30만 명의 병력을 한국으로 옮긴 중국의 성취는 군사 역사상 작전상 부조화의 가장 위대한 사례 중 하나다. 미국은 총체적인 공군 우위가 있었다. 미국 항공기는 한국 전역 상공을 비행하면서 중국군이 있는지 찾고 있었다. 그러나 미국인들은 적에게 차량이 있다고 가정했다. 도로 위의 움직임과 눈에 보이는 감지할 수 있는 중국인의 존재와 그들의 군수 지원의 존재를 찾았다.

군사 역사를 통틀어 기만, 은폐, 기습의 위대한 성과 중 하나로 간주되어야 할 것으로서, 중국공산당은 밤에만 이동했고 낮에는 숲속에 가만히 숨어 있다가 전혀 들키지 않고 북한에 있던 미군을 포위했다. 중국 군인들이 포로가 되었거나 탐지된 몇 안 되는 경우는 도쿄의 맥아더 본부에 의해 단순히 거부당했다.

공격이 왔을 때 결과는 놀라웠다. 서부에서 미 육군 제2사단은 중국군과 일전을 하면서 사실상 붕괴되었다. 동부에서 해병대는 포위된 자신들을 발견했으며 올리버 스미스 해병대 장군이 말했듯이 "제길, 후퇴! 우리는 다른 방향으로 공격하고 있었어!" 해병대 역사상 압도적인 수의 중국군에 대항하여 바다로 가면서 싸운 것보다 더 놀라운 대하소설은 없다. 이 모든 것이 혹한의 겨울에 일어나고 있었다는 사실이 패배를 더욱 재앙으로 만들었다. 중국이 싸울 수 없고 대규모의 기만 작전을 실행할 수 없으며 훨씬 더 강한 적을 상대로 유사한 인내심을 발휘할 수 없다고 생각하는 사람은 1950년 군사작전을 주의 깊게 연구해야 한다. 화력과 공군력에 있어 우리의 엄청난 이점으로 인해 결국 전선을 안정화시키고 궁극적으로 엄청난 사상자와 함께 중국인을 몰아낸 것은 사실이다. 오늘날 우리는 1950년에 중국군에 대해 가졌던 큰 기술적 이점이 없을 것이다. 어떤 면에서 우리는 여전히 더 강하지만 어떤 면에서는 뒤처지기 시작했다.

1950년 경험에서 두 가지 중요한 교훈을 얻을 수 있다. 첫째, 중국 공산주의자들은 싸울 것이며, 필요하다면 그 리더십은 우리가 끔찍한 수준으로 여길 수준의 사상을 무릅쓸 것이다(1950년대 후반의 대약진을 기억하자). 둘째, 체계적인 계획과 속임수에 대한 그들의 잠재력은 우리의 상상을 거의 초월하여 엄청나다. 우리는 모든 분석과 계획에 중국공산당이 우리를 전술적, 운영적 또는 전략적으로(혹은 최악의 경우 세 가지 모두) 속일 가능성을 포함해야 한다.

오늘날 중국의 계획, 인내, 기만

중국공산당이 인근 지역을 지배하기 위해 준비하고 있고 세계의 나머지 지역에서 미국과 경쟁할 능력을 개발하고 있다는 사실을 알기 위해 기밀 보고를 받을 필요는 없다.

미국을 차단하려는 중국의 첫 번째 노력은 대만과 관련 있다. 중국공산당이 대만에 대해 얼마나 민감한지 미국인들은 이해하기 어렵다. 그들에게 대만은 중국의 불가분의 일부이며, 중국 정부 밖에 있지만, 거의 잘려 나간 팔다리와 같다. 중국공산당 지도부의 경우, 대만이 다시 합쳐질 때까지 중국은 결코 완전하지 않은 것이다. 베이징의 공산주의자들이 대만을 통일하고자 하는 데는 실질적이고 생존적인 이유가 있다. 대만이 약 2,400만 명의 근면한 자유시민으로 구성되어 독립적으로 존재하는 한, 이것은 14억의 사람들에게 "중국 특색의" 자유가 존재한다는 것을 상기시켜준다.

70년 동안 중국공산당은 대만을 비합법화하고 베이징의 통제 하에 강제로 편입하기 위해 노력해왔다. 이 캠페인의 일부는 대만을 외교적으로 격리하여 다른 나라의 수도에 공식적인 대표부 존재가 없게 하는 것이었다. 중국공산당 지도자들은 점점 더 성공해왔으며, 현재 소수의 국가들만이 대만을 별개의 국가로 인정하고 있다.

두 번째 전략은 대만 해협을 군사화하여 군사력의 상관관계로 인해 궁극적으로 미국의 개입을 불가능하게 하는 것이다. 이 목적을 위해 대만의 건너편 지역에는 대공 미사일과 지대지 미사일이 엄청나게 배치되어 있다. 중국은 또한 잠수함에도 투자해왔으므로 대만 근처에서 항해하는 것이 매우 위험할 수 있다.

(대만의 독립 선언과 같은) 중대한 외교적 실수가 없다면 가까운 장래에 중국의 공격적인 군사 행동은 없을 것이다. 오늘날 중국공산당이 대만을 점령하기 위해 군사적 우위를 사용할 것이라는 조짐은 없다. 그러나 해마다 중국이 대만을 격리하고 필요에 따라 점령할 수 있는 능력이 증대한다는 증거는 많다. 실제로 중국은 대만에 대한 무력 사용을 배제하지 않을 것이라고 경고했다.[4] 또한 2019년 7월 국방 백서에서 대만의 독립을 옹호하는 세력을 비판하면서 그것이 안정과 국가안보를 위협한다고 주장했다. 이 백서는 시진핑 총서기의 이전 발언을 되풀이하면서 중국은 "재통일해야 하고 할 것이다"고 선언했다. 이 백서는 다음과 같이 경고한다. "우리는 무력 사용을 포기한다는 약속을 하지 않고, 모든 필요한 조치를 취할 수 있는 선택권을 보유하고 있다. … 인민해방군은 대만을 중국에서 분리시키려는 그 누구도 단호히 물리칠 것이며 어떤 대가를 치르고서라도 민족의 통일을 지킬 것이다."[5] 중국과의 전면전 말고는 미국이 대만을 성공적으로 방어할 그럴 듯한 방안은 없다. 그 가설적인 전쟁이 끝나면 대만은 파괴될 것이다.

또한 훌륭하고 체계적인 남중국해 작전을 통해 중국은 매년 주요 지역에 대한 통제력을 강화하고 있다. 섬을 건설하는 군사 작전에서 중국공산당을 강제로 밀어내기에는 이미 너무 늦었다. 중국 인공섬으로 미국 선박을 보내는 것은 전쟁 시늉의 좋은 예이지만, 이 중요한 대양에 대한 중국군의 지배를 실질적으로 도전하거나 바꾸는 것에는 아무 효과가 없다. 중국공산당은 중국의 해양 인접지역을 넘어, 비대칭 능력, 최첨단 세계적 기술 개발, 일대일로 구상의 군사적 가치라는 세 가지 주요 전략을 통해 세계적 전력 투사 및 전투 능력을 개발하기 시작했다. 하나씩 고려해본다.

비대칭 능력

많은 중국 군부의 필자들은 재래식 군사력을 따라잡아 미국에 이기고자 하는 대신에 비대칭 능력, 교리 및 시스템을 개발하자고 제안하고 있다. 이러한 비대칭적 조치들은 재래식 군사력이 불리해도 분쟁에서 중국이 미국을 물리칠 수 있게 해줄 것이다.

재래식 전투 능력에 대한 미국의 투자는 그 규모가 너무 커서 그에 맞서 이기는 데는 엄청난 비용이 들 것이다. 중국은 몇 대의 항공모함을 구축할 수 있고 이것은 보다 작은 국가들에게 감명을 주는 데 유용할 것이다. 그러나 미국의 (1942년 6월 이후 전 세계적으로 지배적인) 항공모함에 대한 대규모 투자와 경쟁할 수 있는 항공모함 함대를 구축하는 데는 수 세대가 걸릴 것이다. 중국은 궁극적으로는 B-2 스텔스 폭격기를 물리칠 수 있는 대공 시스템을 구축할 것이다. 그러나 러시아가 냉전에서 배운 것처럼 전국적인 대공 시스템은 엄청나게 비싸며 침투 수단을 훨씬 저렴하게 변경하기만 해도 구식이 될 수 있다.(스텔스 폭격기의 등장은 2500억 달러의 소련 대공 방어 투자를 쓸모없게 만들었다.)

일부 비대칭 대응은 군사적으로 이루어진다. 예를 들어, 초음속 미사일은 항공모함보다 구축과 정비가 훨씬 저렴하다. 초음속 무기가 충분한 양으로 생산되는 경우, 그것은 가까운 유효거리 내에 항공모함을 가져오는 것을 너무 위험하게 만들 수 있다.

다른 비대칭 대응은 비군사적이다. 예를 들어 미국이 남중국해 또는 대만 외곽에서 중국과 충돌한다고 가정해본다. 중국공산당은 미국 전함을 침몰시키려는 대신 사이버 공격을 사용하여 미국의 모든 ATM을 고장나게 할 수 있다. 이 가능한 첫 번째 대응은 파괴적인 전략적 무기일 수 있다. 그것은 아무도 죽지 않은 비폭력적인 행동일 것이며, 미국 언론의 대부분은 이를 온건하고 화해적이기조차 한 행동으로 해석할 것이다. 모든 미국인이 ATM에서 현금을 받지 못하거나 직불 카드를 사용할 수 없다면 미국 정부가 군사작전을 며칠이나 지속할 수 있을까? 비대칭 시스템은 우리 국가 체제의 문화나 집단 이익에 맞지 않기 때문에, 우리는 이 시스템을 충분히 깊이 탐구하지 않거나, 이 분야에서 중국공산당을 능가하기 위해 공격적이면서 방어적인 비대칭 시스템을 개발하려고 시도하지 않는다. 그러나 이것이 승전의 영역이 될 수 있다. (이전 사례를 반복하자면, 중국의 침공은 맥아더 장군의 시스템에 맞지 않았으므로 그 가능성은 무시되고 거부되었다. 우리는 그 결과가 어떻게 되었는지 보았다.)

따라서 미국은 비대칭 전쟁 접근법을 평가하는 데 훨씬 더 많은 자원을 배정해야 한다. 비대칭 전쟁은 손자와 기타 중국의 고전적 전쟁론자들의 많은 간접적 사고를 반영한다. 미국은 여전히 전통적인 전장과 동적인 능력에 너무 지나치게 집중하고 있다. 비대칭 전쟁에서 알려지지 않은 그리고 어떤 면에서는 알 수 없는 혁신의 지대는 다음 반세기 동안 공산주의 전체주의 중국 체제에 대처하면서 우리가 직면하게 될 큰 도전 중 하나가 될 것이다.

최첨단 세계적 기술 개발

중국공산당 지도부는 지난 반세기의 군사 발전에서 많은 것을 배웠다. 미국은 제2차 세계대전 스타일의 군사력에 대한 소련의 모든 투자를 1970년대와 1980년대에 쓸모없는 것으로 만들었다. 소련은 제2차 세계대전 군대의 더 크고 개선된 버전을 만드는 데 중점을 두었다. 그들은 장갑차와 대포의 단순한 우위가 적들을 양적으로 압도할 것이라고 생각했다. 소련 스타일의 거대하지만 전통적인 군대는 이집트와 시리아로 수출되었으며, 거기서 1973년 미군을 모델로 한 이스라엘 군대에 의해 결정적으로 패배했다. 이스라엘은 스마트 무기, 빠른 의사소통, 유연성 및 민첩성에 중점을 두었으며 그것은 집중적이고 현실적인 훈련을 통해 효력을 발휘했다.

소련 군사전문가들은 러시아 군대는 그들의 아랍 동맹국들보다는 더 잘할 것이라고 생각함으로써 스스로를 위안했다. 그들은 이 치명적인 패배로 인해 서방 시스템이 얼마나 빠르게 발전하고 있는지 직면하게 되었다. 1982년 한 달이 넘는 전투 끝에 이스라엘은 약 87대의 시리아 항공기를 격추했지만 이스라엘은 단 두 대의 제트기를 잃었다.[6] 이런 일방적인 교환율로 인해 대규모 군사에 의한 승리가 불가능하게 되었다. 면밀하게 조사한 결과, 이스라엘은 빛의 속도로 정보를 이동시킬 수 있는 미국식 전역광역화 통신 시스템을 개발하고 있었다. 시리아 사람들이 무엇을 시작하자 마자 재빨리 무엇을 하고 있는지 알았다. 결과는 시리아 항공기의 전멸이었다.

한편, (복사기를 국가 기밀로 간주하는) 소련 독재는 현대 정보시대 전쟁에 발 맞추기에 충분히 빨리 정보를 공유할 수가 없었다. 중국은 소련이 군사적으로 뒤처진 후 붕괴되는 것을 보았다. 그들은 또한 이라크와 아프가니스탄에서 미군을 지켜보았다. 미국인들이 초기 능력을 뛰어넘어 우주 기반 자산, 드론 및 전통적인 무기 시스템을 파괴적인 군사력의 조합으로 결합하고 있음이 분명했다.

이에 대한 대응으로 중국은 규모는 크지만 능력이 떨어지는 군대를 개조하고 현대화에 투자하기 시작했다. 중국공산당은 기술에 대한 투자로 미군에 대해 지역적인 경쟁력을 갖출 수 있지만, 전 세계적으로 미국의 재래 군사력에 대항하려면 한 세대 이상이 걸릴 것임을 알았다. 당시의 현실을 감안할때, 미국은 중국에게 지역적으로 일부 기반을 잃는다 해도 세계적 패권국가로 남을 것이었다. 중국이 틀을 깨고 진정한 경쟁력을 갖추려면 새로운 전략을 찾아야 했다.

중국공산당은 우주, 사이버 능력, 인공지능, 양자 컴퓨팅 및 전자기 펄스(EMP) 기술에 투자하기 시작했다. 중국의 새로운 접근방식은 비대칭 전쟁에 대한 관심과 결합되어, 미국의 전통적인 군사기술 투자보다 중국에 우위를 제공하도록 설계되었다. 중국군이 우주를 장악할 수 있다면, 대양에서 미국 해군을 쓸어내고 미국 공군 기지를 무방비로 만들 수 있다. 사이버 영역을 지배할 수 있다면 미국 경제를 통제할 수 있고, 미국 지휘 및 통제 시스템을 지배하고, 미국 첨단 무기의 효과를 차단하며, 미국이 중국에 대항하는 것을 사실상 불가능하게 할 수 있다. 만약 중국공산당이 인공지능과 양자 컴퓨팅 분야에서 획기적인 성과를 달성할 수 있다면, 아직 아무도 이 분야에서 뚜렷이 앞서가고 있지 않기 때문에 상상할 수 없는 이점이 있을 수 있다.

마지막으로 여전히 취약한 미국 경제에 대한 EMP 공격은 빌 포스트첸(Bill Forstchen)이 그의 놀라운 책 『1초 후』에서 생생하게 묘사했듯이 우리 문명의 심각한 붕괴를 초래할 것이다. 우리는 중국공산당이 첨단 기술을 지배하려는 강도, 심각성 및 자원의 규모를 과소평가해서는 안 된다. 이것들은 미국이 얼마나 많은 전통 무기가 있는가에 상관없이 중국이 전장을 지배하게 할 수 있다.

일대일로 구상의 군사적 가치

마지막으로, 중국공산당의 일대일로 구상은 미국의 지배를 지속 불가능하게 만들기 위한 세계적인 노력의 틀이다. 전 세계적인 대규모 중국공산당 투자는 대전략과 (체스 플레이어가 아닌) 바둑 플레이어처럼 사고하기의 훌륭한 예이다. 여러 가지 측면에서 일대일로 구상은 1450년 이후 유럽이 전 세계로 꾸준히 뻗어간 방식과 아주 유사하다. 무역거래소, 해군 항만, 작은 영토 및 성장하는 식민지가 있었다. 어떤 경우에는 유럽인들이 지역지도자 토후와의 동맹을 통해 통치했다. 다른 경우에는 유럽인들은 지역지도자를 교체시키고 식민지 관리자를 통해 직접 그 지역을 지배했다.

놀랍도록 짧은 시간에 중국은 유럽 확장의 궤적을 모방하기 시작했다. 일대일로 구상의 출현 속도와 폭을 살펴보면 이것은 정말 놀라운 프로젝트이다. 불과 40년 전만 해도 중국은 대약진과 문화혁명의 혼란으로부터 일어서고 있었다. 마오가 사망한 것은 최근이다. 덩샤오핑은 중국을 생산적이고 성장지향적인 경제로 막 변화시키기 시작하고 있었다. 덩은 성공적인 중국 사업가들의 전 세계적인 네트워크를 통해 중국에 투자하고 국가의 성장을 도와달라고 요청했다. 이제 한 세대 만에 중국은 (미국이 그 구축에 큰 역할을 한) 세계에서 두 번째로 큰 경제대국이며 현재 전 세계에서 미국의 활동을 능가하는 투자 및 무역 시스템을 구축하기 위한 숨막히게 대담한 아이디어를 추진하기 시작했다.

아프리카에서의 현재 진전 상황을 예로 들어보자. 미국 경영연구소의 아더 허먼(Arthur Herman)은 2018년 12월 26일 〈내셔널 리뷰〉에 기고한 글에서 다음과 같이 말했다.

"21세기 아프리카는 세계화의 다음 개척지가 될 것이다. 국방에 필수

적인 희토류를 포함하여 전 세계 탄화수소 매장량과 미네랄의 30% 이
상이 있으며 세계 최대의 인구 폭발이 일어나고 있다."[7]

허먼은 또한 사하라 이남 아프리카는 세계에서 두 번째로 빠르게 경제가
성장하는 지역이라고 언급했다. 아프리카는 또한—첨단 기술에 필요한 가장
귀한 자원 등—많은 양의 석유와 천연 가스와 놀라운 양의 광물을 보유하고
있다. 허먼은 중국이 2015년 아프리카와 연간 약 3천억 달러에 이르는 교역
을 했다고 썼다. 이제는 연간 5천억 달러가 넘는다. 이와 대조적으로 미국과
아프리카의 교역은 매년 약 50억 달러 정도이며, 이마저 감소 중이다. 중국은
상업 대출에서 600억 달러 이상을 확장했으며 2018년 12월 현재 아프리카
대륙 전역에서 3000개가 넘는 인프라 프로젝트를 진행 중이다.[8] 존스홉킨스
국제대학원(SAIS)에 따르면, 2017년에 아프리카에서 일하고 있는 중국인이
약 20만 명에 달했다.[9]

16세기에서 19세기까지 유럽 국가가 이런 종류의 활동을 했으면 제국 성
장의 분명한 신호로 여겨졌을 것이다. 미국 지도자들은 이제서야 아프리카
대륙에서 미국과 중국의 활동의 차이를 깨닫고 있다. 일대일로 구상의 대담
성과 규모는 주목할 만하다. 그러나 본 장의 맥락에서 이것은 미국과의 미래
경쟁을 위한 강력한 노력으로 보아야 한다. 세계 모든 곳에 수백만 명의 숙련
된 중국인이 미리 자리 잡게 될 것이다. 이 구상을 위한 이 작업의 거의 모두
가 군사 예산의 일부로 표시되지 않고 상업적 측면에서 수행될 것이다.

중국에 대한 미국 국가안보 계획의 변경

공산당 지배 하의 중국의 이러한 모든 활동으로 우리의 군사 및 국가안보

시스템이 세계에 대해 생각하는 방식에 중대한 변화가 있게 되었다. 지금까지 중국이 이러한 변화의 가장 큰 이유였다. 중국은 아시아에서 강력한 경쟁자로 급부상하고 있으며 우리의 예상보다 훨씬 빠르게 전 세계적 능력을 개발하기 시작하고 있다. 동시에, 지난 18년 동안 우리가 이라크, 아프가니스탄 및 수많은 제3세계 국가의 테러와 특수 전술작전에 과도하게 집중했다는 사실을 깨닫게 되었다. 결과적으로, 우리가 전략적으로 사고하고, 전략적이고 작전적 차원에서 작동할 수 있는 군사력을 개발하는 능력이 쇠퇴해왔다.

트럼프 정부 하에서 미국은 공산주의 전체주의 중국의 도전을 심각하게 받아들이기 시작하고 있다. 우리는 중국의 전략을 분석하고 이에 대응할 수 있는 방법을 찾고, 필요한 경우 이길 수 있도록 전문적인 노력을 개발하기 시작하고 있다. 진지함과 좋은 의도에도 불구하고, 초점과 전략을 바꾸려는 미국의 노력이 충분히 빠르게 진행되고 있는지는 확실하지 않다.

심층 연구의 부족

미국과 그 동맹국들이 소련의 위협을 받고 있다는 사실이 분명해지자 미국은 소련 정권의 성격과 그 군사, 외교, 경제, 정치 교리를 연구하고 이해하기 위한 실질적인 지적 노력을 시작했다. 학자들이 조직되었다. 군사 및 외교 요원을 위한 학생 펠로우십이 일반화되었다. 내부적으로 전문적인 군사적, 외교적 훈련은 소련의 위협에 훨씬 더 초점을 맞추게 되었다. 랜드 코퍼레이션 같은 기관들이 소련의 위협과 새로운 핵전쟁 분야의 본질을 연구하기 위해 설립되었다. 헨리 키신저 및 허먼 칸과 같은 일부 학자들은 핵시대의 생존에 대한 도발적이고 통찰력 있는 고찰로 유명해졌다. 소련을 연구하고 소련에 영향을 미치는 방법과 궁극적으로 패배시키는 방법을 이해하려고 노력하는 데 일생을 바친 사람이 많다.

소비에트 시스템에 대한 보다 정확한 지식을 찾다가 U-2 스파이 비행기(및 Sr-71)가 개발되었고 러시아 상공을 비행하는 스파이 위성의 기능이 빠르게 진화했다. 새로운 스파이 기술에 대한 투자 규모는 제2차 세계대전 전에는 상상할 수 없었을 것이다. 군사교리 개발은 서유럽에서 소련을 막는 데 중점을 두었다. 미국은 소비에트 연방을 봉쇄하고 필요한 경우 패배시킬 수 있는 방대한 평시 군산 복합체를 구축했다.

서유럽에 대한 경제 원조인 마셜 플랜(2018년 달러 가치로 약 1천억 달러)은 공산주의를 막기 위해 고안되었다.[10] 미국은 프랑스와 이탈리아에서 공산주의자들을 막기 위한 은밀한 작전을 하는 데 많은 지출을 했다. 공산주의에 대한 좌파적 대안 지식인에게 비밀리에 보조금을 주었다. 소비에트 제국으로 전송되는 미국의 라디오 활동이 극적으로 증가했다. 열거를 하자면 끝이 없다. 공산당 지배 하의 중국과 관련하여 이러한 규모의 지적, 관료적 노력은 존재하지 않는다.

또 다른 주요 차이점은 소련의 위협에 대한 공개 토론과 소련의 행동에 대한 뉴스 보도를 통해 대다수의 미국인들이 소련을 봉쇄하는 것 외에 다른 대안은 없다고 결론을 내렸다는 것이다. 소비에트는 (종종 모스크바의 지시를 받는 독재자들의 선택적 폭력과 경찰 국가 방식을 사용하여) 동유럽 국가들을 장악했다. 베를린 봉쇄와 같은 공격적인 소련의 행동이 있었고, 영웅적 규모의 영국-미국 공수 작전으로 대처했다. 미국의 양당 모두의 대다수 미국인은 공산주의가 전 세계적 위협이며 미국은 동맹국을 보호하고 자유를 지키기 위해 필요한 모든 것을 해야 한다고 결론지었다. 이 초당적 합의는 한국과 베트남 전쟁의 트라우마에도 유지되었다. 가장 덜 소련에 반대하는 대통령(지미 카터)조차도 소련을 봉쇄하기 위해 미군의 군사력을 유지했고 실제로는 증가시켰다.

공산주의가 위협인지—그리고 특정 소비에트 형태의 공산주의가 봉쇄되고 궁극적으로 패배해야 하는지—에 대한 전국적 논쟁은 처음에 조지 케넌 (George Kennan)에 의해 시작되었다. 1946년 모스크바 주재 미국 대사관에 주둔하는 동안 그는 소련 체제의 본질을 요약하라는 요청을 받았다. 그는 8000단어나 되었기에 "긴 전보"로 알려진 내용에서 다음과 같이 답했다. 그 전보는 "소련 행동의 근원"[11]이라는 〈포린 어페어스〉 잡지의 1947년 7월 기사의 기초였다. 케넌은 소련이 깊은 이데올로기적 이유로 세계적 지배를 추구하는 끈질긴 적이며 그 야심을 포기할 때까지 봉쇄해야 한다는 것에 대부분의 미국인들—당시 공산주의에 대한 직접적인 경험이 거의 없는—이 동의할 지적인 틀을 만들어냈다.

국가안보기관은 중국공산당의 행동에 대해 점점 더 우려하고 있다. 뉴스 매체는 다양한 중국 활동을 인식하기 시작했다. 미국인들은 중국 공산주의 독재에 대한 두려움을 본능적으로 점점 더 크게 느끼고 있다. 그러나 우리는 아직 케넌이 제공했던 명확성이 없다. 우리는 지속가능하고 장기적인 군사, 외교, 경제, 정치 전략을 수립하는 데 필요한 전국적인 토론을 한 적이 없다. 중국의 군사 개발에 대응하려면 사태의 긴급성을 깨닫고 의지를 가지고 자원을 개입시켜야 하며, 이는 미국 국민, 뉴스 매체 및 의회 의원들이 중국 국력 증강의 성격과 규모, 그 무서운 의미에 대해 철저한 전국적 토론을 할 때까지는 가능하지 않다.

엄격함의 부족

미국의 군사 체제는 지난 75년 동안 지배적이었다. 지난 25년 동안 게릴라 전술, 테러 및 소규모 충돌을 제외하고는 도전을 불허했다. 이 세계에서 가장 크고 비싼 이 군대는 과거에 효과가 있었던 것을 계속 하려는 거대한 관성이 있다. 중국공산당 지도자들은 미국의 군사외교 능력을 체계적으로 연구해왔다. 그들은 미국의 1차 및 2차 이라크 군사작전을 분석했다. 그들은 의회에서의 군의 증언, 예산, 전문 간행물 등을 연구한다. 그들은 우리의 군 관련 계약자들의 광고와 진술을 모두 읽는다. 공개된 자료를 통해 자유 사회에서 얼마나 많은 것을 알 수 있는지는 놀랍다.

그 결과, 중국공산당은 우리가 분석하고 경쟁하기에 매우 불편한 방식으로 미국을 능가하도록 설계된 전략적, 운영적, 전술적 체제를 구축하고 있다. 중국 공산주의 체제를 진지하게 받아들이려면 (국방, 정보, 상업, 재무와 주요 백악관 운영을 모두 포함하는) 일반 국가안보 체계와 군사 체계 모두에 깊고 근본적인 변화가 필요하다. 이 도전은 너무나도 큰 일이어서 지적이고 진지한 사람들은 그러한 노력을 망설이게 된다.

〈뉴요커〉 잡지에 '안으로', '밖으로', '너무 힘듦'이라고 표시된 3개의 트레이가 있는 책상을 보여주는 만화가 있었다. 지금까지 중국을 진지하게 받아들이고 중국공산당의 노력을 이길 수 있는 대응책을 심사숙고하는 것은 "너무 힘듦" 트레이에 담겨 있었다. 우리는 사회 대 사회 간 경쟁하는 전쟁 게임을 하지 않는다. 만약 했다면, 2010년에 화웨이와의 경쟁이 다가오는 것을 보았을 것이고 사회 대 사회 간 대응을 구축해야만 했을 것이다. 우리는 세계적 차원에서 외교적, 경제적으로 경쟁하는 전쟁 게임을 하지 않는다. 만약 했다면 아프리카에서 보다 방대하게 대담한 프로그램을 진행하고 있을 것이다. 우리는 새로운 기술 프로그램의 급속한 진화를 심각하게 고려하지 않고 있는데, 그렇지 않았다면 EMP 공격에 맞서 우리의 시스템을 강화시키는 긴급 타개책이 있었을 것이다.

무사안일에 맞서 싸우는 것에 대한 펜스 부통령의 발언은 NASA와 미국인을 달에 다시 보내는 트럼프 대통령의 목표에 관한 것이었다. 그러나 이러한 단어들은 전쟁 게임에서 우리가 직면한 도전을 설명하고 공산주의 전체주의 중국의 도전에 대해 철저히 생각하는 데 사용될 수 있을 것이다. 전쟁 게임에서 지고 있는 경우, 실패한 제도와 체제를 재고해야 한다. 전쟁 게임을 더 너그럽고 스트레스가 덜한 모델로 대체해서는 안 된다.

특별한 관성 및 관료의 저항

중국 공산주의 전체주의 위협의 규모와 정교함을 인식하고 필요한 규모와 정교함을 갖춘 대응을 개발하는 것이 얼마나 어려울 것인지 놀랄 필요가 없다. 부상하는 중국의 도전에 대해 많이들 수사적으로 인정할 것이다. 그러나 언어를 실제 전략적, 제도적, 문화적 변화로 전환하는 일은 엄청나게 어려울 것이다.

중국공산당의 위협에 대해 철저히 생각하고 대응하는 것은 냉전—그리고 심지어 1945년에서 1950년 사이에 전개된 일들—에 대처하는 것보다 더 어렵다고 입증될 것이다. 이것이 훨씬 더 어려운 데는 몇 가지 이유가 있다.

첫째, 소비에트 연방에 투자한 것보다 중국에서 돈을 벌었거나, 벌고 있거나, 벌려는 미국 억만 장자와 기업이 훨씬 더 많다. 둘째, 언론 매체는 여론의 압력보다 중국공산당의 압력이 훨씬 더 위협적이다. 더욱이, 중국을 잘못 설명하는 학자들의 집단이 소비에트 연방을 변론했던 사람들보다 더 많다.(위구르의 수용소에 대한 비난을 회피하는 것과 솔제니친의 『이반 데니소비치의 하루』에 대한 긍정적 반응을 비교해보라.)

더구나 1940년대 중반의 국가안보 관료는 오늘날보다 훨씬 작고 적응력이 좋았다. 제1차 세계대전에 복무하고 1930년대에 공격적인 독재자가 나타나는 것을 지켜보고 제2차 세계대전에서 싸운 의회는 또한 현재의 의회보다 훨씬 더 국가안보를 심각하게 생각했다. 주요 지도자들은 제1차 세계대전 때 복무했고 제2차 세계대전을 주도했으며 큰 결정을 내리고 큰 변화를 시행하는 데 익숙했다. 입법가와 규정이 아주 적었기에 현재의 정치적, 관료적, 법적 난장판에 비해 빠른 속도로 시스템이 발전하고 적응할 수 있었다. 뉴스 매체는 두 차례의 전쟁을 다루었고, 현재의 얄팍하고 지나치게 당파적이고 선동적이고 가십으로 가득 찬 시스템에서는 달성할 수 없는 진지함과 정교함으로 외국과 국가의 안보를 다루었다.

이러한 모든 이유 때문에 공산주의 치하의 중국에 대한 효과적인 대응책을 개발하는 것은 소련에 대한 특정 전략을 개발하려는 1945-1955년의 노력보다 훨씬 어려울 것이다.

그럼에도 불구하고 이것은 반드시 해야 한다.

기본 단계로서, 우리는 중국의 전략을 이해하고 예측하여 우리 자체의 대항력 있는 전략을 개발하는 데 중점을 둔 현대적인 사회적 차원의 전쟁 게임 센터를 개발해야 한다. 이것은 국방 대학교에 둘 수 있고 자원이 풍부해야 한다. 전국에 다양한 주제에 대한 최고의 두뇌가 일할 수 있고 전문 분야에 집중할 수 있는 위성 센터가 있어야 한다. 전체주의 독재로서 중국공산당은 우리가 역사적으로 그들을 알아온 바와 같이, 국가안보 체계의 책임을 넘어서는 다양한 도구들을 전적으로 사용할 수 있다.

또한 간접적이고 심리적인 전쟁의 중국 전통을 고려할 때, 중국 전략의 많은 부분이 미국의 동적인 전쟁 모델과 국가안보에 대한 협소한 정의에 맞지 않는다. 손자는 『손자병법』에서 이 점을 다음과 같이 표현했다. "그러므로 백전백승이 최선 중 최선은 아니다. 싸우지 않고 상대를 굴복시키는 것이 최선 중의 최선이다(是故百戰百勝, 非善之善也. 不戰而屈人之兵,, 善之善者也)."

마지막으로, 미국의 연방, 주, 그리고 지방 정부의 복잡한 체제와 행정부, 입법부 및 사법부 간 연방정부 권력의 분립이 이 도전에 대처하는 데 있어 주요한 장애물이다.

권력의 분립은 미국 국가체계의 기본 초석이지만, 여기서 핵심은 미국이 사회의 모든 측면을 사용할 준비가 된 중앙집중적 전체주의 적에 대처하기 위한 일관된 전략을 개발하기가 대단히 어렵다는 사실이다. 전쟁게임센터는 중국의 체제를 연구하고—전 사회적 프로젝트에서 전술에 이르기까지 모든 수준에서—중국공산당의 전략을 파악하고 미국의 대응을 개발해야 할 책임을 맡아야 한다.

그런 다음 이 센터는 정부와 민간 부문 모두의 군사, 정보, 외교 및 경제 분야의 많은 다양한 전쟁게임 체계를 조율해야 한다. 이것이 우리가 정말 중국과 성공적으로 경쟁하기 위해 필요한 변화의 규모이다.

우리의 대응은 우리가 중국 공산주의 체제의 속도와 강도에 맞먹거나 초과할 수 있게 하는 데 필요한 개혁을 포함해야 한다. 자금조달과 행정부 개혁에 있어 의회의 중심적인 역할 때문에 전쟁게임센터는 의회 자문위원회가 있어야 하며 위원 및 직원 모두를 교육할 수 있는 실질적인 역량을 갖추어야 한다. 이 센터의 목표는 미국의 강점을 강조하고, 미국의 혁신적이고 기업가적이며 생산적인 전통을 최대한 활용하는 능동적인 미국중심 전략을 개발하는 것이다. 공산주의 전체주의 독재를 능가하는 데 필요한 전 사회적 전략을 구축하는 데 중점을 둔 전략 센터가 되어야 한다. 사소한 것들에 중점을 둔 전술 센터나 중국의 정책에 두더지잡기 놀이처럼 반사적으로 대응을 하는 센터로 퇴보하게 해서는 안 된다. 우리는 우리가 성취하고자 하는 세계를 정의하고, 그것을 성취하기 위한 체계, 구조, 문화, 프로젝트를 구축해야 한다.

16

중국의 잘못이
아니다

Not China's Fault

나는 중국이 우리를 이용한다고 비난하지 않습니다. 나는 이 비극이 일어나도록 놔둔 것에 대해 우리의 지도자들과 대표들을 비난합니다.

2019년 2월 도널드 트럼프 대통령[1]

중국의 공산주의 전체주의 체제와 미국의 자유사회 체제가 장기적인 경쟁을 하고 있는 것은 분명하다. 중국의 공산주의 전체주의 체제는 수천 년간의 권위주의에 기초하며 중앙집중화된 통제의 레닌주의 원칙과 결합되어 있다. 자유로운 미국 모델은 법의 지배와 하나님에게서 온 불가양도의 인권에 입각한다.

중국 공산주의 독재는 세계의 지배적 세력으로 스스로를 구축하기 위한 합리적이고 장기적인 전략이 있다. 중국공산당은 경제적, 정치적, 군사적으로 우월성을 확립하는 것을 목표로 한다. 그 결과로 미국이 오랫동안 보유해온 글로벌 리더십의 지위를 대체하기를 희망한다. 중국은 (당내 권력 분쟁이나 변화하는 외부 환경으로부터 자유로울 수 있는 것은 아닐지라도) 이 목표를 달성하기 위한 일관되고 통합된 대 전략이 있다. 이 전략은 5G 같은 신기술의 우위, 원조를 받는 국가가 채무함정에 빠지게 하는 소위 원조 패키지, 여론전, 심리전 및 법 체계 작전으로 구성된 "세 가지 전쟁"이라는 정교한 개념을 결합한 전 세계적 활동에 뿌리박고 있다. 너무나 오랫동안 미국은 공산당 지배 하의 중국의 성공이 미국의 안정, 안보, 번영에 의미하는 바가 무엇인가라는 전략적 의미를 무시해왔다.

먼 미래 어느 시점에 중국이 독재를 거부하고 서구 문명의 가치에 부합하는 보다 자유로운 시스템을 구축할 가능성이 있다. 그러나 미국과 서구의 문명이 중국이 독재를 그만두기 오래전에 중국 공산주의 전체주의 체제에 의해 압도되고 지배될 수 있는 심각한 위험이 있다. 가까운 장래에 중국이 권위주의에서 진화하여 멀어질 것이라고 믿을 이유는 없다. 1970년대 후반에 시작된 덩샤오핑의 경제 개혁을 둘러싸고—특히 1992년 남방 순회 이후에—이 진화가 일어날 것이라는 낙관론이 미국에 상당히 있었다. 현실은 덩이 궁극적으로 중국공산당의 독재를 강화하고 이를 중국인이 수용할 수 있도록 하기 위해 경제 성장을 모색하고 있었다는 것이다.

중국은 앞으로도 국가의 권위주의적 성격을 유지할 가능성이 높다. 미국인들은 개성을 존중한다. 중국의 공산당 매체와 선전은 집단주의적 정체성과 강력한 민족주의를 통해 중앙집권적 통치를 유지하려는 국가의 목표를 지지한다. 이 개념들은 당의 가장 중요하고 시급한 목표인 자기보존을 달성하는 중국의 지도적 목표를 뒷받침한다. 나라의 각 부문과 연계가 있는 9000만 명의 중국공산당원이 있다. 공산당 외에도, 반대 세력을 억압하고 현재의 독재체제를 보호하는 방대한 보안 기구가 있다. 따라서 (3,000년 전으로 거슬러 올라가 아테네, 로마, 예루살렘에 뿌리를 두는) 법의 지배에 따른 자유의 서구 전통과 (최소한 약 3500년을 거슬러 올라가는) 중앙집권 체제가 부과하는 중국 전통의 질서 사이에 현재 거대한 경쟁이 일어나고 있다. 오늘날 어떤 체제(자유 또는 독재)가 이길 것인지는 확실하지 않다.

중국공산당 지도부가 점진적으로 (또는 체제가 붕괴할 경우 급격한 속도로) 자유를 향해 나아갈 때까지 이 경쟁은 수세기 동안 계속될 수 있다. 대안적으로, 또는 서구가 혼란스럽고 분열되어 일관된 현대화를 할 수 없는 경우, 다음 세대에 경쟁이 끝날 수도 있다. 이 경우 세계는 "중국 공산주의 특색을 가진 문명"으로 정의될 것이다.

중국을 봉쇄하고 궁극적으로 독재에서 자유로 전환하도록 미국과 그 동맹국이 도울 수 있는 일들이 많다. 그러나 미국의 실패들을 반영하여 미국이 취해야 할 많은 조치들이 있다. 미국의 가장 큰 실패와 약점 중 일부는 중국을 탓할 수 없다. 오히려 우리 자신과 우리 자신의 실수와 실패를 살펴봐야 한다. 우리 자신의 체제를 현대화하고 개혁해야 하는 부담은 엄청나다.
다음 열거사항을 미국 갱신의 출발점으로 고려해본다.

- 2017년에 볼티모어 8학년생의 89%가 수학 시험에 합격하지 못했으며 미국의 초등 및 중등 교육 붕괴가 미국의 경제적, 시민적 능력을 위협하고 있는 것은 중국의 잘못이 아니다.[2]
- 대학원을 미래의 미국 과학자들로 채우기에는 K-12와 대학에서 수학과 과학을 공부하는 미국인이 너무나 적은 것은 중국의 잘못이 아니다.
- 과학계에서 중국 대학원생의 급격한 증가에 직면한 미국 정부가 미국의 고등학생 세대를 교육함으로써 스푸트니크의 도전에 대응했던 1958년 국방교육법과 같은 프로그램을 되살릴 수 없었던 것은 중국의 잘못이 아니다. 이 실패에 대한 잘못을 평가하는 데 있어 객관적으로 보자. 그것은 양당과 양당 리더십의 문제이다.
- 많은 주에서, 유학생들이 학비를 더 많이 내서 대학이나 대학 행정부에 더 바람직하기 때문에 재정적인 이유로 주민인 학생들보다 유학생들을 모집하는 것을 선호하는 것은 중국의 잘못이 아니다.
- 국방부 관료주의가 대단히 무겁고 느리고 복잡한 것은 중국의 잘못이 아니다. 그 느린 속도로 인해 소규모 기업가들의 경쟁을 차단한다. 대부분의 주요 조달은 시간이 너무 오래 걸려서 가용한 기술을 채택할 때가 되어서는 그 기술이 10년 이상 뒤처지게 된다. (이로 인해 새로운 장비 비용이 불필요하게 증가한다.) 우리의 현재 시스템은 새로운 기술과 새로운 전략에 대한 필요한 혁신보다 오래된 시스템과 오래된 습관을 더 선호한다.
- 우리의 국방 관료주의가 드와이트 아이젠하워 대통령이 경고한 그 "군산" 복합체를 만들어내는 역할을 하는 것은 중국의 잘못이 아니다. 그것은 나쁜 관료주의보다 더 나쁘다. 혁신을 질식시키고 대형 국방 계약업자에게 혜택

을 주는 기업 복지국가를 육성하는 것은 연방 프랑켄슈타인이다. 그래서 국가안보를 책임지고 있는 사람들이 가장 뛰어나고 재능 있는 개인들의 전문성과 경험을 활용하지 못하게 된다. 이 체제는 미래의 전장을 장악하는 데 필요한 무기와 시스템 개발보다도 군장교들이 선호하는 구식이지만 친숙한 시스템에 더 많은 자금을 지원한다. 이것은 현재 출현했고 향후 20년 동안 진화할 새로운 위협 환경에 대응하는 데 필요한 우리의 군사 준비태세와 무기, 훈련 및 자원을 억제한다.

- NASA가 너무 관료적이었고 자금지원이 너무 불규칙하여 미국이 우주에서 중국보다 훨씬 많은 자원을 쓰고 있음에도 불구하고 중국이 우리를 빠르게 따라잡고 앞지를 수도 있다고 생각할 만한 이유가 있는 것은 중국의 잘못이 아니다. 이것은 우리 때문이지 그들 때문이 아니다.

- 미 공군이 구식 우주 모델에 매달린 것은 중국의 잘못이 아니다. 중국이 결정적인 우위를 점할 수 있는 우주 전쟁을 준비하고 있는 동안, 미 공군은 지구 중심의 작전을 지원하는 데 중점을 두고 있다.

- 진짜 위협은 사이버 및 우주의 속도로 움직이는 글로벌 작전인데도 미군이 계속 전장 수준의 전투 지휘 중심으로 조직되는 것은 중국의 잘못이 아니다.

- 미국이 너무 많은 변호사를 배출하지만 과학자와 엔지니어는 충분하지 않은 것은 중국의 잘못이 아니다.

- 우리의 소송 시스템 비용이 글로벌 경쟁력에 큰 장애가 되는 것은 중국의 잘못이 아니다.

- 베트남 전쟁 전체에서 전투 중 사망한 것보다 매년 더 많은 미국인을 사망하게 하는 마약 위기를 우리가 관용해온 것은 중국의 잘못이 아니다.[3,4]

- 중국의 화웨이가 세계적 선도자가 되기 위해 노력한 11년 동안 오래되고 관료에 둘러싸인 미국 통신회사들이 5G를 위한 글로벌 전략을 개발하지 못한

것은 중국의 잘못이 아니다. 미국이 4G를 지배했고 리더십을 가지고 그 중국 회사보다 더 빨리 움직일 수 있었기 때문에 이는 두 배로 비극적인 미국의 실패이다.

- 미국 뉴스 매체가 너무나 유치하여 가십, 일반상식, 폭로, 정치적 투쟁을 지배적으로 보도하는 반면, 세계의 큰 변화는 대부분 무시하거나 제대로 보도하지 않는 것은 중국의 잘못이 아니다.

- 과도한 규제와 적대적인 관료주의로 인해 미국이 18개 광물—그중 14개는 내무부 또는 국방부가 핵심적으로 여기는—에 대해 수입에 100% 의존하고 있는 것은 중국의 잘못이 아니다.[5]

- 터무니없이 비효율적인 규제와 똑같이 터무니없는 노조의 작업 규칙으로 인해 미국의 인프라를 재건설하는 것이 다른 나라보다 훨씬 더 비싸고 시간이 걸리는 것은 중국의 잘못이 아니다.

- 노조의 작업 규칙과 관료주의로 인해 보스턴-워싱턴 회랑에서도 경제적으로 의미가 있는 고속 열차를 만들 수 없었던 것은 중국의 잘못이 아니다. 2018년 말, 중국은 1만 8000마일이 넘는 고속철도가 있으며 매년 그 총계가 늘어나고 있다.[6]

- 다수의 주에 파산할 것이 거의 보장되는 연금 프로그램이 있는 것은 중국의 잘못이 아니다.

- 양당의 정치인들이 1조 달러의 적자 및 통제불능의 정부재정지원 비용에 대한 해결책을 찾지 못하는 것은 중국의 잘못이 아니다.

- 미국이 세계에서 가장 비싼 의료 시스템을 보유하고 있는 것은 중국의 잘못이 아니다.[7]

- 양당 간 균열이 이제 너무 깊고 격렬해서 사람들이 새로운 아이디어의 내용보다는 누가 그 말을 했는가에 입각해서 반응하는 것은 중국의 잘못이 아니다. 미국의 담론은 분열적인 부족주의를 장려하는 정체성 정치를 국가적 단

합보다 우선했다. 다른 관점을 가진 개인을 집어내어 악마로 묘사한다. 평등과 고충의 시정이라는 이름으로, 우리는 적극적으로 대학 캠퍼스 토론을 처벌하고 질식시킨다. 우리는 정치적 반대 세력을 다른 관점을 지지하는 훌륭한 미국인으로보다는 적으로 취급한다. 미국은 지적 토론과 토의의 무결성에 심각한 문제가 있다.

- FBI가 2016년에 추정한 바에 의하면, 미국의 군사 기술 비밀을 해킹하여 절취하는 것을 담당하는 3만 명이 넘는 군 사이버 간첩과 15만 명의 민간 부문 컴퓨터 전문가로 이루어진 전체 부대를 인민해방군이 운영하는 동안, 미국이 중국의 대규모 지적재산 절도 및 해킹을 관용한 것—또는 미국이 중국공산당 정부의 거짓말을 받아들인 것—은 중국의 잘못이 아니다.[8]

- 지적재산권 도난을 막으려고 함에 있어 미국이 TRIPS(지적재산권의 무역 관련 측면) 협정에 따라 중국을 세계무역기구(WTO)에 제소해서 적절한 구제책을 마련하지 못한 것은 중국의 잘못이 아니다. 우리는 중국의 공산주의 정부를 해적 국가로 폭로하지 못했으며 이 문제에 대해 높은 도덕적 고지를 접수하고 유지하려는 그 노력을 샅샅이 파헤쳐 제거하지 못했다. 우리는 절도를 억지하기 위해 중국에 대해 상당한 보상적 제재를 가할 수 있는 권한을 부여할 법적 판결을 세계무역기구의 규칙에 따라 얻지 못했다. 이 전략은 중국이 지적재산을 좀도둑질한 다른 피해 국가들과 협력하여 수행해야 한다.

- 미국 기업을 포함한 너무 많은 대규모 다국적 글로벌 기업이 회사의 기밀 및 독점 정보를 넘겨야 한다는 중국공산당의 요구에 굴복하여 장기적 주주 가치보다 단기 이익을 앞세웠다는 것은 중국의 잘못이 아니다. 다시 말하면 너무 많은 미국 기업들이 미국의 안보이익보다 단기적인 재정적 탐욕을 우선하고 있다.

- 상술한 모든 도전에 응함에 있어, 정당들과 백악관이 모두 정치적 당파 싸

움과 상대방의 비난에 시간과 에너지를 바친 것은 중국의 잘못이 아니다. 우리는 대신 공산당 지배 하의 중국에 대항하기 위한 교리, 관련 전략, 작전 및 전술뿐만 아니라 일관되고 효과적인 대전략을 수립하기 위해 협력하여 노력해야 한다. 우리는 미국이 지구의 자유, 존엄성, 법의 지배, 종교적 관용, 민주적 다원주의, 건강, 깨끗한 공기와 물, 과학 및 제조 분야의 혁신에 있어 챔피언으로서의 지위를 유지하도록 해야 한다.

결론

미국의 현황과
해야 할 일

Where We Are
and What We Must Do

필자가 이 책을 쓴 이유 중의 일부는, 공산주의 전체주의 중국 시스템은 다음 세대에 걸쳐 미국을 침몰시킬 수 있는 세계적인 위협이라고 믿기 때문이다. 이 책의 앞부분에서 언급했듯이 이것은 미국의 생존에 있어 다섯 번째의 큰 도전이다. 우리는 이 도전을 인식하고 전체주의 체제가 붕괴하거나 변환될 때까지 자유와 법의 지배를 보호할 만큼 강력하고 포괄적인 대응을 개발해야 한다. 수십 년이 아닌 수백 년이 될 수 있는 장기적인 노력의 결과로 성공은 실현될 수 있기 때문에 꾸준한 지속과 일관된 진행이 핵심적이다.

오늘날 대부분의 미국인들과 사실 대부분의 정부 공무원들은 우리가 사랑하고 보호하기 위해 싸워온 가치와 삶의 방식에 얼마나 큰 실패가 있을 수 있는지 깨닫지 못한다. 미국이 중국으로 인해 직면한 도전의 규모는 너무 커서 우리는 대규모의 체계적 차원의 대응에 초점을 두어야 한다. 취해야 할 작은 조치가 많이 있지만 계획과 조정 없이는 우리의 모든 에너지와 시간이 전략적 효과가 없는 수많은 활동들에 소모될 수 있다.

미국 전략에 포함되어야 하는 세 가지 요건을 간략하게 설명한다.

1. 우리는 중국과 직면한 도전에 대해 대중을 교육하고 전국적인 대화를 해야 한다. 모든 미국 시민이 참여해야 한다. 이는 최소한 미국인의 70% 이상이 공산주의 중국 독재의 도전에 성공적으로 대응하는 것이 미국 생존의 핵심이라는 데 동의할 때까지 계속되어야 한다.
2. 우리는 사회 대 사회 경쟁 시대를 위해 국가로서의 우리의 강점을 활용하는 국가 전략을 개발해야 한다. 이 전략에는 우리가 대응하려는 도전만큼 큰 실행의 틀이 포함되어야 한다. 우리는 성공에 필요한 모든 행동이 효과적이고 근면하고 효율적으로 수행되도록 해야 한다. 압도적으로 비정부적인 국가로서, 그러한 대응의 상당 부분은 정부 외부에서 수행되어야 하며 민간 기업과 비영리 기관에 의해 구현되어야 한다.

3. 우리는 우리의 발언과 계획이 현실적이 되도록 성공의 척도를 정의해야
   한다. 행동 없는 말은 환상이다. 예를 들어, 1945년에서 1950년까지 소
   련의 위협에 대한 이해가 증가함에 따라 미국은 다음과 같은 일을 했다.

- 개발도상국을 돕기 위해 포인트포(Point Four) 계획 수립
- 유럽 재건을 돕는 마셜 플랜 시행
- 국방 시스템을 통합국방부로 재편성
- 프랑스, 이탈리아, 그리스 등에서 반 공산주의 세력에 은밀한 지원 제공
- 미국의 소리, 라디오 프리 유럽, 학술 교류 등 개발
- FBI의 적극적인 노력을 활용하여 미국 내 공산당 요원 추적
- 베를린 공수작전을 실시하여 스탈린의 베를린 봉쇄를 전쟁 없이 극복
- 수소 폭탄을 제조하기로 결정
- 핵무기 및 수소 폭탄을 나르기 위해 대륙간 폭격기를 제조하기로 결정
- 전 지구적 전쟁을 수행할 전략적 공군사령부 창설
- 공군의 싱크탱크로 랜드 코퍼레이션 개발
- 서유럽을 방어하기 위해 북대서양조약기구 설립
- 국가안보협의회(NSC) 68에서 봉쇄 전략 정의
- 중앙정보국 설립
- 북한의 공격 시 한국을 방어하기로 결정

이러한 각각의 예에서 미국은 공무원, 군대 및 시민의 독창성, 총명함, 기
술을 사용하여 소련의 위협에 전략적으로 대처했다. 우리는 이제 그에 비견
할 만한 우리 세대의 발명과 혁신이 무엇인지, 그리고 어떻게 그것을 행동에
옮길지 결정해야 한다.

이제 우리는 자유 국가로서 (미국 혁명, 남북 전쟁, 제2차 세계대전, 그리고 소련

의 부상에 이어서) 다섯 번째 큰 도전에 직면해 있다. 윌리엄 포크너의 1950년 노벨상 연설을 빌리자면, 우리 미국인들은 전체주의 공산주의 중국의 위협을 진지하게 생각하고 그 많은 패턴과 전략을 이해하는가? 우리는 자유가 생존하고 승리하는 데 필요한 전략을 효과적으로 설계, 구현, 유지할 수 있는가?

우리는 미국의 생존에 대한 이전의 네 가지 도전에서 겪었던 것과 동일한 실패와 패배가 가능하다는 것을 이해하면서, 생각하고 계획하기 시작해야 한다. 전체주의 공산주의 중국 체제는 이제부터 한 세대를 지배할 수 있다. 이 것은 과장이 아니다. 이는 오늘날 존재하는 패턴들에 입각한 실제적인 현실이다. 우리의 행동, 대응 방식, 미국의 가치와 자유를 보존하려는 우리의 노력의 정도에 따라 이 새로운 도전의 결과가 결정될 것이다.

이러한 중요한 의사결정 순간들과 적극적인 실행에 있어 놀라운 점은 모두 동일한 패턴을 따른다는 것이다.

1. **인식**: 국가의 생존을 위협하는 문제가 있다는 인식이 있다.
2. **논란**: 문제를 억제하려는 일부 관료주의적 움직임과 병행하여 그 위험이 얼마나 크고 얼마나 실제적인가에 대한 공개적인 논란이 벌어진다.
3. **합의**: 문제가 실제로 존재하고 해결되어야 한다는(결코 만장일치는 아닌 경우가 많은) 일반적인 합의가 형성된다.
4. **동원**: 새로운 전략, 새로운 구조, 그리고 새로운 언어와 지적 공식을 가진 새로운 시스템이 포함된 해결책으로의 동원이 시작된다.
5. **실행**: 전략과 구조, 그리고 실패로부터 배우는 것과 활동과 아이디어가 효과를 거둘 때까지 지속적으로 수정하는 것을 포함하는 시스템의 지속적인 이행이 있다. 이러한 과정은 정치, 사건 및 태도의 변동에도 불구하고 주된 노력에 놀랄 만큼 초점을 맞춤으로써 일어난다.
6. **성공**: 성공을 거둔다. 그리고 성공은 새로운 도전으로 이어진다.

이 6단계를 미국 생존에 대한 5가지 도전들에 적용해본다.

인식

첫째, 아메리카 식민지 주민 중 전투적인 소수집단이 영국으로부터 독립을 구하는 것 외에는 선택의 여지가 없다는 결론을 내리는 데 거의 10년이 걸렸다. 1765년 우표법 의회에서 시작하여 1776년 독립선언서가 서명될 때까지 긴장과 과민 상태가 지속되었다. 베스트셀러이자 자유에 대한 가장 강력한 주장을 담은 토머스 페인의 『상식』에 영향을 받은 내부적 토론과 정치적 선전이 격렬히 전개되던 시기였다.

남북 전쟁의 경우 노예소유 주(slave owning states)와 자유 주(free states) 사이의 긴장은 1820년경에 증가하기 시작했다. 북부의 인구와 부가 더 빠르게 증가함에 따라 노예소유 주들(slave owners)은 자신들의 삶의 방식에 점점 더 위협을 느꼈다. 1852년에 출판된 해리엇 비처 스토의 『톰 아저씨의 오두막』은 북부에서는 반 노예제도 분위기를 대중화했지만 남부에서는 노예소유 주들의 피해망상을 증대시켰다. 이 책은 3개월 만에 30만 부가 팔렸다.[1] 또한 휘그당은 노예제 찬성 세력과 반대 세력을 통합할 공식을 찾지 못해 붕괴했다. 그것은 자유와 노예제도의 확대를 막는 데 훨씬 더 열성적인 공화당으로 대체되었다.

미국이 제2차 세계대전에 개입하기 전 1930년대에 미국이 해외 전쟁에 참여해야 하는지 여부에 대한 깊은 싸움이 있었다. 제1차 세계대전이 "전쟁을 종식"하지 못한 것에 대한 좌절과—윌슨 대통령이 옹호한 것처럼—진정으로 민주주의적 평화를 창출하는 데 실패한 것은 중립법의 통과로 이어졌다. 이 법은 미국이 외국 전쟁에 참여하는 것을 제한하기 위해 고안되었다. 미국의 아일랜드계, 독일계, 이탈리아계 인구는 미국이 또 다른 전쟁에 참여하는 것에 반대했다. 영웅적인 비행가 찰스 린드버그가 지지하는, 강력하고 인기 있는 아메리카 퍼스트(America First) 그룹이 있었고, 이들은 미국이 영국이나 프랑스를 지원하는 것을 강력히 반대했다.(린 올슨의 〈분노의 날들 : 루즈벨트, 린드버그, 그리고 미국의 제2차 세계대전 참전, 1939-1941〉 참조) 오늘날 많은 사람들이 알고 있는 것보다 독일, 일본 및 이탈리아에 대항하여 참전하는 것에 대한 반대가 훨씬 컸다.

제2차 세계대전의 결과로 미국인들은 러시아인에 대한 긍정적인 견해를 가지고 있었고 종종 "좋은" 러시아인들이 우리가 "나쁜" 독일인과 "나쁜" 일본인을 이기도록 돕는다고 생각되었다. 스탈린은 "엉클 조"로 정감 있게 묘사되었으며, 1944년 말까지 분명히 친소적인(전부 약 20편의) 영화가 만들어졌다. 더욱이, 알거 히스(Alger Hiss, 국무부 내 3위)를 포함하여 상당수의 소련 요원들이 미국 정부에 있었다. 일부 추정에 따르면 미국 정부에는 500명의 영향력 있는 소련 요원이 있었다고 한다. 동유럽과 이란에서 일련의 공격적인 소비에트 행동이 있은 후에야 트루먼 대통령은 미국이 이에 대응하기 위해 큰 노력을 기울여야 한다고 생각하게 되었다. 1946년 2월, 조지 케넌은 모스크바의 미국 대사관에서 "장문의 전보"를 보냈다. 앞서 언급했듯이 이 문서는 소비에트 위협의 본질을 포착하고 전 세계 지배의 목표를 가진 소비에트 체제의 위험성에 대해 미국 엘리트들이 주목하게 했다.

오늘날 미국인들은 이제서야 중국에 대한 우리의 시각이 낭만적이고 부정확했다는 것을 인식하기 시작했다. 이러한 깨달음을 받아들이는 미국인들은 결과적으로 세 가지 큰 결론에 도달하기 시작한다.

1. 중국은 공산주의 전체주의 국가이며, 1989년의 천안문 광장이나 위구르족, 티베트족 및 기타 인종 및 종교 단체의 박해는 예외적인 일이 아니

다. 사실, 탄압은 전체주의 국가의 모든 사람들에게 일반적인 것이다.

2. 중국은 남중국해와 일대일로 구상에서 확장 정책을 따르고 있다. 중국은 우주, 사이버, 인공지능 그리고 기타 첨단 기술의 구축을 포함해 전세계에 힘을 투사하기 위해 군대를 현대화하고 있다.

3. 무역과 혁신 노력에서 부정행위를 하는 것(cheating)은 중국공산당 운영체제의 핵심에 있다. 공산당은 지적재산권 훔치기, 합의 불이행, 회사소유권에 대한 규칙 조작, 기술 이전 강요, 약탈적인 자금지원 및 가격책정을 사용하여 외국 경쟁자를 파괴하고 시장에서 몰아내는 등 광범위한 공격적인 전략을 실행한다.

이러한 결론이 보편적으로 받아들여진 것은 아니며, 그러한 결론으로부터 논리적으로 도출되는 체계적인 전략이나 정책과 구조의 변화도 없다. 뉴스 매체는 무역 협상이 미국이 중국공산당 지도부로 인해 직면하고 있는 도전의 유일한 초점인 것처럼 계속 다루고 있다. 그것은 실제로는 훨씬 더 큰 위협의 증상일 뿐이다. 중국을 연구하는 많은 '학자들'은 이러한 결론이 너무 강하고 정교하지 않다고 말할지도 모른다. 미국의 군사 및 방위 시스템은 두 진영으로 나누어져 있는데, 한쪽에서는 중국은 자유 국가로서 미국의 생존에 위협이기에 진정한 변화가 필요하다고 보는 반면, 다른 쪽에서는 조금 더 많은 장비와 훈련만으로 미국이 중국을 한 세대 더 봉쇄할 수 있다고 믿는다.

중국에 대한 말은 점점 더 거칠어지지만 "합리적인" 거래(deal)가 이루어질 수 있고 중국이 행동을 바꾸어 그 조건을 준수할 것이라는 기본 가정이 여전히 남아있다. 표적 입법 등 특정 문제를 해결하기 위한 고립된 노력들이 있지만 아직까지 중국이나 공산주의 체제와 결정적으로 경쟁하기 위한 미국의 전략이나 성공에 대한 일관된 비전은 없다.

명백히 우리는 여전히 이 초기 인식 단계에 있다.

논란

이전의 네 가지 도전 모두에서 사건들이 공개적 논란을 불러일으키는 시기가 있었다. 미국 정부는 이 시기에 일관된 전략이 마련되기도 전에 현재의 도전에 대응하기 위한 조치를 취하기 시작했다.

1770년대에는 정부를 조직해야 했고 군대를 일으켜 조직해야 했으며 전쟁 비용을 지불할 돈을 찾아야 했다. 외교관도 주요 국가로 파견되어야 했고, 동맹국을 찾아야 했다. 일련의 군사적 패배에도 불구하고 자유는 높은 비용을 들일 만한 가치가 있다고 미국 국민을 설득하면서 이러한 모든 노력을 계속해야 했다. 토머스 페인의 두 번째 위대한 팸플릿 〈위기The Crisis〉는 애국자들로 하여금 "인간의 영혼을 시험하는 시대"에도 불구하고 인내하고 희망에 매달리도록 확신시키는 역할을 했다.

1860년에서 1862년 사이에 북군과 남군은 모두 지지자들을 끌어들이기 위해 경쟁했다. 육군과 해군을 일으키고, 조직하고, 장비를 갖추고, 훈련시켰다. 다른 나라들이 그들의 편을 들도록 설득했고, 거대한 전쟁에 자금을 조달할 방법을 창안했다. 수많은 패배와 좌절에도 불구하고 사람들이 계속 헌신하도록 설득해야 했다.

1937-1941년부터 세계가 점점 더 전쟁으로 빠져들면서, 미국이 다시 전쟁에 개입하는 것에 반대하는 미국인들의 거대한 파당이 있었다. 1940년 선거전 주말까지만 해도, 프랭클린 루즈벨트 대통령은 어떤 미국인도 재선되려면 유럽 전쟁에서 싸우지 않을 것이라고 공약해야 한다고 여겼다. 정부는 점진적으로 재무장하고 영국에 제한적인 원조를 제공했고, 일본의 진주만 기습이 있었을 때야 그 논란은 종식되었다.

냉전 시기에 스탈린의 공격적인 행동으로 인해 대다수의 미국인들은 강력한 정부의 조치를 지지했다. 그러나 냉전의 46년 기간 내내 미국의 군사 및 정보 활동에 반대하는 중요한 소수는 항상 있었다.

오늘날 우리는 이 공개적 논란의 시기에 간신히 들어가기 시작했다. 미국인들은 중국 공산주의 전체주의 체제가 부상하는 것을 점점 더 인식하고 있다. 더 많은 대화가 시작되고 있지만, 광범위한 국가적 인식을 달성하지 못했으며 무엇을 해야 하는지에 대한 합의를 형성하기까지 갈 길이 멀다.

합의

1775년 여름이 되었을 때, 대륙 회의는 영국 폭정에 대한 뉴잉글랜드의 반란이 전국적인 대의가 되어야 한다는 것을 깨달았다. 대륙 회의는 버지니아 사람인 조지 워싱턴을 보스턴의 지휘관으로 보내 그것이 전국적 투쟁임을 알렸다. 1년 후 대륙 의회는 독립 선언문을 채택했고 항의는 혁명으로 바뀌었다. 그래도, 많은 식민지 주민들이 8년의 전쟁 기간 내내 영국 왕실에 대한 충성심을 간직하고 있었다.

1860년에 미국인들은 깊이 분열되었고, 그런 채로 계속 남아있었다. 남부 사람들은 노예제도 때문에 생존을 건 전쟁을 강요당했다고 확신했지만, 남부에서조차 많은 산악 지대의 카운티는 분리에 반대했다. 북부에서는 아마도 연방을 살리기 위해 전쟁을 무릅쓰려는 사람이 65%를 결코 넘지 않았을 것이다. 일련의 패배에도 불구하고 자신의 진영이 주도권을 유지하도록 하려는 링컨 대통령의 놀라운 여론 관리는 미국 역사에서 리더십의 가장 위대한 예이다.

1941년 일요일 아침, 일본의 진주만 기습으로 인해 미국은 유례없이 만장일치에 가깝게 제2차 세계대전에서 승리해야 한다고 결정했다. 그 결과는 놀라운 4년간의 동원과 승전이었다.

냉전에 대한 국가적 합의에 있어 인상적인 것은 그것이 오랫동안 지속되었다는 사실이다. 베트남 전쟁에 대한 깊은 반대를 제외하고는 소비에트 제국을 봉쇄하기 위해 미국이 군사적으로, 기술적으로, 경제적으로, 외교적으로 강해야 한다는 합의에 심각한 도전이 결코 없었다. 합의가 약화될 때마다 소비에트는 (1956년 헝가리 자유투사들에 대한 유혈진압 등) 무엇인가를 해서 미국의 합의가 회복되곤 했다.

오늘날 우리는 중국 공산주의 전체주의 체제를 능가하는 대담한 프로그램을 지탱하게 될 결정적인 합의에 도달하는 데 아직 수년은 더 있어야 한다. 많은 기사, 서적, 연설이 있고 중국 독재의 지속적인 공격이 있은 후에야 미국인들은 우리가 대응해야 하는 진정한 위협에 직면해 있다고 납득하게 될 것이다.

동원

전반적으로 미국의 동원 기술은—대륙 회의의 구조와 연맹 규약의 약점으로 인해 아무것도 빨리 효과적으로 할 수 없었던 혁명 전쟁을 제외하고는—꽤 좋은 편이었다.

이러한 약점에도 불구하고 조지 워싱턴은 8년 동안 그를 진정 미국의 국부가 되게 한 영웅적인 노력과 인격의 힘으로 미국 혁명을 유지했다.

다른 세 가지 동원 노력은 훨씬 강력하고 효과적이었다. 1861년에 연방정부가 약하긴 했으나—정확히 정부의 효과성을 강화하기 위해 워싱턴과 그의 동지들이 작성한—헌법은 링컨 대통령에게 군사적, 재정적으로 놀라운 속도로 연방의 노력을 동원하는 데 필요한 권한을 부여했다.

1941년에 미국을 책임진 세대는 제1차 세계대전에서 싸웠고 20년 동안을 그 전쟁의 교훈에 대해 생각하며 보냈다. 그들은 전략의 수립 및 실행에 엄청난 전문 역량과 결단력이 있었다.

얼마 후, 제1차 세계대전에서 싸웠고 제2차 세계대전의 노력을 이끌었던 그 세대는 냉전에 대한 미국의 대응의 중심에서 봉쇄 정책을 설계하고 실행할 준비가 충분히 되어 있는 것으로 판명되었다. 그들은 30년 이상의 경험을 바탕으로 세계적인 규모로 생각하고 행동했다. 글로벌 전략을 개발하기에 이들보다 더 준비된 세대는 없었다.

이제 중국 공산주의 전체주의 독재에 대응하는 것에 관한 합의를 이룰 수 있다면, 우리는 독립 전쟁 이래로 어떤 동원 노력보다 더 많은 내부적 도전들을 갖고 있음을 알게 될 것이다.

우리의 현재 문제는 건국의 아버지들이 직면했던 동원 문제와는 정반대이다. 우리는 미국 역사상 가장 크고 견고한 관료구조가 있다. 미국의 거대한 규칙과 규정들, 수용 가능한 정부 행동을 앞장서서 정의하는 변호사들의 성장, 그리고 깊숙이 자리 잡은 공공 및 민간 이익의 방어로 인해 1860년, 1939년 또는 1946년보다 모든 것들이 다루고 조정하기가 훨씬 더 어려울 것이다. 우리 자신의 제도, 습관, 이익 단체 및 관료제가 중국 공산주의 체제의 위협보다 더 큰 문제일 수 있다.

실행

미국 역사의 주요 교훈 중 하나는 실행에 지속적으로 집중해야 한다는 것이다. 코니 맥 상원의원이 필자에게 언젠가 가르쳐준 대로, "기대한 것이 아니라 점검하는 것을 갖게 된다." 우리는 바로 이 현실에 대해 "쾌활한 끈기(cheerful persistence)"라는 개념을 개발했다. 중국 공산주의 전체주의적 도전에서 살아남는 것에 대해 진지한 사람은 각 결정은 지속적인 실용적 리더십과 실행이 뒤따라야 한다는 현실을 인식해야 한다. 아무것도 자동적으로 쉽게 일어나지는 않는다.

성공

미국이 중국 공산주의 전체주의적 위협에 대처하기 위한 전략을 개발하고 실행하는 데 성공하더라도 게임이 끝나지 않을 것이라는 점을 기억하는 것이 중요하다.

1991년 소비에트 연방이 무너진 후 짧은 기간 동안 서방의 지도자와 사상가들이 자만심에 물든 적이 있었다. 사람들은 새로운 세계 질서와 역사의 종말을 논했다.

2001년 9월 11일에 이르러 역사는 복수심과 함께 휴지기를 마치고 나왔다. 새로운 세계 질서는 이슬람 극단주의, 푸틴 하의 러시아 부흥, 공산당 지배 하의 중국의 힘과 능력의 꾸준한 성장이 합쳐져 무너졌다. 환상적인 이상이 아닌 세계의 현실에 대처하는 것이 위험한 세상에서 안전과 안보의 영원한 조건이다. 그것은 우리가 이 당면한 도전에 맞서서 하고 있는 일이 필요하고 불가피하다는 것을 상기시킨다. 중국과 관련한 문제들이 사라진다고 해도 책임으로부터 휴일은 없을 것이다.

이 책에서 취할 점

이 책은 많은 문제를 다루고 있으며 구체적인 내용이 많이 있다. 그러나 주요 교훈은 5가지 큰 원칙으로 요약될 수 있다.

1. 중국의 공산주의 전체주의 체제는 크고, 더 커지고 있으며, 더 부유해지고 있으며, 더 정교해지고 있다. 미국 역사상 대면했던 가장 큰 경쟁자이다.

2. 시진핑 총서기와 중국공산당원 9000만 명이 레닌주의 통제 시스템 유지에 전념하고 있다. 당은 그 목표를 최상의 가치로 여기고 정책 옵션을 판단한다.

3. 중국 시스템은 극적인 기술 발전에 그리고 시장 및 파트너를 구매하는 데 투자하고 있다. 그 영향과 능력은 미국인들이 인식하는 것보다 훨씬 빠르게 확장되고 있다.

4. 미국이 점진적으로 대응한다면 실패할 수밖에 없다. 중국공산당의 체제는 너무 크고 추진력이 대단해서 미국 정책의 극적이고 깊이 있는 재설정과 새로운 미국 제도의 발전을 통해서만 전체주의적 도전을 물리칠 수 있을 것이다. 미국이 기술 투자와 성취를 이뤄내고, 새로운 시장을 획득하며, 새롭고 더 광범위한 동맹을 구축하기 위해서는 새로운 에너지, 자원, 규칙, 결단성이 필요하다.

5. 당신이 미국 생존의 열쇠이다. 이러한 규모의 변화는 시민 기반이어야 하며 광범위한 시민의 지원이 있어야 한다. 가족, 친구, 이웃, 그리고 동료와 함께 당신의 목소리가 차이를 만들 수 있다. 소셜 미디어, 토크 라디오, 블로그, 마을 회의, 그리고 대통령 선거 집회에서 당신의 목소리가 변화를 가져올 수 있다.

다같이 우리는 미국의 생존에 대한 크니큰 도전에서 우리나라가 살아남도록 다시 한 번 도와야 한다.

| 감사의 말 |

『전체주의 중국의 도전과 미국』은 내가 쓴 책 중에서 가장 중요하고 가장 도전적인 책이다. 이 프로젝트에 전문성과 지식을 제공한 분들의 관대한 조언과 상담 없이는 불가능했을 것이다.

탁월한 브리핑을 조직하고 제공한 항공 대학교(Air University)의 전문가와 팀에게 감사하다. 이 프로젝트를 위한 노력과 국가에 대한 이타적인 헌신에 감사드린다. 특히 필자는 우주에서 중국에 대한 효과적인 미국의 대응을 위한 싸움에서 놀라운 용기를 보여준 스티브 크와스트 중위에게 감사드린다.

도움이 되는 분석을 제공해주신 헤리티지 재단, 허드슨 연구소, 윌슨 센터 및 미국경영연구소의 수많은 학자들에게 감사의 말씀을 드린다.

최고의 공개 보고서를 발간하고 중국에 대해 많은 정보를 얻을 수 있는 공청회를 주최한 미중경제보안검토위원회에 감사드린다. 이 책 전체에서 그 보고서와 청문회가 자주 인용되는 것을 보게 될 것이다. 레슬리 레이건이 연구를 진척시키는 데 도움이 되는 자료를 제공해주셔서 큰 도움이 되었다.

이 책의 앞부분에서 언급했듯이 전국 바둑센터의 전문 바둑 고수와 교사가 깅리치 360팀에게 현존하는 가장 어려운 게임을 가르쳐주었다. 재능을 공유하고, 우리 두 팀과 함께 즐거운 저녁 시간을 보내며, 인내심으로 가르쳐준 것에 감사한다.

허먼 피처너와 미국외교정책협의회(AFPC, American Foreign Policy Council)의 그의 팀이 이 노력에 매우 소중했다. AFPC가 이 프로젝트에 공헌하고 미국과 전 세계 지도자 간의 대화 기회를 만들기 위해 한 모든 일에 감

346

사드린다. 허먼과 AFPC가 하는 일은 전 세계 국가와 지도자 간의 이해와 협력을 촉진하는 데 필수적이다.

내셔널 TRUST 센터의 팀은 미국과 미국인들이 중국공산당으로 인해 직면한 사이버 및 간첩 문제에 대한 통찰력을 제공하는 데 도움을 주었다. 이러한 위협의 전모를 대중에게 알리기 위한 그들의 지속적인 노력은 개인, 기관 및 기업의 미래 보호를 위해 중요하다.

이 프로젝트에 유용한 정보를 제공한 전문가가 많이 있다. 유용한 데이터와 분석을 공유한 다이애나 류와 갤럽 팀에게 감사한다. 또한 5G 전략 개발의 핵심 파트너인 칼 로브에게 감사의 말씀을 전한다. 5G 및 통신 산업에 대한 전문 지식을 제공해주신 디클랜 갠리와 스티브 콘론에게도 감사드린다. 마지막으로 브레트 한은 통신에 대한 뛰어난 전문 지식을 빌려주었다. 그분들의 기여에 감사드린다.

디몬과 밥 수에팅거는 귀중한 자원이자 자문이었다. 그들의 풍부한 지식은 엄청나게 광대하다. 조언에 감사드린다. 이 프로젝트에 크게 기여한 마이클 소볼릭에게 감사드린다. 그는 공산당 지배 하의 중국의 도전과, 미국을 추가적인 침략으로부터 어떻게 보호해야 할지를 밝히는 데 훌륭한 작업을 했다.

헨리 키신저 박사는 30년 넘게 탁월한 친구이자 멘토였다. 이 책 전체에 자주 언급된 그의 책『중국론』은 미국과 중국의 역사적 관계에 대한 귀중한 통찰력을 제공했다.

마이클 필스버리는 미국이 중국공산당과 직면한 도전을 폭로하는 놀라운 작업을 수행했다. 그의 아이디어와 그의 책『백년의 마라톤』이 필자의 생각에 큰 영향을 미쳤다.

전문적인 전략 분석을 제공한 분들에게 감사한다. 고 앤디 마셜을 방문하여 중국과의 현재 상황에 대한 생각에 대해 여쭈어볼 수 있었던 것은 영광이다. 앤디는 미국의 국보였으며 그의 유산은 영원히 기억될 것이다. 그와 그가

한 일 때문에 우리나라가 더 잘살게 되었다. 그의 동료 앤드류 메이도 이 일에 있어 큰 자산이었다.

그의 기여에 감사드린다. 매우 통찰력 있는 피드백을 공유하고 이 프로젝트를 개선한 제임스 파웰에게 감사한다. 내 생각을 발전시키는 데 도움이 되는 훌륭한 제언과 분석을 제공한 알렉스 그래이에게 감사한다.

RWR 고문단의 로저 로빈슨과 팀은 대체불능의 파트너이다. 중국의 세계적 노력과 그것이 미국에 미치는 영향에 대한 그들의 신중하고 부지런한 연구는 이 도전적인 시기에 우리를 인도하는 데 도움이 될 것이다.

여단장 롭 스패딩은 진정한 전문가로서 그의 미국과 중국의 도전에 대한 통찰력이 큰 도움이 되었다. 현저하게 스마트한 개인이며 전문 지식을 공유해준 밥 조엘에게도 감사한다. 피터 나바로의 작업은 필자의 생각에 큰 영향을 미쳤으며 그의 기여에 감사한다.

필자의 오랜 조언자이자 이 프로젝트에 대한 의견을 보내준 조 개이로드에게 감사한다. 조는 미국인들에게 크고 중요한 메시지를 효과적으로 전달하는 방법을 알고 있는 매우 지적인 전략가이다.

필자의 오랜 동료이자 파트너인 밥 워커와 문워커 어소시에이츠(Moon-Walker Associates)에 있는 그의 팀은 우주에 관한 장을 개발하는 데 필수적이었다. 다년간의 경험을 바탕으로 한 밥의 지식은 중국과 미국 경쟁의 다음 위대한 경기장 중 하나에 대한 아이디어를 공식화하는 데 크게 도움이 되었다. 지적재산 절도에 크게 기여한 숀 케네디에게도 감사하다. 그렇게 깊이 있는 지식을 공유해준 것에 대해 감사드린다.

존스그룹 인터내셔널(Jones Group International)의 짐 존스 장군과 그의 팀에게 감사한다. 짐은 놀랍도록 지식이 풍부하며 이 프로젝트에 대한 그의 기여에 감사드린다. 아시아 리서치 서비스의 전문가들은 대만 문제에 대한 필자의 생각을 형성하는 데 불가결한 자원이었다. 이 프로젝트에 대한 그들의 노력과 기여에 감사드린다.

필자의 오랜 고문이자 동료인 빈스 헤일리, 로스 워싱턴, 랜디 에반스가 필자에게 중국에 관한 책의 아이디어를 주었다. 빈스와 로스는 중국과의 도전이 결실을 맺고 있음을 지적했고 랜디가 제목과 방향을 제시했다. 미국 국민들에게 중요한 이러한 메시지가 담겨 있는 당신이 들고 있는 책은 그들 모두의 통찰력 없이는 불가능했을 것이다. 그들의 귀중한 조언에 감사드린다.

모든 것을 가능하게 하는 깅리치 360의 놀라운 팀은 우리에게 행운이다.

이 책을 쓰고 영향을 미치고 사고를 형성하는 데 도움을 준 이 프로젝트의 공동 저자 클레어 크리스텐센에게 감사한다. 연구, 초안 및 편집 노력에 불가결했던 루이 브록돈과 레이첼 피터슨에게 감사한다.

새로운 모험과 새로운 가능성을 향해 회사를 이끄는 놀라운 일을 하는 데비 마이어스 사장에게 감사하다. 조 드산티스는 탁월한 전략가이자 고문이다. 오드리 버드는 우리의 모든 제품을 완벽하게 판매한다. 우디 헤일즈는 필자의 일정을 능숙하게 관리하고 필자가 집중하도록 하는 우리의 전문 운영 담당자이다. 테일러 스윈들은 우리의 모든 재무를 관리하는 뛰어난 CFO이다. 크리스티나 마루나는 소셜 미디어 팔로우를 성장시키고 참여시키는 데 필수적이었다. 간시 슬로안은 필자의 새로운 팟 캐스트 〈뉴트의 세계〉를 위해 중국에 대한 에피소드를 제작하는 데 큰 도움이 되었다. 마이클 더튼은 우리의 비즈니스 노력을 성장시키는 데 큰 역할을 했다. 그레이스 데이비스는 사무실 관리자로서 탁월한 운영 업무를 수행한다. 릴리 칼슨, 브렌다 도드, 코트니 라우, 제나루포니는 열심히 일하는 훌륭한 인턴들이다.

우리를 위해 모든 것을 계속 운영하는 베스 켈리에게도 감사하다. 훌륭한 서적 에이전트로 협상에서 우리를 대표하는 놀라운 일을 한 딸 캐시 루버스에게 감사한다. 자신의 책을 얼마 전에 출판한 기량이 뛰어난 저술가이자 항상 좋은 피드백을 주는 둘째 딸 재키 쿠시만에게 감사의 말을 전한다.

그리고 홀리 시(Holy See) 대사로서 미국에 봉사하고 중국 도전의 규모를 개략적으로 설명하려는 이러한 노력에 있어 필자를 지원한 아내 칼리스타에게 감사한다. 모든 것을 될 수 있게 하고 그 모든 것을 그럴 만한 가치가 있는 것으로 만드는 사람이다.

부록

2017년 11월 9일, 중국 베이징

대단히 감사합니다. 소개를 해주신 종산(Zhong Shan) 장관님께 감사드립니다. 특히 아주, 아주 아름다운 나라에 머무는 동안 멜라니아와 저에게 따뜻하고 품위 있게 환영해주신 시진핑 주석과 마담 펑에게 감사드립니다.

미국 대표단과 중국 사업체 대표자 모두에게 여러분들의 논의는 미중 파트너십을 크게 강화하고 미중의 사업체 커뮤니티 간에 중요한 가교 역할을 합니다. 그것에 대해 감사드립니다.

베이징에 있는 동안 시진핑 주석과 저는 공통된 목표와 관심사에 관해 몇번 대화를 나누었습니다. 그 외에도 우리는 자주 이야기합니다. 우리 둘은 아주 사이가 좋습니다. 믿어주세요.

정부는 중국과의 무역 및 사업 관계를 개선하기 위해 노력하고 있습니다. 그리고 이 관계는 우리가 공정하고 상호적이 되도록 하기 위해 매우 열심히 노력하고 있는 관계입니다. 중국과 미국 간의 무역은 지난 수많은 해 동안 미국에게 아주 공정한 거래는 아니었습니다.

우리 모두 알다시피, 미국은 중국과의 연간 무역 적자가 큽니다. 이 적자폭은 누구도 이해할 수 없는 숫자입니다. 이 숫자는 충격스럽게도 매년 수천 억 달러입니다. 추정치는 매년 5,000억 달러에 이릅니다. 우리는 시장 성공에 대한 장벽과 함께 이 적자를 주도하는 불공정 거래 관행을 즉시 다루어야 합니다. 시장 접근, 기술 이전 강요 및 지적재산 절도를 검토해야 합니다. 지적재산 절도는 그 자체로서만 해도 미국과 미국 회사에 최소한 연간 3000억 달러의 피해를 줍니다.

우리가 공정한 경제적 경쟁 환경을 달성할 수 있다면 미국과 중국 모두 더 풍요로운 미래를 갖게 될 것입니다. 지금은 불행히도, 매우 일방적이고 불공정합니다. 그러나 나는 중국을 비난하지 않습니다. 결국, 누가 자국민의 이익을 위해 다른 나라를 이용할 능력이 있다고 어떤 나라를 비난할 수 있습니까? 나는 중국을 크게 인정합니다.

그러나 실제로, 나는 이 통제 불능의 무역 적자가 발생하고 커질 수 있도록 허용한 이전 미국 정부들을 비난합니다. 미국의 위대한 기업들에 옳지 않고 미국의 위대한 노동자들에게 옳지 않기 때문에 이 문제를 해결해야 합니다. 이것은 결코 지속가능하지 않습니다. 그 목표를 향해 노력하고 공정하고 지속적인 참여를 추구하게 되기를 기대합니다.

국내적으로 나의 행정부는 부담스러운 규정을 근절하고 미국 에너지 및 기타 모든 사업에 대한 제한을 해제함으로써 미국 근로자와 미국 기업을 지원하고 있습니다. 규제가 상당히 풀리고 있습니다.

우리의 작업은 이미 성공하고 있습니다. 미국의 주식 시장은 사상 최고치에 있으며, 11월 8일의 아주 유명하고 이제 매우 중요한 선거 이후 벌써 55조 달러의 새로운 부를 창출하고 있습니다. 실업률은 17년 만에 최저이며, 다른 많은 좋은 일들이 경제적으로나 다른 방식으로 미국에 일어나고 있습니다. 솔직히 너무 많아 일일이 언급할 수도 없습니다.

해외에서 우리는 법의 지배, 개인 기업 및 무역 상호주의에 입각한 자유롭고 개방된 인도-태평양을 추구합니다.

번영을 이루기 위해서는 안보가 필요합니다. 안보 협력은 인도-태평양 지역 및 전 세계의 다양한 신종 위협에 대처하는 데 중요하며, 나는 지난 몇 주 동안, 특히 지난 밤과 오늘 아침에 시진핑 주석과의 대화를 통해 매우 고무가 되었습니다. 안보와 관련하여 우리는 아주, 아주 같은 입장입니다. 우리는 모두 각자의 국가를 위해, 세계를 위해 안보를 원합니다.

이러한 위협 중 가장 큰 것은 북한의 핵 위협입니다. 어제 서울의 국회 연설에서 내가 언급했듯이 미국은 북한의 완전하고 영구적인 비핵화를 추구합니다. 이것이 너무 중요합니다. 중국은 이 문제를 쉽고 빠르게 해결할 수 있으며, 나는 중국과 위대한 중국 주석이 열심히 노력해주실 것을 희망하며 요청합니다. 나는 주석에 대해 한 가지 아는 것이 있습니다.

그분이 열심히 한다면 될 것입니다. 의심의 여지가 없습니다.

우리는 모든 국가들에게 유엔 안전보장이사회의 제재 및 결의안을 이행하고 북한 정권과의 거래를 중단할 것을 촉구합니다. 이 깡패 정권이 핵무기로 세계를 위협할 수 없도록 모든 국가가 힘을 합쳐야 합니다.

시진핑 주석이 최근 북한과의 무역을 제한하고 모든 은행 관계를 끊은 것에 감사드립니다. 주석님, 감사합니다. 그리고 오늘 이곳에 온 모든 중국 사업가들에게 미국과 책임감 있는 국가의 연합에 동참해주셔서 감사드립니다. 그러나 시간이 부족합니다. 우리는 빨리 행동해야 하며, 중국이 이 문제에 대해 누구보다 더 빠르고 효과적으로 행동하기를 희망합니다. 저는 또한 이 잠재적으로 매우 비극적인 상황을 통제하는 것을 돕도록 러시아에 요청합니다.

오늘 여기에 대표되는 경제계의 기여는 양국의 평화와 번영을 보장하기 위한 노력에 있어 매우 중요합니다. 함께, 우리는 누구도 상상할 수 없었던 기회, 부유함, 품격의 미래를 열 수 있습니다.

오늘의 토론에서, 서로에게서 배우고 우리의 경제 협력을 발전시키는 새로운 방법을 도출하기를 바랍니다. 여러분 모두가 상호 합의와 공동 번영의 기회를 찾기 위해 함께 노력할 것을 믿습니다. 미국과 중국의 근면한 사람들은 번영, 행복, 평화를 달성할 수 있는 가장 최상의 솔루션을 누려 마땅합니다.

대단히 감사합니다. 감사합니다.[1]

2017년 11월 10일, 베트남 다낭

　인도-태평양의 바로 중심에 있는 베트남에서 이 지역의 분들과 사업가들 앞에서 연설하게 된 것을 영광으로 생각합니다.

　이 놀라운 세계의 한 부분에서 지난 주는 미국에게 이미 놀라운 경험이었습니다. 하와이에서 시작하여 멜라니아와 저는 일본, 한국, 중국을 돌아 여러분 모두를 만나러 베트남으로 왔습니다.

　시작하기 전에 담레이 태풍으로 피해를 입은 모든 분들에게 말씀드립니다. 미국인들은 여러분을 위해 기도하며 앞으로 몇 달 안에 복구가 되도록 기도하고 있습니다. 우리의 마음은 이 끔찍한 폭풍의 여파로 고통받고 있는 베트남 사람들과 함께합니다.

　이 여행을 한 시기는 미국이 호황을 누린 때입니다. 새로운 낙관론이 미국 전체를 휩쓸었습니다. 경제 성장률은 3.2%에 이르렀으며 더 높아지고 있습니다. 실업률은 17년 만에 최저 수준입니다. 주식 시장은 사상 최고 수준입니다. 그리고 전 세계가 미국의 갱신에 의해 향상되고 있습니다.

　이번 여행에서 가는 곳마다 미국의 좋은 소식을 전하는 기쁨을 누렸습니다. 그러나 더 나아가 저는 자유롭고 개방된 인도·태평양, 다양한 문화와 꿈을 가진 주권 독립 국가들이 나란히 번영하며 자유와 평화 속에 번창할 수 있는 장소인 인도·태평양에 대한 비전을 공유하는 영광을 누리게 되었습니다.

　바로 그 목적을 달성하기 위해 설립된 APEC에 오늘 오게 되어 마음이 설렙니다. 미국은 태평양 지역 국가 공동체의 자랑스러운 회원입니다. 미국은 처음 독립한 이래 이 지역에서 활발한 파트너였습니다.

1784년, 신생독립국 미국으로부터 최초의 미국 선박이 중국으로 항해했습니다. 아시아에 판매할 상품을 가득 싣고 가서 도자기와 차를 가득 싣고 돌아왔습니다. 미국의 초대 대통령 조지 워싱턴은 그 배로부터 온 식기 세트가 있었습니다.

1804년에 토머스 제퍼슨은 탐험가 루이스와 클라크를 태평양 연안 탐험대로 보냈습니다. 그들은 미국의 광대한 대륙을 가로질러 미국의 명백한 운명 (manifest destiny)을 구현하기 위해 서부로 모험을 떠난 수백만의 미국인들 중 첫 번째였습니다.

1817년, 미국 의회는 미국 전함의 최초의 풀 타임 태평양 배치를 승인했습니다. 이 초기 해군은 곧 전함과 함대로 성장하여 증가하는 선박의 항해의 자유를 보장했고, 대양을 용감하게 건너 필리핀, 싱가포르 및 인도 시장에 도달했습니다.

1818년에 태국 왕국과의 관계를 시작했고 15년 후 양국은 우정과 상업 조약에 서명했으며, 이것은 미국이 아시아 국가와 맺은 첫 조약입니다.

다음 세기에 제국주의 세력이 이 지역을 위협했을 때 미국은 큰 비용을 부담해 가면서 이를 밀어냈습니다. 미국은 안보와 번영이 그것에 달려 있다는 것을 이해했습니다.

우리는 아주 오랫동안 인도 · 태평양 지역에서 친구, 파트너 및 동맹국이었으며 앞으로도 오랫동안 친구, 파트너 및 동맹국이 될 것입니다.

이 지역의 오랜 친구로서, 우리는 지난 반세기 동안 여러분이 이룩한 놀라운 발전을 목격하고, 돕고, 공유하는 것을 누구보다도 더 기뻐했습니다.

오늘날 여기에 참여한 국가들과 경제들이 이 지역에 건설한 것은 기적에 가깝습니다. 최근 수십 년 동안 이 지역의 이야기는 사람들이 자신의 미래에 대한 소유권을 가질 때 무엇이 가능한가 하는 이야기입니다.

이 나라들의 지도자들이 이곳 다낭에서 모여 깊은 우정을 나누고 파트너십을 확대하며 사람들의 놀라운 업적을 축하하기 위해 모이리라고는 한 세대 전만 해도 거의 상상할 수 없었을 것입니다.

이 도시는 한때 많은 미국인들과 베트남인들이 유혈 전쟁으로 목숨을 잃은 나라에서 미군 기지의 본거지였습니다.

오늘날 우리는 더 이상 적이 아닙니다. 우리는 친구입니다. 그리고 이 항구 도시는 전 세계의 배들로 분주합니다. 드래곤 브리지 같은 경이로운 건축물이 다낭의 너무나 아름다운 해변, 빛나는 조명 및 고대의 매력을 보기 위해 온 수백만 명의 사람들을 환영합니다.

1990년대 초반, 베트남의 거의 절반이 하루에 불과 몇 달러만으로 생활했으며 4분의 1은 전기가 없었습니다. 오늘날 개방된 베트남 경제는 지구상에서 가장 빠르게 성장하는 경제 중 하나입니다. 이미 30배 이상 증가했으며 베트남 학생들은 세계에서 가장 우수한 학생들 중에 속합니다. 그것은 매우 인상적입니다.

이것은 이 지역 전체에서 볼 수 있는 놀라운 변화의 이야기입니다. 수십 년 동안 인도네시아인들은 1만 3000개가 넘는 섬의 광대한 사슬을 통치하는 국내의 민주적 제도들을 건설해왔습니다. 1990년대 이래 인도네시아 사람들은 빈곤에서 벗어나 G20 국가 중 가장 빠르게 성장하는 국가 중 하나가 되었습니다. 오늘날 지구상에서 세 번째로 큰 민주주의 국가입니다.

필리핀은 강하고 독실한 가정들로 구성된 자랑스러운 국가로 부상했습니다. 11년 연속 세계경제포럼은 성별 격차를 해소하고 경제와 정치에서 여성 지도자를 포용하는 데 있어 아시아 국가들 중 필리핀을 1위로 선정했습니다.

태국 왕국은 한 세대도 되지 않아 중상위 소득 국가가 되었습니다. 방콕의 웅장한 수도는 이제 지구상에서 가장 많이 방문되는 도시입니다. 그것은 매우 인상적입니다. 이곳에 태국에서 온 사람들은 그리 많지 않습니다.

말레이시아는 최근 수십 년 동안 급속히 발전해왔으며 이제는 세계에서 사업을 하기에 가장 좋은 장소 중 하나로 평가받고 있습니다.

싱가포르에서 연간 500달러로 생활한 부모로부터 태어난 시민들은 이제 세계에서 가장 고소득자들에 속합니다. 이 변화는 리콴유의 정직한 통치와 법치의 비전에 의해 가능했습니다. 그리고 이제는 그의 훌륭한 아들이 놀라운 일을 하고 있습니다.

최근 한국에서 본 것처럼, 한국 사람들은 전쟁으로 황폐해진 가난한 나라를 불과 수십 년 만에 지구상에서 가장 부유한 민주국가 중 하나로 변화시켰습니다. 오늘날 한국인은 많은 유럽연합 국가의 국민보다 소득이 높습니다. 문 대통령과 함께 좋은 시간을 보냈습니다.

지난 수십 년 동안 중국의 놀라운 성과를 모두 알고 있습니다.—큰 시장 개혁의 시기였던—이 기간 동안 중국의 많은 지역이 급속한 경제 성장을 경험했으며 일자리가 급증했으며 8억 명이 넘는 사람들이 빈곤에서 벗어났습니다. 저는 오늘 아침에 중국을 떠나면서 품위 있는 초대자 시진핑 주석과 함께 정말 생산적인 회의와 멋진 시간을 보냈습니다.

그리고 이번 여행에서 첫 번째로 들른 곳에서 보았듯이 일본에는 산업적, 기술적, 문화적 경이와 함께 역동적인 민주주의가 있습니다.

60년도 안 되어 이 섬나라는 물리, 화학, 의학, 문학, 평화 증진 분야에서 24명이 노벨상을 수상했습니다. 아베 대통령과 저는 아주 많은 점에 동의합니다.

더 넓은 지역에서 APEC 외부의 국가들도 인도-태평양의 이 새로운 장에서 큰 진전을 이루고 있습니다.

인도는 독립 70주년을 경축하고 있습니다. 주권 민주주의이며—생각해보세요—10억 이상의 인구가 있습니다. 세계에서 가장 큰 민주주의 국가입니다. 인도는 경제를 개방한 이후 놀라운 성장과 확대되는 중산층을 위한 새로운 기회의 세계를 달성했습니다. 그리고 모디 총리는 그 광대한 나라와 모든 국민들을 하나로 모으기 위해 노력해왔습니다. 그리고 그는 실제로 아주, 아주 성공적으로 하고 있습니다.

우리가 볼 수 있듯이, 이 지역의 점점 더 많은 곳에서, 주권과 독립국가의 시민들은 자신의 운명을 더 잘 통제하고 사람들의 잠재력을 열었습니다.

정의와 책임의 비전을 추구했고, 사유 재산과 법의 지배를 장려하며, 노력과 개인 기업을 소중하게 생각하는 체제를 수용했습니다.

사업체를 구축하고, 도시를 세웠으며, 바닥에서부터 국가 전체를 구축했습니다. 이 방에 있는 많은 분들이 이 위대하고 희망찬 국가 건축 프로젝트에 참여해 오셨습니다. 처음부터 끝까지, 꿈에서 현실에 이르기까지 여러분의 프로젝트였습니다.

여러분의 도움으로, 이 지역 전체가 각자 누구의 위성도 아닌 빛나는 별인 국가, 각각의 국민, 문화, 삶의 방식, 가정인 국가의 아름다운 별자리로 부상했고 여전히 부상하고 있습니다.

이러한 변화를 겪어온 여러분은 여러분이 성취한 것의 가치를 누구보다 잘 이해합니다. 여러분은 또한 가정이 유산이며, 항상 그것을 보호해야 한다는 것도 압니다.

경제 발전 과정에서 여러분은 다른 국가와의 상업 및 무역을 추구했으며 상호 존중을 바탕으로 상호 이익을 추구하는 파트너십을 구축했습니다.

오늘 저는 미국과의 협력을 통해 인도·태평양 국가 간의 우정과 상업적 유대를 강화하고 함께 번영과 안보를 증진하기 위해 협력하도록 미국과의 파트너십 갱신을 제안하기 위해 왔습니다.

우리는 이 파트너십의 핵심에서 공정성과 상호주의 원칙에 뿌리를 둔 강력한 무역 관계를 추구합니다.

미국이 다른 국가나 민족과 무역 관계를 맺을 때, 미국은 우리의 파트너가 우리처럼 규칙을 충실하게 준수할 것을 기대합니다. 우리는 시장이 양쪽에서 동등한 수준으로 개방될 것이며 정부 기획자가 아닌 민간 산업이 직접 투자를 할 것으로 기대합니다.

불행히도, 너무 오랫동안 너무나 많은 곳에서 그 반대의 일이 발생했습니다. 수년 동안 미국은 거의 조건 없이 체계적으로 미국의 경제를 개방했습니다. 미국은 관세를 낮추거나 종식했고, 무역 장벽을 줄이고, 외국 상품이 미국으로 자유롭게 유입되도록 했습니다.

그러나 우리가 시장 장벽을 낮추는 동안 다른 국가들은 우리에게 시장을 개방하지 않았습니다. …

명시된 원칙을 준수하지 않는 국가들이 세계무역기구(WTO)에 받아들여졌습니다. 간단히 말해, 우리는 세계무역기구에서 공정하게 대우받지 못했습니다. WTO와 같은 조직은 모든 회원이 규칙을 준수하고 모든 회원의 주권을 존중할 때만 제대로 기능할 수 있습니다. 공정한 시장 접근을 보장하지 않으면 시장 개방을 달성할 수 없습니다. 결국, 불공정 거래는 우리 모두에게 해가 됩니다.

미국은 민간 기업, 혁신 및 산업을 장려했습니다. 다른 국가에서는 정부가 운영하는 산업 계획 및 국유 기업을 사용했습니다.

우리는 지적재산을 보호하고 공정하고 공평한 시장 접근을 보장하는 WTO 원칙을 준수했습니다. 그들은 제품 덤핑, 보조금이 지급된 상품, 통화 조작 및 약탈적 산업 정책을 사용했습니다.

그들은 규칙을 따르는 사람들보다 유리하기 위해 규칙을 무시하면서 상거래에 엄청난 왜곡을 야기하고 국제 무역 자체의 기초를 위협했습니다.

이러한 관행은 미국이 집단적으로 대응하는 데 실패한 것과 함께 우리나라와 다른 나라의 많은 사람들에게 해를 미쳤습니다. 미국과 많은 다른 나라에서 직업, 공장 및 산업을 빼앗겼습니다. 사람들이 체제를 신뢰할 수 없어서 상호유익한 투자기회가 많이 사라졌습니다.

우리는 더 이상 이러한 만성적인 무역 남용을 용납할 수 없으며 관용하지 않을 것입니다. 수년간 약속이 깨졌음에도 불구하고 미국은 언젠가는 곧 모두 공정하고 책임감 있게 행동할 것이라는 말을 들었습니다. 미국과 인도-태평양 지역 사람들은 그날이 오기를 기다렸습니다. 그러나 그날은 결코 오지 않았고, 그것이 내가 오늘 여기 있는 이유입니다.

우리의 도전에 대해 솔직하게 말하고 우리 모두를 위한 더 밝은 미래를 향해 노력하기 위해서입니다.

나는 최근 중국을 여행했습니다. 그곳에서 시진핑 주석과 중국의 불공정거래 관행과 미국에 대해 그들이 만든 막대한 무역 적자에 대해 공개적으로 직접 이야기했습니다. 나는 진정으로 공정하고 평등한 무역 관계를 달성하기 위해 중국과 협력하고 싶다는 강한 소망을 표명했습니다.

현재의 무역불균형은 용납할 수 없습니다. 나는 무역에서 미국을 이용한다고 중국이나—많이 존재하는—다른 많은 나라를 비난하지 않습니다. 그 나라의 대표들이 그렇게 할 수 있다면, 그들은 단지 할 일을 하고 있을 뿐입니다. 나는 우리나라의 이전 행정부가 무슨 일이 일어나고 있는지 보고 그것에 대해 뭔가를 했었기를 바랍니다. 그들은 하지 않았고, 나는 할 것입니다.

오늘부터 우리는 공정하고 평등하게 경쟁할 것입니다. 우리는 더 이상 미국이 이용당하게 내버려두지 않을 것입니다. 저는 이 방에 있는 여러분 모두가 자기 나라를 먼저 생각하는 것과 똑같이 미국을 먼저 생각할 것입니다.

미국은 오늘 이 방의 각 지도자와 협력하여 여러분의 국가와 우리나라 모두에게 유익한 상호 호혜적 상거래를 달성할 준비가 되어 있습니다. 그것이 내가 여기에 전하는 메시지입니다.

나는 미국의 파트너가 되고자 하고 공정한 상호 무역 원칙을 준수할 모든 인도-태평양 국가와 양자 무역 협정을 맺을 것입니다. 우리의 손을 묶고 주권을 포기하고 의미 있는 집행을 실질적으로 불가능하게 하는 대규모 협정을 체결하는 것은 더 이상 하지 않을 것입니다.

그 대신, 우리는 상호 존중과 상호 이익에 기초하여 거래할 것입니다. 우리는 여러분의 독립과 주권을 존중할 것입니다. 여러분이 강하고 번영하며 자립하고 역사에 뿌리를 두고 미래를 향해 뻗어 나가기를 바랍니다. 우리는 그렇게 정말 지속적인 가치의 파트너십으로 번창하고 함께 성장할 것입니다.

나는 이것을 인도-태평양의 꿈이라고 부릅니다. 이것이 실현되려면 모두 규칙을 따라야 하는데, 현재는 그렇게 되고 있지 않습니다. 그렇게 하는 사람들이 미국의 가장 가까운 경제 파트너가 될 것입니다. 그렇게 하지 않는 사람들은 미국이 더 이상 위반, 부정 행위 또는 경제 침략에 눈을 감지 않을 것이라고 확신하셔도 좋습니다. 그 시절은 끝났습니다.

우리는 더 이상 지적재산의 대담한 절취행위를 용납하지 않을 것입니다. 우리는 사업체의 기술을 국가에 양도하도록 하고 시장 접근을 대가로 합작 투자를 강요하는 파괴적인 관행에 맞설 것입니다.

우리는 거대한 국유 기업을 통해 산업에 대규모 정부보조금을 주어 민간 경쟁사를 파산시키는 항상 일어나는 문제를 다룰 것입니다.

경제적 이익을 목표로 하는 정부제휴 기업이 미국 기업을 사이버 공격, 기업 스파이 또는 기타 반 경쟁 관행의 표적으로 삼는 것에 대해 침묵하지 않겠습니다. 우리는 공정성과 상호주의 원칙이 위반될 때 모든 국가가 크게 반대하도록 촉구할 것입니다.

우리는 이 지역에서 번창하고 번영하며 아무에게도 의존하지 않는 파트너를 갖는 것이 미국의 이익임을 알고 있습니다. 우리는 권력이나 후원의 목적으로 결정을 내리지 않을 것입니다. 우리는 파트너에게 주권, 개인 정보 및 지적재산권을 양도하거나 국유 공급업체와의 계약을 제한하도록 결코 요청하지 않을 것입니다.

우리는 미국의 민간 부문이 여러분과 함께 일하고 우리 모두를 위한 일자리와 부를 창출할 수 있는 기회를 찾을 것입니다. 우리는 약한 파트너가 아닌 강한 파트너를 찾습니다. 약한 이웃이 아닌 강한 이웃을 찾습니다. 무엇보다도 우리는 우정을 추구하며 지배를 꿈꾸지 않습니다.

이러한 이유로 우리는 또한 미국의 기존 개발 노력에도 초점을 맞추고 있습니다. 우리는 세계은행과 아시아개발은행에 경제 성장을 촉진하는 고품질 인프라 투자를 향해 노력하도록 촉구하고 있습니다.

미국도 역할을 수행할 것입니다. 우리는 또한 개발금융 제도를 개혁하여 그 제도들이 여러분의 경제에 대한 민간 부문 투자를 보다 효과적으로 장려하고 많은 조건이 따르는 국가 주도 구상에 대한 강력한 대안을 제공하도록 하기 위해 노력하고 있습니다.

최근 몇 년 동안 미국은 경제안보가 국가안보와 관련 있는 것만이 아니라는 사실을 몇 번이고 상기해야 했습니다. 경제안보는 국가안보입니다. 그것은 미국의 국력에 매우 중요합니다.

또한 오늘날 세상이 직면하고 있는 안보, 주권 및 안정성에 대한 중대한 위협에 맞서지 않으면 우리가 지속적인 번영을 누리지 못하리라는 것도 압니다.

이번 주 초, 나는 한국의 서울에서 국회연설을 했고, 북한 정권이 더 많은 무기를 향해 나아가는 모든 단계는 더 크나큰 위험으로 가는 단계라고 선언하면서 모든 책임 있는 국가들이 단결할 것을 촉구했습니다. 이 지역의 미래와 아름다운 사람들이 독재자의 폭력적인 정복과 핵 협박에 대한 왜곡된 환상의 인질로 잡혀서는 안 될 것입니다.

또한 우리는 법의 지배, 개인의 권리, 대양항로 개방 등 항해 및 비행의 자유에 대한 존중과 같이 우리 모두에게 혜택을 준 원칙을 준수해야 합니다. 이러한 원칙은 같은 생각을 가진 국가들 사이에서 안정성을 창출하고 신뢰, 안보 및 번영을 구축합니다.

또한 범죄 카르텔, 마약, 부패, 사이버 범죄, 영토 확장과 같은 우리의 안보와 자녀의 미래에 대한 위협에 단호하게 대처해야 합니다. 내가 이전에 여러 번 말한 것처럼, 모든 문명인들은 합력하여 우리 사회에서 테러리스트와 극단주의자들을 몰아내고 그들에 대한 자금, 영토, 이데올로기적 지원을 제거해야 합니다. 우리는 급진적인 이슬람 테러리즘을 막아야 합니다.

그러니 이제, 평화롭고 번영하며 자유로운 인도·태평양을 위해 함께 일합시다. 우리가 함께하면, 오늘 말한 모든 문제를 해결할 수 있으며 직면한 모든 문제를 극복할 수 있다고 확신합니다.

우리가 이 노력에 성공한다면, 우리 앞의 기회를 포착하고 우리 국민의 이익을 위해 파트너십을 확고히 한다면, 우리는 함께 우리의 국가와 아이들을 위해 꿈꾸는 모든 것을 성취할 것입니다.

우리는 다른 나라들과 평화와 상업을 누리며 번창하는 강력하고 주권적이며 독립적인 국가들의 세계라는 축복을 받게 될 것입니다. 세계는 우리가 집을 짓고 가족, 사업, 사람들이 번영하고 성장할 수 있는 곳이 될 것입니다.

우리가 그렇게 한다면, 지금부터 반세기 후에 지구를 바라볼 때, 각기 다르고, 각기 독특하고, 이 지역 전체에서 각각 밝고 자랑스럽게 빛나는 나라들의 아름다운 별자리에 감탄할 것입니다. 우리가 밤하늘의 별을 볼 때와 마찬가지로, 시간이 지나면 우리가 지금 겪는 대부분의 도전과 오늘날 우리가 말한 문제들은 아주, 아주 작게 보이게 될 것입니다.

작지 않아 보이는 것—작지 않은 것—은 별을 아주 아주 밝게 빛나도록 하기 위해 모든 나라들이 내려야 하는 큰 선택일 것입니다.

주권을 획득하고 지키는 모든 국가와 마찬가지로 미국은 우리의 타고난 권리, 소중한 독립, 자유만큼 소중한 것이 없다는 것을 압니다.

그러한 지식이 미국 역사 전반에 걸쳐 우리를 인도했습니다. 우리가 희생하고 혁신하도록 영감을 주었습니다. 그리고 이것이 미국 혁명에서 승리한 지 수백 년이 지난 오늘날에도 우리가 여전히 미국의 설립자이자 제2대 대통령인 존 애덤스의 말을 기억하는 이유입니다. 노인으로서 숨을 거두기 전에, 이 위대한 애국자는 영광스러운 미국 자유의 50주년에 대해 어떤 생각을 하는지 말해달라는 요청을 받았습니다. 그는 '영원한 독립'이라는 단어로 답했습니다.

그것은 모든 애국자와 모든 국가의 마음에 불타는 단어입니다. 이곳 베트남의 주최자들은 이 정서를 200년 만이 아니라 거의 2000년 동안 알고 있었습니다. 두 명의 베트남인 쯩자매(Trung sisters)가 처음으로 이 땅 사람들의 정신을 일깨웠을 때는 서기 40년경이었습니다. 그때 베트남 사람들이 처음으로 독립과 자존심을 위해 일어섰습니다.

오늘날 우리 역사의 애국자와 영웅들은 우리의 시대와 미래에 대한 위대한 질문에 대한 답을 가지고 있습니다. 우리가 누구이며 무엇을 하도록 부름받았는지 상기시켜줍니다.

함께, 우리는 우리의 국민과 우리의 세상을 한 번도 경험하지 못한 새로운 차원으로 끌어올릴 힘이 있습니다.

그러므로 애국심, 번영, 자부심의 미래를 선택합시다. 가난과 노예보다 부와 자유를 선택합시다. 자유롭고 개방된 인도·태평양을 선택합시다.

마지막으로, 세상에는 많은 곳, 많은 꿈, 많은 길이 있다는 것을 결코 잊지 맙시다. 그러나 세상 어디에도 집 같은 곳은 없습니다.

그러므로 가족, 국가, 자유, 역사, 하나님의 영광을 위해, 가정을 보호하고, 가정을 지키고, 오늘 그리고 항상 가정을 사랑하십시오.

감사합니다. 하나님의 축복이 있기를. 하나님, 태평양 지역을 축복하소서. 그리고 하나님, 미국을 축복하소서. 대단히 감사합니다. 감사합니다.[2]

부티엔록 회장님,

APEC 비즈니스 커뮤니티의 리더들,

신사 숙녀 여러분,

동지들,

안녕하십니까! 다낭에 와서 여러분을 모두 다시 만나서 반갑습니다.

우리 지역, 아시아 태평양 지역은 세계경제에서 가장 큰 비중을 차지하고 있습니다. 이 지역은 글로벌 성장을 이끄는 주요 엔진입니다. 이 비즈니스 커뮤니티는 새로운 발전 방법을 계속 모색하는 성장의 주요 기여자입니다. 그렇기 때문에 지난 몇 년 동안 APEC 경제 지도자 회의에서 나는 항상 비즈니스 리더를 만나고 우리가 직면한 문제를 다루기 위한 접근 방법과 조치에 대해 논의하면서 시간을 보냈습니다.

국제 금융위기가 발생한 지 10년이 지났습니다. 지난 10년 동안 국제사회는 세계경제를 회복의 길로 이끌기 위해 협력했습니다. 우리의 노력 덕분에 세계경제는 개선되고 있습니다. 위험과 불확실성에도 불구하고 글로벌 무역 및 투자가 활발해지고 있으며 사람들은 금융시장 전망에 대해 더 낙관적이며 모든 분야에서 자신감이 커지고 있습니다.

개발은 끝이 없는 여정이지만 새로운 출발점이 계속되는 여정입니다. 한 고대 중국 철학자가 "우리는 과거가 아닌 미래에 정신을 집중해야 한다"고 말한 바 있습니다. 우리는 빠르게 변화하는 세상에 살고 있으며 세계경제는 더욱 심오한 변화를 겪고 있습니다. 그러므로 우리는 세계경제의 추세를 면밀히 따르고, 근본적인 역학을 파악하고, 올바른 방향을 유지하며, 이를 바탕으로 담대한 행동을 취해야 합니다.

우리는 성장동력이 근본적으로 변화하고 있는 것을 목도하고 있습니다. 국가들은 도전에 응하고 성장을 달성하기 위해 개혁과 혁신을 추구하고 있습니다. 구조 개혁의 잠재력이 열리고 있으며 그것이 여러 국가의 성장 촉진에 미치는 긍정적인 영향이 더욱 분명해지고 있습니다. 새로운 회차의 기술 및 산업 혁명이 추진력을 얻고 있습니다. 디지털 경제와 공유경제는 신속한 성장을 기록했습니다. 새로운 형태와 모델의 사업뿐만 아니라 새로운 산업이 번성하고 있습니다. 그 결과 새로운 성장 동력이 만들어지고 있습니다.

우리는 세계 성장 모델이 근본적으로 변화하고 있는 것을 목도하고 있습니다. 시간이 지남에 따라 발전은 근본적으로 더 풍부한 의미를 갖게 되었습니다. 모두를 위한 혁신적이고 조율된 친환경 및 개방형 발전의 비전에 대한 대중의 지지가 증대하고 있습니다. 보다 포괄적이고 고품질이며 지속가능한 개발을 달성하는 것이 국제 공동체의 공동 목표가 되었습니다. 지속가능한 발전을 위한 2030 의제를 이행하고 기후변화 및 세계의 다른 도전에 응하는 것이 중요한 국제적 합의가 되었습니다.

우리는 경제적 세계화가 근본적으로 변화하고 있는 것을 목도하고 있습니다. 지난 수십 년 동안 경제적 세계화는 세계 성장에 크게 기여했습니다. 실제로, 그것은 불가역의 역사적 추세가 되었습니다. 진화하는 세계 발전을 배경으로 경제적 세계화는 형태와 본질 모두에서 새로운 조정에 직면해 있습니다. 경제 세계화를 추구함에 있어서 우리는 그것을 보다 개방적이고 포용적이고 균형 잡히고 형평적이며 모든 사람에게 유익하게 만들어야 합니다.

우리는 세계 경제적 통치 체제가 근본적으로 변화하고 있는 것을 목도하고 있습니다. 진화하는 세계경제 환경은 세계경제 거버넌스 시스템에 더 많은 것을 요구합니다. 우리는 다자주의를 지지하고, 협의와 협력을 통해 동반 성장을 추구하고, 더 긴밀한 파트너십을 구축하며 인류의 미래를 공유하는 공동체를 구축해야 합니다. 이것이 바로 새로운 시대에 글로벌 경제 거버넌스를 수행함에 있어 해야 할 일이라고 믿습니다.

신사 숙녀 여러분,

동지들,

세계경제의 심각한 변화에 직면한 우리 아시아 태평양 경제는 개혁과 혁신을 선도해야 합니까, 아니면 그냥 주저하고 머뭇거리며 나아가야 합니까? 우리는 경제 세계화를 이끌어야 합니까, 아니면 도전에 직면하여 망설이며 멈추어 있어야 합니까? 우리는 지역 협력을 공동으로 발전시켜야 합니까, 아니면 각자의 길을 가야 합니까?

내 대답은 이것입니다. 우리는 시대의 흐름에 따라 앞으로 나아가고, 우리의 책임에 부응하며 함께 협력하여 아시아 태평양 지역의 발전과 번영의 밝은 미래를 가져와야 합니다.

첫째, 우리는 모두에게 이익이 되는 개방형 경제를 지속적으로 도모해야 합니다. 개방성은 진보를 가져오고 자기격리는 뒤처지게 됩니다. 우리 아시아 태평양 경제는 개발 경험을 통해 이것을 너무나 잘 알고 있습니다. 우리는 평등한 참여자 간의 협의, 폭넓은 참여 및 혜택의 공유, 개방형 아시아 태평양 경제 구축, 무역 및 투자 자유화 및 촉진을 도모하도록 보장하는 지역 협력 틀을 마련해야 합니다. 우리는 경제 세계화가 보다 개방적이고 포용적이며 균형을 이루어 다른 국가와 다른 사회 집단의 사람들에게 이익이 되도록 해야 합니다. 우리는 진화하는 국제 노동분업에 적극적으로 적응하고 우리의 경제를 업그레이드하고 새로운 강점을 구축하기 위해 글로벌 가치사슬을 적극적으로 재형성해야 합니다. 우리는 다자간 무역 체제를 지원하고 개방형 지역주의를 실천하여 개발도상 회원들이 국제 무역 및 투자로부터 더 많은 혜택을 받을 수 있도록 해야 합니다.

아시아태평양 자유무역지역(FTAAP)의 건설은 우리 지역의 비즈니스 커뮤니티의 오랜 꿈입니다. APEC 지도자들이 2006년 하노이에서 FTAAP 비전을 처음 시작한 것은 비즈니스 커뮤니티의 요청에 대한 응답이었습니다. 2014년 베이징에서 FTAAP 프로세스가 시작되었습니다. 우리는 행동을 취하고, 베이징 로드맵을 완전히 이행하고, FTAAP을 향해 나아가 아시아·태평양 지역에서 개방적인 경제 성장을 위한 제도적 토대를 제공해야 합니다.

둘째, 우리는 계속 혁신중심 개발을 추구하고 새로운 성장 동력을 창출해야 합니다. 현재의 세계경제 회복은 상당한 정도로 주기적인 요인의 결과이며, 자력 발생 추진력이 부족한 것은 여전히 큰 문제입니다. 세계경제가 "새로운 평범함(new mediocre)"에 진입할 위험을 피하려면 혁신을 통해 성장을 지속해야 합니다.

새로운 회차의 기술 및 산업 혁명이 우리 앞에 펼쳐지고 있습니다. 디지털 경제와 공유경제는 전 세계적으로 급증하고 있으며 인공지능, 양자과학 같은 신기술의 획기적인 발전이 이루어지고 있습니다. 아시아 태평양 지역의 우리는 그저 구경만 하고 있을 여유가 없습니다. 우리가 해야 할 일은 기회를 포착하고 혁신에 대한 투입을 늘리며 발전 모델을 바꾸고 새로운 성장 영역을 육성하는 것입니다. 우리는 구조 개혁을 촉진하고 혁신에의 모든 제도적, 체제적 장벽을 제거하고 시장을 활성화해야 합니다. 베이징에서 채택된 혁신개발, 경제개혁 및 성장에 관한 APEC 협정을 이행하고 인터넷과 디지털 경제에 대한 협력을 심화시키고 혁신적 성장의 글로벌 리더가 되기 위해 노력해야 합니다.

셋째, 연계성을 지속적으로 향상시키고 상호 연계된 개발을 달성해야 합니다. 상호 연계된 개발은 상호 이익과 상생의 결과를 달성하는 가장 좋은 방법입니다. 아시아 태평양 경제는 밀접하게 연계되어 있으며 우리의 이익은 상호 연계되어 있습니다. 이러한 상호 연계된 개발은 우리 자신의 발전을 위한 새로운 지평을 열고 우리 모두가 파트너로서 공통의 발전을 달성할 수 있는 원동력을 창출할 것입니다. 2014년에 APEC 연계 청사진이 공식화되었습니다. 이 청사진은 포괄적이고 종합적인 다계층 아시아 태평양 연계 네트워크 구축을 위한 노력의 지침입니다. 연계성을 구축하고 발전에 대한 병목현상을 해결하여 잠재력을 발휘하도록 함으로써 실제 경제를 강화해야 합니다. 이러한 노력으로 우리는 조정되고 상호 연결된 발전을 달성할 수 있습니다.

올해 5월 베이징에서 국제 협력을 위한 일대일로 포럼이 성공적으로 개최되었습니다. 일대일로 구상은 공동 기여를 요구하며 명확한 초점이 있는 바, 인프라 구축 및 연계를 촉진하고, 경제 정책의 조정을 강화하며, 개발 전략의 보완성을 강화하고, 상호 연계 개발을 촉진하여 공동 번영을 달성하는 것입니다. 이 구상은 중국에서 온 것이지만 세계에 속합니다. 역사에 뿌리를 두고 있지만 미래를 향하고 있습니다. 아시아, 유럽 및 아프리카 대륙에 중점을 두지만 모든 파트너에게 개방됩니다. 나는 일대일로 구상이 아시아 태평양 협력을 위한 보다 광범위하고 역동적인 플랫폼을 만들 것으로 확신합니다.

넷째, 우리는 계속해서 경제 발전을 보다 포용적이 되게 하고 국민들에게 그 혜택을 제공해야 합니다. 경제 세계화에 대한 현재의 역풍은 대부분 발전에 포용성이 없기 때문에 발생합니다. 전 세계 국가와 우리 사회의 모든 사람들에게 발전의 혜택을 가져와 비전을 현실로 바꾸려면 여전히 힘든 노력이 필요합니다.

지난 몇 년 동안, 우리는 포용적 개발을 촉진하는 방법을 적극적으로 탐구했으며 이에 대한 강력한 합의를 구축했습니다. 지역 경제 통합을 심화하고, 개방적이고 포용적인 시장을 개발하며, 공동의 이해 관계를 강화해야 합니다. 포용성과 공유를 개발 전략의 일부로 하고 시스템 및 제도를 개선하여 효율성과 공정성을 유지하고 사회적 형평성과 정의를 보호해야 합니다. 사람들의 생활에 중요한 교육, 의료, 고용 및 기타 분야에 더 많은 투자를 하고 빈곤과 빈부 격차를 해소해야 합니다. 소외 계층에게 손을 내밀고, 중소기업을 위한 비즈니스 환경을 개선하고, 인력이 산업 변환에 더 잘 적응할 수 있도록 함으로써 모든 사람이 공정한 기회와 혜택을 누릴 수 있도록 해야 합니다.

신사 숙녀 여러분,

동지들,

중국의 격언처럼, 일단 한 약속은 지켜야 합니다.[1] 아시아 태평양 지역의 발전을 촉진하려면 우리 모든 구성원의 실제 행동이 필요합니다. 세계에서 두 번째로 큰 경제인 중국은 그 책임을 잘 알고 있습니다. 지난 5년 동안, 우리는 중국 경제의 새로운 정상에 적응하고, 관리하고, 조정하는 적극적인 조치를 취하고 공급측 구조개혁을 심화했습니다. 그 결과, 중국 경제는 꾸준한 성과를 유지했으며, 우리는 보다 나은 품질, 보다 효율적이며 공정하고 지속 가능한 발전을 추구하고 있습니다. 지난 4년간 중국의 경제는 매년 평균 7.2% 성장하여 세계 성장의 30% 이상을 기여했습니다. 중국은 이제 세계 성장의 주요한 원동력입니다.

우리는 포괄적인 개혁을 통해 발전을 방해하는 체계적인 제도의 장벽을 제거하기 위해 열심히 노력했습니다. 360개의 주요 개혁 구상과 1500개 이상의 개혁 조치가 취해졌습니다. 핵심 분야에서 획기적인 발전이 이루어졌으며, 주요 부문에서 개혁의 일반적인 틀이 마련되었습니다. 우리는 개방 경제의 새로운 제도를 세우고 대외 무역 및 자본수출 투자 모델을 변화시켜 양적 무역에서 질적 무역으로의 전환을 계속하기 위한 노력을 가속화해왔습니다.

성장에 새로운 자극을 불러일으키기 위해 이론적, 실용적, 제도적, 문화적 및 기타 탐험을 진행했습니다. 중국은 혁신의 모든 요소와 행위자가 수렴하여 정말 변화를 가져오는 거대한 플랫폼이 되었습니다. 비즈니스 모델에서 소비 방식에 이르기까지, 인프라에서 다양한 경제 부문에 이르기까지 혁신이 선도하고 있습니다.

우리는 발전을 보다 포용적이고 유익하게 만들기 위해 사람 중심의 발전 철학을 추구했습니다. 개인 소득은 수년간 GDP 성장을 능가하는 지속적인 성장을 기록했습니다.

도시와 농촌 지역 및 다른 지역 간의 소득격차가 좁아지고 있고, 중간 소득 그룹이 확대되고, 지니 계수가 감소하고 있습니다. 4년 연속 매년 1300만 개 이상의 새로운 도시 일자리가 창출되었습니다. 녹색발전을 추구함에 있어 상당한 진보가 이루어졌으며, 그 결과 에너지 및 자원 소비의 강도가 상당히 감소하고 생태 환경이 크게 개선되었습니다.

남은 빈곤층 모두를 빈곤에서 벗어나게 하는 것이 중국 정부가 인민에게 하는 엄숙한 약속입니다. 그것은 내 생각에 가장 우선 순위이며 나는 다른 무엇보다도 빈곤 퇴치에 더 많은 에너지를 쏟았습니다. 지난 5년 동안 나는 빈곤의 원인을 찾아내고 해결하기 위해 중국의 많은 가난한 지역을 방문했습니다. 그 결과 빈곤과의 싸움에서 결정적인 진전이 이루어졌습니다. 지난 5년 동안 우리는 6000만 명이 넘는 사람들을 빈곤에서 끌어올렸습니다. 빈곤률은 감소했으며 빈곤 지역의 1인당 농촌 소득은 두 자릿수 성장을 유지했습니다. 이것은 쉽게 이루어지지 않았으며, 우리는 빈곤 퇴치에서 우리가 성취한 것을 자랑스럽게 생각합니다.

신사 숙녀 여러분,

동지들,

중국의 발전은 진화하는 역사적 과정입니다. 지난달 중국공산당 제19차 전국대표대회가 베이징에서 성공적으로 개최되었습니다. 더 나은 삶에 대한 국민의 욕구에 부응하여 이 대회는 새로운 시대에 중국을 위한 행동 지침과 개발 청사진을 마련했습니다. 2020년까지 중국은 모든 면에서 소강사회(小康社會)로 변할 것이며 2035년까지 기본적으로 사회주의 현대화를 실현할 것으로 예상됩니다. 금세기 중반이면 중국은 번영하고 강하고 민주적이며, 문화적으로 진보하고 조화롭고 아름다운 위대한 현대 사회주의 국가가 될 것입니다. 중국공산당의 지도 아래 중국인들은 새로운 여정을 시작할 것입니다.

첫째, 이것은 전반적으로 개혁을 심화시키고 개발을 위한 역동성을 촉발시키는 새로운 여정입니다. 앞에 놓인 길의 어려움과 문제를 해결하기 위해 우리는 전반적인 개혁을 심화시켜야 합니다. 우리는 문제 해결에 더 집중하고 모든 구식 사고와 아이디어와 모든 제도적 병폐를 제거하고 사회 전체에 창의력과 활력을 불어넣기 위해 기득권 이익의 벽을 뚫고 나갈 것입니다. 우리는 잘 고안되고 완전히 구축되고, 절차에 기반하고 효율적으로 기능하며, 중국 시스템 및 거버넌스 역량의 현대화를 달성할 일련의 제도를 개발할 것입니다. 내년에, 우리는 중국의 개혁개방 정책 40주년을 경축하게 됩니다. 중국의 개혁은 더 많은 영역을 다룰 것이고 이러한 노력을 추구함에 있어 점점 더 강력한 조치가 취해질 것입니다.

둘째, 이것은 시대와 함께 움직이고 새로운 발전 모델을 탐구하는 새로운 여정입니다. 중국 경제는 급속한 성장 단계에서 질적 발전 단계로 전환하고 있습니다. 우리는 새로운 발전 철학을 따르고, 품질을 최우선으로 하고, 성과를 최우선으로 하고, 현대화된 경제를 개발할 것입니다. 우리는 주요 업무로서 공급 측면 구조개혁을 추구하고, 더 나은 품질과 더 높은 효율 성능을 달성하기 위해 열심히 노력하고, 개혁을 통해 보다 강력한 성장을 창출할 것입니다. 우리는 기술 혁신, 현대 금융 및 인재 풀을 통해 실물 경제의 공동 개발을 촉진하는 산업 시스템 구축을 가속화하고 총 요소 생산성을 높일 것입니다. 우리는 보다 효과적인 시장 메커니즘, 역동적인 소기업 및 건전한 거시적 규제로 경제를 발전시키기 위해 노력할 것입니다. 이러한 모든 노력은 중국 경제를 더욱 혁신적이고 경쟁력 있게 만들 것입니다. 우리는 인터넷, 빅데이터 및 인공지능과 실제 경제와의 통합을 더욱 촉진하고 디지털 경제, 공유경제, 청정 에너지 및 기타 분야의 새로운 성장 동력을 양성할 것입니다. 우리는 지역 간 공동개발을 달성하기 위한 새로운 메커니즘과 경로를 계속 탐구하고, 베이징·톈진·허베이 지역, 양쯔 경제대, 셩안 신구(Xiongan New Area) 및 광둥·홍콩·마카오 대만구(Greater Bay Area) 지역의 공동개발을 촉진하고, 세계적 수준의 도시 군집을 형성하고 새로운 성장의 원천을 육성할 것입니다.

중국이 혁신과 더 높은 품질의 성장을 추구하기 위해 노력함에 따라 새로운 형태의 비즈니스가 계속 등장하고 더 많은 혁신이 사용될 것이며 중국의 다양한 지역의 개발은 더욱 균형을 이룰 것입니다. 이 모든 것이 더욱 강력하고 광범위한 영향을 창출하고 더 많은 협력 기회를 제공하며 더 많은 국가들이 중국 발전의 특급 열차에 탑승할 수 있게 할 것입니다.

셋째, 이것은 세계와의 보다 많은 통합과 보다 높은 수준의 개방 경제를 향한 새로운 여정입니다. 중국은 개방의 조치를 늦추지 않을 것입니다. 우리는 다른 국가들과 협력하여 일대일로 구상의 출범을 통해 공통 발전의 새로운 동인을 창출할 것입니다.

우리는 무역과 투자의 높은 수준의 자유화와 촉진을 도모하는 정책을 채택할 것입니다. 설립 전 국민대우 및 부정적 목록 체제를 이행하고 시장 접근을 크게 완화하고 서비스 부문을 더욱 개방하며 외국 투자자의 정당한 권리와 이익을 보호할 것입니다. 중국에 등록된 모든 사업체는 동등하게 취급됩니다. 자유무역지대를 개척하여 개혁을 수행할 더 많은 권한을 부여할 것이고 자유 무역항 개항을 탐구할 것입니다. 자유무역협정 및 투자조약 체결을 위해 협력국과의 협상 속도를 높이고, FTAAP 구축을 앞당기고, RCEP 협상의 신속한 결론을 위해 노력하며, 자유무역 지역의 글로벌 네트워크를 구축하기 위해 노력할 것입니다.

향후 15년 동안 중국은 더 큰 시장을 갖고 보다 포괄적인 발전을 할 것입니다. 중국은 24조 달러 상당의 상품을 수입하고, 2조 달러에 이르는 직접 투자를 유치하고, 2조 달러에 달하는 해외 투자를 할 것으로 추정됩니다. 내년 11월, 중국은 상하이에서 최초의 중국 국제수입엑스포를 개최할 예정이며, 이는 중국 시장에서 모든 당사자들 사이의 협력을 확대하기 위한 새로운 플랫폼을 제공할 것입니다.

넷째, 이것은 인민의 보다 나은 삶을 향한 새로운 여정입니다. 인민의 보다 나은 삶을 보장하는 것이 우리가 하는 모든 일에서 달성하고자 하는 목표입니다. 우리는 발전을 통해 생활 수준을 보장하고 개선하며 더 나은 삶에 대한 인민의 계속 증가하는 요구를 충족시킬 것입니다. 인민이 항상 강한 유익, 행복, 안전감을 가질 수 있도록 사회적 공정성과 정의를 계속해서 추진할 것입니다. 빈곤의 퇴치 및 완화 조치를 지속적으로 시행하여 2020년까지 현재 빈곤선 아래에 거주하는 모든 농촌 주민이 빈곤에서 벗어나도록 보장할 것입니다. 13억 명이 넘는 중국인 모두가 남부럽지 않은 삶을 살아야 합니다. 누구도 뒤처지지 않을 것입니다!

생태 보존을 위한 제도적 개혁을 가속화하고, 녹색, 저탄소 및 지속가능한 발전을 추구하며, 가장 엄격한 환경보호 시스템을 구현할 것입니다. 2035년까지 환경이 근본적으로 개선될 것입니다. 아름다운 중국을 건설한다는 목표가 기본적으로 달성될 것입니다. 기후변화에 적극적으로 대처하고 인류 생존을 위해 우리 공동의 집을 보호할 것입니다. 중국의 이산화탄소 배출량은 2030년경에 정점에 도달할 것으로 예상되며, 우리는 그러한 배출이 그보다 일찍 정점에 도달하도록 모든 노력을 다할 것입니다. 1차 에너지 소비에서 비화석 연료의 점유율을 2030년까지 약 20%로 증가시킬 것입니다. 일단 목표를 설정하면 달성할 때까지 노력을 중단하지 않을 것입니다!

다섯째, 이것은 새로운 유형의 국제 관계와 인류의 미래를 공유하는 공동체를 향한 새로운 여정입니다. 우리 중국인의 꿈은 다른 나라 사람들의 꿈과 밀접하게 연계되어 있습니다. 우리의 세계는 도전으로 가득 차 있으며 앞으로 나아갈 길은 평탄하지 않을 것입니다. 그러나 우리는 꿈을 포기하지 않을 것입니다. 노력을 두 배로 늘리고 다른 모든 사람들과 협력하여 지속적인 평화를 누리고 보편적인 안보와 공동의 번영을 누리는 개방적이고 포용적이며 깨끗하고 아름다운 세상을 만들 것입니다.

우리 중국인들은 평화가 가장 소중하고 모든 나라들 사이에 조화가 있어야 한다고 믿습니다. 우리는 평화로운 발전을 위해 노력하고 있으며 아시아 태평양 지역과 그를 넘어선 지역의 평화와 안정을 위한 닻이 될 것입니다. 중국은 공유 이익을 추구하면서 정의의 원칙을 지침으로, 글로벌 파트너십을 적극적으로 개발하고, 다른 국가와의 이해의 수렴을 확대하며, 상호 존중, 공정성, 정의 및 상생의 협력을 특징으로 하는 새로운 유형의 국제관계를 조성하기 위해 노력할 것입니다. 협의와 협력을 통한 공유 성장 달성 원칙에 따라 국제 정치 및 경제 질서를 보다 공정하고 형평성 있게 만들기 위해 글로벌 거버넌스 시스템의 개혁과 발전에 적극적으로 참여할 것입니다.

신사 숙녀 여러분,

동지들,

아시아 태평양 지역의 모든 인민은 평화, 안정 및 번영을 누릴 자격이 있습니다. 그리고 이 지역의 우리 모두는 아시아 태평양을 위한 밝은 미래를 함께 만들어가야 합니다. 상호 신뢰, 포괄성, 협력 및 상호 이익을 기반으로 한 파트너십, 이것이 우리의 큰 아시아 태평양 가족을 함께 유지하고 아시아 태평양 협력의 성공을 보장하는 것입니다. 아시아·태평양 지역의 협력을 도모하고 더 밝은 미래를 시작하기 위해 굳건한 조치를 취합시다.

감사합니다.[3]

2013년 1월 5일, 중국공산당 제18차 전국대표대회 정신 학습 세미나

첫째, 중국 특색 사회주의는 다른 사회주의이기보다는 사회주의입니다. 과학적 사회주의의 기본 원칙은 잃어버릴 수 없으며, 잃어버린다면 사회주의가 아닐 것입니다. 우리 당은 항상 중국 특색을 가진 사회주의는 과학적 사회주의의 기본 원칙을 고수할 뿐만 아니라 시대의 조건에 따라 뚜렷한 중국 특색을 부여한다고 강조해왔습니다. 다시 말해, 중국 특색의 사회주의는 사회주의이며 다른 것이 아닙니다. 한 국가가 어떤 종류의 민족주의를 구현하는지는 그 민족주의가 국가가 직면한 역사적 문제를 해결할 수 있는지에 달려 있습니다. 중국 민족이 가난하고 약하고 억압된 시기에 모든 종류의 교리와 이념적 경향을 시도해보았습니다. 자본주의의 길은 적합하지 않았습니다. 개혁주의, 자유주의, 사회적 다원주의, 무정부주의, 실용주의, 포퓰리즘, 그리고 노조주의는 모두 "당신이 노래하면 내가 무대에 오른다"는 식이었습니다. 그러나 그 무엇도 중국의 미래와 운명의 문제를 해결할 수 없었습니다.

중국인들을 긴 밤으로부터 이끌어내고 새로운 중국을 세운 것은 마르크스-레닌주의와 마오쩌둥 사상이었습니다. 중국을 급속히 발전하게 한 것은 중국 특색의 사회주의였습니다. 특히 소련의 붕괴와 동유럽의 급격한 변화 이후 개혁개방이 시작된 이래로 중국을 맹렬히 비난하는 국제 여론은 결코 멈추지 않았으며 모든 종류의 "중국 붕괴이론"은 결코 멈추지 않았습니다. 그러나 붕괴하는 대신 중국의 전반적인 국력은 날로 증가하고 있으며 인민의 생활 수준은 지속적으로 향상되고 있어 "이는 독특한 광경입니다." 역사와

현실 모두를 통해 사회주의만이 중국을 구할 수 있고 중국 특색 사회주의만이 중국을 발전시킬 수 있다는 것을 알 수 있습니다. 이것이 역사의 결론이며 인민의 선택입니다.

최근 몇 년간 국내외의 일부 여론은 중국이 하고 있는 것이 여전히 사회주의인지에 대한 의문을 제기해왔습니다. 어떤 사람들은 그것이 "자본주의적 사회주의"라고 말하고, 다른 사람들은 단순히 "국가 자본주의"와 "새로운 관료적 자본주의"라고 합니다. 이것은 모두 완전히 틀렸습니다. 우리는 중국 특색 사회주의는 사회주의라고 말합니다. 즉, 우리가 개혁개방하는 방식에 관계없이 우리는 항상 중국 특색 사회주의의 길, 중국 특색 사회주의의 이론 체계, 중국 특색 사회주의 체제, 그리고 중국공산당 제18차 전국대표회의에서 명시한 중국 특색 사회주의의 새로운 승리를 위한 기본 요건을 고수해야 합니다. 여기에는 중국공산당의 지도 하에, 기본적인 국가 조건에 기초하여 경제 건설에 매진하고, 4가지 기본 원칙을 준수하고, 개혁개방을 고수하고, 사회 생산력을 개발하고, 사회주의적 시장경제, 사회주의 민주 정치, 진보된 사회주의 문화, 사회주의 조화로운 사회 및 사회주의 생태 문명을 구축하고, 인간의 전인적 개발을 촉진하고, 모든 사람들의 공통 번영을 점진적으로 실현하고, 번영하고 민주적이며 문명화되고 조화로운 사회주의 현대 국가를 건설하는 것이 포함됩니다. 인민대표회의 체계의 기본 정치 체계, 중국공산당 지도 하의 다자 협력 및 정치적 협의 체계, 지역 민족 자치제도, 풀뿌리 자치제도, 중국 특색 사회주의 법 체계, 본체로서 공공 소유권을 가진 기본 경제 시스템 그리고 다양한 소유권 경제의 공동 발전을 고수하는 것이 포함됩니다. 이들이 새로운 역사적 상황에서 과학적 사회주의의 기본 원칙을 구현하는 내용입니다. 이것들이 없어지면 사회주의가 아닐 것입니다.

덩샤오핑 동지는 다음과 같이 심오하고 정리된 방식으로 지적했습니다. "우리의 현대화는 중국의 현실로부터 진행되어야 합니다. 혁명이든 건설이든, 외국의 경험으로부터 배우는 것에 주의를 기울여야 합니다. 그러나 다른 국가의 경험과 모델을 모방하는 것은 결코 성공하지 못했습니다. 우리는 이와 관련하여 많은 교훈을 얻었습니다." 과거에는 전면적인 소비에트식 현대화를 수행하는 것이 불가능했으며 이제는 전면적인 서구화나 그 밖의 다른 것을 수행하는 것이 불가능합니다. 냉전 종식 후 많은 개도국들이 서구 모델을 채택해야 했습니다. 결과적으로 당의 분쟁, 사회적 불안 및 인민의 이동은 지금까지 안정화하기 어려웠습니다. "장자(莊子)"는 다음과 같이 썼습니다. "너는 수릉의 한 젊은이가 한단에서 걸음걸이를 배웠다는 이야기를 듣지 못했는가? 그는 조 나라 사람들의 걸음걸이를 제대로 배우지 못했을 뿐만 아니라 본래 자신의 걸음걸이마저 잊어버려 기어서 돌아올 수밖에 없었다." 우리는 결코 "한단에서 걷는 방식을 배우다 우리의 방식을 잃어버려서는" 안됩니다.

우리는 마르크스주의를 중국화하고 중국 특색의 사회주의를 구축하고 있습니다. 최근 중국의 전반적인 국력과 국제적인 지위가 높아짐에 따라 세계에서 "베이징 컨센서스"3, "중국 모델" 및 "중국의 길"에 대한 더 많은 토론과 연구가 이루어졌으며 그중에는 많은 찬사가 있습니다. 일부 외국 학자들은 중국의 급속한 발전으로 일부 서구 이론에 의문이 제기되고 있으며, 마르크스주의 이론의 새로운 버전이 서구의 전통이론을 뒤엎고 있다고 생각합니다.

우리는 항상 각 국가의 발전 경로는 자국민에 의해 선택되어야 한다고 믿었습니다. 소위 "중국 모델"은 중국인들이 자신의 투쟁과 실천에서 만들어낸 중국 특색 사회주의 길입니다. 우리는 중국 특색 사회주의의 지속적인 발전으로 우리 체제가 더욱 성숙해지고 우리 사회주의 체제의 우월성이 더욱 드러날 것이며 우리의 길이 더욱 넓어질 것이고 우리의 발전의 길은 세상에 더 많은 영향을 미칠 것이라고 확신합니다. 우리는 "난관들을 이겨내고 모두가 승리하는" 목표를 진정으로 달성하기 위해 그러한 길의 확신, 이론적 확신 및 제도적 확신을 가져야 합니다.

둘째, 당의 지도자와 인민이 수행한 사회주의 건설은 개혁개방 전후라는 두 가지 역사적 시기가 있습니다. 두 시기는 상호 관련되어 있고 상당히 다르지만, 본질적으로 우리 당의 지도자와 인민이 수행하는 사회주의 건설에 대한 실질적인 탐구입니다. 중국 특색의 사회주의는 새로운 역사적 개혁개방 시기에 시작되었지만, 또한 기본 사회주의 체제가 신 중국에 설립되어 20년 이상 구축되어 왔다는 사실을 바탕으로 했습니다. 이 문제를 올바르게 이해하려면 세 가지 측면을 이해해야 합니다. 첫째, 1978년 개혁개방을 추구하고, 개혁개방을 흔들림 없이 추진하며, 올바른 개혁개방의 방향을 흔들림 없이 고수하려는 당의 단호한 결정 없이는, 사회주의 중국은 오늘날처럼 좋은 상황을 누릴 수 없었을 것이고, 심각한 위기에 처했을 것이며, 소련과 동유럽 국가와 같이 당을 잃고 나라를 예속시킬 위기에 처했을 것입니다. 동시에 1949년에 새로운 중국을 설립하고 사회주의 혁명과 건설을 하지 않았다면, 중요한 이념적, 물질적, 제도적 조건과 긍정적이고 부정적인 경험을 축적했을 것이고 개혁개방을 하는 것이 순조롭게 진행되기 어려웠을 것입니다.

셋째, 두 역사적 시기 사이에 이념적 지침, 원칙 및 정책과 사회주의 건설의 실질적인 작업에 큰 차이가 있지만, 이 둘은 결코 근본적으로 반대되는 것이 아닐 뿐 아니라 서로 분리되어 있는 것이 아닙니다. 우리 당은 사회주의 건설을 실시하는 데 있어 많은 올바른 아이디어를 제시했지만, 당시에는 실제로 구현되지는 않았습니다. 개혁개방 이후 그 아이디어들이 실제로 시행되었으며 앞으로도 계속 고수되고 발전할 것입니다. 마르크스는 오래전에 이렇게 말했습니다. "사람들은 자신의 역사를 만들지만 마음대로 만드는 것이 아니고, 그들이 선택한 조건이 아니라 직접 겪고, 설정하고, 과거로부터 물려받은 조건 하에서 만든다." 넷째, 개혁개방 이전의 역사적 시기를 정확하게 평가해야 합니다. 개혁개방 후의 역사적 시기는 개혁개방 전의 역사적 시기를 부정하는 데 사용될 수 없으며, 개혁개방 전의 역사적 시기도 개혁개방 후의 역사적 시기를 부정하는 데 사용될 수 없습니다. 개혁개방 전의 사회주의 실천 탐구는 개혁개방 후의 사회주의 실천 탐구의 조건을 축적했습니다. 개혁과 개방 후의 사회주의 실천 탐구는 전 시대의 지속, 개혁 및 발전입니다. 개혁개방 전의 사회주의 실천을 탐구하기 위해서는 사실로부터 진실을 추구하는 이념노선을 고수하고, 주류와 지류를 구별하고, 진실을 고수하고, 실수를 고치며, 경험을 발전시키고 교훈을 이끌어내야 하며, 이를 바탕으로 당과 인민의 대의를 계속 추진해야 합니다.

내가 이 문제를 강조하는 이유는 이 주요 정치 문제가 제대로 처리되지 않으면 심각한 정치적 결과를 초래하기 때문입니다. 고대인들은 말했습니다. "한 나라를 파괴하려면 먼저 그 역사로 가야한다." 국내외 적대 세력은 종종 중국 혁명의 역사와 새로운 중국의 역사를 이용하여 문제를 만들고 최선을 다해 공격하고 명예를 훼손하며 중상모략을 합니다. 그들의 근본적인 목적은 인민을 혼동시키고 중국공산당 지도부와 우리나라 사회주의 체제를 전복하도록 선동하는 것입니다. 소비에트 연방은 왜 붕괴했습니까? 소비에트 공산당은 왜 추락했습니까? 중요한 이유는 이데올로기 분야에서의 투쟁이 매우 치열하다는 것입니다. 그것은 소련의 역사, 소련 공산당, 레닌과 스탈린의 역사를 완전히 부정합니다. 역사적 허무주의로 생각을 혼란스럽게 합니다. 모든 수준의 당조직은 거의 효과가 없으며 군대는 더 이상 당의 지도력 아래 있지 않습니다. 결국 소비에트 공산당이 무너지고 소비에트 연방의 사회주의 대국이 무너졌습니다. 이것은 경고입니다! 덩샤오핑 동지가 지적한 바와 같이, "마오쩌둥 사상은 잃을 수 없는 깃발입니다. 이 깃발을 잃어버리면 실제로 우리 당의 영광스러운 역사가 부정됩니다."

전체적으로, 우리 당의 역사는 여전히 영광스럽습니다. 우리 당은 중화인민공화국 창립 이래 그 30년을 포함해 몇 번의 역사상 큰 실수를 저질렀고 심지어 "문화혁명"과 같은 큰 실수를 저질렀지만 당은 결국 혁명에 성공했습니다. 중화인민공화국이 수립된 후 세계에서 중국의 지위가 크게 향상되었습니다. 중화인민공화국이 설립되어야만, 우리는 세계 인구의 거의 4분의 1을 차지하는 대국으로서 세계에 우뚝 설 것입니다." 그는 또한 강조했습니다. "마오쩌둥 동지의 평가와 마오쩌둥 사상의 표현은 마오쩌둥 동지의 개인적인 문제와만 관련 있는 것이 아닙니다. 그것은 당과 국가의 전체 역사와 불가분한 것입니다. 이 전반적인 상황을 보려면." "이것은 이론적인 문제, 특히 정치 문제일 뿐 아니라 국내외 주요 정치 문제이기도 합니다." 이것이 위대한 마르크스주의 정치인의 비전과 사상입니다. 당시 마오쩌둥 동지가 완전히 거부당했다면 당이 여전히 일어설 수 있었을지, 상상해보십시오. 우리나라의 사회주의 체제가 여전히 견딜 수 있을까요? 견딜 수 없다면 혼란이 있을 것입니다. 따라서 개혁개방 전후의 사회주의 실천과 탐구 사이의 관계를 올바르게 다루는 것은 역사적 문제일 뿐만 아니라 정치적 문제이기도 합니다. 모든 사람들이 "중화인민공화국 건립 이후 당의 여러 역사적 문제에 대한 해결책"을 찾아 다시 볼 것을 제안합니다.

셋째, 마르크스주의는 시대, 실천, 과학의 발전과 함께 지속적으로 발전해야 합니다. 변화하지 않은 채로 있을 수는 없습니다. 사회주의는 항상 발전으로 진보해왔습니다. 중국 특색 사회주의의 준수와 발전이라는 논문에서 덩샤오핑 동지는 기본 아이디어와 원칙을 정의했습니다. 장쩌민 동지를 중심으로 하는 3세대 중앙 집단지도부와 후진타오 동지가 총서기인 당 중앙위원회는 모두 훌륭한 장을 써왔습니다. 이제 우리 공산주의자 세대의 임무는 이 위대한 기사를 계속 작성하는 것입니다. 지난 30년 동안 중국 특색 사회주의는 큰 성과를 거두었으며, 이는 새로운 중국의 건국 이후에 마련된 기초와 함께, 일어서서 멀리 나아가는 데 중요한 기반입니다. 우리의 사회주의에 대한 이해와 중국 특색 사회주의 법칙에 대한 이해는 전례 없는 새로운 고지에 도달했으며, 이는 의심할 여지가 없습니다. 동시에, 우리는 또한 우리나라의 사회주의가 여전히 초급 단계에 있으며, 여전히 많은 불명확한 문제와 해결되지 않은 문제에 직면하고 있음을 알아야 합니다. 많은 주요 이슈를 보다 깊게 이해하고 다루고 있다는 것은 의심할 여지가 없습니다. 사물에 대한 이해는 과정이 필요하지만, 우리가 단지 수십 년 동안 해온 사회주의에 대한 이해와 파악은 여전히 매우 제한적이며 실천을 통해 더 깊어지고 발전해야 합니다.

마르크스주의와 사회주의를 고수하려면 발전의 관점이 필요합니다. 우리는 중국의 개혁개방 및 현대화 추진의 실질적인 문제에 중점을 두어야 하고, 우리가 하고 있는 일을 중심으로 하여 마르크스주의 이론의 적용에 중점을 두어야 하고, 실제 문제에 대한 이론적 사고에 중점을 두어야 하고, 새로운 관행과 새로운 발전에 중점을 두어야 합니다. 우리가 말했듯이, 세계에는 보편적으로 적용가능한 발전 경로 및 방식이 없으며 고정된 발전 경로 및 방식도 없습니다. 우리가 과거에 이루어온 실질적이고 이론적인 성과는 우리의 진보에 있어 문제를 더 잘 직면하고 해결하는 데 도움이 될 수 있지만, 우리가 진전을 계속하는 데 있어 무사안일의 이유나 부담이 될 수는 없습니다.

우리의 대의가 진보하고 발전할수록, 우리가 직면하게 될 새로운 상황과 문제가 많을수록, 더 많은 위험과 도전을 직면할 것이며 더 예측불가한 것들을 직면할 것입니다. 우리는 고난의 인식을 강화하고 평화의 시기에 위험에 대비해야 합니다. 사고를 해방하고 사실로부터 진실을 추구하며 시대와 보조를 맞추는 것은 마르크스주의의 살아있는 영혼이며, 우리가 새로운 상황에 적응하고 새로운 것을 이해하며 새로운 임무를 완수할 수 있게 하는 근본적인 이념적 무기입니다. 모든 수준의 모든 당원과 주요 간부들은 먼저 마르크스주의의 발전관을 고수하고, 실천이 진실을 시험하는 유일한 기준이라는 사실을 고수하고, 역사적 구상과 창의성을 최대한 활용하고, 세계의 변화와 불변성, 국가 상황 및 당의 상황을 명확히 이해하고, 항상 산을 열고 강을 연결하는 정신과 결단력으로 앞으로 나가고, 대담하게 탐구하고, 실생활의 긴급한 문제를 분석하고 대답하는 데 담대하고 탁월하며, 지속적으로 개혁개방을 심화시키고, 지속적으로 발견하고, 창조하고, 진보시키고, 이론적 혁신, 실질적인 혁신 및 체제 혁신을 지속적으로 도모해야 합니다.

네 번째로, 당은 항상 공산주의의 고귀한 이상을 고수해왔습니다. 공산주의자들, 특히 지도급 간부들은 공산주의의 고귀한 이상과 중국 특색 사회주의의 공통적인 이상에 대한 확고한 신념을 가진 충실한 실천가들이어야 합니다. 마르크스주의, 사회주의, 공산주의에 대한 믿음은 공산주의의 정치적 영혼이며 어떤 시험에도 견딜 수 있는 공산주의자들의 영적 지주입니다. 당헌은 당의 최고의 이상이자 궁극적인 목표는 공산주의를 실현하는 것이라고 명시합니다. 동시에, 당헌은 중국 공산주의자들이 추구하는 공산주의 이상은 완전한 발전과 고도로 발전된 사회주의 사회에 기초해서만 실현될 수 있다고 분명히 규정하고 있습니다. 한두 번의 시도로 공산주의에 들어갈 수 있다고 기대하는 것은 비현실적입니다. 덩샤오핑 동지는 사회주의 체제의 통합과 발전이 여전히 매우 오랜 역사의 기간을 필요로 하며, 우리 세대, 10여 세대 이상, 심지어 수십 세대가 끊임없는 노력을 기울여야 한다고 말했습니다. 수십 세대, 정말 긴 세월입니다! 공자로부터 현재까지가 70세대뿐입니다. 이렇게 문제를 바라보는 방식은 중국 공산주의자들의 정치적 냉철함을 충분히 보여줍니다. 우리는 현재의 노력과 앞으로 수 세대의 지속적인 노력이 모두 공산주의의 궁극적인 목표로 나아가고 있음을 깨달아야 합니다. 동시에, 우리는 공산주의의 실현이 매우 긴 역사적 과정임을 깨달아야 하며, 이 단계에서 당의 목표를 기반으로 노력을 기울이고 그 기반에서 대의를 추진해야 합니다. 공산주의자들의 숭고한 목표를 잃으면 우리는 방향을 잃고 공리주의와 실용주의에 빠질 것입니다. 중국 특색 사회주의는 당의 가장 높고 기본적인 프로그램의 통합입니다. 한마디로, 중국 특색 사회주의의 기본 프로그램은 번영하고 민주적이며 문명화되고 조화로운 사회주의 현대 국가를 건설하는 것입니다. 이것은 오랫동안 사회주의의 초급 단계에 있는 중국의 기본 국가적 조건에 기초할 뿐만 아니라 당의 최고 이상으로부터 떠나지 않습니다. 우리는 중국 특색 사회주의의 길을 감에 있어 굳게 믿어야 할 뿐만 아니라 공산주의의 고귀한 이상을 포용하고 사회주의의 초급 단계에서 당의 기본노선과 프로그램을 흔들림 없이 이행하고 현재 모든 일을 잘 해내야 합니다.

혁명적인 이상은 하늘보다 높습니다. 높은 이상이 없으면 공산주의자로서 자격이 없습니다. 고상한 이상에 대해 이야기하기 위해 실제 일을 떠나는 것은 공산주의자로서 자격이 없습니다. 우리 당의 90년 이상 역사에서, 공산주의 세대는 믿음과 이상에 의지하여 국가 독립과 인민의 해방을 추구하기 위해 목숨을 바쳤습니다. 그들도 자신들이 추구하는 이상이 자신들의 손에 의해 실현될 수 없다는 것을 알고 있지만, 그들은 수세대가 계속해서 그것을 위해 노력하고 희생하는 한, 고상한 이상이 반드시 실현될 것이라고 확신합니다. 소위 "진정한 공산주의자에게 참수는 아무것도 아닙니다."(중국 혁명 초기 지도자인 샤밍한(Xia Minghan)이 참수되기 직전 쓴 시의 한 구절―옮긴이) 오늘날 공산당원이나 주요 간부가 고귀한 공산주의의 이상을 지니고 있는지 판단하기 위한 객관적인 표준이 있습니다. 그것은 인민을 전심으로 섬기는 근본 목적을 고수할 수 있는지, 고난을 견뎌내고 쉴 수 있는지, 열심히 일하고 자신의 임무 수행에 정직할 수 있는지, 모든 것을 위해 싸울 수 있는지, 자신의 이상을 위해 최선을 다해 싸울 수 있고, 투쟁하며 열정과 생명까지도 줄 수 있는지에 달려 있습니다. 어쩔 줄 모르고 주저하는 관점, 제때 즐긴다는 생각, 개인적인 이익을 탐하는 모든 행동, 아무것도 하지 않는 모든 스타일은 이것과 완전히 모순됩니다. 어떤 사람들은 공산주의가 눈에 보이지 않고 환상에 불과하며 도달할 수 없다고 생각합니다. 이는 세계관이 물질주의적인지 이상주의적인지의 문제와 관련 있습니다. 우리 동지들 중 일부가 희미한 이상을 가지고 있고 신념이 흔들리는 이유는 역사적 유물론의 견해가 확고하지 않기 때문입니다. 우리는 중국 특색 사회주의의 공통 이상의 성취를 공산주의의 고결한 이상에 대한 결의와 결합해 독실하고 끈기 있고 충실하고 심오해지도록 대다수의 당원과 간부들을 교육하고 지도해야 합니다. 확고한 이상과 신념을 통해 누구나 우뚝 설 수 있고, 자신의 지평과 사고를 넓힐 수 있으므로, 올바른 정치적 방향을 견지하고, 승리와 번영에 거만하거나 안달하지 않고, 고난과 역경에 눌리거나 흔들리지 않고, 다양한 위험과 어려움에 맞서고, 의식적으로 다양한 퇴폐적 아이디어의 침투에 저항하고, 공산주의자의 진정한 정치적 자질을 유지할 수 있습니다.

자본주의 사회의 기본적인 모순에 대한 마르크스와 엥겔스의 분석이 구식이 아니며, 자본주의가 사라지고 사회주의가 승리해야 한다는 역사적 유물론적 견해도 구식이 아님을 사실들이 반복해서 보여주었습니다. 이것은 사회와 역사적 발전에서 돌이킬 수 없는 일반적인 경향이지만 그 길은 우여곡절이 많습니다. 자본주의의 최종적 종말과 사회주의의 최종적 승리는 확실히 오랜 역사적 과정일 것입니다. 우리는 자본주의 사회의 자기규제 능력에 대해 깊이 이해하고, 경제, 과학, 기술 및 군사 측면에서 서구 선진국의 장기적 지배의 객관적인 현실을 충분히 평가하고, 두 사회 체제 간의 장기적인 협력과 투쟁을 진지하게 준비해야 합니다. 오랜 기간 동안 초급 단계의 사회주의는 보다 발전된 생산력으로 자본주의와 장기적인 협력과 투쟁을 해야 합니다. 또한 자본주의가 창출한 유익한 문명 업적으로부터 진지하게 배우고 교훈을 얻어야 합니다. 사람들이 서구 선진국의 이점을 이용하여 중국 사회주의 발전의 단점을 비교하고 비판하는 현실을 직면하기도 해야 합니다. 우리는 강력한 전략적 결의로 사회주의를 포기하는 모든 종류의 잘못된 사고에 단호하게 저항해야 하며, 그 단계를 넘어 잘못된 사고를 의식적으로 수정해야 합니다. 가장 중요한 것은 우리 자신의 일을 잘하는 데 집중하고, 지속적으로 종합적인 국력을 강화하고, 인민의 삶을 지속적으로 개선하며, 자본주의보다 우월한 사회주의를 지속적으로 구축하고, 우리가 주도권과 유리한 고지 그리고 미래를 쟁취할 수 있는 보다 견고한 토대를 지속적으로 쌓는 것입니다."

위의 분석을 통해 길 문제가 당의 대의의 성패와 관련된 첫 번째 문제이며 길이 당의 생명이라는 것을 더 깊이 깨달을 수 있습니다. 마오쩌둥 동지가 지적했듯이, "혁명적 당은 대중의 안내자이다. 어떤 혁명적 당도 혁명에서 잘못된 길로 이끌지 않았으며 혁명은 실패하지 않았다." 혁명, 건설 그리고 개혁의 모든 역사적 시기에, 우리 당은 중국의 국가적 조건으로부터 나아갈 것을 고집해왔으며, 새로운 민주적 혁명의 길, 사회주의적 변화와 사회주의적 건설의 길, 그리고 중국의 실제 상황에 맞는 중국 특색 사회주의의 길을 탐구하고 형성해왔습니다. 독립적인 탐구의 정신과 자신의 길을 고수하려는 확고한 결심이 우리 당이 좌절에서 깨어나고 승리에서 승리로 지속적으로 나아가는 핵심입니다. 루쉰(Lu Xun, 魯迅)의 명언이 있습니다. 실제로 지상에는 길이 없다. 아주 많은 사람들이 걸어가면 그것이 길이 된다. 중국 특색 사회주의는 과학적 사회주의의 이론적 논리와 중국 사회발전의 역사적 논리의 변증법적 통일입니다. 그것은 중국에 뿌리를 둔 과학적 사회주의이며, 중국인의 소망을 반영하고, 중국의 요구와 시대의 발전과 진보를 충족시킵니다. 다방면으로 풍요로운 사회를 건설하고 사회주의 근대화를 가속화하며 중국 국가의 위대한 회복을 실현할 수 있는 유일한 방법입니다. 우리가 독립적이고 흔들림 없이 우리 자신의 길을 가는 것을 고집하고 중국 특색 사회주의를 고수하고 발전시키는 한, 중국공산당 창건 100년 안에 모든 방면에서 잘사는 사회를, 그리고 신 중국 건국 100년 안에 번영하고 민주적이며 문명화되고 조화로운 사회주의 현대 국가를 확실히 건설할 수 있을 것입니다.[4]

2018년 10월 4일, 미국 허드슨 연구소

켄, 친절하게 소개해주셔서 감사합니다. 이사님들, 마이클 필스버리 박사님, 내빈 여러분, 그리고 "비 전통적인 방식으로 미래에 대해 생각"하는 여러분의 임무에 충실한 모든 분들, 허드슨 연구소에 다시 오게 되어 영광입니다.

반세기 넘게, 이 연구소는 "전 세계의 안보, 번영, 자유를 증진"하는 일에 전념해왔습니다. 그리고 수년에 걸쳐 허드슨의 장소는 바뀌었지만 한 가지는 변하지 않았습니다. 여러분들은 항상 미국의 리더십이 길을 밝힌다는 그 중요한 진실을 진척시켰습니다.

그리고 오늘 저는 국내외에서 미국 리더십의 챔피언인 미국의 45대 대통령인 도널드 트럼프 대통령의 인사를 전합니다.

이 행정부 초기부터 트럼프 대통령은 미국과 중국 및 시진핑 주석과의 관계를 우선 순위로 삼았습니다. 작년 4월 6일 트럼프 대통령은 시진핑 주석을 마라라고(Mar-a-Lago)로 초대했습니다. 작년 11월 8일, 트럼프 대통령은 베이징을 방문하여 중국 지도자들의 따뜻한 마중을 받았습니다.

지난 2년 동안, 미국 대통령은 중화인민공화국 주석과 강력한 개인적 관계를 맺었으며, 한반도 비핵화와 같은 공통 관심사에 대해 긴밀히 협력해왔습니다. 그러나 지금 우리가 말하는 순간에 중국은 정치적, 경제적, 군사적 도구뿐만 아니라 선전을 통해 자신의 영향력을 높이고 미국에서 이익을 얻기 위해 전 정부적인 접근을 하고 있다는 것을 미국인들이 알아야 하기 때문에 저는 오늘 여러분 앞에 서 있습니다.

중국은 또한 이러한 힘을 그 어느 때보다 적극적으로 적용하여 미국의 국내 정책과 정치에 영향을 미치고 방해하고 있습니다.

이 정부 하에서 우리는 중국에 대응하기 위해 이 전당에서 오랫동안 옹호된 원칙과 정책을 적용하여 결정적인 조치를 취해왔습니다.

트럼프 대통령은 지난 12월 발표한 "국가안보 전략"에서 "강대국 경쟁"의 새로운 시대를 설명했습니다. 외국들은 "지역 및 세계적으로 그들의 영향력을 다시 주장"하기 시작했고 "미국의 지정학적 이점을 차지하기 위해 경쟁하고 있으며 국제 질서를 자신들에게 유리하게 바꾸려고 합니다."

이 전략에서 트럼프 대통령은 미국이 중국에 대한 새로운 접근방식을 채택했음을 분명히 했습니다. 우리는 공정성, 상호성, 주권 존중을 바탕으로 한 관계를 추구하며, 그 목표를 달성하기 위해 강력하고 신속한 조치를 취했습니다.

대통령이 지난해 중국을 방문했을 때 말한 바와 같이, "양국 간의 관계를 강화하고 양국 국민의 삶을 개선할 수 있는 기회가 있습니다." 미래에 대한 우리의 비전은 개방과 우정의 정신으로 미국과 중국이 서로에게 손을 내밀었던 과거의 가장 좋은 부분을 기반으로 합니다.

독립전쟁 후에 신생국 미국이 수출을 위한 새로운 시장을 찾아갔을 때, 중국인들은 인삼과 모피를 싣고 온 미국 상인들을 환영했습니다.

소위 "굴욕의 세기" 동안 중국이 모욕과 착취로 고통을 겪었을 때 미국은 동참하기를 거부하고, 중국과의 자유무역을 유지하고 그들의 주권을 보존할 수 있도록 "문호 개방" 정책을 옹호했습니다.

미국 선교사들이 중국 해안에 복음을 가지고 도착했을 때, 그들은 아주 오래되었지만 활기 넘치는 사람들의 풍부한 문화에 감동 받았으며 신앙을 전파했을 뿐만 아니라 중국 최초이자 최고의 대학들을 설립했습니다.

제2차 세계대전이 일어났을 때, 우리는 제국주의와의 싸움에서 동맹국으로 함께 서 있었습니다. 그리고 그 전쟁이 끝났을 때 미국은 중국이 유엔의 창립 회원국이 되고 전후 세계의 형성에 참여하도록 보장했습니다.

그러나 1949년에 권력을 잡은 직후 중국공산당은 권위주의적 확장을 추구하기 시작했습니다. 두 나라는 힘을 합쳐 싸운 지 5년 만에 한반도의 산과 계곡에서 서로 싸웠습니다. 저의 아버님은 그 자유의 최전선에서 전투를 하셨습니다.

잔인한 한국전쟁조차도 두 나라를 오랫동안 묶어왔던 관계를 회복하려는 서로의 욕구를 줄일 수 없었습니다.

중국과 미국의 소원한 관계는 1972년 종식되었고, 그 직후 우리는 외교 관계를 재건하고 경제를 서로 개방하기 시작했으며 미국 대학은 차세대 중국 엔지니어, 비즈니스 리더, 학자 및 공무원 교육을 시작했습니다.

소비에트 연방이 붕괴한 후, 우리는 자유 중국이 불가피하다고 가정했습니다. 21세기 초, 미국은 낙관론을 가지고 베이징에 미국 경제를 개방하고 중국의 세계무역기구 가입에 동의했습니다.

중국의 자유가 경제적 자유뿐만 아니라 정치적으로 고전적 자유주의 원칙, 사유 재산, 종교의 자유, 그리고 모든 인권에 대한 새로 발견된 존중 등 모든 형태로 확대되기를 희망하면서 이전의 행정부들은 이러한 선택을 했습니다. 그러나 그 희망은 성취되지 않았습니다.

자유의 꿈은 아직 중국인들에게서 먼 곳에 남아있습니다. 베이징은 여전히 "개혁개방"이라는 입에 발린 말을 하고 있지만 덩샤오핑의 유명한 정책은 이제 거짓말같이 들립니다.

지난 17년 동안 중국의 GDP는 9배 증가했습니다. 세계에서 두 번째로 큰 경제가 되었습니다. 이 성공의 대부분은 중국에 대한 미국의 투자에 의해 주도되었습니다. 또한 중국공산당은 몇 가지만 예를 들자면, 관세, 쿼터, 통화 조작, 강제적 기술 이전, 지적재산권 절취, 그리고 사탕처럼 산업 정부보조금을 나누어 주는 등 자유롭고 공정한 거래와 맞지 않는 수많은 정책을 사용했습니다. 이러한 정책들로 경쟁자, 특히 미국을 희생시키면서 베이징의 제조업 기반을 구축했습니다.

중국의 조치는 지난해 3,750억 달러에 달했던 미국과의 무역 적자에 영향을 미쳤습니다. 이는 미국의 세계 무역 적자의 절반에 가까운 수치입니다. 이번 주에 트럼프 대통령이 말한 바와 같이, 미국은 지난 25년간 "중국을 재건해왔습니다."

이제 공산당은 "중국산 2025" 계획을 통해 로봇 공학, 생명 공학 및 인공지능 등 세계 첨단 산업의 90%를 지배하는 것을 목표로 삼고 있습니다. 21세기 경제의 핵심 고지를 점령하기 위해 베이징은 관료들과 기업들에게 필요한 모든 수단을 통해 (미국의 경제 리더십의 기초인) 미국의 지적 재산을 얻도록 지시했습니다.

베이징은 이제 많은 미국 기업들이 중국에서 사업을 하는 대가로 영업비밀을 넘기도록 요구하고 있습니다. 또한 미국 기업의 인수를 조율하고 후원하여 그들의 창작물에 대한 소유권을 얻습니다. 최악인 것은 중국 보안 기관들이 최첨단 군사 청사진 등 미국 기술을 절취하는 것을 계획하고 지휘한 것입니다. 중국공산당은 그 훔친 기술을 사용하여 대규모로 쟁기를 검으로 바꾸고 있습니다.

중국의 군사비 지출은 이제 다른 아시아 지역을 합한 것만큼이며 베이징은 육상, 해상, 공중, 우주에서 미국의 군사적 이점을 약화시키는 능력에 우선순위를 두어왔습니다. 중국이 원하는 것은 미국을 서태평양에서 밀어내고 미국의 동맹국을 돕지 못하도록 하는 것입니다.

베이징은 또한 이전과는 전혀 다르게 힘을 사용하고 있습니다. 일본이 관리하는 센카쿠 제도 주위를 중국 선박이 정례적으로 순찰하고 있습니다. 그리고 중국 지도자가 2015년 백악관 로즈 가든에 서서 중국이 "남중국해를 무장하려는 의도는 없다"고 말한 지 얼마 되지 않아, 오늘날 베이징은 인공섬들에 건설된 군사 기지들에 첨단 대함 대공 미사일을 배치하고 있습니다.

이번 주에 중국 해군함정이 남중국해에서 항해자유 작전을 수행하는 USS 데카터(Decatur)의 45야드 내에 들어와서 미국 군함이 충돌을 피하기 위해 신속하게 방향을 틀도록 강요했을 때 중국의 공격성이 드러났습니다. 이러한 무모한 공격에도 불구하고 미국 해군은 국제법이 허용하고 국가이익이 요구하는 모든 곳에서 계속 비행하고 항해할 것입니다. 우리는 협박을 당하지 않을 것이고 물러서지도 않을 것입니다.

미국은 중국이 경제자유화를 통해 미국 및 세계와 더 큰 파트너십을 갖기를 희망했었습니다. 그러나 중국은 경제 침략을 선택했고, 규모가 커진 군대는 대담해졌습니다.

또한 베이징은 우리가 희망한 대로 국민들에게 더 많은 자유를 주는 방향으로 나아가지 않았습니다. 한동안 베이징은 더 많은 자유와 인권 존중을 추구했지만, 최근에는 통제와 억압으로 급격히 돌아섰습니다.

오늘날 중국은 타의 추종을 불허하는 감시 국가를 건설했으며, 종종 미국 기술의 도움으로 점점 더 광범위하고 침해적이 되고 있습니다. "중국의 만리방화벽"도 마찬가지로 높아져서 중국인에게 가는 정보의 자유로운 흐름을 극적으로 제한합니다. 그리고 2020년까지 중국의 통치자들은 사실상 인간의 삶의 모든 측면, 즉 소위 "사회적 신용점수"를 통제하는 것을 전제로 하는 오웰식 체제를 구현하는 것을 목표로 하고 있습니다. 이 프로그램의 공식 청사진에 따르면, "신용이 좋은 사람은 하늘 아래 어디에건 돌아다닐 수 있으나, 신용불량자는 한 걸음 내딛는 것조차 어렵게" 될 것입니다.

종교의 자유에 있어서 중국 기독교인, 불교인, 무슬림에 대한 새로운 박해의 물결이 덮치고 있습니다.

지난 달 베이징은 중국 최대의 지하교회 중 하나를 폐쇄시켰습니다. 전국적으로 십자가를 철거하고 성경을 태우며 신자들을 투옥하고 있습니다. 또한 베이징은 이제 바티칸과 협약을 맺어 무신론자 공산당이 가톨릭 주교를 임명하는 데 직접적인 역할을 하도록 했습니다. 중국의 그리스도인들에게 지금은 절박한 시기입니다.

베이징은 불교도 단속하고 있습니다. 지난 10년 동안 150명 이상의 티벳 불교 승려들이 자신들의 신앙과 문화에 대한 중국의 탄압에 항의하기 위해 분신했습니다. 그리고 신장에서 공산당은 100만 명에 가까운 무슬림 위구르 족을 정부 수용소에 가두어 24시간 세뇌를 시킵니다. 캠프의 생존자들은 그들이 겪은경험에 대해 베이징이 위구르 문화를 질식시키고 무슬림 신앙을 찍어내는 의도적인 시도라고 묘사합니다.

그러나 역사가 증명하듯이 자국민을 억압하는 나라는 그 정도에서 그만두는 경우가 드뭅니다. 베이징은 또한 더 넓은 세계로 자신의 영향력을 확장하는 것을 목표로 합니다. 허드슨의 마이클 필스버리 박사가 말했듯이, "중국은 미국 정부의 행동과 목표에 반대해왔습니다. 실제로 중국은 미국의 동맹국 및 적들과 베이징의 평화롭고 생산적인 의도와 배치되는 독자적인 관계를 구축하고 있습니다."

중국은 소위 "채무 외교"를 이용해 영향력을 확대하고 있습니다. 현재 중국은 아시아에서 아프리카, 유럽, 심지어 라틴 아메리카의 정부에까지 수억 달러의 인프라 대출을 제공하고 있습니다. 그러나 이러한 대출 조건은 불투명하며 그 혜택은 압도적으로 베이징으로 흘러갑니다.

중국 국영기업들이 상업적 가치가 의심스러운 항구를 건설하도록 하기 위해 거액의 부채를 진 스리랑카에게 물어보면 됩니다. 2년 전, 스리랑카는 더 이상 지불을 감당할 수 없었습니다. 베이징은 스리랑카에게 그 새 항구를 직접 중국에게 넘기도록 압력을 가했습니다. 그 항구는 곧 중국의 성장하는 대양 해군의 전진 기지가 될 수 있습니다.

서반구 내에서, 베이징은 베네수엘라의 부패하고 무능한 마두로 정권에게 석유로 상환할 수 있는 수상한 대출 50억 달러를 약속하며 생명줄을 던져주었습니다. 중국은 또한 베네수엘라의 가장 큰 채권자로서 500억 달러가 넘는 부채를 베네수엘라 사람들에게 떠안겼습니다.

베이징은 또한 중국의 전략적 목표를 수용하기로 약속하는 정당과 후보자들에게 직접적인 지원을 제공함으로써 그 나라들의 정치를 부패하게 만들고 있습니다.

작년부터 중국공산당은 3개의 라틴 아메리카 국가가 대만과의 관계를 끊고 베이징을 인정하도록 설득했습니다. 이러한 행동은 대만 해협의 안정성을 위협하며, 미국은 이러한 행동을 비난합니다. 그리고 미국 정부는 3개의 공동 커뮤니케와 대만 관계법에 반영된 대로 하나의 중국 정책을 계속 존중할 것이지만, 미국은 언제나 대만이 민주주의를 포용한 것이 모든 중국인들에게 더 나은 길을 보여준다고 믿을 것입니다.

이는 중국이 점점 더 큰 강도와 정교함으로 전 세계적으로 전략적 이익을 도모하는 방법들 중 단지 몇 가지일 뿐입니다. 그러나 이전의 행정부들은 중국의 행동을 무시하고 많은 경우 이를 방조하였습니다. 그러나 그 시절은 끝났습니다.

트럼프 대통령의 리더십 아래 미국은 새로워진 미국의 힘으로 우리의 이익을 방어해오고 있습니다.

우리는 세계 역사상 가장 강력한 군대를 더욱 강화하고 있습니다. 올해 초 대통령은 로널드 레이건 시절 이래로 국방비를 가장 크게 증가시킨 법안에 서명했습니다. 7160억 달러의 국방비는 모든 영역에 미국의 군사적 지배력을 확대하기 위한 것이었습니다.

미국은 핵무기를 현대화하고, 새로운 최첨단 전투기와 폭격기를 배치 및 개발하고, 신세대 항공 모함과 군함을 구축하고 있으며, 전례 없이 군사력에 투자하고 있습니다. 여기에는 우주에서 미국의 지배력을 보장하기 위한 미우주군 설립 절차를 시작하는 것과 사이버 세계에서 우리의 적들에 대한 억지력을 구축하기 위한 능력의 증대를 허가하는 것이 포함됩니다.

또한 트럼프 대통령의 지시에 따라 2,500억 달러의 중국 제품에 대한 관세를 시행하고 있으며, 특히 베이징이 장악하려고 하는 첨단 산업을 표적으로 최고 관세를 적용하고 있습니다. 그리고 대통령은 또한 공정하고 상호적인 거래가 이루어지지 않는 한 미국은 실질적으로 두 배 이상의 더 많은 관세를 부과할 것이라고 분명히 밝혔습니다.

미국의 조치는 큰 영향을 미쳤습니다. 중국의 가장 큰 증권거래소는 올해 들어 9개월까지 주가가 25%나 떨어졌는데, 그 큰 이유는 미국 정부가 베이징의 무역 관행에 맞서왔기 때문입니다.

트럼프 대통령이 분명히 밝힌 바와 같이, 우리는 중국 시장이 고통받기를 원하지 않습니다. 사실, 번창하기를 바랍니다.

그러나 미국은 베이징이 자유롭고 공정하며 상호적인 무역 정책을 추구하기를 바랍니다.

안타깝게도 중국의 통치자들은 지금까지는 그 길을 따르기를 거부하고 있습니다. 트럼프 대통령이 취한 강력한 입장에 대응하여 베이징이 대통령, 미국의 의제 그리고 미국의 가장 소중한 이상에 대한 지지를 훼손하기 위해 포괄적이고 조직화된 활동을 전개하고 있음을 미국 국민들은 알아야 합니다.

오늘 우리가 중국의 행동에 대해 알고 있는 것을 여러분께 알려드리고자 합니다. 그중 일부는 정보 분석에서 얻은 것이며 일부는 공개되어 있습니다. 그러나 모두 사실입니다.

앞서 말했듯이 베이징은 영향력을 높이고 그 이익을 도모하기 위해 전 정부적인 접근방식을 사용하고 있습니다. 미국의 국내 정책과 정치에 개입하기 위해 보다 적극적이고 강압적인 방식으로 이 힘을 사용하고 있습니다.

중국공산당은 미국 기업, 영화 스튜디오, 대학교, 싱크탱크, 학자, 언론인, 지역, 주 및 연방 공무원에게 보상을 주거나 압박하고 있습니다.

최악인 것은, 중국이 미국의 여론, 2018년 선거 및 2020년 대선으로 이어지는 환경에 영향을 미치기 위한 전례 없는 노력을 시작했다는 것입니다.

직설적으로 말해서 트럼프 대통령의 리더십이 효과를 발휘하고 있습니다. 그리고 중국은 다른 미국 대통령을 선호합니다

중국은 미국의 민주주의에 간섭하고 있습니다. 바로 지난주 트럼프 대통령이 말한 것처럼, 우리는 "중국이 다가오는 2018 중간 선거에 개입하려고 시도해왔음을 발견했습니다."

미국의 정보 기관에 의하면, "중국은 미국 주 정부와 지방 정부 및 공무원을 표적으로 정책에 대한 연방과 지방 차원의 분열을 악용하고 있고 정치적 영향력을 높이기 위해 무역 관세와 같이 분열을 야기할 수 있는 쟁점을 사용하고 있습니다."

6월에 베이징은 자신의 전략을 기술한 "선전 및 검열 공지"라는 제목의 민감한 문서를 배포했습니다. 중국은 "정확하고 신중하게 공략해서 미국 내 서로 다른 그룹들을 분열시켜야 한다"고 명시하고 있습니다.

이를 위해 베이징은 미국인의 중국 정책에 대한 인식을 전환시키기 위해 비밀공작원들, 위장 단체, 선동선전 매체 등을 동원해왔습니다. 최근 한 정보 기관의 고참이 제게 말하기를, 러시아가 하는 것은 중국이 미국 전역에서 하는 일과 비교할 때 아무것도 아니라고 했습니다.

중국 고위 관리들은 또한 비즈니스 리더들이 중국에서 계속 사업하고자 하는 점을 이용하여 미국의 무역 조치를 비난하도록 영향을 미치려고 노력해왔습니다.

최근의 한 예에서, 그들은 미국의 주요 기업에게 미국 정부정책에 반대하는 말을 하지 않는다면 사업 허가증을 내주지 않겠다고 위협했습니다.

그리고 중간 선거에 영향을 주는 것과 관해서는 미국의 관세에 대한 베이징의 대응을 보면 됩니다. 그들은 2018년 선거에서 중요한 역할을 할 산업과 주를 특정하여 표적으로 삼았습니다. 한 가지 추정에 따르면, 중국의 표적이 된 미국 카운티의 80% 이상이 2016년 트럼프 대통령에 투표했습니다. 이제 중국은 이 유권자들이 우리 행정부를 반대하도록 전환시키고자 합니다.

또한 중국은 미국 유권자에게 직접 호소하고 있습니다. 지난주 중국 정부는 중국 주재 미국 대사의 출신 주이자 2018년 선거에 중추적인 아이오와주의 조간신문 〈디모인 레지스터Des Moines Register〉에 여러 장의 부록을 추가하도록 돈을 지불했습니다. 뉴스 기사처럼 보이도록 설계된 부록은 미국의 무역 정책이 무모하고 아이오와 주민에게 해로운 것이라고 묘사했습니다.

다행히도 미국인들은 그런 말을 믿지 않습니다. 예를 들어, 미국 농민들은 트럼프 대통령을 지지하고 북미 시장들을 미국 제품에 개방하게 하여 미국 농업인과 제조업자들에게 훌륭한 승리를 가져다준 이번 주 미국·멕시코·캐나다 협정을 포함하여 대통령이 취한 강력한 입장으로 인해 실질적인 결과를 보고 있습니다.

그러나 중국의 행동은 단지 우리의 정책과 정치에 영향을 미치는 것에만 초점을 두지 않습니다. 베이징은 또한 미국 기업에 대한 영향력을 높이기 위해 중국의 경제적 영향력과 중국의 큰 내수 시장의 매력을 활용하려는 조치를 취하고 있습니다.

베이징은 이제 중국에서 운영되는 미국의 합작 회사가 회사 내에 "당 조직"을 설립하도록 요구하면서 공산당에 고용 및 투자 결정에 대한 발언권—어쩌면 거부권—을 부여하고 있습니다.

중국 당국은 또한 대만을 별개의 지리적 실체로 묘사하거나 중국의 티베트 정책에서 벗어나는 미국 기업들을 위협해왔습니다. 베이징은 델타항공이 자사 웹사이트에서 대만을 "중국의 한 주"라고 칭하지 않은 것에 대해 공개적으로 사과할 것을 강요했습니다. 또한 티베트에 대한 트윗에 '좋아요' 라고 한 미국 직원을 해고하도록 메리어트 호텔에 압력을 가했습니다.

베이징은 일상적으로 할리우드가 중국을 긍정적인 시각으로 묘사할 것을 엄격하게 요구하며, 그렇지 않은 스튜디오와 제작자를 처벌합니다. 베이징의 검열자들은 중국을 사소한 방식으로도 비판한다면 그 영화를 신속하게 편집 하거나 금지합니다. 〈월드워 Z〉는 중국에서 발생한 바이러스에 대해 언급한 대본을 삭제해야 했습니다. 〈젊은 용사들Red Dawn〉은 악당을 중국인이 아닌 북한 사람으로 만들도록 디지털 방식으로 편집되었습니다.

중국공산당은 미국과 다른 국가들에서 사업이 아닌 선전선동을 위해 매체 들에 수십억 달러를 쓰고 있습니다.

중국국제방송(China Radio International)은 현재 미국 주요 도시에 있는 30개가 넘는 매체에서 친중국적인 프로그램을 방송하고 있습니다. 중국 세계 TV 네트워크는 7,500만 이상의 미국인을 대상으로 방송하고 있으며 공산당 으로부터 직접 진격명령을 받습니다. 중국의 최고 지도자가 이 네트워크 본 부를 방문했을 때 한 말처럼, "당과 정부가 운영하는 미디어는 선전선동의 전 선이며 '당' 을 그 이름 앞에 붙여야 합니다."

이것이 지난달 법무부가 그 네트워크는 외국 에이전트로 등록하라고 명령 한 이유입니다.

공산당은 또한 심층 취재를 하는 미국 언론인들의 중국 가족들을 위협하고 구금해왔습니다. 또한 미국 언론기관의 웹사이트를 차단했으며 미국 언론인 들이 비자 받는 것을 더 어렵게 만들었습니다. 이것은 〈뉴욕타임스〉가 일부 중국 지도자들의 치부에 관한 조사 보고서를 발표한 후에 일어난 일입니다.

그러나 언론만이 중국공산당이 검열 문화를 조성하려고 하는 유일한 대상 은 아닙니다. 이것은 학계에서도 마찬가지입니다.

미국 캠퍼스 전역에 150개 이상의 지회가 있는 중국학생학자 협회들을 보면 됩니다. 이 그룹들은 미국에서 유학하는 43만 명이 넘는 중국인들을 위한 사교 행사를 조직하는 것을 돕습니다. 이들은 또한 중국 학생과 미국 학교가 공산당 노선에서 벗어날 때 중국 영사관과 대사관에 알립니다.

메릴랜드 대학의 한 중국 학생이 최근 졸업식 연설에서 미국의 "자유로운 언론의 신선한 공기(fresh air of free speech)"라는 말을 했습니다. 공산당의 공식 신문은 그녀를 신속하게 질책했고, 그녀는 중국의 엄격하게 통제된 소셜 미디어에서 쇄도하는 비판의 피해자가 되었고, 고향에 있는 가족은 괴롭힘을 당했습니다. 그 대학교 자체에 관해서는, 미국에서 가장 광범위한 중국과의 교환 프로그램이 별안간 홍수에서 가뭄으로 바뀌었습니다.

중국은 다른 방식으로도 학문에 압력을 행사합니다. 베이징은 공산당이 위험하거나 공격적이라고 여기는 아이디어들을 피한다는 양해 하에 대학교, 싱크탱크 및 학자들에게 풍부한 자금을 제공합니다. 특히 중국 전문가들은 자기들의 연구가 베이징의 관점에 반하면 비자가 지연되거나 거부될 것을 알고 있습니다.

그리고 허드슨 연구소도 몸소 알게 된 것처럼, 중국의 자금 지원을 피하는 학자나 단체조차도 중국의 표적이 됩니다. 여러분이 베이징이 기피하는 연사를 모시겠다고 제안한 후, 여러분의 웹사이트가 상하이에서 비롯된 대규모 사이버 공격을 당했습니다. 중국공산당이 오늘날 미국의 학문적 자유와 언론의 자유를 훼손하려 한다는 사실을 여러분은 대부분의 사람들보다 잘 알고 있습니다.

이러한 조치와 다른 조치는 전체적으로 미국의 여론과 공공 정책을 미국 최고의 리더십인 도널드 트럼프 대통령으로부터 멀어지게 하려는 집중적인 노력의 일부입니다. 그러나 중국 통치자들에 대한 우리의 메시지는 이것입니다. 트럼프 대통령은 물러서지 않을 것이며 미국인들은 흔들리지 않을 것입니다. 우리는 베이징과의 관계가 개선되기를 바라는 반면 미국의 안보와 경제를 위해 계속 강력한 입장을 취할 것입니다.

우리 행정부는 미국의 이익, 미국의 일자리, 미국의 안보를 보호하기 위해 단호하게 행동할 것입니다.

우리는 우리의 군대를 재건하면서 인도·태평양 전역에서 미국의 이익을 계속 주장할 것입니다.

우리는 중국의 무역 관행에 대응하면서, 자유롭고 공정하고 상호적인 중국과의 경제 관계를 계속 요구할 것이고, 베이징이 무역 장벽을 무너뜨리고 무역 의무를 이행하며, 미국이 경제를 개방했듯이 중국도 경제를 완전히 개방하도록 요구할 것입니다.

우리는 베이징이 미국의 지적재산권 도용을 끝내고 강제적 기술이전의 약탈적 관행을 멈출 때까지 계속 조치를 취할 것입니다.

그리고 자유롭고 개방된 인도·태평양에 대한 우리의 비전을 진척시키기 위해, 인도에서 사모아에 이르기까지 전역에 걸쳐 가치를 공유하는 국가들과 새롭고 강력한 유대 관계를 구축하고 있습니다. 우리의 관계는 지배가 아닌 파트너십을 기반으로 하는 존중의 정신에서 비롯될 것입니다.

트럼프 대통령이 지난주 한국과의 개선된 무역 협정에 서명한 것처럼 새로운 양자간 무역 협정들을 체결하고 있으며, 일본과의 역사적인 양자 자유무역 협상을 곧 시작할 것입니다.

그리고 우리는 국제개발 및 금융 프로그램을 간소화하여 중국의 부채함정 외교에 대한 정당하고 투명한 대안을 외국에 제공하고 있습니다. 트럼프 대통령이 이를 위해 앞으로 BUILD 법에 서명할 것입니다.

그리고 다음 달에는 싱가포르와 파푸아뉴기니에서 열리는 ASEAN과 APEC에서 저는 미국을 대표하는 특권을 누리게 될 것입니다. 거기서 우리는 자유롭고 개방된 인도·태평양을 지원하기 위한 새로운 조치와 프로그램을 공개할 것이며, 저는 대통령을 대신하여, 인도·태평양에 대한 미국의 약속이 지금보다 더 강력한 적이 없었다는 메시지를 전할 것입니다.

국내에서 우리의 이익을 보호하기 위해 우리는 미국에 대한 중국 투자에 대한 심사를 철저하게 하는 CFIUS(미국 내 외자투자위원회)를 강화하여 베이징의 약탈 행위로부터 국가안보를 보호하고 있습니다.

그리고 미국 정치와 정책에 대한 베이징의 악영향과 개입에 관해서는, 우리는 그 형태를 막론하고 계속 밝혀낼 것입니다. 그리고 우리는 사회의 모든 수준의 지도자들과 협력하여 우리의 국가이익과 가장 소중한 이상을 방어할 것입니다. 미국인들이 결정적인 역할을 할 것이고, 실제로 이미 그렇게 하고 있습니다.

우리가 이곳에 모인 동안, 미국 전역에 새로운 합의가 만들어지고 있습니다. 더 많은 비즈니스 리더들이 다음 분기를 넘어서 생각하고 있으며, 중국 시장에 진출하는 것이 지적재산을 양도하거나 베이징의 억압을 방조하는 것을 의미한다면 이를 재고하고 있습니다. 그러나 더 많은 기업들이 참여해야 합니다. 예를 들어, 구글은 공산당의 검열을 강화하고 중국 고객의 개인 정보를 침해하는 "잠자리(Dragonfly)" 앱 개발을 즉시 중단해야 합니다.

더 많은 언론인들이 두려움이나 편견 없이 진실을 보도하고 있으며, 중국이 우리 사회의 어디에, 왜 개입하고 있는지 파고들었고, 우리는 더 많은 미국과 세계의 뉴스 매체들이 이 노력에 동참하기를 희망합니다.

더 많은 학자들이 강력하게 목소리를 내고 학문의 자유를 지키고 있으며, 더 많은 대학교와 싱크탱크가 모든 돈에는 요구조건이 따른다는 것을 깨닫고 베이징의 쉬운 돈을 거절하는 용기를 내고 있습니다. 우리는 더 많은 사람들이 그들과 합류할 것이라고 확신합니다.

그리고 미국 전역에서 미국인들은 보다 경계하고 있으며, 미국과 중국의 경제적, 전략적 관계를 재설정하려는 정부의 행동을 새롭게 인정하면서 마침내 미국을 먼저 생각하고 있습니다.

그리고 트럼프 대통령의 리더십 아래 미국은 그 길을 계속 유지할 것입니다. 중국은 미국인과 선출된 양당의 대표들이 결의를 갖고 있음을 알아야 합니다.

미국 국가안보 전략이 말하듯이, "경쟁이 항상 적대감을 의미하는 것은 아닙니다." 트럼프 대통령이 분명히 밝힌 바와 같이, 우리는 미국의 번영과 안보가 서로 멀어지는 것이 아니라 함께 성장하는, 베이징과의 건설적인 관계를 원합니다. 베이징은 이러한 비전에서 더욱 더 멀어져 왔지만, 중국의 통치자들은 지금이라도 방향을 바꾸어 "개혁개방"의 정신과 더 많은 자유로 돌아갈 수 있습니다. 미국인들은 그 이상 아무것도 원하지 않습니다. 중국인들은 그 이상을 누릴 자격이 있습니다.

중국의 위대한 작가인 루쉰(魯迅)은 자기 나라가 "외국인을 야만인으로 낮추어 보든지, 성자로 우러러봤지만, 결코 평등하게 본 적은 없다"고 종종 한탄했습니다. 오늘날 미국은 중국에 손을 내밀고 있습니다. 우리는 베이징이 곧 말이 아닌 행동과 미국에 대한 새로운 존중으로 다시 손을 내밀기를 희망합니다. 그러나 우리는 중국과의 관계가 공정성, 상호성, 주권 존중에 기초할 때까지 경계를 늦추지 않을 것입니다.

고대 중국의 격언은 "인간은 현재만 보지만 하늘은 미래를 본다"고 합니다. 앞으로 전진하면서 결의와 믿음으로 평화와 번영의 미래를 추구합시다. 트럼프 대통령의 리더십과 그가 중국 시 주석과 맺은 관계에 대한 믿음. 미국인과 중국인 간의 지속적인 우의에 대한 믿음, 하늘이 미래를 본다는 믿음— 그리고 하나님의 은혜로 미국과 중국은 그 미래를 함께 만날 것입니다.

감사합니다. 하나님의 축복이 있기를. 그리고 하나님, 미국을 축복하소서.

| NOTES |

01 미국이 직면한 최대의 도전

1. https://www.whitehouse.gov/briefings-statements/remarks-president-trump-72nd-session-united-nations-general-assembly/
2. https://www.whitehouse.gov/briefings-statements/the-inaugural-address/
3. Xi Jinping, The Governance of China Volume II "Complete a Moderately Prosperous Society and Realize the Chinese Dream"
4. http://time.com/4912055/donal d-trump-phoenix-arizona-transcript/
5. Xi Jinping The Governance of China Volume II "Today We Must Succeed in a New 'Long March'"
6. Miihlhahn Making China Modern
7. https://www.cnn.com/2017/08/01/asia/xi-jinping-military/index.html
8. https://www.census.gov/foreign-trade/balance/c5700.html#2015
9. https://www.reuters.com/article/us-johnson-china/everything-you need-to-know-about-the-south-china-sea-conflict-in-under-five-minutes idUSKBN00Q03620150610
10. https://sites.tufts.edu/lawofthesea/chapter-ten/
11. https://obamawhitehouse.archives.gov/the-press-office/2015/09/25/remarks-president-obama-and-president-xi-peoples-republic-china-joint

02 현대 중국의 실체

1. https://www.whitehouse.gov/briefings-statements/remarks-president-trump-people-poland/
2. http://translate.sogoucdn.com/pcvtsnapshot7from=auto&to=zh-CHS&tfr=translatepc&url=http%3460/02F%2Fwww.qstheory.cn%2Fdukan%2Fqs%2F2019-03%2F31%2Fc_1124302776.htm&doinainType=sogou
3. https://www.newyorker.com/news/daily-comment/the-cost-of-the-cultural revolution-fifty-years-later
4. https://www.history.com/news/what-was-the-cultural-revolution
5. https://www.pbs.org/wgbh/commandingheights/shared/minitext/prof_dengxiaoping.html
6. https://www.nytimes.com/2017/10/25/world/asia/china-xi-jinping-titles

chairman.html

7. http://translate.sogoucdn.com/pcvtsnapshot-from=auto&to=zh-CHS&tfr
=translatepc&url=http%253A%252F%252Fwww.qstheory.cn%252
Fdukan%252FV/0252F2019-03%252F3P/0252Fc_1124302776.htm&domain
Type=sogou

8. http://www.xinhuanet.com/english/2017-10/17/c_136686770.htm

9. http://www.xinhuanet.com/english/2017-10/17/c_136686770.htm

10. https://www.nytimes.com/2013/06/05/opinion/global/xi-jinpings-chinese
-dream.html

11. Economy, Elizabeth The Third Revolution

12. http://www.chinadaily.com.cn/china/19thcpcnationalcongress/2017-
11/04/co ntent_34115212.htm

03 무역과 절도

1. https://www.whitehouse.gov/briefings-statements/president-donald-j-
trumps-state-union-address-2/

2. Xi Jinping The Governance of China Volume II "Build China into a World
Leader in Science and Technology"

3. https://www.forbes.com/sites/jacknasher/2019/05/27/trumps-gamble-
how-hardball-negotiation-tactics-can-win-the-us-china-trade-war/#645
4f69d340d

4. https://www.whitehouse.gov/wp-content/uploads/2018/06/FINAL-China-
Technology-Report-6.18.18-PDF.pdf

5. https://asia.nikkei.com/Economy/Trade-war/China-is-trying-to-steal-our-
future-Navarro

6. https://abcnews.go.com/Politics/10-times-trump-at tacked-china-trade-
relations-us/story?id=46572567

7. http://www.ipcommission.org/report/IP_Commission_Report_Update_
2017.pdf

8. https://www.bea.gov/data/gdp/gdp-state

9. https://www.whitehouse.gov/wp-content/uploads/2017/12/NSS -Final-12-
18-2017-0905.pdf

10. https://hbr.org/2016/12/why-leaders-are-still-so-hesitant-to-invest-in-new
-business-models

11. https://www.cnbc.com/2019/02/28/1-in-5-companies-say-china-stole-
their-ip-within-the-last-year-cnbc.html

12. https://www.wsj.com/articles/how-china-systematically-pries-technology-from-u-s-companies-1537972066

13. https://www.justice.gov/opa/pr/prc-state-owned-company-taiwan-company-and-three-individuals-charged-economic-espionage

14. https://www.wsj.com/articles/how-china-systematically-pries-technology-from-u-s-companies-1537972066

15. https://www.wsj.com/articles/how-china-systematically-pries-technology-from-u-s-companies-1537972066

16. https://www.bloomberg.com/features/2016-stealing-dupont-white/

17. https://www.usatoday.com/story/news/nation/2014/05/19/us-accuses-china-of-cyber-espionage/9273019/

18. https://www.worldsteel.org/internet-2017/steel-by-topic/statistics/steel-data-viewer/Pl_crude_steel_total/CHN/USA

19. https://www.bloomberg.com/news/articles/2019-02-28/from-bounty-payments-to-espionage-u-s-alleges-chinese-ip-theft

20. https://money.cnn.com/2018/01/25/technology/china-us-sinovel-theft-conviction/index.html

21. https://www.axios.com/doj-indictment-reveals-threat-of-chinese-ip-theft-to-us-energy-innovation-b2ca3e28-bflf-484e -b3e7-a874b1652f33.html

22. https://www.wsj.com/articles/how-china-systematically-pries-technology-from-u-s-companies-1537972066

23. https://www.whitehouse.gov/wp-content/uploads/2018/06/FINAL-China-Technology-Report-6.18.18-PDF.pdf

24. https://www.wsj.com/articles/how-china-systematically-pries-technology-from-u-s-companies-1537972066

25. https://www.whitehouse.gov/wp-content/uploads/2018/06/FINAL-China-Technology-Report-6.18.18-PDF.pdf

26. https://www.npr.org/2019/04/12/711779130/as-china-hacked-u-s-businesses-turned-a-blind-eye

27. https://www.scmp.com/magazines/post-magazine/long-reads/article/2170132/how-chinas-rampant-intellectual-property-theft

28. https://www.theatlantic.com/ideas/archive/2018/06/normalizing-trade-relations-with-china-was-a-mistake/562403/

29. http://www2.itiforg/2015-false-promises-china.pdf

30. https://www.justice.gov/archive/opa/pr/2006/September/06_opa_657.html

31. https://www.reuters.com/article/us-usa-china-obama-idUSKBN0JP-20120 141211

32. https://2009-2017.state.gov/r/pa/prs/ps/2013/07/211861.htm

33. https://obamawhitehouse.archives.gov/the-press-office/2015/09/25/
remarks-president-obama-and-president-xi-peoples-republic-china-joint

34. https://webcache.googleusercontent.com/search?q=cache:R71bLbqc4CwI
https://www.bloomberg.com/news/articles/2015-11-18/no-sign-china-has
-stopped-hacking-u-s-companies-official-says+&cd=1&h1=en&ct
=clnk&gl=us

35. https://www.armed-services.senate.gov/imo/media/doc/Rogers_04-05-
16.pdf

36. https://www.latimes.com/politics/la-na-pol-china-economic-espionage-
20181116-story.html

37. https://piie.com/blogs/trade-investment-policy-watch/us-china-trade-
disputes-wto-usually-sides-united-states

38. https://piie.com/blogs/trade-investment-policy-watch/us-china-trade-
disputes-wto-usually-sides-united-states

39. http://www2.itif.org/2015-false-promises-china.pdf

40. https://ustr.gov/sites/default/files/2018-USTR-Report-to-Congress-on-
China%27s-WTO-Compliance.pdf

41. https://ustr.gov/sites/default/files/2019_Special_301_Report.pdf

42. https://www.bloomberg.com/news/articles/2018-09-07/trump-advisers-
said-to-weigh-hacking-sanctions-on-china-in-trade

43. https://www.wsj.com/articles/u-s-deploys-new-tactics-to-curb-chinas-
intellectual-property-theft-1542027624

44. https://www.treasury.gov/press-center/press-releases/Pages/j123331.
aspx

45. http://www.usatoday.com/story/news/politics/2016/05/11/obama-signs -
trade -secrets-bill-allowing-companies-sue/84244258/

46. http://www.aei.org/press/an-american-strategy-for-cyberspace-advancing
-freedom-security-and-prosperity/

47. https://www.whitehouse.gov/wp-content/uploads/2018/06/FINAL-China
-Technology-Report-6.18.18-PDF.pdf

48. https://www.lheglobalipcenter.com/why-is-ip-important/

49. http://dev.theglobalipcenter.com/wp-content/uploads/reports/
documents/ IP_Jobs_Study_Exec_Summary.pdf

04 빅데이터, 인공지능, e-독재

1. https://www.whitehouse.gov/briefings-statements/president-trump-

protects-americas-cyber-infrastructure/

2. Xi Jinping The Governance of China Volume II "Social Governance under Socialism with Chinese Characteristics"
3. https://www.technologyreview.com/s/611815/who-needs-democracy-when -you-have-data/
4. https://www.apnews.com/4a749a4211904784826b45e812cff4ca
5. https://www.cbc.ca/news/world/china-data-for-sale-privacy-1.3927137
6. https://www.cbc.ca/news/world/china-data-for-sale-privacy-1.3927137
7. https://www.abacusnews.com/digital-life/chinese-apps-are-collecting-way-too-much-data/article/3000377
8. https://www.cnn.com/2019/05/20/politics/dhs-chinese-drone-warning/index. html
9. https://www.ft.com/content/b4193d5e-7b2b-11e9-81d2-f785092ab560
10. https://www.bloomberg.com/news/features/2019-04-18/tiktok-brings-chinese-style-censorship-to-america-s-tweens?cmpid=socialflow-twitter-business
11. https://www.theverge.com/2019/3/14/18265230/china-is-about-to-overtake -america-in-ai-research
12. https://www.forbes.com/sites/bernardmarr/2019/05/24/the-amazing-ways -chinese-face-recognition-company-megvii-face-uses-ai-and-machine -vision/#187c4d9012c3
13. https://www.statista.com/chart/17896/quantum-computing-develop-ments/
14. https://www.npr.org/2018/10/31/662436265/china-tests-a-social-credit-score
15. https://www.businessinsider.com/china-social-credit-system-punishments -and-rewards-explained-2018-4
16. https://www.nytimes.comfinteractive/2019/04/04/world/asia/xinjiang-china -surveillance-prison.html?emc=edit_NN_p_20190404&nl=morning-briefing&nlid=83316484ion%25253D1ongRead&section=longRead&te =1&auth=login-smartlock
17. https://www.forbes.com/sites/kateoflahertyuk/2019/02/18/china-facial-recognition-database-leak-sparks-fears-over-mass-data collection/#5e1 aa5ffb408
18. https://uk.reuters.com/article/uk-china-rights-xinjiang/big-data prediction s-spur-detentions-in-chinas-xinjiang-human-rights-watch-idUKKC-N1GBOCZ
19. https://uk.reuters.com/article/uk-china-rights-xinjiang/big-data-

predictions-spur-detentions-in-chinas-xinjiang-human-rights-watch-idUKKCN1GBOCZ

05 반대 세력의 탄압

1. https://www.whitehouse.gov/briefings-statements/remarks-president-trump-people-poland/
2. Xi Jinping The Governance of China Volume II "Improve the Work of the United Front"
3. https://www.justice.gov/eoir/page/file/1022971/download
4. https://www.nytimes.com/2019/07/30/world/asia/china-xinjiang.html
5. Freedom House Special Report: The Battle for China' s Spirit
6. https://www.cfr.org/backgrounder/christianity-china
7. http://tech.mit.edu/V114/N27/china.27w.html
8. http://tech.mit.edu/V114/N27/china.27w.html
9. https://www.reuters.com/article/us-china-xinjiang-insight/china-says-pace of-xinjiang-education-will-slow-but-defends-camps-idUSKCN1-P007W
10. https://www.theguardian.com/world/2019/jan/13/china-christians-religious persecution-translation-bible
11. https://www.cnn.com/2018/12/26/asia/china-christian-crackdown-christmas-intl/index.html
12. https://www.nytimes.com/2019/05/22/opinion/china-religion-human rights.html
13. https://www.cnn.com/2018/12/26/asia/china-christian-crackdown-christmas-intl/index.html
13. http://www.xinhuanet.com/english/2018-04/03/c_137084970.htm
14. https://www.cfr.org/backgrounder/christianity-china
15. https://www.cfr.org/backgrounder/religion-china
16. https://www.cfr.org/backgrounder/religion-china
17. http://www.xinhuanet.com/english/2018-04/03/c_137084970.htm
18. https://www.nytimes.com/2018/12/25/world/asia/china-christmas-church -crackdown.html
19. https://www.cnn.com/2018/12/26/asia/china-christian-crackdown-christmas-intl/index.html
20. https://www.theguardian.com/world/2019/jan/13/china-christians-religious -persecution-translation-bible
21. https://www.theguardian.com/world/2019/jan/13/china-christians-

religious -persecution-translation-bible

22. https://www.nytimes.com/2018/09/22/world/asia/china-vatican-bishops.html

23. https://www.theguardian.com/world/2019/jan/13/china-christians-religious-persecution-translation-bible

25. https://www.theguardian.com/world/2019/jan/13/china-christians-religious persecution-translation-bible

26. https://www.lawfareblog.com/chinas-human-rights-abuses-against-uighurs xinjiang

27. https://www.wsj.com/articles/chinas-hard-edge-the-leader-of-beijings-muslim-crackdown-gains-influence-11554655886

28. https://www.bloomberg.com/news/articles/2018-09-27/the -arch itect-of-china-s-muslim-camps-is-a-rising-star-under-xi

29. https://www.lawfareblog.com/chinas-human-rights-abuses-against-uighurs-xinjiang

30. https://www.lawfareblog.com/chinas-human-rights-abuses-against-uighurs-xinjiang

31. https://www.washingtonpost.com/opinions/chinas-attack-on-uighurs isnt-counterterrorism-its-ugly-repression/2019/05/22/7bfb1d60-7ccb-11e9-a5b3-34f3edf1351e_story.html?utm_term=.bf83a1814426

32. https://www.nchrd.org/2018/07/criminal-arrests-in-xinjiang-account -for-21-of-chinas-total-in-2017/

33. https://www.theguardian.corn/world/2018/ju1/25/china-one-in-flve-arrests take-place-in-police-state-xinjiang

34. https://www.hrw.org/report/2018/09/09/eradicating-ideological-viruses/chinas-campaign-repression-against- xinjiangs

35. https://www.hrw.org/report/2018/09/09/eradicating-ideological-viruses/chinas-campaign-repression-against-xinjiangs

36. https://www.hrw.org/report/2018/09/09/eradicating-ideological-viruses/chinas-campaign-repression-against-xinjiangs

37. https://www.nchrd.org/2018/08/china-massive-numbers-of-uyghurs-other -ethnic-minorities-forced-into-re-education -programs/

38. https://www.foreign.senate.gov/imo/media/doc/120418_Busby_Testimony.pdf

39. http://www.xinhuanet.com/english/2019-07-13/c_138222183.htm

40. https://www.nytimes.com/2019/07/30/world/asia/china-xinjiang.html

41. Bishop, Bill Sinocism newsletter 4/1/2019

42. Ibid.

43. Ibid.

44. https://www.hrw.org/tag/liu-xiaobo#

45. https://www.cecc.gov/sites/chinacommission.house.gov/files/Annual%20 Report%202018.pdf

46. https://www.usatoday.com/story/news/world/2018/07/10/liu-xia-wife-liu -xiaobo-late-nobel-peace-prize-winner-leaves-china/770490002/

47. https://www.cecc.gov/sites/chinacommission.house.gov/files/Annuar/ 020 Report%202018.pdf

48. https://www.nytimes.com/2018/04/09/opinion/china-oppression. html?rref =collection%252Fsectioncollection%252Fopinion

49. https://www.nytimes.com/2018/04/09/opinion/china-oppression.html? rref =collection%2Fsectioncollection%2Fopinion

50. https://www.cnn.com/2017/11/23/asia/china-lawyers-disappeared/index .html

51. https://www.washingtonpost.com/opinions/chinas-vicious-campaign-to- silence-human-rights-lawyers-deserves-us-condemnation/2017/05/10/ 4c39fc12-2e8b-11e7-9dec-764dc781686f story.html?utm_term =.4a3d41bd- da99

52. http://chrlawyers.hk/en/content/1100-14-july-2015-146-lawyers-law-firm- staffhuman-right-activists-have-been-detainedarrested

53. https://www.cnn.com/2017/11/23/asia/china-lawyers-disappea red/index .html

54. https://www.cnn.com/2017/11/23/asia/china-lawyers-disappeared/index .html

55. https://thediplomat.com/2018/0 1 /michael-caster-on-chinas-forced disappearances/

56. https://www.cnn.com/2017/11/23/asia/china-lawyers-disappeared/index .html

57. https://www.bbc.com/news/world-asia-china-47024825

58. https://www.reuters.com/article/us-china-rights/china-jailing-of-rights lawyer-a-mockery-of-law-says-rights-group-idUSKCN1PM04C

59. https://www.bbc.com/news/world-asia-china-47024825

60. https://www.bbc.com/news/world-asia-china-47024825

61. https://www.state.gov/sentencing-of-wang-quanzhang/

62. https://www.washingtonpost.com/world/asia_pacific/us-diplomats-help- chinese-lawyers-family-stage-dramatic-escape/2017/05/08/33e64f40-33fd- 11e7-ab03-aa29f656f13e_story.html?utm_term=.b39dcecaaeee

63. https://www.washingtonpost.com/opinions/chinas-vicious-campaign.-to-

silence-human-rights-lawyers-deserves-us-condemnation/2017/05/10/
4c39fc12-2e8b-11e7-9dec-764dc781686fstory.html?utm_term=.fc187c-
11947d

64. https://www.washingtonpost.com/business/2019/05/22/trump-
administration-considers-banning-another-major-chinese-firm/?utm_ter
m=.0d0c3ff3462f

65. https://theintercept.com/2019/04/09/hikvision-cameras-uk-parliament/

66. https://www.nytimes.com/2019/05/21/us/politics/hikvision-trump.html

67. https://www.reuters.com/article/us-hikvision-usa/u-s-could-blacklist-
chinese-surveillance-tech-firm-hikvision-nyt-idUSKCN1SSO4D

68. https://www.bloomberg.com/news/articles/2019-05-22/trump-weighs-
blacklisting-two-chinese-surveillance-companies

69. https://www.washingtonpost.com/opinions/global-opinions/think-twice-
about-your-investment-portfolio-it-likely-undermines-human-rights-in-
china/2019/04/17/a981b85a-6125-11e9-bfad-36a7eb36cb60_story.html?
utm_term=.b4aed7ed88ba

70. Ibid.

71. Ibid.

72. https://www.nystrs.org/NYSTRS/media/PDF/About%20Us/equityjnterna
tional.pdf

73. https://www.calstrs.com/investment-table/international-equities#C

74. https://www.washingtonpost.com/opinions/global-opinions/think-twice-
about-your-investment-portfolio-it-likely-undermines-human-rights-in-
china/2019/04/17/a981b85a-6125-11e9-bfad-36a7eb36cb60_story.html?
utm_term=.b4aed7ed88ba

75. https://www.ft.com/content/36b4cb42-50f3-11e9-b401-8d9ef1626294

76. Ibid.

77. https://www.forbes.com/sites/jeanbaptiste/2019/07/19/confirmed-google
-terminated-project-dragonfly-its-censored-chinese-search-engine/
#2c2698207e84

06 설득과 선동의 기술

1. https://abcnews.go.com/Politics/read-president-trumps-full-remarks-
united-nations-general/story?id=49949302

2. Xi Jinping The Governance of China Volume I "Cultivate and Disseminate
the Core Socialist Values"

3. https://www.marxists.org/reference/archive/mao/works/1937/guerrilla-warfare/ch06.htm
4. https://www.cia.gov/library/readingroom/docs/CIA-RDP78-00915R 000600210003-9.pdf
5. https://www.bbc.com/news/magazine-34932800
6. http://chinamediaproject.org/2016/03/03/39672/
7. https://www.bloomberg.com/quicktake/great-firewall-of-china
8. James Griffiths, The Great Firewall of China: How to Build and Control an Alternative Version of the Internet
9. https://chinadigitaltimes.net/2015/01/youth-league-propaganda-work-universities/
10. https://chinadigitaltimes.net/2015/01/youth-league-propaganda-work universities/
11. https://www.uscc.gov/sites/default/files/annual_reports/2009-Report-to-Congress.pdf
12. https://www.uscc.gov/sites/default/files/annual_reports/2009-Report-to-Congress.pdf
13. https://www.uscc.gov/sites/default/files/annual_reports/2009-Report-to-Congress.pdf
14. https://www.scmp.com/news/china-insider/article/1299795/china-orders nations-journalists-take-marxism-classes
15. http://chinamediaproject.org/2016/03/03/39672/
16. http://chinamediaproject.org/2016/03/03/39672/
17. https://www.theepochtimes.com/chinas-growing-influence-on-hollywood _2690693.html
18. https://www.scmp.com/news/china/diplomacy/article/2169837/china quietly-opens-door-more-foreign-films
19. https://www.nytimes.com/interactive/2018/11/18/world/asia/china-movies .html
20. https://journals.sagepub.com/doi/abs/10.1177/2059436416681576
21. https://variety.com/2017/film/asia/china-box-office-expands-by-2-billion in-2017-1202650515/
22. https://www.statista.com/statistics/252730/leading-film-markets-world-wide--gross-box-office-revenue/
23. https://www.businessinsider.com/hollywood-movies-in-china-2016-10
24. https://www.businessinsider.com/doctor-strange-popular-in-china-2016-11
25. https://www.cinemablend.com/new/Blunt-Yet-Difficult-Reason-Doctor-Strange-Ancient-One-Isn-t-Asian-126937. html

26. https://ww w.thewrap.com/fearing-chinese-censors-paramount-changes-world-war-z-exclusive-83316/

27. https://www.theepochtimes.com/chinas-growing-influence-on-holly wood_2690693.html

28. https://www.latimes.com/entertainment/la-et-china-red-dawn-20110316 story.html

29. https://www.businessinsider.com/zara-marriott-qantas-apologized-to china-listing-taiwan-as-country-2018-1

30. http://www.xinhuanet.com/english/2018-01/11/c_136888952.htm

31. https://www.reuters.com/article/us-china-delta/china-cracksdown-on-foreign-companies-calling-taiwan-other-regions-countries-idUSKBNI F1ORC?i1=0

32. https://www.uscc.gov/sites/default/files/Research/China%2527s% 25200verseas%2520United%2520Front%2520Work%2520-%25 20Background%2520and%2520Implications%2520for%2520US_final_0.pdf

33. http://cim1.250x.com/archive/lenin/english/lenin_1920_1eft_wing _communism-an_infantile_disorder-1940-.pdf

34. https://www.wilsoncenter.org/sites/defaultffiles/magic_weapons.pdf

35. https://www.uscc.gov/sites/default/files/Research/China%2527s% 25200verseas%2520United%2520Front%2520Work°/02520-%2520Background°/0252 0and%2520Imp1ications%2520for%2520US_final_0.pdf

36. https://www.wilsoncenter.org/sites/default/files/magic_weapons.pdf

37. h ttps://www.wil soncenter. org/sites/default/files/magic_weapons.pdf

38. http://www.chinadaily.com.cn/china/19thcpcnationalcongress/2017-11/04/ content_34115212.htm

39. http://www.chinadaily.com.cn/china/19thcpcnationalcongress/2017-11/04/ content_34115212.htm

40. https://www.uscc.gov/sites/defaultffiles/Research/China%27s%200ver seas%20United%20Front%20Work°/020-%20Background%20and%20 Implications%20for%2OUS_final_0.pdf

41. https://www.nas.org/blogs/dicta/how_many_confucius_institutes_are_in _the_united_states

42. https://nas.org/sto rage/app/media/images/documents/NAS_outsourced ToChinaMediaPacket.pdf

43. https://www.gao.gov/products/GAO-19-278

44. https://ww w.ciru. rutgers.edu/academics/chinese-studies/170-credit-co urses

45. https://www.economist.com/special-report/2009/10/22/a-message-from-confucius
46. https://foreignpolicy.com/2017/05/09/american-universities-are-welcoming-chinas-trojan-horse-confucius-institutes/
47. https://www.hsgac.senate.gov/imo/media/doc/PSI%20Report%20China%270/020Impact%20on%20the%2OUS%20Education%20System.pdf
48. https://n as.org/storage/app/media/images/documents/NAS_outsourced ToChinaMediaPacket.pdf
49. https://www.gao.gov/products/GA0-19-278
50. https://www.gao.gov/products/GAO-19-278
51. https://www.hsgac.senate.gov/imo/media/doc/PSI%20Report%20China%27e/020Impact%20odY020the%2OUS%20Education%20System.pdf
52. https://www.congress.gov/115/crpt/hrpt874/CRPT-115hrpt874.pdf
53. https://www.universityworldnews.com/post.php?story=20190301140432282
54. https://researchfunding.duke.edu/new-american-cultural-centers-and-cultural-programming-people' s-republic-china
55. https://www.hsgac.senate.gov/imo/media/doc/PSI%20Report%20China%270/020Impact%20on%20the%2OUS%20Education%20System.pdf
56. https://researchfunding.duke.edu/new-american-cultural-centers-and-cultural-programming-people' s-republic-china
57. https://www.nytimes.com/2018/12/30/world/asia/china-american-centers-culture.html
58. https://www.uscc.gov/sites/default/files/annual_reports/2009-Report-to-Congress.pdf
59. https://freebeacon.com/national-security/cia-warns-extensive-chinese-operation-infiltrate-american-institutions/
60. https://www.uscc.gov/sites/default/files/4.30.09Terrill_0.pdf
61. https://www.uscc.gov/sites/default/files/annual_reports/2009-Report-to-Congress.pd
62. http://en.cfau.edu.cn/collco12563/index.html
63. https://www.cruz.senate.gov/?p=press_release&id=4517

07 5G의 도전

1. https://www.whitehouse.gov/briefings-statements/remarks-president-trump-united-states-5g-deployment/

2. Xi Jinping The Governance of China Volume II "Build China into a World Leader in Science and Technology"

3. http://nymag.com/intelligencer/2019/02/5g-is-going-to-transform-smartphones-eventually.html

4. https://www.cio.com/article/3235971/5g-connection-density-massive-iot-and-so-much-more.html

5. https://www.bloomberg.com/news/features/2019-04-18/tiktok-brings-chinese-style-censorship-to-america-s-tweens?cmpid=socialflow-twitter-business

6. https://www.rwradvisory.com/services/inteltrak/

7. https://www.presidency.ucsb.edu/documents/second-annual-message-9

8. https://www.telegraph.co.uk/politics/2019/04/28/huawei-legally-obliged-co-operate-chinese-intelligence-services/

9. https://www.reuters.com/article/us-huawei-tech-usa-pompeo/pompeo-says-huawei-ceo-lying-over-ties-to-china-government-cnbc-idUSKC N1STIEF

10. https://www.atlanticcounciLorg/images/acevents/BrentScowcroftCenter/Strategic_Insights_Memo_vF_2.11.pdf

11. https://republicans-foreignaffairs.house.gov/blog/icymi-mccaul-talks-i ran -china-and-news-of-the-day-on-fox-news-and-bloomberg/

12. https://www.cnbc.com/2019/02/23/fred-kempe-battle-over-5g-huawei-is-the-biggest-test-yet-for-trumps-approach-for-china.html

13. https://www.wsj.com/articles/huawei-long-seen-as-spy-threat-rolled-over-u-s-road-bumps-1515453829?mod=article_inline

14. https://www.realcleardefense.com/articles/2019/05/02/national_security _and_winning_the_race_to_5g_114386.html

15. https://www.atlanticcouncil.org/images/acevents/BrentScowcroftCenter/Strategic_Insights_Memo_vF_2.11.pdf

16. https://arstechnica.com/information-technology/2019/03/atts-5g-e-is-actually-slower-than-verizon-and-t-mobile-4g-study-finds/

17. https://www.washingtonpost.com/opinions/global-opinions/on-5g-the-united-states-is-building-betamax-while-china-builds-vhs/2019/04/18/1b9cd096-620c-11e9-bfad-36a7eb36cb60_story.html?utm_term =.2294d607d86b

18. https://arstechnica.com/information-technology/2019/04/millimeter-wave-5g-will-never-scale-beyond-dense-urban-areas-t-mobile-says/

19. https://arstechnica.com/information-technology/2019/04/millimeter-wave-5g-isnt-for-widespread-coverage-verizon-admits/

20. https://www.whitehouse.gov/briefings-statements/remarks-president-trump-united-states-5g-deployment/
21. https://media.defense.gov/2019/Apr/04/2002109654/-1/-1/0/DIB_5G_STUDY_04.04.19.PDF
22. https://www.washingtonpost.com/opinions/global-opinions/on-5g-the-united-states-is-building-betamax-while-china-builds -vhs/2019/04/18/1b9cd096-620c-11e9-bfad-36a7eb36cb60_story.html?utm_term=.2294d607d86b
23. https://media.defense.gov/2019/Apr/04/2002109654/-1/-1/0/DIB_5G_STUDY_04.04.19.PDF
24. Ibid.
25. https://www.wsj.com/articles/the-u-s-wants-to-ban-huawei-at-t-mexico-relies-on-it-11555407001
26. https://www.ft.com/content/a7f5eba4-5d02-11e9-9dde-7aedca0a081a
27. https://www.reuters.com/article/us-poland-huawei/poland-to-hold-off-blanket-ban-on-huawei-5g-gear-due-to-cost-concerns-idUSKCN1RSOQI
28. https://www.bloomberg.com/news/articles/2019-04-16/poles-and-u-s-said-to-close-in-on-deal-to-build-fort-trump
29. https://www.wsj.com/articles/huaweis-video-surveillance-business-hits-snag-in-philippines-11550683135
30. http://cheatsheet.com/entertainment/what-ever-happened-to-the-olsen-twins-their-lives-now-are-weirder-than-you-thought.html/
31. http://cheatsheet.com/entertainment/what-ever-happened-to-the-olsen-twins-their-lives-now-are-weirder-t han-you-thought'.html/
32. https://2o9ub0417ch121g6m43em6psi2i-wpengine.netdna-ssl.corn/wp-content/uploads/2018/04/RSTREETSHORT50-1.pdf
33. https://www.energymanagertoday.com/compete-study-consumers-better off-retail-choice-electricity-0113715/
34. https://www.nrel.gov/docs/fyl7osti/67106.pdf

08 모래 모으기: 중국의 스파이 활동

1. https://www.realclearpolitics.com/video/2019/04/03/full_speech_trump tells_republicans_to_be_more_paranoid_about_vote_counts_at_nrcc dinner.html
2. http://www.chinadaily.com.cn/china/19thcpcnationalcongress/2017-11/04/content_34115212.htm

3. Sun Tzu, The Art of War

4. https://www.cov.com/?media/files/corporate/publications/2015/06/china _passes_new_national_security_law.pdf

5. https://www.cov.com/?media/files/corporate/publications/2015/06/china _passes_new_national_security_law.pdf

6. https://www.cov.comHmedia/files/corporate/publications/2015/06/china _passes_new_national_security_law.pdf

7. https://www.lawfareblog.com/beijings-new-national-intelligence-law-defense-offense

8. https://www.lawfareblog.com/beijings-new-national-intelligence-law defense-offense

9. https://www.wsj.com/articles/chinas-tech-giants-have-a-second-job* helping-the-government-see-everything-1512056284

10. https://www.wsj.com/articles/chinas-tech-giants-have-a-second-job-helping-the-government-see-everything-1512056284

11. https://www.uscc.gov/sites/default/files/Michelle%20Van%20Cleave _Written%20Testimony060916.pdf

12. https://www.weeklystandard.com/ethan-epstein/the-spy-who-drove-her-dianne-feinstein-and-chinese-espionage

13. https://www.sfchronicle.com/bayarea/matier-ross/article/Sen-Feinstein had-a-Chinese-connection-she-13121441.php

14. https://www.foxnews.com/politics/feinstein-was-mortified-by-fbi-allegation-that-staffer-was-spy-for-china-report

15. https://www.uscc.gov/sites/default/files/Poindexter%20Testimony.pdf

16. https://www.washingtonpost.com/news/federal-eye/wp/2015/07/09/ hack-of-security-clearance-system-affected-21-5-million-people-federal-authorities-say/?utm_term=.1885fcd33843

17. https://www.cnbc.com/2015/09/25/us-china-agree-to-not-conduct-cybertheft-of-intellectual-property-white-house.html

18. https://freebeacon.com/national-security/bolton-hits-chinese-hack-opm-records/

19. https://www.washingtonpost.com/news/powerpost/paloma/the-cybersecurity-202/2019/05/10/the-cybersecurity-202-trump -administration-raises-pressure-on-china-with-more-hacking-indictments/5cd4d373a7a0a 43760915963/?utm_term=.e54f49d0b3lb

20. https://thehill.com/policy/cybersecurity/427511-fbi-director-china-is-most -complex-and-concerning-counterintelligence

21. https://theintercept.com/2019/04/09/hikvision-cameras-uk-parliament/

22. https://www.uscc.gov/sites/default/files/Michelle%20Van%20Cleave _Written%20Testimony060916.pdf

23. https://www.uscc.gov/sites/default/files/Michelle%20Van%20Cleave _Written%20Testimony060916.pdf

24. https://www.uscc.gov/sites/default/files/Michelle%20Van%20Cleave _Written%20Testimony060916.pdf

25. https://www.fdd.org/analysis/2018/09/05/understanding-the-chinese-communist-partys-approach-to-cyber-enabled-economic-warfare/

26. https://www.cyberscoop.corn/linkedin-china-spies-kevin-mallory-ron-hansen/

27. https://www.nytimes.com/2018/06/08/us/politics/cia-officer-kevin-mallory-convicted-spying.html

28. https://www.nytimes.com/2018/06/08/us/politics/cia-officer-kevin-mallory -convicted-spying.html

29. https://www.nytimes.com/2018/06/08/us/politics/cia-officer-kevin-mallory -convicted-spying.html

30. https://www.nytimes.com/2018/06/08/us/politics/cia-officer-kevin-mallory -convicted-spying.html

31. http://www.lefigaro.fr/actualite-france/2018/10/22/01016-20181022ART FIG00246-les-revelations-du-figaro-sur-le-programme-d-espionnage-chinois-qui-vise-la-france.php

32. https://www.heritage.org/asi a/report/sources-and-methods-foreign-nationals-engaged-economic-and-military-espionage

33. https://www.heritage.org/asia/report/sources-and-methods-foreign-nationals-engaged-economic-and-military-espionage

34. https://www.heritage.org/asia/report/sources-and-methods-foreign-nationals-engaged-economic-and-military-espionage

35. https://www.heritage.org/asia/report/sources-and-methods-foreign-nationals-engaged-economic-and-military-espionage

36. https://www.heritage.org/asia/report/sources-and-methods-foreign-nationals-engaged-economic-and-military-espionage

37. https://www.uscc.gov/sites/default/files/Michelle%20Van%20Cleave _Written%20Testimony060916.pdf

38. https://www.dni.gov/files/NCSC/documents/news/20180724-economic-espionage-pub.pdf

39. https://thehill.com/policy/cybersecurity/427511-fbi-director-china-is-most -complex-and-concerning-counterintelligence

40. https://www.cnas.org/publications/congressional-testimony/chinas-non-

traditional-espionage-against-the-united-states-the-threat-and-potential-policy-responses

41. https://www.aspi.org.au/report/picking-flowers-making-honey
42. https://www.aspi.org.au/report/picking-flowers-making-honey
43. https://www.justice.gov/opa/pr/michigan-man-sentenced-48-months-attempting-spy-people-s-republic-china
44. https://www.fbi.gov/news/stories/advice-for-us-college-students-abroad
45. https://www.youtube.com/watch?v=Fw8ZorTB7_o
46. https://www.youtube.com/watch?v=Fw8ZorTB7_o

09 중심 왕국의 귀환

1. https://www.whitehouse.gov/briefings-statements/remarks-president-trump-people-poland/
2. Xi Jinping The Governance of China Volume II "CPC Leadership is Essential to Chinese Socialism"
3. http://np.china-embassy.org/eng/ChinaABC/1s/t167458.htm
4. http://afe.easia.columbia.edu/mongols/pop/menu/class_timeline.htm
5. Kissinger, Henry On China
6. https://thediplomat.com/2016/04/the-three-kingdoms-three-paths-for-chinas-future/
7. http://afe.easia.columbia.edu/timelines/china_timeline.htm
8. https://www.ancient.eu/Warring_States_Period/
9. https://www.history.com/topics/ancient-china/qin-dynasty
10. https://www.history.com/topics/ancient-china/qin-dynasty
11. https://www.nationalgeographic.com/archaeology-and-history/archaeology/emperor-qin/
12. https://news.nationalgeographic.com/2016/10/china-first-emperor-terra-cotta-warriors-tomb/
13. Kissinger, Henry On China
14. https://www.oxfordbibliographies.com/view/document/obo -97801999-20082/obo-9780199920082-0069.xml
15. https://www.encyclopedia.com/history/news-wires-white-papers-and-books/tribute-system
16. http://afe.easia.columbia.edu/special/china_1750_macartney.htm
17. https://china.usc.edu/emperor-qianlong-letter-george-iii-1793
18. https://china.usc.edu/sites/default/files/forums/Chineseu/0201nventions.

pdf

19. http://www.ggdc.net/maddison/oriindex.htm
20. Kissinger, Henry On China
21. Kissinger, Henry On China
22. Kissinger, Henry On China
23. Kissinger, Henry On China
24. https://www.history.com/news/john-jacob-astor-opium-fortune-million-aire
25. https://asiapacificcurriculum.ca/leaming-module/opium-wars-china
26. https://hist ory. state.gov/mi lestones/1830-1860/china-1
27. Kissinger, Henry On China
28. Kissinger, Henry On China
29. https://www.history.com/topics/china/boxer-rebellion
30. https://www.archives.gov/publications/prologue/1999/winter/boxer-rebellion-l.html
31. https://www.history.com/topics/china/boxer-rebellion
32. https://www.history.com/topics/china/boxer-rebellion
33. https://www.youtube.com/watch?v=AcwbMmUWHGw
34. http://acienciala.faculty.ku.edu/communistnationssince1917/ch9.html
35. https://link.springer.com/chapter/10.1057/9781403919755_6
36. http://acienciala.faculty.ku.edu/communistnationssince1917/ch9.html
37. http://acienciala.faculty.ku.edu/communistnationssince1917/ch9.html
38. https://china.usc.edu/Mao-declares-founding-of-peoples-republic-of-china-chinese-people-have-stood- up
39. https://www.washingtonpost.com/news/volokh-conspiracy/wp/2016/08/03/giving-historys-greatest-mass-murderer-his-due/?utm_term =.1534ae528793
40. https://www.nytimes.com/2016/05/15/world/asia/china-cultural-revolution -explainer.html

10 동맹, 적, 전략적 파트너

1. https://www.realclearpolitics.com/video/2019/04/03/full_speech_trump _tells_republicans_to_be_more_paranoid_about_vote_counts_at_nrce _dinner.html
2. Xi Jinping The Governance of China Volume II "There Are a Thousand Reasons to Make the China-US Relationship a Success"

3. http://www.thesandpebbles.com/mckenna/richard_mckenna.html

4. https://www.history.com/this-day-in-history/the-battle-of-tsushima-strait

5. https://www.smithsonianmag.com/history/surprisingly-important-role-china-played-world-war-i-180964532/

6. https://wwwtrumanlibrary.gov/education/presidential-inquiries/invasion-manchuria

7. https://www.english.upenn.edu/Projects/Buck/biography.html

8. https://www.airspacemag.com/history-of-flight/once-more-over-the-hump -180964763/

9. https://www.airspacemag.com/history-of-flight/once-more-over-the-hump -180964763/

10. https://www.nytimes.com/1995/04/02/books/times-man-in-china.html

11. https://www.cbsnews.com/news/the-korean-war-timeline/

12. https://www.va.gov/opa/publications/factsheets/fs_americas_wars.pdf

13. http://www.bbc.co.uk/history/worldwars/coldwar/korea_hickey_01.shtml

14. https://www.history.com/topics/korea/korean-war#section_5

15. https://www.cia.gov/library/readingroom/docs/CIA-RDP79R00967A0008-00010012-0.pdf

16. Kissinger, Henry On China p. 202

17. Kissinger, Henry On China

18. Kissinger, Henry On China

19. Kissinger, Henry On China p. 229

20. Kissinger, Henry On China

21. http://www.cnn.com/2008/WORLD/asiapcf/02/25/pingpong.diplomacy/index.html

22. https://www.history.com/news/ping-pong-diplomacy

23. https://www.history.com/news/ping-pong-diplomacy

24. Kissinger, Henry On China

25. Kissinger, Henry On China

26. Kissinger, Henry On China

27. Pillsbury, Michael The Hundred-Year Marathon

28. Pillsbury, Michael The Hundred-Year Marathon

29. Pillsbury, Michael The Hundred- Year Marathon

30. Pillsbury, Michael The Hundred-Year Marathon

31. Pillsbury, Michael The Hundred-Year Marathon

32. Pillsbury, Michael The Hundred-Year Marathon

33. Pillsbury, Michael The Hundred-Year Marathon

34. http://www.chinadaily.com.cn/business/2008-10/30/content_71690-55.htm

35. Pillsbury, Michael The Hundred-Year Marathon
36. Pillsbury, Michael The Hundred-Year Marathon
37. Pillsbury, Michael The Hundred-Year Marathon
38. Pillsbury, Michael The Hundred-Year Marathon
39. Pillsbury, Michael The Hundred-Year Marathon
40. Pillsbury, Michael The Hundred-Year Marathon
41. Pillsbury, Michael The Hundred-Year Marathon

11 냉철한 현실주의

1. https://www.whitehouse.gov/briefings-statements/remarks-president-trump-apec-ceo-summit-da-nang-vietnam/
2. Xi Jinping The Governance of China Volume II "A Deeper Understanding of the New Development Concepts"
3. https://www.abc.net.au/news/2018-12-01/40-years-of-reform-that-transformed-china-into-a-superpower/10573468
4. Milhlhahn, Professor Klaus Making China Modern Chapter 11
5. https://www.brookings.edu/testimonies/u-s-china-economic-relations-implications-for-u-s-policy/
6. Miihlhahn, Professor Klaus Making China Modern Chapter 11
7. Kissinger, Henry On China
8. https://www.cnn.com/2013/09/15/world/asia/tiananmen-square-fast-facts/index.html
9. http://www.tsquare.tv/chronology/Deng.html
10. http://www.tsquare.tv/chronology/Deng.html
11. "Reform or Die!" Week in China Jan 27, 2012
12. "Reform or Die!" Week in China Jan 27, 2012
13. http://edition.cnn.com/2001/WORLD/asiapcf/east/09/18/china.wto.timeline/
14. https://data.worldbank.org/indicator/NY.GDP.MKTP.CD?locations=CN
15. https://data.worldbank.org/indicator/NY.GDP.MKTP.CD?locations=US
16. https://data.worldbank.org/indicator/SRPOP.TOTL?locations=CN
17. http://movies2.nytimes.com/library/world/asia/030900clinton-china-text.html
18. https://books.google.com/books?id=B5RWAAAAYAAJ&q=%22 Congressional Quarterly Volume 58
19. https://www.nytimes.com/2000/05/18/world/in-bush-s-words-join-

together-in-making-china-a-normal-trading-partner. html
20. Pillsbury, Michael The Hundred-Year Marathon
21. http://www.china.org.cn/english/features/Archaeology/131298.htm
22. https://fas.org/man/eprint/lai.pdf
23. http://www.china.org.cn/english/features/Archaeology/131298.htm
24. https://archive.org/stream/Learning-from-the-Stones-A-Go-Approach-to-Mastering-Chinas-Strategic-Concept-Shi-2004/Learning%20from%20the%20Stones%20-%20A%20Go°/020 Approach%20to°/020Mastering%20China%27e/020Strategic%20 Concept%2C%20Shi%20%282004%29_djvu.txt
25. https://fas.org/man/eprint/lai.pdf
26. https://fas.org/man/eprint/lai.pdf
27. https://fas.org/man/eprint/lai.pdf

12 바다 훔치기

1. https://www.whitehouse.gov/briefings-statements/remarks-president-trump-apec-ceo-summit-da-nang-vietnam/
2. https://www.reuters.com/article/us-china-defence/president-xi-says-china-loves-peace-but-won t-compromise-on-sovereignty-idUSKI3N1AH2YE
3. http://isdp.eu/publication/understanding-chinas-position-south-china-sea-disputes/
4. "Indonesia does not view itself as a South China Sea claimant as it does not claim sovereignty over any contested outposts, although its exclusive economic zone(EEZ) overlaps with China' s nine-dash line." US DOD 2018 https://media.defense.gov/2018/Aug/16/2001955282/-1/-1/1/2018-CHINA-MILITARY-POWER-REPORT.PDF
5. Ward, Jonathan China' s Vision of Victory
6. https://www.nytimes.com/interactive/2015/07/30/world/asia/what-china*has-been-building-in-the-south-china-sea.html
7. https://www.armed-services.senate.gov/imo/media/doc/Davidson_APQs_04-17-18.pdf
8. https://www.nytimes.com/interactive/2015/07/30/world/asia/what-china has-been-building-in-the-south-china-sea.html
9. https://www.newsweek.com/china-south-china-sea-islands-build-military-territory-expand-575161
10. https://obamawhitehouse.archives.gov/the-press-office/2015/09/25/

remarks-president-obama-and-president-xi-peoples-republic-china-joint

11. https://www.armed-services.senate.gov/imo/media/doc/Davidson _APQs_04-17-18.pdf

12. https://www.pacom.mil/Media/Speeches-Testimony/Article/1693325/ halifax-international-security-forum-2018-introduction-to-indo-pacific security/

13. https://amti.csis.org/island-tracker/china/

14. https://www.armed-services.senate.gov/imo/media/doc/Davidson _APQs_04-17-18.pdf

15. https://amti.csis.org/paracels-beijings-other-buildup/

16. https://www.scmp.com/news/china/diplomacy/article/3002229/beijing-plans-strategic-service-and-logistics-base-woody?MCUID=4672f7018e&MC CampaignID=d5603dfe35&MCAccountID=3775521f5f542047246d9c827 &tc=3

17. https://www.armed-services.senate.gov/imo/media/doc/Davidson_APQ s_04-17-18.pdf

18. https://news.usni.org/2019/02/12/41070

19. https://fas.org/sgp/crs/row/R42784.pdf

20. https://fas.org/sgp/crs/row/R42784.pdf

21. https://www.cfr.org/interactive/global-conflict-tracker/conflict/tensions-east-china-sea

22. https://fas.org/sgp/crs/row/R42784.pdf

23. https://fas.org/sgp/crs/row/R42784.pdf

24. https://www.washingtonpost.com/politics/2019/03/19/us-quietly-made-big -splash-about-south-china-sea/?utm_term=.5073dc3be04e

25. https://fas.org/sgp/crs/row/R42784.pdf

26. https://fas.org/sgp/crs/row/R42784.pdf

27. https://ocean.csis.org/spotlights/illuminating-the-south-china-seas-dark-fishing-fleets/

28. https://www.cfr.org/interactive/global-conflict-tracker/conflict/territorial-disputes-south-china-sea

29. https://www.eia.gov/todayinenergy/detail.php?id=33592

30. https://www.eia.gov/todayinenergy/detail.php?id=36952

31. https://chinapower.csis.org/much-trade-transits-south-china-sea/

32. http://time.com/4412191/nine-dash-line-9-south-china-sea/

33. https://www.forbes.com/sites/ralphjennings/2017/10/31/china-claims-most-of-a-contested-asian-sea-without-a-demarcation-line/#f7cd75a2e074

34. https://www.reuters.com/article/us-johnson-china/everything-you-need-

to -know-about-the-south-china-sea-conflict-in-under-five-minutes-idUSKBN0OQ03620150610

35. http://time.com/4412191/nine-dash-line-9-south-china-sea/

36. http://time.com/4412191/nine-dash-line-9-south-china-sea/

37. https://www.uscc.gov/sites/default/files/Research/Issue%20Brief_South%20China%20Sea%20Arbitration%20Ruling%20What%20Happened%20and%20What%27s%20Next071216.pdf

38. https://www.nytimes.com/2016/07/13/world/asia/south-china-sea-hague-ruling-philippines.html

39. http://www.xinhuanet.com/english/2018-06/28/c_137285165.htm

40. https://policy.defense.gov/Portals/11/FY17%20DOD%20FON%20Report.pdf?ver=2018-01-19-163418-053

41. https://www.un.org/depts/los/convention_agreements/texts/unclos/part5.htm

42. https://sites.tufts.edu/lawofthesea/chapter-two/

43. https://fas.org/sgp/crs/row/R42784.pdf

44. https://sites.tufts.edu/lawofthesea/chapter-two/

45. https://fas.org/sgp/crs/row/R42784.pdf

46. https://fas.org/sgp/crs/row/R42784.pdf

47. https://www.nytimes.com/2018/11/08/world/asia/south-china-sea-risks.html

48. https://dod.defense.gov/Portals/1/Documents/pubs/NDAA%20A-P_Maritime_SecuritY_Strategy-08142015-1300-FINALFORMAT.PDF

49. https://fas.org/sgp/crs/row/R42784.pdf

50. https://www.foxnews.com/world/chinese-warship-warned-uss-decatur-it-would-suffer-consequences-for-passing-through-south-china-sea

51. https://www.cnn.com/2018/10/02/politics/us-china-destroyers-confrontation-south-china-sea-intl/index.html?no-st=1555469541

52. https://news.usni.org/2019/02/12/41070

53. https://news.usni.org/2018/05/23/china-disinvited-participating-2018-rimpac-exercise

54. https://fas.org/sgp/crs/row/R42784.pdf

55. https://fas.org/sgp/crs/row/R42784.pdf

56. https://www.cfr.org/backgrounder/south-china-sea-tensions

57. https://www.iwp.edu/events/detail/the-rise-of-chinese-seapower-fear-honor-and-interest

58. https://www.dia.mil/Portals/27/Documents/News/Military%20Power%20Publications/China_Military_Power_FINAL_5MB_20190103.pdf

59.Ward, Jonathan China's Vision of Victory

60. https://news.usni.org/2015/05/26/document-chinas-military-strategy

61. Xi Jinping The Governance of China Volume II "Continue to Strengthen our Military"

62. https://www.uscc.gov/sites/default/files/annual_reports/Executive%20 Summary%202018%20Annual%20Report%20to%20Congress.pdf

63. https://www.dni.gov/files/ODNI/documents/2019-ATA-SFR-SSCI.pdf

64. https://www.dia.mil/Portals/27/Documents/News/Military%20Power%20 Publications/China_Military_Power_FINAL_5MB_20190103.pdf

65. https://www.uscc.gov/sites/default/files/annual_reports/Executive%20 Summary%202018%20Annual%20Report%20to%20Congress.pdf

66. https://www.uscc.gov/sites/default/files/annual_reports/Executive%20 Summary%202018%20Annual%20Report%20to%20Congress.pdf

67. https://fas.org/sgp/crs/row/R42784.pdf

68. https://ocean.csis.org/spotlights/illuminating-the-south-china-seas-dark-fishing-fleets/

69. https://ocean.csis.org/spotlights/illuminating-the-south-china-seas-dark-fishing-fleets/

70. China Military Power DIA 2019 p.79 https://www.dia.mil/Portals/27/ Documents/News/Military%20Power%20Publications/China_Military _Power_FINAL_5MB_20190103.pdf

71. https://fas.org/sgp/crs/row/R42784.pdf

13 사방으로 가는 일대일로

1. https://www.whitehouse.gov/briefings-statements/remarks-president-trump-apec-ceo-summit-da-nang-vietnam/

2. Xi Jinping The Governance of China Volume II "Promote the Belt and Road Initiative, Extend Reform and Development"

3. Axios AM Newsletter April 23, 2019

4. https://thediplomat.com/2019/04/second-belt-and-road-forum-top-level-attendees/

5. Axios AM Newsletter April 23, 2019

6. https://www.cfr.org/backgrounder/chinas-massive-belt-and-road-initiative

7. USCC 2018 Report to Congress

8. USCC

9. https://eng.yidaiyilu.gov.cn/info/iList.jsp?cat_id=10076

10. USCC 2018 Report to Congress

11. USCC 2018 Report to Congress

12. https://www.rfa.org/english/commentaries/bri-obstacles-01152019-155613.html

13. https://www.history.com/topics/ancient-middle-east/silk-road

14. USCC 2018 Report to Congress

15. USCC 2018 Report to Congress

16. USCC 2018 Report to Congress

17. USCC 2018 Report to Congress

18. USCC 2018 Report to Congress

19. USCC 2018 Report to Congress

20. USCC 2018 Report to Congress

21. USCC 2018 Report to Congress

22. https://www.bloomberg.com/news/articles/2018-12-10/how-asia-fell-out-of-love-with-china-s-belt-and-road-initiative

23. USCC 2018 Report to Congress

24. https://www.cnbc.com/2019/01/18/countries-are-reducing-belt-and-road-investments-over-financing-fears.html

25. https://www.theepochtimes.com/sri-lankans-protest-against-its-governments-leasing-of-a-major-port-to-china_2657586.html

26. USCC 2018 Report to Congress

27. http://cpec.gov.pk/brain/public/uploads/documents/CPEC-LTP.pdf

28. http://cpec.gov.pk/brain/public/uploads/documents/CPEC-LTP.pdf

29. https://www.wsj.com/articles/chinas-belt-and-road-initiative-puts-a-squeeze-on-pakistan-11554289201

30. USCC 2018 Report to Congress

31. USCC 2018 Report to Congress

32. https://www.cgdev.org/sites/default/files/examining-debt-implications-belt -and-road-initiative-policy-perspective.pdf

33. USCC 2018 Report to Congress

34. USCC 2018 Report to Congress

35. USCC 2018 Report to Congress

36. https://www.wsj.com/articles/chinas-belt-and-road-initiative-puts-a-squeeze-on-pakistan-11554289201

37. USCC 2018 Report to Congress

38. https://www.csis.org/analysis/game-loans-how-china-bought-hambantota

39. https://www.nytimes.com/2018/06/25/world/asia/china-sri-lanka-port.html

40. https://www.france24.com/en/20190324-sri-lanka-new-chinese-silk-road
-disappointment-economy-debt-italy-france-investment
41. https://www.nytimes.com/2018/06/25/world/asia/china-sri-lanka-port. html
42. https://csis-prod.s3.amazonaws.com/s3fs-public/publication/180717
_Hillman_GameofLoans.pdf?bjjOdzdf05jaedmhoC2Eq7pC6cknyvEz
43. https://rhg.com/research/new-data-on-the-debt-trap-question/
44. https://www.perdue.senate.gov/imo/media/doc/IMF%20China%20
Belt%20and%20Road%20Initiative%20Letter.pdf
45. https://www.perdue.senate.gov/imo/media/doc/IMP/020China9/020
Belt%20and%20Road%20Initiative%20Letter.pdf
46. https://www.nytimes.com/2019/05/12/world/asia/pakistan-imf-
bailout.html
47. https://www.wsj.com/articles/chinas-belt-and-road-initiative puts-a-
squeeze-on-pakistan-11554289201
48. https://www.cnbc.com/2018/08/09/pakistan-looks-to-imf-or-china-for
bailout.html
49. USCC 2018 Report to Congress
50. https://www.bloomberg.com/news/features/2019-01-10/china-s-digital-
silk -road-is-looking-more-like-an-iron-curtain
51. https://www.bloomberg.com/news/features/2019-01-10/china-s-digital-
silk -road-is-looking-more-like-an-iron-curtain
52. http://en.ndrc.gov.cn/newsrelease/201503/t20150330_669367.html
53. USCC 2018 Report to Congress
54. https://www.bloomberg.com/news/features/2019-01-10/china-s-digital-
silk-road-is-looking-more-like-an-iron-curtain
55. https://www.whitehouse.gov/briefings-statements/remarks-national
security-advisor-ambassador-john-r-bolton-trump-administrations-new
africa-strategy/
56. https://www.whitehouse.gov/briefings-statements/remarks-national-
security-advisor-ambassador-john-r-bolton-trump-administrations-new
africa-strategy/
57. https://www.bloomberg.com/news/features/2019-01-10/china-s-digital-
silk road-is-looking-more-like-an-iron-curtain
58. https://www.bloomberg.com/news/features/2019-01-10/china-s-digital-
silk road-is-looking-more-like-an-iron-curtain
59. https://www.bloomberg.com/news/features/2019-01-10/china-s-digital-
silk -road-is-looking-more-like-an-iron-curtain
60. https://www.bloomberg.com/news/features/2019-01-10/china-s-digital-

silk -road-is-looking-more-like-an-iron-curtain

61. https://www.bloomberg.com/news/features/2019-01-10/china-s-digital-silkroad-is-looking-more-like-an-iron-curtain

62. https://www.bloomberg.com/news/features/2019-01-10/china-s-digital-silkroad-is-looking-more-like-an-iron-curtain

63. USCC 2018 Report to Congress

64. USCC 2018 Report to Congress

65. USCC 2018 Report to Congress

66. USCC 2018 Report to Congress

67. https://www.bloomberg.com/news/articles/2019-04-28/xi-jinping-s-wins *and-losses-at-his-second-belt-and-road-forum

68. https://thehill.com/opinion/finance/442306-china-tweaks-its-belt-and-road-initiative-to-avoid-backlash

69. http://fi.china-embassy.org/eng/gdxwit1659519.htm

70. https://www.bloomberg.com/news/articles/2019-04-28/xi-jinping-s-wins -and-losses-at-his-second-belt-and-road-forum

71. https://www.bloomberg.com/news/articles/2019-04-28/xi-jinping-s-wins -and-losses-at-his-second-belt-and-road-forum

72. https://www.bloomberg.com/news/articles/2019-04-28/xi-jinping-s-wins -and-losses-at-his-second-belt-and-road-forum

73. USCC 2018 Report to Congress

74. USCC 2018 Report to Congress

75. https://www.whitehouse.gov/wp-content/uploads/2017/12/NSS-Final-12-18-2017-0905.pdf

76. https://www.state.gov/remarks-on-americas-indo-pacific-economic-vision/

77. USCC 2018 Report to Congress

78. https://www.opic.gov/build-act/overview

79. https://www.whitehouse.gov/wp-content/uploads/2017/12/NSS-Final-12-18-2017-0905.pdf

80. https://www.opic.gov/build-act/faqs-build-act-implementation

81. https://www.opic.gov/build-act/overview

82. USCC 2018 Report to Congress

14 새로운 고지: 우주

1. https://www.whitehouse.gov/briefings-statements/remarks-president-

trump-2019-united-states-air-force-academy-graduation-ceremony-colorado-springs-co/

2. http://english.cctv.com/2017/04/24/ARTIZBj8dd7ULWfpwuw8nJp5170424.shtml

3. https://www.uscc.gov/Research/china%E2%80%99s-pursuit-space-power-status-and-implications-united-states

4. https://www.uscc.gov/Research/china%E2%80%99s-pursuit-space-power-status-and-implications-united-states

5. https://media.defense.gov/2019/Feb/11/2002088710/-1/-1/1/SPACE-SECURITY-CHALLENGES.PDF

6. https://www.uscc.gov/sites/default/files/Namrata%20Goswami%20USCC%2025%20April.pdf

7. https://www.uscc.gov/sites/default/files/Namrata%20Goswami%20USCC%2025°/020April.pdf

8. http://www.xinhuanet.com/english/2017-04/24/c_136232642.htm

9. http://english.gov.cn/archive/white_paper/2016/12/28/content_281475527159496.htm

10. https://itiforg/publications/2015/09/17/false-promises-yawning-gap-between-china%25E2%2580%2599s-wto-commitments-and-practices

11. https://media.defense.gov/2019/Feb/11/2002088710/-1/-1/1/SPACE-SECURITY-CHALLENGES.PDF

12. https://www.ucsusa.org/nuclear-weapons/space-weapons/satellite-database

13. https://www.uscc.gov/sites/default/files/Todd%20Harrison%2OUSCC%2025%20April.pdf

14. https://spacenews.com/militaryspace-gets-big-boost-in-pentagons-750-billio/

15. https://spacenews.com/change-4 -spacecraft-enter-third-lunar-night-yutu-2-reaches-design-lifetime/

16. https://thediplomat.com/2019/05/china-has-a-head-start-in-the-new-space-race/

17. https://www.washingtontimes.com/news/2019/jan/9/trump-space-force-boosted-china-moon-landing/

18. http://english.gov.cniarchive/white_paper/2015/05/27/content_281475115610833.htm

19. https://www.maritime-executive.com/editorials/space-the-next-south-china-sea

20. https://www.uscc.gov/sites/default/files/William%20Roper%2OUSCC%2025%20April.pdf

21. https://media.defense.gov/2019/Feb/11/2002088710/-1/-1/1/SPACE-SECURITY-CHALLENGES.PDF
22. https://www.uscc.gov/sites/default/files/Lorand%20Laskai%20USCC%2025%20April.pdf
23. https://www.wsj.com/articles/china-exploits-fleet-of-u-s-satellites-to-strengthen-police-and-military-power-11556031771?mod=hp_lead_pos5
24. https://www.uscc.gov/sites/default/files/Namrata%20Goswami%20USCC%2025%20April.pdf
25. https://www.solarenspace.com/
26. https://www.whitehouse.gov/briefings-statements/remarks-vice-president-pence-fifth-meeting-national-space-council-huntsville-al/

15 전쟁 대 전쟁 시늉

1. https://abcnews.go.com/Politics/read-president-trumps-full-remarks-united-nations-general/story?id=49949302
2. Xi Jinping The Governance of China Volume II "CPC Leadership Is Essential to Chinese Socialism"
3. https://www.whitehouse.gov/briefings-statements/remarks-vice-president-pence-fi fth-meeting-national-space-council-huntsville-al/
4. https://www.cnn.com/2019/07/24/asia/china-military-taiwan-white-paper-intl-hnk/index.html
5. http://www.xinhuanet.com/english/2019-07/24/c_138253389.htm
6. https://www.businessinsider.com/this-dogfight-between-more-than-200-israeli-and-syrian-jets-was-one-of-the-biggest-of-all-time-2015-11
7. https://www.nationalreview.com/2018/12/africa-china-united-states-foreign-policy-economic-development/
8. https://www.nationalreview.com/2018/12/africa-china-united-states-foreign-policy-economic-development
9. http://www. sais-cari . org/data-chinese-workers-in-africa
10. https://tagtheflag.co/trivia/how-much-would-the-marshall-plan -cost-in-todays-dollars/
11. https://www.foreignaffairs.com/articles/russian-federation/1947-07-01/sources-soviet-conduct

16 중국의 잘못이 아니다

1. https://www.whitehouse.gov/briefings-statements/president-donald-j-trumps-state-union-address-2/
2. https://www.baltimoresun.com/education/bs-md-nations-report-card-20180409-story.html
3. https://www.drugabuse.gov/related-topics/trends-statistics/overdose-death -rates
4. https://www.archives.gov/research/military/vietnam-war/casualty-statistics
5. https://www.realclearenergy.org/articles/2019/05/10/reliance_on_foreign minerals_leaves_america_at_risk_110439.html
6. http://www.chinadaily.com.cn/a/201901/03/VVS5c2d7755a310d9121 4053454.html
7. https://www.usatoday.com/story/money/2019/04/11/countriesIthat-spend -the-most-on-public-health/39307147/
8. https://www.uscc.gov/sites/default/files/Michelle%20Van%20Cleave _Written%20Testimony060916.pdf

결론: 미국의 현황과 해야 할 일

1. https://www.history.com/this-day-in-history/uncle-toms-cabin-is-published

부록

1. https://wwwwhitehouse.gov/briefings-statements/remarks-president-trump-business-event-president-xi-china-beijing-china/
2. https://www.whitehouse.gov/briefings-statements/remarks-president-trump-apec-ceo-summit-da-nang-vietnam/
3. http://www.chinadaily.com.cn/world/2017-11/11/content_34393531.htm
4. http://translate.sogoucdn.com/pcvtsnapshot?from=auto&to=zh-CHS&tfr =translatepc&url=htte/03A%2F%2Fwww.qstheory.cn%2Fdukan%2Fqs %2F2019-03%2F31%2Fc_1124302776.htm&domainType=sogou
5. https://www.whitehouse.gov/briefings-statements/remarks-vice-president -pence-administrations-policy-toward-china/